HEYNE BÜCHER
SACHBUCH

Claudia Bepko und Jo-Ann Krestan

Kopfüber ins Leben

Frauen, Liebe und Kreativität

Aus dem Amerikanischen von Rita Höner

WILHELM HEYNE VERLAG
MÜNCHEN

HEYNE SACHBUCH
Nr. 19/454

Titel der amerikanischen Originalausgabe:
SINGING AT THE TOP OF OUR LUNGS
Erschienen bei HarperCollins Publishing, Inc., New York

Umwelthinweis:
Dieses Buch wurde auf
chlor- und säurefreiem Papier gedruckt.

Ungekürzte Taschenbuchausgabe im Wilhelm Heyne Verlag GmbH
& Co. KG, München

Printed in Germany 1996
Umschlagillustration: Barbara Bachmann, Reischach
Umschlaggestaltung: Atelier Adolf Bachmann, Reischach
Gesamtherstellung: Presse-Druck Augsburg

ISBN 3-453-09891-9

Inhalt

Für Vicki Blanchard und Susanne Mastropietro,
jede eine kreative Frau auf ihre Art

und
zum Andenken an

Anne Wakeham Leary
1886–1965

John T. Leary
1876–1959

Marie Brynda Krestan
1873–1947

James Bradley
1910–1972

Wer nicht zuviel liebt, liebt nicht genug.
Pascal

Vorwort

Viele Bilder werden in Ihnen anklingen, wenn Sie die Ideen und Geschichten dieses Buches lesen. Aber zwei werden unweigerlich hängenbleiben – das einer lächelnden Frau und das einer Frau, die singt. Wenn, wie wir annehmen, das Lächeln das Problem ist, ist das Singen die Lösung.

Bilder und Metaphern fallen uns auf seltsamen, gewundenen Wegen ein. Das Bild von der lächelnden Frau war zuerst optisch da, wir sahen sie vor ihrer Eingangstür stehen, wie sie die Familie, Freunde begrüßt. Die unheilvollere Seite des Lächelns war, daß es irgendwie vorgeschrieben aussah, so als hätte die Frau dahinter keine Wahl, als würde sie die vorher festgelegte Rolle der perfekten Frau spielen: feminin, fürsorglich, attraktiv. Das Lächeln war nach außen gerichtet, die Frau dahinter im Dunkeln, die Echtheit des Lächelns immer fraglich.

Bilder des Singens waren dominanter, lassen sich aber im Hinblick auf die Entstehung dieses Buches weniger klar zurückverfolgen. Angesichts der Tatsache, daß viele der von uns befragten Frauen singen oder vom Singen sprechen oder wünschen, sie könnten singen, wurde das Singen irgendwie zu einer Metapher für eine tiefinnere Energie, deren Fehlen zu einem leeren Lächeln führen kann.

Vielleicht lag es an dem Sommer-Workshop, das eine von uns besuchte; das ganze Gelände des Instituts hallte wider von gesummten, gepfiffenen, gesungenen Refrains. Andere Leute, die in dieser Woche einen Workshop machten, wollten etwas über die spirituelle Dimension des Singens erfahren, und so waren sie, wie wandelnde Minnesänger, allein oder in Gruppen ständig am Singen; es war natürlich und wunderbar zugleich, daß die Gewohnheit dieser Menschen, aus voller Kehle zu singen, den Rhythmus der täglichen Routine begleitete. Am Ende des Workshops fanden wir es schade, daß dieses Singen kein Bestandteil des Lebens in der realen Welt mehr sein würde. Am letzten Tag kamen wir alle als Gruppe zusammen und sangen im Kanon »Dona

Nobis Pacem«, »Gib uns Frieden«. Wir hatten das Gefühl, daß Frieden vielleicht machbar wäre – zum Preis von Schönheit, Gemeinschaft und einem Lied.

Oder lag es an dem Bild, das eine Tochter nach der Beerdigung ihrer Mutter aus einer alten Schachtel im Keller zog? Bei einem High-School-Fest, das vor vielen Jahren stattgefunden hatte, stand die Mutter stolz und ausdrucksstark an einem Mikrophon und sang. Und noch kurz vor ihrem Tod hatte sie darüber nachgegrübelt, warum sie zugelassen hatte, daß die »Prioritäten anderer Leute« ihr Leben bestimmt hatten und es so leer geworden war. Sie hatte der Tochter wehmütig gesagt: »Damals habe ich gesungen, weißt du.«

Vielleicht war es auch die Klientin, die in der Therapie eines Tages schüchtern fragte, ob sie ein Lied singen könnte. Aus dem Schmerz über eine zerbrochene Beziehung und dem Kummer, der von einem sehr dunklen Ort ihres Herzens kam, entstand ein Lied, das heilte und bejahte und zeigte, daß sie von ihrer langen Depression genas und ihre Veränderung Fortschritte machte.

Sobald das Singen uns als Bild einfiel, begannen wir, es überall als Symbol für den Schritt zu sehen, das in unserem Herzen am tiefsten Verborgene am direktesten und reinsten auszudrücken. Wir erfuhren, daß es viele Arten des Singens gibt, viele Möglichkeiten, mit uns selbst und dem größeren Ganzen der Welt in Einklang zu sein. Obwohl wir in diesem Buch also viele Begriffe benutzen, um über die Formen zu sprechen, die das Leben und die Energien von Frauen annehmen können, geht es in Wirklichkeit um das Singen, oder wie Holly Near sagen würde, um die Art von Lied, in der wir »um unser Leben singen«.

In den meisten Fällen waren die Männer und Frauen, deren Geschichte in diesem Buch erscheint, damit einverstanden, direkt zitiert und identifiziert zu werden. Um die Identität anderer Gesprächsteilnehmer auf ihre Bitte hin zu wahren, wurden die folgenden Pseudonyme verwendet und die entsprechenden identifizierenden Daten verändert:
Samantha, Mike, Jill, Kapitel 2,
Carol Smith, Kapitel 3,
Sarah Richman, William, Penny Mather, Alison und Jonathan Black, Kapitel 4,
Barbara, Elena, Pat Taylor, Kapitel 10,
Sarah und Luis, Kapitel 12,
Mary Casey, Lilli Cohen, David, Kapitel 13.

Teil Eins

Love-Story

1. Ihre eigene Leidenschaft

Ann Sebrell Ehringhaus war 22, als sie und ihr frischangetrauter Mann an Deck der Fähre gingen, die sie auf die Insel Ocracoke in North Carolina brachte. Es war im Jahr 1971.

Ann blinzelte in den starken Wind, der nach Salz und Feigenblüten roch, und nahm den vollkommenen Kreis des natürlichen Hafens in sich auf. Ein paar Fisch- und Austerntrawler waren an ihren Liegeplätzen vertäut und zeigten mit dem Bug nach Nordwesten in den alles beherrschenden Wind. Ann beobachtete, wie der weißgetünchte Leuchtturm über einem Zedernwäldchen ins Blickfeld kam. Dann tauchte das Dorf selbst auf, das den Hafen zwanglos umrahmte: vierzig oder fünfzig Häuser und ein paar zweigeschossige Gebäude mit grauen Schindeln.

So, wie Ann die Dinge sah, war sie angekommen. Mit jener klaren Empfindung, die all ihre Lebensentscheidungen gekennzeichnet hatte, wußte sie, daß sie »ihren« Platz gefunden hatte. Eineinhalb Stunden später waren sie und ihr Mann Michael als zwei der fünf Lehrer für die 31 Kinder von Ocracoke eingestellt. Nachdem die Verträge unterzeichnet waren und das Haus gemietet war, fuhren sie wieder zurück, um ihre Habe zu holen.

»Eine Freundin in Chapel Hill hatte gesagt: ›Irgendeine Insel vor der Küste sucht zwei Lehrer, vorzugsweise ein verheiratetes Paar.‹ Das waren alle Angaben, die ich hatte. Ich ging nach Hause, holte die Landkarten heraus, studierte sie und beschloß, daß es Ocracoke sein mußte. Von dem Augenblick an, in dem wir mit der Fähre in den Hafen einliefen, wußte ich, daß das der richtige Platz für mich war.«

Es war, als hätte sie etwas, was am Rand des Bewußtseins immer vorhanden gewesen war, plötzlich wiedererkannt.

Die Insel Ocracoke, sechzehn Meilen lang, erstreckt sich flach und gekrümmt zwischen Pamlico Sound und dem Nordatlantik. Ihre Küste besteht aus einer vom Wind geformten zedernbestandenen Düne und wüstenartigem Strand. Als Ann im Winter 1971 ankam, lag die Bevölkerungszahl bei 690. Es gab zwei Gemischtwarenläden und keine Apotheke.

Eine solche Isolation ist nicht jedermanns Sache. Aber Ann wollte irgendwo sein, wo sie die Linie des Horizonts sehen konnte. Sie wollte Freiheit. Ocracoke ist ein Ort, der der Phantasie keine Grenzen setzt; einschränkend ist höchstens die Bindung an die Gemeinschaft, die Verpflichtung, Teil der Struktur des Dorflebens zu sein. Die Bevölkerungszahl liegt jetzt im Winter bei 660. Der Ort verlangt, daß man sich immer wieder für ihn entscheidet. Das Wetter dominiert das Leben. Nordostwinde heulen, und während der sommerlichen Unwetter, die der Golfstrom bringt, fällt der Strom aus. Hier hat die Seele Platz zum Wachsen.

Was für ein Leben kann eine Frau sich hier aufbauen? Offenbar ein abenteuerliches Leben, dessen Grundlage Beziehungen bilden. In Anns Leben hat es eine Ehe gegeben, eine Scheidung, einen Liebhaber, dann Einsamkeit umgeben von Freundschaft und Gemeinschaft. Sie war Lehrerin, Fotografin, Besitzerin einer Bed-and-Breakfast-Pension. Ihre Fotografien wurden ausgestellt; sie ist Mitglied der Protestgruppe gegen die Ölbohrungen vor der Küste; sie verläßt die Insel, um in den ländlichen Bezirken North Carolinas Kunst zu lehren; vor kurzem war sie in Kalifornien, um die alte chinesische *Feng-Shui*-Kunst zu studieren. Zur Zeit arbeitete sie an ihrem zweiten Buch über dokumentarische Fotografie. Ist sie reich? Sie meint »ja«, wenn auch nicht finanziell.

Wir unterhalten uns im Wohnzimmer von Anns Bed-and-Breakfast-Pension, »Oscar's House«. Ann sitzt auf einer niedrigen Bambuscouch. Ihr gegenüber, an der holzvertäfelten Wand hinter dem Kanonenofen, hängen zwei Fotografien. Auf der einen steht eine Frau und sieht sich ein Porträt von sich selbst an der Wand an. Das von der Frau betrachtete Porträt enthält ein weiteres Porträt von der Frau als junges Mädchen. Daneben hängt ein Foto von Edward Curtis, auf dem ein Indianer zu sehen ist. »Ich habe es gekauft, weil dieser Mensch manchmal wie ein Mann und manchmal wie eine Frau aussieht, und das gefällt mir. Und mir gefällt die Einfachheit der Person. Nicht viel Schmuck, nur eine Muschel und eine Feder.«

Hinter der schweren Glastür des Wohnzimmers sind ein Flipper und ein lebensgroßes, stehendes Papp-Reklame-Baby gerade noch zu erkennen. Wie bei den meisten Inselbewohnern ist ein Großteil von Anns Haus Strandgut, ästhetisches Strandgut, das künstlerisch, überlegt verwendet wird.

Die Frau ist genauso interessant wie der Rahmen. Die kreative Energie scheint ihr Leben durchströmt und seine Form bestimmt zu haben. Der kreative Strom hat auch die zusätzliche Energie für die Liebe zu einem Mann mit sich gebracht, und immer gab es auch Energie für Freundschaft und spirituelle Fragen.

Ann verbindet Leben und Kunst. Sechs Monate im Jahr fotografiert, schreibt und denkt sie. Die restlichen sechs Monate führt sie »Oscar's House«. Sie hat eine Form geschaffen, die ihren Energien entspricht, nur wenige rauhe Ecken, die sich an ihrem Geist reiben, und die es tun, sind Teil des Prozesses.

»Ich bin immer meinen eigenen Neigungen gefolgt«, sagt sie. »Und das, egal ob ich in einer Beziehung war oder nicht. Ich habe das Gefühl, mein eigenes Leben gelebt zu haben.«

Beziehung und Selbstausdruck ergänzen sich bei Ann. Ihr Lebensstil verwirklicht die Vision, die Gestalt angenommen haben muß, als sie vor zwanzig Jahren in Ocracoke ankam. Er hat sich genauso entwickelt wie die Fotos unter ihren geschickten, intuitiven Händen. Die Bed-and-Breakfast-Pension ist nur eine andere Form des Prozesses. »Ich betrachte sie als Form meiner Informations-Sammlungs-Phase. Ich finde etwas über Menschen aus der ganzen Welt heraus und gebe ihnen Dinge zurück, die ich gelesen oder studiert habe. Die anderen sechs Monate sind innerlicher, ruhiger, ich nehme das Erfahrene und verwandle es in Fotografie.« Jede Erfahrung wird in ihre Arbeit transportiert. Dies wird klar, als Ann darüber spricht, wie sie ihre Zeit verbringt: »Mein politisches Engagement ist größer denn je, mein Geschäft läuft besser denn je, und ich fotografiere mehr denn je.« All diese Leidenschaften bilden die Grundlage ihres geistigen Lebens.

Jeder Augenblick scheint voll gelebt zu werden. Was gibt Ann das Gefühl, lebendig zu sein? »Alles mögliche. Im Ozean schwimmen, lachen. Einer meiner Lieblingsaugenblicke ist, wenn sechs oder sieben Fremde sich zum Frühstück hinsetzen, und am Ende lachen und reden sie und entdecken, wie interessiert sie aneinander sind. Dann fühle ich mich toll. Oft habe ich gar nicht soviel gesagt, aber ich habe dazu beigetragen, eine Atmosphäre zu schaffen, und die Menschen ermutigt, sich zu äußern. Ich sage ihnen das die ganze Zeit, wenn sie ankommen. Ich sage ihnen: ›Wenn Sie meinen, Sie müßten singen, dann singen Sie. Erzählen Sie uns einen Witz. Schreiben Sie ein Gedicht. Machen Sie irgend etwas!‹ Ich glaube, daß die Leute mein Leben als kreativen Ausdruck meiner Person sehen, und das ermutigt sie, in dieser Richtung über ihr eigenes Leben nachzudenken.«

Auch in ihrem Buch *Ocracoke Portrait* spricht Ann über die Wechselwirkung von Kunst und Leben. »Im Laufe der Jahre hat Ocracoke mir gezeigt, was es bedeutet, zu einer Gemeinschaft zu gehören, und wie wichtig es ist, autonom zu sein. Es hat mir gezeigt, wie wichtig es ist, ein Gleichgewicht mit der Umgebung und sich selbst zu finden. Diese Fotografien sind Teil des *Lebens* in Ocracoke. Sie sind nicht etwas von ihm Getrenntes; sie sind weder gestellt noch planmäßig vorbereitet. Beim Spazierengehen, Auto- oder Bootfahren gab es plötzlich einen Augenblick, in dem alles zusammenpaßte, in dem etwas anklang. Dieser Augenblick wurde zu einer Fotografie... Ocracoke – ein Ort, an dem viele Augenblicke richtig klingen.«[1]

Ein leidenschaftliches Leben leben

Ann Ehringhaus war eine der über dreihundert Frauen, die an der Forschungsarbeit zu diesem Buch teilnahmen. In vieler Hinsicht ist sie außergewöhnlich. Ihr Leben ist nicht typisch für das der meisten von uns, das eher den konventionelleren Formen entspricht, die die Gesellschaft für Frauen festgelegt hat. Ann ist ein Mensch, der die Freiheit schätzt; sie hat ihr Leben sorgfältig und überlegt gestaltet, so, daß ihre Stärken, Ressourcen und Bedürfnisse bestmöglich verwendet werden.

Für den äußeren Betrachter hat Ann sich leidenschaftlich und voll auf sich selbst und das Leben der Menschen um sie herum eingelassen. Sie hat für ihr Leben eine Form gefunden, die paßt. Sie hat sich ihr Leben zu eigen gemacht, es in die Hand genommen und bewältigt; dafür muß sie täglich neu entscheiden, wie sie ihrer Vision weiter Ausdruck verleiht. Anns Leben folgt einem Pfad, der Beziehungen und Selbstausdruck verbindet. Die kreative Energie dominiert. Mehr als die meisten von uns weiß Ann, was sie bewegt, was wirklich bedeutungsvoll ist, und ihr äußeres Leben hat sich als kohärenter Ausdruck ihres inneren Selbstgefühls entwickelt.

Wir beginnen mit dem Profil von Ann Ehringhaus, weil sie außerhalb der gesellschaftlich diktierten »Love-Story« lebt, die das Leben der meisten Frauen formt. Ihre Entscheidungen widersprechen allem, was angeblich eine Frau glücklich macht: Kinder, ein Mann, eine primäre Beziehung, ein häusliches Leben, eine berufliche Karriere, am besten alles zusammen. Anns Entscheidung hat zur Folge, daß ihr Selbstgefühl nicht gespalten ist – die fürsorglichen und die zupackenden Energien sind miteinander zu einem gemeinsamen Fluß verwoben, und sie fühlt sich ganz und lebendig.

Für die meisten von uns fühlen Liebe und kreative Energie sich wie die unvereinbaren Enden unseres geistig-seelischen Lebens an.

Wenn wir uns auf Beziehungen konzentrieren, fühlen wir uns unbehaglich, weil wir meinen, nicht genug zu leisten. Wenn wir uns auf den Selbstausdruck konzentrieren, haben wir Schuldgefühle, weil wir die Verbundenheit nicht pflegen. Im Kampf der beiden geht unsere Leidenschaft verloren – wir wissen nicht mehr, was uns bewegt. Wir fühlen uns zerrissen und versuchen hektisch, Verpflichtungen mit Bedürfnissen, Verantwortung mit Zufriedenheit ins Gleichgewicht zu bringen. Da wir nicht wissen, wie wir unser Leben gestalten sollen, damit unsere gegensätzlichen Wünsche erfüllt werden, halten wir es für einfacher, uns den jeweils gültigen gesellschaftlichen Konventionen anzupassen.

In den 90er Jahren wird die Rollenunsicherheit der Frau als Konflikt zwischen dem eigenen seelischen Wohlbefinden und den familiären Bedürfnissen definiert. Aber diese Erklärung verstärkt nur das Gefühl der Zerrissenheit, der Leere, der fehlenden Verbundenheit mit uns selbst.

Das eigentliche Problem ist die Abwesenheit von Leidenschaft und die scheinbar geringe Möglichkeit, sie zu äußern bzw. überhaupt einen Zugang zu ihr zu finden. Wenn wir uns anpassen, anstatt zu wählen, wenn wir Liebe und Kreativität für unterschiedliche Energien halten, verlieren wir den Kontakt zu Lebendigkeit und Freude, wir leben nicht mehr mit ganzem Herzen. Wir verlieren das Interesse, das Herzklopfen, die Aufgeschlossenheit. Wir verlieren den Mut. In einer Zeit widersprüchlicher und verwirrender sozialer Werte ist es oft schwierig für uns zu wissen, was uns wirklich wichtig ist. Und dann leiden nicht nur wir, sondern auch die Gemeinschaft um uns herum, denn sie verliert unsere Energie, unser Engagement, unseren Elan.

Wenn wir uns selbst falsch verstehen, wenn wir nur nach den jeweils aktuellen Konventionen oder dem Diktat einer repressiven Sozialstruktur leben, riskieren wir Sucht, Zwanghaftigkeit, Stillstand. Wenn wir uns nicht kohärent äußern, werden wir depressiv. Unsere tiefinnersten Bedürfnisse und Leidenschaften bleiben im Dunkeln.

Als Therapeutinnen haben wir jahrelang mit Frauen gearbeitet, die darum ringen, von der Sucht zu genesen und ihr Selbstgefühl neu zu definieren. Wie wir in *Das Superfrauen-Syndrom* dargestellt haben, kämpfen viele von uns nach der Genesung von der Sucht darum, sich von den Fesseln der weiblichen Sozialisation zu befreien. Und dann? Was kommt, wenn wir uns von materiellen und emotionalen Süchten und den überkommenen Vorstellungen vom weiblichen Gutsein befreit haben?

Unsere Arbeit an diesem Buch wurde durch unsere Neugier für größere Themen im Leben von Frauen motiviert. Anstatt uns auf Probleme zu konzentrieren, wollten wir die Stärken von Frauen verstehen. Am Schluß von *Das Superfrauen-Syndrom* sprachen wir von der Entwicklung zur Ganzheit. Wir beschreiben sie als Reaktivierung der eigenen Kreativität und der eigenen Entscheidungsgewalt. In diesem Buch wollten wir untersuchen, welche Leidenschaften Frauen haben und wie sie ihre Kreativität ausleben. Dabei war uns klar, daß der Zugang zu unseren inneren Prozessen immer noch durch unsere Sozialisation begrenzt wird.

Wir wollten auch verstehen, wie bestimmte erlernte Vorstellungen über weibliche Liebe und weibliche Kreativität uns begrenzen und uns unsere Leidenschaft nehmen. Und wir wollten untersuchen, wie Frauen ihr Leben so gestalten können, daß sie sich von diesen beiden scheinbar gegensätzlichen Energien – der Kraft zu lieben und der Kraft, schöpferisch zu sein – nicht mehr zerrissen fühlen.

Zu unserer Forschungsarbeit

Durch unsere Gespräche mit den an der Untersuchung teilnehmenden Frauen, die die Grundlage dieses Buches bilden, wollten wir in Erfahrung bringen, was für Frauen heute wichtig ist. Wie motiviert sind sie, sich für Beziehungen oder für den Selbstausdruck zu engagieren? Stimmt es, daß Frauen sich heute nur in Beziehungen sehen, oder hat die Welt sich verändert? Wie bringen sie Fürsorglichkeit und Handeln in der Welt, Eigenes und Fremdes ins Gleichgewicht, wie integrieren sie es, wie entscheiden sie sich zwischen ihnen? Welche Entscheidungen geben ihrem Leben am meisten Sinn, bei welchen fühlen sie sich am lebendigsten, am meisten in ihrer Mitte, am stärksten sie selbst? Wir wollten auch verstehen, was geschieht, wenn eine Frau nicht weiß, was sie bewegt, oder was geschieht, wenn sie es weiß, aber Angst hat, es nach außen zu tragen.

Mit Liebe meinen wir »was einem wirklich wichtig ist«, was das Herz anrührt – was immer es ist. Mit Kreativität meinen wir »etwas Neues ausdrücken, aufbauen, hervorbringen, dem eigenen Leben den eigenen Stempel aufdrücken, eine Brücke von der Innenwelt zur Außenwelt schlagen«. Wir unterscheiden zwischen Kreativität und Kunst – unter Kreativität verstehen wir eine Art der Energie und der Authentizität, nicht jene Formen künstlerischer Kreativität, die ein spezifischer Ausdruck von ihr sein können. Leidenschaft ist das Wort, das auf die Kraft von Liebe und Kreativität, wie wir sie verstehen, am ehesten hinweist. Leidenschaftlich sein bedeutet authentisch sein, ureigenste Energie in die Welt einbringen. Es bedeutet, mit Geist und Seele des Selbst verbunden zu sein.

Da wir Liebe und kreative Energie für zentrale Elemente im Lebenslauf einer Frau halten, wollten wir sehen, welche Möglichkeiten Frauen gefunden haben, ihr Leben zu gestalten, und wie sie Formen erschaffen, die ihre Empfindungen in der Außenwelt spiegeln. Wie treffen wir diese Entscheidung, wie wichtig sind uns die Formen unserer Beziehungen, locker, konventionell, verheiratet, single, die Formen des physischen Raums, den wir in Anspruch nehmen; wie gestalten wir unsere Zeit, unsere Gewohnheiten, wie wählen wir Partner, Umwelt, Beruf? Wie finden wir den Mut zur Veränderung, wenn eine Form nicht paßt?

Wie man ein Glasprisma hin und her wendet, das das Licht verschieden sammelt und spiegelt, haben wir beobachtet und zugehört, weitergefragt, mit Frauen in Arztpraxen, in Städten, auf Inseln, auf Booten, auf Campingplätzen, in Flugzeugen gesprochen. Wir haben uns an die Frauen gewandt, die bei uns in Therapie sind, an Freundinnen und Kolleginnen, und versucht, Muster aufzuspüren, gemeinsame Themen zu finden, denn wir wollten erfahren, wie Frauen ihr Leben arrangiert haben.

Wir haben die Frauen auf verschiedene Weise befragt. Ungefähr vierzig füllten offene Fragebögen aus. Aus ihren Antworten entwickelten wir einen Multiple-Choice-Fragebogen, der von 220 weiteren Frauen ausgefüllt wurde. Zusätzlich machten wir mit 45 Frauen ausführliche Interviews. Diese Frauen waren insofern außergewöhnlich, als sie ihr Leben mit leidenschaftlichem Engagement zu gestalten schienen.

Aus Fragebögen und Interviews ergaben sich die enorme Vielfalt des Lebens von Frauen, der Schmerz ihres Konflikts, aber auch die Freude über Lösungen ihres Konfliktes.

Unsere Ergebnisse überraschten uns, denn sie zeigten, daß viele Frauen immer noch glauben, daß Beziehungen wichtiger sind als Selbstausdruck und daß sie gut in Liebe, aber nicht in Kreativität sind. Sicher ist es einfach, sich von dem, was uns bewegt, ablenken und entfremden zu lassen, und sicher wissen wir oft nicht, wie wir unsere Leidenschaften reaktivieren und unser Leben so gestalten können, daß es uns besser entspricht. Es überrascht nicht, daß der weibliche Grundsatz, »gut zu sein« immer noch ein Haupthindernis dafür darstellt. Die

Angst, zu egoistisch zu sein, die Neigung, jedem Zeit zuzugestehen außer sich selbst, das Gefühl, »häßlich« zu sein, die Annahme, man habe zu wenig Talent, oder Schuldgefühle, wenn man sich ernst nimmt, waren häufige Verhaltensmuster, die sich in den Antworten zeigten.

Unsere Gespräche mit Frauen zeigten aber auch das hohe Maß an Kreativität, das die meisten von uns bei der Lösung dieser Konflikte an den Tag legen. Wir haben Frauen unterschiedlichster Herkunft befragt, und ihre Geschichten waren reich an Kämpfen und Erfolgen bei der Gestaltung eines Lebens, das ihrer ureigensten Leidenschaft entsprach. Wir haben selten ein Interview zur Seite gelegt oder einen Fragebogen gelesen, ohne daß Energie und Vitalität der Frauen uns inspirierten, egal ob es sich um eine erfolgreiche Künstlerin oder um eine Frau handelte, die als alleinerziehende Mutter ihr Kind mit der Sozialhilfe großzog und darauf wartete, einen Gedichte-Workshop zu besuchen. Es galt für die 60jährige, die während der ersten 20 Jahre ihres Erwachsenenlebens fünf Kinder in einer traditionellen Ehe großgezogen und dann einen lesbischen Lebensstil gewählt hatte, genauso wie für die 22jährige, für die eine Liebesbeziehung hinter ihrer Leidenschaft rangierte, ihr eigenes Leben nach ihrem Zeitplan zu leben, und die nun in Alaska Wildnis-Trips für Frauen leitet. Und es galt für die leitende Angestellte, die mit 35 ihre Karriereziele erreicht hat, eine Beförderung ablehnt und beschließt, Vollzeit-Mutter zu sein.

Zur Form dieses Buches

In Teil Eins untersuchen wir, in welche kulturelle Konzeption die Erfahrungen von Frauen eingebettet sind und wie unsere Vorstellungen von Liebe und Kreativität durch die Zwänge des politischen und ökonomischen Lebens geformt und aufrechterhalten wurden.

Teil Zwei wertet die Ergebnisse unserer Fragebögen und Interviews aus und skizziert die vorherrschenden Muster im Leben von Frauen. Wir unterscheiden vier Kategorien: Liebende, Künstlerinnen, Helferinnen und Innovatorinnen. Jede Kategorie fängt das Selbstgefühl einer Frau auf einem Kontinuum ein, dessen Endpunkte die Energie für Beziehungen einerseits und die Energie für Selbstausdruck andererseits sind. Die Kategorien und die Lebensprofile von Frauen, die sie gewählt haben, werden ausführlich beschrieben.

In Teil Drei schließlich sprechen wir von Leidenschaft und Form, den für ein leidenschaftliches Leben wichtigen Eigenschaften und den Entscheidungen, die uns dazu führen können, Fürsorglichkeit und Handeln in der Welt geschickter in unser Leben zu integrieren.

Dieses Buch ist kein Selbsthilfebuch, auch wenn wir hoffen, daß es hilfreich ist. Wir wollten keine starren Kategorien und Dichotomien aufstellen, die dem Fluß weiblichen Lebens Gewalt antun würden. Wir versuchen, Energiemuster zu beschreiben, die Sinnmuster zu erkennen, die sich aus den Gedanken, Gefühlen, Einsichten und Ausdrucksformen von Frauen entwickeln. Wir wollten die Lebendigkeit und die Komplexität des Lebens von Frauen einfangen und gleichzeitig erkennen, welche Faktoren es formen.

In diesem Buch geht es nicht um Probleme, sondern um Fragen. Allzuoft verpassen wir uns ein Etikett, stecken uns in eine pathologische Schublade und vergessen dabei, daß die Formen und nicht unsere innere Verfassung die Begrenzungen und Konflikte schaffen, die wir als »Probleme« erleben. Wir wollen Sie dazu anregen, über sich selbst nachzudenken. Paßt die Form, die Sie für Ihr Leben gewählt haben, ist sie sinnvoll, repräsentiert sie Ihr wahres Selbst? Können Sie ändern, was Sie nicht zufriedenstellt?

Wir beginnen mit Ann Ehringhaus und ihr ähnlichen Frauen, weil sie ein klares Gefühl für die Gestaltung ihres Lebens haben und ihrer Vision gefolgt sind. Vorbildhaft verkörpern sie jene Verschmelzung der Energien, die wir alle anstreben können. Wir haben Frauen ausgesucht, die den Mut hatten, ihre Leidenschaften zu aktivieren, und die Reife, die Form ihres Lebens entsprechend zu verändern. Ihr Leben ist nicht das Leben, das die meisten von uns wählen würden, aber ihre Entscheidungen spiegeln Themen, denen wir auf dem Weg zu einem authentischeren Leben begegnen werden.

Für Ann Ehringhaus waren die Umgebung, die Entscheidung über die Art, ihren Lebensunterhalt zu verdienen, und die Freiheit von einer primären Beziehung wichtig für die Form, die ihre dominanten Energien zum Ausdruck brachte. Ihre Freundin und Inselmitbewohnerin Mary Nolan hat dieselbe Umgebung gewählt, Ocracoke Island, aber ihr Leben hat eine völlig andere Form. Anns Energien sind hauptsächlich kreativ, die von Mary hauptsächlich auf Beziehungen ausgerichtet. Obwohl ihr Leben nicht weniger kreativ ist als das von Ann, wird Mary mehr von ihrer Leidenschaft nach Verbundenheit bewegt. Marys Geschichte zeigt außergewöhnlichen Mut und radikale Veränderungen.

Liebe ist nicht rational

Bei unserer ersten Begegnung kam Mary Nolan von einem Spaziergang zum abgelegenen Nordstrand der Insel zurück. Sie trug ausgeblichene Jeans und ein bequemes altes blaues Hemd. Ihre Brille hing an einer Schnur um ihren Hals, und ihr kurzes braunes Haar war kaum vom Wind zerzaust. Sie hatte eine Tüte mit Müll dabei – Überbleibsel, die sie vom Strand aufgelesen hatte. Wie Ann und allen anderen Inselbewohnern ist es ihr wichtig, die Strände zu schützen. Sie hat den leidenschaftlichen Wunsch, die urtümliche Schönheit der Insel zu erhalten. »Dies ist ein heilender Ort«, sagt sie. »Wir können nicht zulassen, daß sie ihn mit ihren verdammten Ölbohrlöchern zerstören.«

Mary ist 75. Vor fünfzehn Jahren zog sie mit ihrer Freundin Pat nach Ocracoke. Ihre Freunde beschreiben sie als eine Frau, die »viele Leben« gelebt hat. Mary war verheiratet, hatte zwei Kinder, überwand mit vierzig ihre Alkoholabhängigkeit, verließ mit 45 ihren Mann. Sie ging wieder zur Schule, wurde Pflegerin in der Psychiatrie und lernte mit 50 ihre Lebensgefährtin Pat kennen, mit der sie 20 Jahre zusammenlebte, bis Pat vor vier Jahren starb. Ungefähr anderthalb Jahre nach Pats Tod ging Mary eine neue Beziehung ein, die sie als liebevoll, hilfreich und »lustig« bezeichnet. Spaß und Spiel sind wichtig für ihr Glück. Die Strände von Ocracoke sind ihr »Spielplatz«. In ihrem »neuen Leben« als psychologische Beraterin auf der Insel ist sie dafür bekannt geworden, die Therapien am Strand durchzuführen. Was, so meint sie, könnte heilender sein?

Anders als Ann, die immer wußte, was sie bewegte, hat Mary ihre Leidenschaft langsamer entdeckt. Ihr jetziges Leben wird von tiefer Zufriedenheit und einer Ganzheit im Schatten der Trauer beherrscht. Ihre Liebe zu Pat war die zentrale Kraft ihres Lebens.

Mary erzählt uns, daß Pat im Leben der Menschen, die sie kannten, immer diese Bedeutung hatte. Pat glaubte, daß »gut leben die beste Rache ist«. Wenn Freunde zu einem Besuch nach Ocracoke kamen, charterte sie ein Fischerboot, das ihr neunzigjähriger Insel-Freund Thurston steuerte; sie beobachteten den Sonnenuntergang, aßen Muscheln, tranken Champagner und Mineralwasser. Pat sagte immer, es sei wichtig, »die Stadt aus den Leuten herauszublasen«. Dann fand bis spät in die Nacht eine lebhafte Unterhaltung statt.

Pat und Mary liebten beide die Schönheit der Insel, das Fischen und das »Herumfahren mit den Booten«, und hatten eine innige intellektuelle Gemeinschaft, die ihnen Kraft gab.

Als wir im schwindenden Licht des Tages beobachten, wie die Mondblumen sich in Marys Vorgarten öffnen, erzählt sie uns von ihrer Gemeinschaft mit Pat.

»Einen Morgen trage ich als wundervolles Bild im Gedächtnis ... Wir wollten Seeforellen fischen. Das Wasser war völlig ruhig, und wir fuhren in dem kleinen Boot hinaus, keine noch so kleine Welle, der Horizont war nicht vom Wasser zu unterscheiden. Es war alles so sanft, in sehr blassen Pastellfarben. Es war, als führe man durch ein Gemälde von Maxfield Parrish. Die Sonne ging gerade auf. Wir saßen einfach im Boot und sahen es uns an und spürten es und teilten diese Erfahrung miteinander, und sie war genauso voll von dieser Schönheit wie ich. Es war einfach wunderschön.«

Für Mary war Pat »die Liebe ihres Lebens«. Als Pat starb, hatte sie das Gefühl, als würde etwas aus ihr herausgerissen. »Das ist Leidenschaft«, sagt Mary uns, »das ist Leidenschaft. Es war eine Investition, ein Engagement, die Verflechtung in das Leben der anderen ... Es war Berühren, Festhalten, Streicheln, Zuhören, Füreinander-da-Sein ... Nähe, Wissen, daß man sich auf jemanden verlassen kann, Wissen, daß dieser Mensch dich versteht und akzeptiert, daß er dir helfen wird, auch wenn man streitet und nicht einer Meinung ist. Gott, habe ich sie geliebt. Ich sehe noch ihr Gesicht vor mir, mit ihren schmalen Augen – so (Mary macht eine Fratze) –, es war vor Wut auf mich manchmal ganz fahl. Man wird nicht so wütend auf Menschen, die man nicht liebt. Das Gegenteil von Liebe ist Gleichgültigkeit.«

Als wir Mary fragen, ob sie Liebe für rational oder irrational hält, lacht sie. »Was zum Teufel hat sie mit Vernunft zu tun?« Sie glaubt, daß Liebe vernünftiger werden kann, wenn sie reift, aber sie fängt selten so an.

Seit Pats Tod hat Mary ihr »neues Leben« akzeptiert; sie sieht ihren Schmerz als eine Gelegenheit, zu wachsen und mehr über das zu lernen, was das Leben sie zu lehren hat.

»Es war der lohnendste Teil meines Lebens, diese letzten paar Jahre, die ich hier auf der Insel Beratungen gemacht habe. Es gefällt mir, wenn ich beobachte, wie Leute lebendig werden, wenn sie hereinkommen und mit mir über ihre Trauer sprechen, und ich höre ihnen zu und zeige ihnen Alternativen. Es ist toll, zu sehen, wie Menschen sich ändern, wie sie aufblühen und sich öffnen. Als ich trocken wurde, gehörte es zu den wichtigsten Dingen, daß ich meine Entscheidungsgewalt zurückbekam.«

In den letzten drei Jahren ist Mary auch zu ihrer aus der Kindheit stammenden Liebe, dem Schreiben, zurückgekehrt. Sie schreibt über ihre Zeit mit Pat, über ihre eigene Veränderung. Sie schreibt Gedichte. Einmal in der Woche besucht sie einen Kurs für kreatives Schreiben.

Genauso, wie sie mehr nach innen geht, geht sie auch mehr auf andere zu. Sie ist Mitglied des Gesundheitsausschusses ihres Bezirks. Einmal im Monat macht sie per Fähre die lange Reise zum Festland und zurück, um Versammlungen zu besuchen. Die Gesundheit der Inselbewohner und die Qualität des dortigen Gesundheitszentrums liegen ihr sehr am Herzen. Sie hilft immer noch zwei Nächte pro Woche anderen Alkoholikern, nachdem sie selbst seit 35 Jahren trocken ist.

Und sie achtet bedächtig und bewußt auf die Details des Lebens: Sie füttert 17 streunende Inselkatzen, zahlreiche Vögel, fährt an den meisten Abenden mit ihrem Jeep an den Strand, um den Sonnenuntergang zu beobachten, und sammelt auf ihren Fensterbrettern Muscheln und Blumen. Sie lebt von einer kleinen Rente in einem Wohnwagen, der sich an einer hohen Stelle in der Mitte der Insel in ein Kieferngehölz schmiegt. Materielle Dinge bedeuten ihr wenig, sie meint, daß sie mehr als genug hat. Sie ist Mitglied einer Gruppe, die sich »die Suchenden« nennt. Mary hält Ausschau nach Zeichen des Heiligen – und findet sie täglich in der Schönheit der Insel.

Vor kurzem erläuterte jemand ihr, Menschen, die auf Inseln zögen, würden nur versuchen, der Realität zu entfliehen. Sie war anfangs verwirrt und dachte dann: »Aber hier *ist* Realität. Warum will man all die anderen Ablenkungen, die wir geschaffen haben und die wir für wichtig halten? Geld, Autos, Häuser, Streß, Ehrgeiz, Wettkampf, Massen, Gewalt. Die Insel hat etwas Faszinierendes. Ich kenne sie als heilenden, liebevollen, helfenden Ort, als Gemeinschaft. Das ist für mich realer als der ganze andere Kram.« Die Schönheit der Insel und der Welt sind für sie eine Art Schule, in der ihre Aufgabe darin besteht, immer weiter zu lernen.

Für uns sind Ann und Mary von einer Energie beseelt, die fließt, die integriert ist. Scharfe Drehungen und Windungen fehlen. Beide Frauen haben für ihr Leben Strukturen gefunden, die die konventionellen weit hinter sich lassen, die aber ihren speziellen Stil der Fürsorglichkeit für andere und sich selbst auf ihre ganz eigene Art ausdrücken. Ihre Entscheidungen erforderten Mut und die Bereitschaft zu Risiko und Veränderung, wenn der Energiefluß blockiert war. Ihre Lebensgestaltung bedurfte eines Geistes, der äußere Erwartungen in Frage stellt und entscheidet, wie »Liebe« und »Leidenschaft« für sie ganz persönlich aussehen.

Die meisten Frauen wissen intuitiv, ob die Form ihres Lebens ihren dominanten Energien entspricht. Wenn ja, empfinden sie Harmonie und Ganzheit; sie sind mit sich und anderen »im Lot«, fühlen sich lebendig, engagiert, »im Fluß«. Eine solche Frau erscheint intensiv oder tiefgründig oder grenzenlos; ihre Gegenwart fesselt und inspiriert. Wenn dagegen die Energien blockiert sind, hat eine Frau das Gefühl, nicht ihr eigenes, sondern das Leben von jemand anders zu leben. Sie spürt, daß sie ein Geheimnis vor sich verbirgt, daß sie irgendwohin gehen möchte, aber nicht dort ankommen kann. In den meisten Fällen weiß sie, daß sie ein fremdes Leben lebt, daß die Fürsorge für andere die Fürsorge für sich selbst und den Ausdruck ihrer Person behindert.

Die Arbeit ist auf jeder Ebene sakrosankt

Auch in der Stadt kann die Leidenschaft »im Fluß« sein. Bei Lucy Lippard, Autorin von sechzehn Büchern, dominiert die intellektuelle Energie. Bei einem Blick auf ihre Arbeit könnte man sagen, daß sie eine Leidenschaft für die Mixtur verschiedenster Dinge hat.

Lucy lebt in New York City. Die meisten Stadtbewohner sagen sich in regelmäßigen Abständen, daß der Rhythmus des Stadtlebens zu stressig ist. In ihrer Phantasie ziehen sie in die Vororte oder aufs Land, um ein »einfacheres Leben« zu führen. Die meisten sagen auch, daß sie ohne die Stimulation der Stadt »verhungern« würden. Dieser Bedürfniskonflikt bleibt inmitten der täglichen Frustrationen des Stadtlebens ein ständiger Refrain.

Lucy hat diesen Konflikt gelöst. Sie verbringt fünf Monate im Jahr in einem Häuschen in den Ausläufern der Rocky Mountains und gibt gelegentlich Seminare an der Universität von Colorado in Boulder. Die Sommer verbringt sie auf dem Gelände ihrer Familie an der Küste von Maine. Aber ihre Dachwohnung in Soho ist der Ort, den sie als ihr Zuhause identifiziert. Sie hat sie seit 24 Jahren.

Die Themen des Stadtlebens klingen in Lucys Arbeit an – die intellektuelle, politische und kulturelle Vielfalt, die geräuschvolle Intensität, die breite Palette von Persönlichkeiten und Lebensstilen, die ästhetische Stimulation, der Ehrgeiz, die hektische Jagd nach dem Erfolg. Und auch das Gefühl, sich in einem Zentrum der Energie zu befinden, im Herzen von allem, was neu, innovativ, intellektuell, chic ist.

Lucys Leben ist voll von Widersprüchen. Sie ist privilegiert und proletarisch, städtisch und ländlich. Sie hat ein Privatleben, äußert sich aber auch öffentlich. Eine Reihe von aktivistischen und feministischen Künstlergruppen in New York hat sie mitgegründet.

Lucys Leben gleicht ihrer ästhetischen Vision. Ihr Sinn für Muster vermischt verschiedene Formen und Bilder zu einem neuen Ganzen; vielleicht ist ihr Leben deshalb eine Mixtur, eine Collage mit einem dominanten Thema, einem starken inneren Imperativ: die Verpflichtung sich selbst und ihrer Arbeit gegenüber.

Wir fragen sie, was all die Dinge verbindet, die sie gerne tut. Ihre Antwort: »Widersprüche, auch hier. Ich mag Aktivitäten, die ich allein mache. Ich mag Schreiben, Wandern und Segeln. Je älter ich werde, desto wichtiger wird die Natur. Andererseits mag ich Leute und stelle immer Gemeinschaften um mich herum her. Ich mag Zusammenkünfte und habe gern Leute bei mir zu Hause, es gefällt mir, sie zu beköstigen, und gleichzeitig mag ich es, den größten Teil meiner Zeit allein zu verbringen, am liebsten draußen. Ich habe immer für die Vorstellung gelebt, daß alles mit allem verbunden ist.«

Beziehungen sind ihr wichtig, besonders die zu ihrem 27jährigen Sohn, aber sie läßt sich dadurch nicht vom Schreiben ablenken. Lucy hatte in den letzten zehn Jahren keine intensive Liebesbeziehung.

»Ich war mit verschiedenen Männern zusammen, die jetzt praktisch alle gute Freunde sind ... Es waren alles sehr verschiedene Menschen, und sie hatten alle irgendwie mit Kunst zu tun. Keine Beziehung ist wegen der Arbeit zerbrochen, denn ich war in jeder Beziehung die, die ich war, und es stand immer außer Frage, daß die Arbeit wichtig war und ich meinen eigenen Lebensunterhalt verdiente. Meine überwältigende Leidenschaft war sicher immer die Arbeit, und alle meine Freunde und Liebhaber wissen das.

Jeder Mann, mit dem ich zusammen war, hat mir einen neuen Bereich eröffnet, der extrem interessant war, und dafür bin ich ihnen wirklich dankbar. Aber ich hatte immer eine ziemlich kurze Aufmerksamkeitsspanne für Beziehungen, was, wie ich glaube, ein Teil meiner Collage-Ästhetik ist. Ich lebe sehr spontan und habe das Gefühl, in der Falle zu sitzen, wenn ich nicht so leben kann.«

Über andere Frauen, die ihre Arbeit um ihre Beziehungen herum arrangieren mußten, sagt sie: »Ich glaube, daß viele Frauen, das heißt die durchschnittliche weibliche Künstlerin in meinem Alter, alles wollten; sie wollten verheiratet sein und Kinder haben und versuchten, viele Dinge unter einen Hut zu bringen. Ich war genauso.«

Heute folgt Lucy ihrer eigenen Energie, sie setzt den inneren Dialog mit sich fort. Aber im Zusammensein mit ihr hat man nicht das Gefühl, daß ihre Energie sich verzettelt. Mit 55 ist sie eine kleine, drahtige, intensive Frau, deren konzentrierte intellektuelle und verbale Kraft wie eine angespannte Sprungfeder wirkt. Ihre Intelligenz wird von Humor, einer gewissen Distanz zu sich selbst und einem von tief innen kommenden Lachen begleitet. Sie scheint geballte Energie und die Weite des Himmels zu vereinen.

Lucys Interessen sind breit gestreut; nicht nur Feminismus und Kunst gehören zu ihnen, sondern auch der Vietnam-Krieg und Archäologie. Sie ist Sozialistin und verfolgt die Kämpfe farbiger Frauen und Künstlerinnen mit großer Aufmerksamkeit. Sie hat außerdem Romane veröffentlicht.

Wie sieht Lucy ihr Leben? »Ich glaube, ich hatte ein sehr glückliches Leben. Eine Frau sagte kürzlich zu mir: ›Na, Sie haben sehr viel Schlimmes mitgemacht, oder?‹, und ich sagte: ›Nein, ich hatte bisher wirklich ein tolles, glückliches Leben‹, und die andere lachte und sagte: ›Ja, so gehen Sie damit um.‹ Ich war verblüfft. Es war mir nie eingefallen, daß mein Leben schwierig gewesen sein könnte.«

Beziehungen sind wichtig für Lucy, aber ihre Seele und ihr Geist sind bei ihrer Arbeit. Ihre Leidenschaften - kreativer Ausdruck und Beziehung – gehen auseinander, wobei eher die Arbeit ein Gefühl der Lebendigkeit herstellt. Ihr kreativer Ausdruck erwächst ganz natürlich aus ihrer starken Neugierde und ihrem Interesse an der Welt um sie herum – er repräsentiert ihr Bedürfnis, auf intellektueller und ästhetischer Ebene neue Verbindungen herzustellen.

Vielleicht ist Lucy nicht klar, daß sie ein schwieriges Leben hatte, weil die Form ihres Lebens ihren Leidenschaften und Bedürfnissen entspricht. Härten und Wirren sind leichter zu ertragen, wenn das Leben einen Zusammenhang hat und man sich selbst akzeptiert.

Lucy liebt und arbeitet in dem Gleichgewicht, das für sie richtig ist. Sie lebt an den verschiedenen Orten so lange, wie es für sie sinnvoll ist. Sie hat keine Angst, daß sie als Frau zu intellektuell, zu egoistisch ist, sich nicht genug auf Beziehungen einläßt. Sie tut, was sie gerne tut.

Der Mut, ein Leben zu gestalten

Wir haben diese drei Frauen-Porträts vorgestellt, um deutlich zu machen, wie wir als Autorinnen und Therapeutinnen die Kraft einer Frau sehen, ein ihr entsprechendes Leben zu gestalten, wenn sie Zugang zu ihrem leidenschaftlichen Selbst findet und sich selbst zum Subjekt ihres Lebens macht.

Der Blick auf Extremes macht die subtile Vielschichtigkeit unseres Lebens klarer. Einige der Frauen, die in diesem Buch zu Wort kommen, haben wesentlich weniger Gestaltungsfreiheit als die meisten von uns, und nur sehr wenige sind so frei wie Ann, Mary oder Lucy. Wir alle stehen in bezug auf Liebe und Kreativität vor schwierigen Fragen.

In der gegenwärtigen postmodernen Welt, in der keine bestimmte Lebensform en vogue ist und in der alle Stile, Motive und Geschichten die gleiche Relevanz oder Irrelevanz und das gleiche Gewicht zu haben scheinen, wissen wir nicht mehr, was unserem Leben Sinn gibt. Was ist Liebe, wer spürt sie, was geschieht mit ihr? Wie sollen wir in einem Zeitalter, in dem AIDS die Angst vor dem sexuellen Ausdruck schürt, in der der Kommunismus stirbt und langgehegte Feinde plötzlich Freunde sind, in der es keine traditionelle Familienform mehr gibt und in der die Definitionen von männlich / weiblich radikal in Frage gestellt und in manchen Fällen völlig ad acta gelegt werden, unseren Gefühlen vertrauen oder überhaupt wissen, was wir fühlen? Unsere Gesellschaft verfügt weder über Modelle oder Bilder, die sie anleiten könnten, noch über verläßliche geschichtliche Lektionen, die uns durch die Verwirrung der modernen Zeit steuern könnten. Vor allem Frauen müssen sich um neue Geschichten und Modelle bemühen, denn die bisherigen sind mehr als die anderer Menschen von anderen gemacht worden und sprechen uns das Handeln in der Welt ab.

Für uns ist die leidenschaftliche Frau Subjekt: Sie hat den Mut, ihre vitalsten Energien anzuzapfen und aus ihnen ein entsprechendes Leben aufzubauen. Sie läßt sich voll und ganz ein, ist reif, weiß, daß sie sich verändern muß, und hat den Mut dazu. Sie kann auf Beziehungen, auf Kreativität oder auf beides ausgerichtet sein. Wichtig ist, daß sie die Verantwortung übernimmt, daß sie, nicht andere, die Form ihres Lebens bestimmt. Sie hat eine starke innere Stimme und läßt sich von ihr führen. Sie trifft Entscheidungen, geht Verpflichtungen ein, macht Fehler. Aber sie folgt ihrer eigenen Leidenschaft. Sie singt aus voller Kehle.

Die folgenden Worte der politischen Aktivistin, Sängerin und Liedermacherin Holly Near geben die Energie der leidenschaftlichen Frau sehr gut wieder:

»Meine Kreativität und meine politische Arbeit sind miteinander verbunden. Ich gehe nicht aus Schuldgefühl oder Verantwortlichkeit nach draußen und mache diese Arbeit, sondern weil sie zu dem Leben führt, das ich haben möchte. Sie erschafft die Erinnerungen, auf die ich zurückblicken möchte. Sie erschafft die Substanz. Sie bringt die Leidenschaft hervor, mit der ich liebe. Sie läßt die Töne aufsteigen, die in die Musik eingehen. Wenn ich nicht so denken und fühlen würde, wie ich es tue, könnte ich nicht so singen, wie ich singe. Man kann nicht einfach einen Teil weglassen. Der Brotteig geht nicht, wenn keine Hefe da ist. Ich *mag* dieses Leben. Ich mag es, wenn es schwer ist – es gefällt mir besser, wenn es anders ist, aber ich weiß, daß ich die Süße nicht ohne die Bitterkeit haben werde.«[2]

2. Das Objekt seiner Zuneigung

Es ist im Spätherbst 1991. In der Flugzeughalle des Marineflieger-Stützpunkts, der vier Einheiten der nordatlantischen Verteidigungsflotte beherbergt, machen sechs Männer vom Abenddienst eine Pause. Alle zweieinhalb Minuten erschüttert das tiefe Brummen eines altmodischen Propellerflugzeugs, das vom Zweiten Weltkrieg übriggeblieben zu sein scheint, die Wellblechwände der Halle. Die Männer sitzen im Inneren des Schuppens herum; einige kauern auf ihren Fersen, andere sitzen auf Klappstühlen oder ungeöffneten Kisten mit Flugzeugteilen.

Mike sitzt ein bißchen abseits von den anderen. Er ist auffallend schweigsam inmitten des Gelächters, das den sexistischen, rassistischen Witzen folgt, die fast wie ein Ritual unter ihnen umgehen. Mike ißt das Erdnußbutter-Sandwich, das er für sich eingepackt hat. Er und Samantha haben heute morgen gestritten. Sie hat sich geweigert, ihre Pläne für den Abend aufzugeben, um ihm das Abendessen zu bringen. Wenn die Männer der Einheit Überstunden machen müssen, packen ihre Frauen ihnen gewöhnlich eine warme Mahlzeit ein und bringen sie zur Halle. Die Frauen sitzen dann am Rand herum und sehen den Männern beim Essen zu, bis es Zeit ist, das schmutzige Geschirr mit nach Hause zu nehmen. Die anderen Frauen sind jetzt da, gerade außer Hörweite der Witze.

Nicht nur die Propellermaschinen sehen wie Überbleibsel des Zweiten Weltkriegs aus. Der Kontext, in dem Samantha als Frau eines Marinefliegers lebt, könnte einem Film aus den vierziger oder fünfziger Jahren entstammen. Die Frauenbewegung ist gekommen und gegangen und hat hier kaum eine Spur hinterlassen.

Aber Samantha hat angefangen, Veränderungen vorzunehmen, die Form ihrer Ehe in Frage zu stellen, und zu Hause ist die Lage gespannt. Als vor kurzem eine andere Fliegerfrau anrief, um Mike nach einem Projekt der Männer zu fragen, sagte Samantha: »Mike kann jetzt nicht ans Telefon kommen, er macht gerade den Abwasch.« Die andere Frau war verblüfft: »Wie um alles in der Welt hast du ihn dazu gebracht?« Wenn Mike ihr sagt: »Ich habe keine Rasierklingen mehr, du hättest daran denken sollen, sie zu kaufen«, sagt sie: »Hast du sie auf die Einkaufsliste geschrieben?«

Als Samantha Mike begegnete, waren sie beide neunzehn Jahre alt, Studenten in einem College in Montana. Samanthas Mutter hatte Selbstmord begangen, als sie vier war. Ihr Vater, ein Alkoholiker, starb wenig später. Mikes Mutter hatte fünf Kinder großgezogen, mit Lebensmittelmarken und viel Mut, nachdem ihr alkoholabhängiger Ehemann die Familie nach Mikes Geburt verlassen hatte. Mike wuchs mit vier Schwestern und einer entschlossenen Mutter auf; seine einzigen männlichen Rollenvorbilder waren die händelsuchenden, ebenfalls alkoholabhängigen Brüder seines Vaters.

Als Mike und Samantha sich kennenlernten, waren ihnen die üblichen altmodischen Werte gemeinsam. Sie wollten eine andere Familie bilden als die, die sie als Kind gekannt hatten, eine Familie, die zusammen zu Abend aß und sonntags im Park spazierenging. »Ich dachte immer, wir würden eine exemplarische Familie sein«, meint Samantha.

Sie wollte Lehrerin werden. Mike hatte immer vom Fliegen geträumt. Beide wußten nicht, was es bedeutete, als er zur Marine ging: sechs Umzüge in acht Jahren; sechs Monate Abwesenheit und dann ein Jahr zu Hause. Manche der Frauen machten Monate vor einem Einsatz Videoaufnahmen von ihren Männern und spielten sie dann ab, wenn die Kinder beim Frühstück saßen. So entstand die Illusion einer väterlichen Präsenz, die oft besser funktionierte als seine physische Anwesenheit.

Mike liebte das Fliegen. Samantha unterrichtete zunächst weiter, startete bei jedem Umzug ihre Karriere neu, fügte sich in jede neue Freundesgruppe ein, in jeden neuen Schauplatz, glücklich, daß Mike glücklich war.

Sie hätte sich nicht als kreativ beschrieben, nicht besonders, obwohl sie eine Leidenschaft für die Natur hatte, für das Ästhetische. Sie liebte die Berge von Montana, wo sie und Mike sich kennengelernt hatten, und wurde von Kollegen als kreative Lehrerin beschrieben. Sie sehnte sich nach eigenen Kindern, und auch Mike wollte ein Kind.

Dann wurde Jill geboren.

»Ich hatte mein ganzes Leben vorausgeplant. Ich wollte wieder arbeiten gehen. Als sie dann geboren wurde, die Geburt, was ich durchmachte – ich hatte das Gefühl, jemand würde mich mit einem Stock zu Boden schlagen, und ich würde nicht wieder hochkommen. Es war ein traumatisches Ereignis in meinem Leben, und niemand glaubte mir, denn eine Geburt ist ja angeblich etwas Wundervolles. Ich saß da und weinte wochen- und monatelang jeden Tag. Es war mehr als das nachgeburtliche Trauma. Ich erinnere mich daran, daß ich am Tisch saß. Es dämmerte; ich war allein. Ich wusch die Flasche aus, fütterte das Baby, wechselte die Windeln, machte das Waschbecken sauber, machte Frühstück. Dann weinte das Baby wieder, und ich setzte mich hin und weinte mit ihm.«

Aufgegebene Leidenschaft: Die relative Abwesenheit der Liebe

Nach einem Jahr hatte Samantha das Gefühl, einen Teil von sich selbst verloren zu haben. Unsere Interviewerin traf sich mit ihr und ein paar Freundinnen, anderen Marinefrauen, zu einem Gruppeninterview für dieses Buch. Samantha war neugierig, ob eine ihrer Freundinnen ebenfalls meinte, sich in der Ehe verloren zu haben, und fragte sie, welche Teile von sich sie beiseite geschoben hätten. Alle hatten ein früheres kreatives Interesse aufgegeben. Später sagte sie, ihre Freundinnen, die sie doch gut zu kennen glaubte, wären bei diesem Treffen für sie auf andere Weise lebendig geworden. Sie entdeckte Teile von ihnen, die sie vorher nicht gekannt hatte. Eine hatte begeistert Flöte gespielt. Eine andere hatte am College Kunst als Hauptfach belegt. Bis zu diesem Interview hatten sie noch nie über ihre kreativen Interessen gesprochen. Sie hatten überhaupt wenig über die Dinge gesprochen, die ihnen am wichtigsten waren.

»Nur eine von uns scheint diesen Teil von sich am Leben zu erhalten, und sie hat täglich Streit mit ihrem Mann und an ihrem Arbeitsplatz. Aber sie pflegt auch akzeptable kreative Beschäftigungen wie Handarbeiten und Klavierspielen. Sie wird von der Gesellschaft gebilligt – die Marine mag Kunstgewerbliches.«

Samantha sagte, sie hätte angefangen, über andere Leidenschaften nachzudenken, die sie beiseite geschoben hatte. Eine kürzliche Entscheidung im Zusammenhang mit ihrer Katze fiel ihr ein.

»Als ich das streunende Kätzchen fand, mußte ich entscheiden, ob ich es behalten wollte, und das fiel mir schwer, denn mir wurde klar, daß es schmerzhaft wäre, dieses Kätzchen zu behalten; es erinnerte mich an eine Zeit in meinem Leben, in der ich mehr ich selbst war. Ich hatte eine Katze, als ich im College war; ich hatte mehrere Katzen, bis

Jill geboren wurde. Dann mußte ich sie aufgeben. Es war, als hätte ich die Tür zu einem Teil meines Lebens zugemacht. Mike und ich haben einen Hund. Aber Katzen sind meine Leidenschaft; mit meinem Hund ist es nicht dasselbe. Ich wußte das nie, aber ich erkannte, daß ich dachte, die relative Abwesenheit von Liebe für den Hund würde Reife bedeuten. Es war genauso, als ich heiratete; ich dachte, die Gesellschaft würde sagen: ›Sie müßte glücklich sein – sie hat ein Haus und Kinder, um die sie sich kümmern kann.‹ Als Kind hatte ich eine Ente. Jeder dachte, ich würde die Ente lieben, weil *ich mich um sie kümmerte*, aber das war es nicht. Die Ente war meine Freundin. Die Ente und die Katzen waren etwas anderes als nur Gesellschaft. Sie sind eine Seite von mir, die niemand kennt... ein tiefes und beständiges Gefühl.«

Für Samantha geht es jetzt darum, dieses »tiefe und beständige Gefühl« wiederzufinden, ihre Meinung zu korrigieren, daß »die relative Abwesenheit von Liebe Reife bedeutet«. Die Überzeugung, daß tiefe Gefühle kindisch und Leidenschaften gefährlich sind, kann ein Leben zerstören.

Während Ann Ehringhaus, Mary Nolan und Lucy Lippard sich zu ihren Leidenschaften bekennen, ist Samantha noch auf der Suche nach ihnen. Einige Beschränkungen, die Samantha und uns allen den Zugang zu unseren Leidenschaften verwehren, sind sicherlich psychisch und in der familiären Erfahrung verwurzelt, aber Samantha ist auch im Netz der gesellschaftlichen Vorstellung über die weibliche Art zu lieben gefangen. Während Ann, Mary und Lucy die atypische Freiheit haben, ihre Energien zu gestalten, wird Samantha durch eine traditionelle Form behindert, die nicht zu ihrem Empfinden paßt.

Diese Form entstammt der alten gesellschaftlichen Liebeskonzeption. Dort wird Liebe im Hinblick auf die traditionellen Vorstellungen über das Familienleben definiert, die in bezug auf die Frau davon ausgehen, daß Liebe bedeutet, »sich selbst zurückzustellen«. Die Konzeption suggeriert ein totales und bedingungsloses Opfer der eigenen Person, das nicht situations- und kontextbezogen ist. Diese Vorstellung hallt wie eine körperlose Stimme in Samanthas Gehirn wider und formt ihr Denken und ihr Selbstgefühl. Sie geht davon aus, daß Liebe nur bestimmte Formen annehmen kann und daß eine Empfindung, die von diesen Formen abweicht, »unreif« oder krank ist. Sie gibt Leidenschaften und Interessen auf, die aus der Konzeption herausfallen, oder äußert sie zumindest nur unter Zweifeln.

Das gespaltene Bild und andere Mythen der Weiblichkeit

Welche Geschichten erzählt die Gesellschaft über Frauen und Liebe, und wie formen uns diese? Virginia Woolf schrieb ihren Roman *Die Fahrt zum Leuchtturm* im Jahre 1927.[1] In ihm repräsentiert die Freundschaft der beiden Protagonistinnen die dualen Energien, die für Frauen in puncto Liebe Konflikt und Kampf bedeutet haben. Die eine Hauptperson ist Mrs. Ramsay – sie wird nur unter dem Namen ihres Mannes vorgestellt, sie hat keine eigene Identität. Die andere ist Lily Briscoe, ihre Freundin, eine Künstlerin.

Mrs. Ramsays Hauptleidenschaft ist das Geben. Sie ist die typische Gattin und Mutter, die über das Leben ihrer Familie die Aufsicht führt. Sie verehrt ihren Mann und plant den Fortschritt ihrer Kinder durch die düsteren Tiefen des Erwachsenwerdens. Mrs. Ramsay ist völlig damit einverstanden, Liebe als Geben, Opfer, Fürsorglichkeit, Für-andere-Dasein zu definieren, und glaubt, »eine Unverheiratete habe das Beste vom Leben versäumt«.[2]

Ihre beste Freundin, Lily, *ist* unverheiratet. Lily ist introvertiert und gern allein. Ihre Leidenschaft gilt ihrer Kunst. Es gefällt ihr, die innere Verbindung zwischen Dingen zu sehen und diese Erkenntnis auf ihre Gemälde zu übertragen. Sie möchte den Mut behalten zu sagen: »Aber das ist, was ich sehe.«[3]

Virginia Woolf hat ihr Bewußtsein von der gespaltenen weiblichen Identität in diesen beiden Charakteren symbolisch niedergelegt. Mrs. Ramsay ist die Frau der üblichen gesellschaftlichen Liebeskonzeption. Sie akzeptiert die traditionelle Frauenrolle bereitwillig, und diese scheint sie auch auszufüllen. Lily ist die Nonkonformistin, die gegen die Regeln lebt. Sie ist produktiv, kreativ, künstlerisch, macht »ihre eigene Arbeit«. Lilys Hauptproblem besteht darin, sich selbst ernst zu nehmen. Niemand tut es, noch nicht einmal ihre Freundin. Sie bemüht sich, sich wegen ihrer Leidenschaft für die Kunst nicht ständig albern vorzukommen.

1927 wurde diese Betrachtungsweise weiblicher Erfahrung durch eine Gesellschaft verstärkt, die, wie einer der männlichen Charaktere in dem Roman, glaubte, daß Frauen nicht malen und schreiben können. Frauen können nur lieben. Die Rolle der Gattin und Mutter beinhaltete Emotionalität und Empfindungsvermögen; sie galten als Domäne der Frauen, das Handeln in der Welt, die Kreativität, wurde den Männern zugesprochen. Für eine Frau bedeutete Liebe, das Liebesobjekt zu sein, die Geliebte, diejenige, die sich um die Bedürfnisse der anderen kümmerte.

Was Virginia Woolf schildert, ist das sogenannte »gespaltene Bild« weiblicher Erfahrung. Die gesellschaftliche Liebeskonzeption läßt uns glauben, die Spaltung sei etwas Reales, fürsorgliche Energien seien etwas anderes als schöpferische Energien und ein Mensch könne nicht beides haben. Entweder frau gibt sich selbst auf und liebt, oder frau gibt die Liebe auf und bringt etwas hervor. Eine Frau, die um der kreativen Leidenschaft willen die Liebe aufgibt, ist weniger Frau, und das von ihr Geschaffene hat kaum einen Wert.

Das gespaltene Bild, das Frauen eher auf Lieben als auf »Machen« festlegt, begrenzt uns auch auf bestimmte Vorstellungen über Liebe. Die durch die Spaltung charakterisierte Liebeskonzeption definiert Fürsorglichkeit als Fürsorglichkeit *geben*; sie sagt nicht, Liebe sei Produktivität oder Kraft oder Leidenschaft. Mit anderen Worten: Diese Liebe schließt das Selbst aus. Liebe bedeutet nicht, daß Leidenschaft und Verbundenheit miteinander geteilt werden, sondern: »Ich bin, was er will, ich gebe, was er braucht, ich schaffe das perfekte Umfeld für die Befriedigung der Bedürfnisse anderer.« Das gespaltene Bild teilt Frauen eine reaktive, passive Liebe zu, die spiegelt und lächelt.

Dieses gesellschaftliche Liedesideal kommt in vielen Antworten unserer Umfrage zum Ausdruck.

> »Liebe bedeutet, sich um das Wohlergehen eines anderen Menschen zu kümmern und so zu handeln, daß es ihm gefällt.«
> »Liebe ist Interesse am Wachstum des anderen.«
> »Das Gefühl, daß ein bestimmter Mensch mich braucht und akzeptiert. Für all die kleinen Dinge da sein.«

Unsere Definitionen von Liebe verweisen selten darauf, daß Liebe ein aktiver Ausdruck der eigenen Person ist, daß sie etwas zum Vorschein bringt. Die Fragebogen-Antworten, die diesem mehr schöpferischen Aspekt Rechnung tragen, vermitteln ein aktiveres Selbstgefühl:

> »Liebe bedeutet, durch die Beziehung zu jemand anderem zu entdecken, was es heißt, Mensch und lebendig zu sein.«
> »Liebe bedeutet gegenseitigen Respekt und Rücksichtnahme, Zuhören, Leidenschaft, Ehrlichkeit, Anerkennung, gehört werden und hören, respektieren und respektiert werden, auf gesunde Weise verbunden sein.«

»Liebe bedeutet, eine totale Verpflichtung einzugehen, um mit sich selbst, einem Interesse oder einem anderen Menschen eine Verbindung herzustellen.«

Uns wurde beigebracht, diese kreativen, engagierten handelnden Aspekte der Liebe geringzuschätzen. Wir halten die Gestalt unseres Körpers, die Intimität für unsere Kunst.[4] Weil Kreativität die Konzentration auf sich selbst erfordert, wird uns eingeimpft, daß wir nicht zugleich anderen nah und schöpferisch sein können, daß es sich hier um voneinander unabhängige Energien handelt, von denen eine der herrschenden Definition des Frauseins nicht entspricht.

In seinem 1991 erschienenen Buch über den kreativen Prozeß, *Creating*, beginnt der Autor Robert Fritz mit der kühnen Bemerkung, daß es »bei der Kreativität um Liebe geht«.[5] Auch Fritz unterscheidet zwischen rezeptiver bzw. passiver Liebe und einer eher aktiven Liebe. Bei der ersten geschieht eine Situation, und man *fühlt* Liebe. Bei der zweiten kommt die Liebe zuerst und *erschafft* die Situation. Er deutet damit an, daß die Liebesenergie nicht nur in Reaktion auf jemanden oder etwas auftaucht, sondern daß sie eine Kraft ist, die aus dem Inneren kommt. »Beim kreativen Prozeß ist die Liebe eher generativ als reaktiv... Wenn die einzige Liebe, die wir erleben und äußern, die Liebe ist, die uns widerfährt... entgeht uns eine ihrer Dimensionen. Beim kreativen Prozeß wird etwas erschaffen, weil die Schöpfer ihre Schöpfungen so lieben, daß sie sie hervorbringen wollen. Warum sonst sollten sie, oder Sie, schöpferisch sein?«[6]

Diese Zweiteilung weiblicher Energie – Fürsorglichkeit kontra Handeln in der Welt – hat die gesellschaftliche Liebeskonzeption stark beeinflußt. Wir sahen uns als Mrs. Ramsay *oder* als Lily, als Liebende oder als Künstlerin, selten als beides. Wir gehen kaum davon aus, daß der bei Kreativität wirksame Prozeß auch unsere Liebe erfüllen muß oder daß wir durch Liebe kreativ sind. Wir sind auch deshalb selten schöpferisch, weil es bedeuten würde, daß wir Macht *ausüben*, daß wir agieren, und dies entspricht nicht dem üblichen Selbstgefühl von Frauen.

Anders als Ann Ehringhaus haben wir selten das Gefühl, daß »mein Leben ein kreativer Ausdruck meiner Person ist«. Eher verfallen wir in dissonante und, wie die Anthropologin und Autorin Mary Catherine Bateson sagt, »diskontinuierliche« Rollen und Funktionen.[7] Wir gehen dahin, wo er hingeht, lassen unsere Pläne fallen, um seinen zu folgen, fragen uns, wann in unserer Karriere die beste Zeit ist, um Kinder zu haben. Wir übernehmen einen Großteil der Betreuungsarbeit. Wir sind eher Gestaltete als Gestalter. Oft wird unsere Identität völlig von den Rollen bestimmt, die wir übernommen haben. Wir denken selten darüber nach, was Liebe wirklich für uns bedeutet und ob die Formen, die wir zu ihrem Ausdruck gewählt haben, uns befriedigen.

Uns wurde gesagt, was Liebe bedeutet, und die Form unseres Lebens wird von ihr genausooft eingeschränkt wie erweitert. Der Journalist Bill Moyers hat vor kurzem einen Dokumentarfilm über die Kreativität von Frauen gedreht. Künstlerinnen und Schriftstellerinnen sprachen über die gegensätzliche Kraft von Liebe und Kreativität, besonders den Druck, Kinder zu haben. Die Autorin Mary Gordon, die zur Zeit des Interviews Mutter einer Tochter war, sagte: »Man hat einfach diese Leidenschaft für Babys.« Aber sie sagt auch, daß das Zusammensein mit ihrer Tochter den kreativen Prozeß »einfach beendet«. Der Film unterstreicht, daß Frauen gelernt haben, die Spaltung zwischen Liebe und Kreativität aufzuheben, indem sie die Nähe zur Kunstform machen. Der Film kommentiert diese Spaltung, das, was Gordon das »halbe Leben« nennt, das von Frauen erwartet wird.[8]

Das zerrissene Frauenbild trennt im Grunde Liebe von Macht. Die Gefühle von Frauen und ihre Fähigkeit zu kreativer Liebe werden heruntergespielt. Die Psychologin Ravenna Helson sagt: »Initiieren, Verändern, Erschaffen zeigen Kraft. Deshalb wird Kreativität nicht als natürlich oder angemessen für Frauen angesehen... Diese Probleme werden dadurch verstärkt, daß Weiblichkeit damit assoziiert wird, Männern zu gefallen, oder mit Schwangerschaft oder Kindererziehen in den Jahren, in denen die Erwachsenenidentität geformt wird, und der Tatsache, daß Frauen in den Jahren, in denen junge Männer sich in vielen Bereichen sehr um kreative Leistungen bemühen, Kinder aufziehen.«[9]

In unseren Fragebögen tauchen Refrains und Variationen zum gespaltenen Bild immer wieder auf. Ein bewegendes Zeugnis stammt von einer Frau, die sich erst jetzt, mit 56 Jahren, als Bildhauerin sieht.

»Ich dachte, das Leben würde erst bei der Hochzeit richtig anfangen. Die Ehe war ein idyllischer Zustand, in dem man irgendwie gerettet und mit einem Mann verbunden war, um den man sich kümmern konnte und der sich immer um einen kümmern würde. Die Entwicklung des Selbst war keine Priorität – das Leben der anderen war wichtiger.

Ich zog vier Kinder und drei Stiefkinder groß, die alle bis Anfang Zwanzig mit mir zusammenlebten. Um überleben und wachsen zu können und nicht erdrückt zu werden, mußte ich mich emotional und kreativ ›ernähren‹. Dies wurde zu einer verzehrenden Kraft. Die Bildhauerei, das Schreiben und Fotografieren wurden wichtiger, als die flügge gewordenen Vögel das Nest verließen.«

Julie Flanders, eine Schauspielerin, antwortet auf die Frage, ob Liebe oder kreativer Ausdruck für sie am wichtigsten sind: »Ich war nicht fähig, bei dem einen oder bei dem anderen zu bleiben, und deshalb habe ich eine Menge Zeit in meinem Leben mit dem Versuch verbracht, die richtige Mischung zu finden, denn ich glaube wirklich nicht, daß ich mit dem einen Extrem glücklicher wäre als mit dem anderen. Ich brachte die beiden Extreme ins Gleichgewicht, indem ich sie beide lebte. Es ist mir schwergefallen, zu einer mittleren Position zu kommen. Ich habe sehr viel kreative Energie darauf verwendet, mit den Extremen zu jonglieren, und meine Energie kompensatorisch auf die Männer gerichtet, mit denen ich zusammen war.«

Der von diesen Frauen beschriebene Konflikt ergibt sich direkt aus der »herrschenden Meinung« über Frauen in dieser Gesellschaft. Es ist derselbe Konflikt wie der von Samantha, die sagt: »Es war genauso wie bei meiner Hochzeit. Ich dachte, die Gesellschaft würde sagen: ›Sie müßte glücklich sein – sie hat ein Haus und Kinder, um die sie sich kümmern kann‹« – ,so als wäre die traditionelle Ehe für alle Frauen unter allen Umständen die passende Struktur und müßte ihre Energien absorbieren. Wir neigen dazu, Liebe und Verbundenheit nur so zu sehen, daß wir sie einem Mann und/oder Kindern auf Kosten der eigenen Person geben. Aber wir alle haben andere Energien, andere Leidenschaften, andere Dimensionen für unser Leben. Wir denken nur, sie wären von unserer wahren »Priorität« getrennt.

Wie die Spaltung erlebt wird, hängt sehr stark vom Alter ab. In unserer Studie neigten ältere Frauen – die aus der Generation vor dem Baby-Boom – dazu, die Spaltung wie oben beschrieben zu leben: Die Beziehung hatte Priorität, und die Kreativität war entweder Rettung vor ihr, eine Art Sicherheitsventil, oder etwas, was schließlich aufgegeben und selten noch einmal aktiviert wurde. Jüngere Frauen setzen die Prioritäten zunehmend anders. Viele Frauen um oder unter dreißig begannen ihr Erwachsenenleben mit dem Gefühl ihrer kreativen Kraft und hatten dann Angst vor Beziehungen, weil sie sich nicht »an die Liebe verlieren« wollten. Eine College-Absolventin sagte über die Liebe: »Ich habe das Gefühl, als würde ich irgendwie in diese Situation hineinrutschen, ich ändere mich und passe mich an und verliere am Schluß das Gespür für mich selbst. Wer möchte denn schon von der Liebe aufgehalten werden?«

Subjekte und Objekte: Variationen über ein Thema

Vor der zweiten Feminismuswelle wurden die Geschichten, die die gesellschaftliche Liebeskonzeption formten, vor allem von Männern erzählt. Die Ausnahmen, etwa Virginia Woolf, kommentierten die Ungerechtigkeiten. Mit Hilfe von Wissenschaft, Politik und Kultur hatten die Männer die Macht, die Geschichte der Frauen zu erzählen und als objektive Wahrheit hinzustellen. Sie hatten die Macht, die Bedeutung von Liebe zu definieren. Nur wenigen von uns ist klar, wie stark unsere Vorstellungen von Liebe von dem beeinflußt sind, was Männer über sie zu sagen hatten.

Die gesellschaftliche Liebeskonzeption täuscht, denn sie suggeriert, daß die Spaltung nur zwischen beziehungsorientierter und kreativer Energie besteht; uns wird gesagt, beziehungsorientierte Energie sei eine »weibliche«, kreative Energie eine »männliche« Qualität. Subtiler und schädlicher jedoch wirkt sich die mit dieser Spaltung einhergehende Überzeugung aus, eine Frau habe kein inneres Selbst, sie könne nicht das Subjekt ihrer eigenen Erfindung sein, sie sei ein Objekt, deren Selbst dadurch erschaffen wird, wie sie von anderen definiert, erlebt und bewertet wird und für diese anderen sorgt. Die Spaltung ordnet also liebende und schöpferische Energie nicht nur verschiedenen Polen zu, sie bringt auch der Selbstwahrnehmung einer Frau einen Riß bei. Jemand anders beschreibt, analysiert, wertet oder entwertet, wer sie ist und was sie tut. Das Objekt-Sein bedeutet letztendlich, zum *Playboy*-Titelblatt zu werden. Es bedeutet, wie die folgende Frau zu fühlen: »Ich dachte nie, ist er der richtige Mann für mich, ich dachte nur, bin ich die richtige Frau für ihn?«

Das gespaltene Bild wirkt auf zwei Ebenen. Weil Liebe nur als reaktives, fürsorgliches Verhalten von Frauen betrachtet wird, entsteht eine Spaltung zwischen unserer beziehungsorientierten und unserer kreativen Energie, die uns zu der Überzeugung veranlaßt, die beiden seien getrennt und entstammten nicht derselben Quelle. In der Art, wie Frauen definiert werden, liegt eine noch grundlegendere Spaltung vor. Da sie von anderen definiert wird, ist sie Objekt. Durch ihr Potential, sich selbst zu definieren, ist sie Subjekt. Weil sie in der Vergangenheit hauptsächlich von anderen definiert wurde, erlebt sie sich meist als Objekt in Beziehung zu einem mächtigeren anderen. Die bevorzugte Rolle, die die Gesellschaft ihr zuweist, ist die des Objekts.[10]

Diese Beschreibung impliziert nicht, daß eine Frau immer Objekt ist, wenn sie liebt, und Subjekt, wenn sie kreativ ist. Fürsorglichkeit und Nähe implizieren nicht automatisch Passivität und Selbstaufopferung, genausowenig wie der Ausdruck von Kreativität immer selbstbestimmt ist. Eine Frau kann auch außerhalb einer Beziehung als Objekt arbeiten, weil »alles schaffen« zu einem modernen Bestandteil des herrschenden Diskurses über Frauen geworden ist. Sie kann aus ökonomischer Notwendigkeit arbeiten, oder weil Gesellschaft oder Familie erwarten, daß sie »Superfrau« ist, und nicht, weil sie eine eigene Leidenschaft verwirklicht.

Andererseits beschließen viele Frauen sehr bewußt und mit großer Befriedigung, sich auf die Liebe zu konzentrieren. Eine Frau kann sich als Subjekt erleben, ob sie liebt oder ob sie schöpferisch ist. Ausschlaggebend ist, wer die Form ihres Lebens bestimmt und wieviel von ihrer authentischen inneren Energie in diese Gestaltung eingeht. Paßt die Form, ist sie fließend genug, um sich so zu verändern wie die Frau selbst? Eine Frau kann die Form ihres Lebens nicht aus der Position eines Objekts heraus definieren, und je mehr sie Subjekt ist, desto offener ist ihr Leben für Veränderung.

Als Objekte werden wir unsere Emotionen wahrscheinlich bagatellisieren, Liebe nur für Fürsorglichkeit halten. Im Objekt-Zustand sind wir wahrscheinlich weniger schöpferisch, sehen uns weniger als Zentrum der Aufmerksamkeit und Fürsorglichkeit anderer.

Als Subjekt erleben wir Beziehungen als aktiven, kreativen, gegenseitigen Prozeß und werden wahrscheinlich eher schöpferisch, um unsere Liebe zu äußern. Wir haben Macht und können unser Leben auf eine Weise gestalten, die unserem »inneren Imperativ« entspricht. Als Subjekt sind wir leidenschaftlich und verlangen eine gleichwertige Reaktion von anderen. Wir sind schöpferisch und das Zentrum der Aufmerksamkeit anderer, können aber auch unsere Aufmerksamkeit auf sie konzentrieren. Liebe beruht auf Gegenseitigkeit.

Bei der Subjekt-Objekt-Spaltung geht es im Grunde um die psychische Selbstwahrnehmung: Wie ordnet eine Frau sich im Verhältnis zu anderen ein, als Reagierende oder Agierende, als Echo oder Stimme, als selbst- oder als fremdbestimmtes Wesen? Welche Geschichte erzählt eine Frau über sich selbst, und von welchen Faktoren wird diese beeinflußt?

Die Lächelnde Frau
Privates kontra öffentliches Selbst

Stellen Sie sich die Spaltung mit Hilfe eines anderen Mediums vor, etwa einer Fotografie. Im Vordergrund des Fotos steht eine Frau. Sie lächelt, ist verbindlich. Hinter diesem Bild befindet sich (wie auf dem Foto im Wohnzimmer von Ann Ehringhaus) ein kleines ovales Porträt derselben Frau; sie schaut nicht nach draußen, sondern zu einer Staffelei – sie malt. Das Bild der lächelnden, mit der Welt beschäftigten Frau steht im Vordergrund. Es überlagert die Künstlerin/Arbeiterin im Hintergrund, die sich nach innen sammelt.

Auch wenn die Beziehung der Bilder zueinander sich von Zeit zu Zeit verändert, spüren wir instinktiv, daß die Lächelnde Frau, die Mrs. Ramsay, die Frau, die vor allem liebt und Nähe und Bindung sucht, im allgemeinen im Vordergrund steht. Die Künstlerin, die ihre Kunst, ihre innere Vision an die erste Stelle rückt, verschwindet typischerweise im Hintergrund. Wer ist Subjekt? Wer ist Objekt?

Stellen Sie sich nun vor, die Fotografie würde zu einem Film. Die Lächelnde Frau dreht sich um und geht ins Haus. Sie bereitet eine Abendgesellschaft vor und kocht nicht nur, sondern gestaltet für Familie und Gäste auch das Ambiente. Sie holt rostrote Chrysanthemen aus dem eigenen Garten und arrangiert sie kunstvoll. Die Kinder werden zu Bett gebracht. Sie wählt Musik aus, die als Hintergrund für die von ihr animierte Unterhaltung nicht störend wirkt. Sie kümmert sich darum, von Gast zu Gast Gesprächsbrücken zu bauen, so daß jeder einbezogen und durch das Gespräch den anderen vorgestellt wird.[11] Gatte und Gäste werden zum Publikum ihrer »Arbeit«.

Die Lächelnde Frau wird in diesem Szenario »vor Ort« gefilmt – in der privaten Sphäre ihres Zuhauses. Ihre Staffelei steht versteckt in einem anderen Raum; ihre ganze Energie und Kreativität gilt Beziehungen. Sicher ist dies eine agierende Frau, eine, deren Liebe kreativ ist. Und doch wird ihre Liebe durch ein Rollendiktat begrenzt, das von jemand anderem festgelegt wurde. Auch wenn diese Form des Selbstausdrucks ihr gefällt, wird sie durch die Erwartung sanktioniert, daß die Lächelnde Frau nur in der privaten Sphäre ihres Zuhauses kreativ ist, der Umgebung, die vom »Drehbuch« für sie festgelegt wurde. Ist sie Subjekt? Ist sie Objekt?

Stellen Sie sich noch eine Szene vor, in der die Frau als Künstlerin/Arbeiterin im anderen Raum ein Gemälde einpackt. Sie nimmt es unter den Arm und schlendert die Straßen New Yorks entlang zu einer Galerie. Sie wagt es, auf der öffentlichen Bühne zum Subjekt zu werden. Wir folgen ihr von der inneren, von ihr geschaffenen Welt in die öffentliche Sphäre, die Welt vor der Eingangstür.

Hier wird ihr Werk geprüft, ihre Kreativität wird öffentlich. Diese Bewegung nach außen hat eine ganz andere Auswirkung, löst ganz andere Reaktionen aus als die Leistung der Lächelnden Frau anläßlich der Abendgesellschaft in der Privatheit ihres Zuhauses. Jetzt verläßt die Lächelnde Frau das akzeptable »Drehbuch« – und für diesen Rollenwechsel wird sie scharf verurteilt. Ihre Arbeit wird mit der eines Mannes verglichen und für schlecht befunden. Implizit erhält sie die Botschaft, sie solle nach Hause zurückkehren – Liebe als Fürsorglichkeit sei ihre wahre Identität. Wenn sie sich mit Themen beschäftigt, die Aspekte ihrer Erfahrung als Frau direkt darstellen oder ausdrücken, wird ihre Kunst wahrscheinlich als zweitklassig betrachtet.

Was Virginia Woolf in ihrem Roman kommentierte und was das Bild der Lächelnden Frau repräsentiert, ist also die allgegenwärtige, heimtückische Spaltung, die unsere Energien und unsere Gedanken über uns selbst formt. Diese kulturgebundene Liebesgeschichte begrenzt uns, denn Liebe ist eine Energie, die fürsorglich und kreativ zugleich ist. Die Betonung des einen auf Kosten des anderen macht die eine Hälfte weiblicher Kraft unsichtbar. Es macht uns alle, Männer wie Frauen, zu eindimensionalen Wesen, zu Hälften eines Ganzen: Frauen wird die Macht abgesprochen, in der Welt zu handeln, und Männern die Macht, für etwas zu sorgen.

Psychologie: Das Liebesdrehbuch wird aufgesetzt

Wenn Frauen zu uns in Therapie kommen, gilt ihre Hauptsorge meist Beziehungs- bzw. Liebesproblemen. Ziemlich sicher sprechen sie über ihre Schwierigkeiten, einen Partner zu finden, zu halten, ihn glücklich zu machen, über ihre Konflikte mit denen, die sie enttäuschen oder ihnen zu verstehen geben, daß sie nicht adäquat lieben. Sie sprechen selten über ihre kreativen Interessen oder ihre Arbeit – irgendwie wird einfach davon ausgegangen, daß es in der Therapie um Liebe und Probleme geht und es einen anderen Ort geben muß, an dem Menschen über die Aspekte von sich selbst reden, die leidenschaftlich an Kreativität und einem befriedigenden Innenleben interessiert sind.

Nur selten betrachtet eine Frau ihre Kreativität als Teil des »Problems«; eine Frau sagte uns: »Meine Kreativität ist ein elementarer Bestandteil meiner Kraft, aber ich weiß nicht, wer ich als kreatives Selbst bin – ich habe vergessen, wer ich bin.«

Intuitiv spüren wir die Spaltung, die durch das Denken in einem psychologischen System hergestellt wird – wenn wir Frauen sind und Schwierigkeiten haben oder unzufrieden sind, muß das Problem Liebe sein, denn wir wissen, daß Liebe der uns vorgeschriebene psychologische Bereich ist.

Die psychologische Theorie hat das Liebesdrehbuch unserer Kultur in großem Maße bestimmt und war mehr als andere Artefakte dafür verantwortlich, daß Frauen das Handeln in der Welt und Männern die Fürsorglichkeit genommen wurden. Deshalb ist die Frage sinnvoll, wie es dazu kam, daß »Frau« mit Liebe und »Liebe« mit Selbstlosigkeit gleichgesetzt wurde.

Von Sigmund Freud bis Jacques Lacan haben Psychoanalytiker die weibliche Identität im Hinblick auf eine Spaltung zwischen Subjekt und Objekt erörtert. Alle Theorien über psychische Entwicklung verstehen den Mann als Subjekt. Die Frau ist sein Gegenteil. Es kann kein Subjekt ohne einen »anderen« geben, keinen Protagonisten ohne einen Antagonisten. Häufig werden die Frauen als Antagonisten gesehen. Nancy Chodorow erklärt in ihrer Diskussion Lacans, daß »ein Mensch seinen Subjekt-Platz in der Welt nur dadurch einnimmt, daß er ins Symbolische eingeht, in Sprache und Kultur.«[12] In der psychoanalytischen Theorie wird man zum Subjekt, wenn man sich mit der Quelle der Kraft, dem Männlichen identifiziert. Der Junge wird zum Subjekt, wenn er schließlich die Mutter verläßt und sich mit seinem Vater identifiziert. Genau das sagt der Verfechter der Männerbewegung, Robert Bly, in den 90er Jahren. Das Mädchen sieht sich als Mutter und sucht die Liebe und Anerkennung des Vaters. Es bleibt das Liebesobjekt, das den liebenden Blick und das Verlangen des Mannes erwartet, der es erschafft und ihm Leben gibt, so daß es weitermachen und sein biologisches Geschick als Gebärerin und Sorgende erfüllen kann. Die Freudsche Theorie scheint zu suggerieren, daß Frauen kein Über-Ich haben, was bedeutet, daß wir keine Kraft haben. Wir sind willensschwach und passiv, darauf angewiesen, daß der Mann uns ein Selbstgefühl gibt. Daher sind wir moralisch, sexuell und sozial dem Mann unterlegen und unfähig, Kultur hervorzubringen, das heißt Artefakte in der Welt außerhalb des Zuhauses. Wir sind die symbolischen Geschöpfe von Männern. Wir sind Bilder, die der Mann in Reaktion auf seine Projektionen und Bedürfnisse erschafft.

Damit sind wir keine eigenständigen Wesen – wir haben keine »Stimme«, keine Macht, die Sprache zu bestimmen, mit der wir beschrieben werden. Unser eigenes Liebesdrehbuch, unser eigenes Identitätsgefühl, unsere eigenen Leidenschaften gehen dabei verloren.[13]

Was hat Freud eigentlich über Liebe gesagt? Aus den jahrzehntelangen kontroversen Versuchen, seine Arbeit zu deuten und zu verstehen, ergibt sich seine Aussage, daß die Erfahrung von Frauen ausschließlich von ihrer Biologie abhängt.[14] Daß für eine Frau Passivität normal, der Wunsch, in der Welt zu handeln, jedoch pathologisch ist und daß die größte Erfüllung für eine Frau darin besteht, von einem Mann begehrt zu werden, mit dem sie ihre biologische Rolle des Kindergebärens, Sorgens und Nährens erfüllen kann. Rosemary Reuther merkt an, daß Freud aggressive, selbständige Frauen als »infantil« definierte.[15] Diesem System zufolge wird eine Frau, die Konflikte mit ihrer Sexualität hat, »hysterisch«. Wenn sie versucht, sich »wie ein Mann« zu verhalten – kraftvoll, aktiv, aggressiv –, ist sie nicht nur infantil, sondern »kastrierend«. Das Verlangen, schöpferisch zu sein, zu arbeiten, etwas hervorzubringen, wird als »Penisneid« bezeichnet.

Das Frausein wird mit allem gleichgesetzt, was in der Natur mit der Vernunft nicht zu fassen ist, was ursprünglich, dem Empfinden verpflichtet, eher vom Körper als vom Verstand bestimmt ist. Der frühen psychoanalytischen Weltsicht zufolge waren Frauen ihrem Wesen nach ausschließlich beziehungsorientiert, während nur Männer das große Drama erlebten, sich von der Bindung an die Mutter zu Autonomie und eigenständigem Wirken in der Welt durchzukämpfen. Da Freud die Leistungen von Liebe und Arbeit als Merkmal eines gesunden Seelenlebens ansah, wurden Frauen – denen die Fähigkeit abgesprochen wurde, außerhalb von Beziehungen eigenständig zu arbeiten – implizit dazu verurteilt, seelisch beeinträchtigt zu sein.

Das von Freud entworfene Liebesdrehbuch spiegelte seine klassische Bildung und die von den griechischen und römischen Gelehrten – die Frauen bekanntlich geringschätzten – übernommenen Vorstellungen über Liebe. Es war auch in die historischen Ereignisse seiner Zeit eingebettet. Die ökonomischen Veränderungen der Viktorianischen Epoche führten zu einer neuen Form der Idealisierung und damit der Unterwerfung von Frauen. Mit der Entwicklung der kapitalistischen Arbeitsmoral hörte Arbeit auf, integrierter Bestandteil des Familienlebens zu sein, und wurde zu einer eigenständigen Unternehmung, die außerhalb des Zuhauses stattfand. Die Unterschiede zwischen der liebevollen, emotionalen Sphäre des Heimes und der unpersönlichen, von Konkurrenz bestimmten Sphäre der Arbeit nahmen zu. Liebe wurde mit Heim und Weiblichkeit, Arbeit mit Kreativität, Wirksamkeit, Wettbewerb und Männlichkeit verknüpft. Damit die Frau als Liebesobjekt funktionieren konnte, mußte sie bestimmte Qualitäten besitzen, die sie vollkommen vom Mann unterscheiden. Wie die Psychologin Juanita Williams schreibt, besaß »die wahre Frau ... vier Tugenden: Frömmigkeit, Reinheit, Unterwürfigkeit und Häuslichkeit«.[16] Die Mutterschaft wurde zum neuen Liebesmodell, und Männer idealisierten die keusche Reinheit und die Häuslichkeit der Frauen.

Die Tendenz, Liebe als »Frauenarbeit« zu betrachten, wird als »Feminisierung« der Liebe bezeichnet.[17] Die Vorstellungen über Liebe wurden zunehmend geschlechtsspezifisch, da Männer und Frauen auf ihre je eigenen Einflußsphären beschränkt wurden. Die Arbeitsteilung verstärkte die wirtschaftliche Abhängigkeit der Frauen von Männern. Sie verstärkte auch die emotionale Abhängigkeit der Männer von Frauen, aber diese Geschichte wurde nicht erzählt.

Weitere Objekte

Obwohl Freud eine Theorie des innerseelischen Lebens entwarf, die den Verlauf des psychologischen, philosophischen und literarischen Denkens im Westen bis heute beherrscht, war ihm ironischerweise immer klar, daß das Empfinden von Frauen ihn verwirrte. Aber sein Einfluß überwog, und bei der Bestimmung seelischer Störungen wurde das psychoanalytische Denken in den psychiatrischen Berufen zur dominanten Theorie. In den 50er Jahren auftauchende neuere Versionen seines Denkens firmierten bezeichnenderweise als »Objektbeziehungs«-Schule der Persönlichkeitsentwicklung.[18]

Die Objektbeziehungstheoretiker glaubten, daß die Fähigkeit eines Menschen, als Erwachsener gesunde Beziehungen aufzubauen, ausschließlich von der Qualität der Bindung des Kleinkinds an die Mutter abhängt. Während wir vorher den Penisneid hatten, mußten Frauen nun prüfen, ob sie ihre verletzlichen Kleinkinder »gut genug« zufriedenstellten. Von Müttern wurde erwartet, daß sie »spiegelten«, eine sichere Umgebung zur Verfügung stellten und ständig Objekt waren. Wenn sie versagten, kam es zu »gestörten Objektbeziehungen«, einer »mißlungenen Objektbesetzung«, dem »Fehlen internalisierter Objektrepräsentationen«, dem Versagen, geeignete »Übergangsobjekte« zu schaffen.

Welche Implikationen hat eine Theorie, bei der Frauen »gut genug« sein müssen, damit ihre Kinder in den Genuß gesunder Beziehungen kommen, und aus deren Sicht weibliche Kinder heranwachsen, um die ihnen angemessene Rolle als Ehefrauen und »ausreichend gute« Mütter zu übernehmen, auf die gesellschaftliche Liebeskonzeption? Da die Theorie sich fast ausschließlich auf die Mutter-Kind-Interaktion konzentrierte, verstärkte sie im populären Denken die Vorstellung, Frauen, Mütter, seien irgendwie krank, unzulänglich und sogar böse, weil sie die Beziehungen aller Menschen zueinander stören konnten. Es wurde kaum darauf hingewiesen, daß auch Mütter das Bedürfnis nach Unterstützung, Anerkennung oder beständigen Objekten hatten, etwa ihren Männern. Es wurde kaum angesprochen, daß Kinder ein Bedürfnis nach Vätern hatten, die »gut genug« waren. In den 50er Jahren tauchte in den populären Persönlichkeitskonzeptionen und in Literatur und populärer Kultur die Tendenz auf, anzunehmen, Mütter seien für alle Liebesprobleme der Welt verantwortlich.

Wenn Frauen sich irgendwie vom Drehbuch der »offiziellen Love-Story« entfernten, wurden sie von jener mächtigen sozialen Institution, der psychologischen Theorie, daran erinnert, daß sie krank, fehlangepaßt und, schlimmer noch, unweiblich waren.

Aktuelle Trends in der Psychologie: Die Rückkehr zur Liebe

Ende der 60er, Anfang der 70er Jahre wurde zum erstenmal der Ruf laut, die Art, wie die Psychologie Frauen beschrieb, müsse radikal reformiert werden. Während Erkenntnis-, Entwickungs- und Verhaltenspsychologen die Theorie weiter ausformten und dabei weibliches Empfinden oder geschlechtsspezifische Vorurteile kaum berücksichtigten, begannen Feministinnen, die psychoanalytische Theorie zu kritisieren und ihre patriarchalischen Voraussetzungen bloßzulegen. 1976 veröffentlichte die Analytikerin Jean Baker Miller die erste psychologische Studie, in der die Entwicklung von Frauen außerhalb der männlichen Vorstellung von Persönlichkeit und Liebe erörtert wurde.[19] Miller wollte erklären, warum Beziehungen im Leben von Frauen so zentral sind, und stellte fest, daß die Konzentration auf Beziehungen mit dem der Gesellschaft inhärenten Machtunterschied zusammenhängt. Daß Frauen sich auf Beziehungen konzentrieren, hat eine adaptive Funktion – sie müssen lernen, Beziehungen zu anderen aufzubauen und sich gründlich auf sie einzustellen, wenn sie in einer von Männern beherrschten Kultur überleben wollen. Mit anderen Psychologinnen am Stone Center for Research on Woman analysierte Miller die Bedeutung von Beziehungen im Leben von Frauen und trat dafür ein, die weiblichen Fähigkeiten Mitgefühl und Fürsorglichkeit zu verstärken. Im Grunde behauptete sie, die weibliche Ausrichtung auf Beziehung und Verbundenheit sei für die Gesellschaft wertvoller als eine »männliche« Entwicklung, die Trennung und Autonomie auf Kosten von Verbundenheit und Mitgefühl betont.[20]

1982 stellte die Harvard-Entwicklungspsychologin Carol Gilligan frühere Untersuchungen über die angebliche moralische Unterlegenheit von Frauen in Frage und präsentierte eine neue kognitive Betrachtungsweise von Männlichkeit und Weiblichkeit.[21] Gilligan behauptet, daß es wichtige geschlechtsspezifische Unterschiede gibt, die darauf beruhen, daß Frauen Fürsorglichkeit und Beziehungen schätzen und daß Frauen nicht mit dem Maßstab der Männer beurteilt werden sollten. Männer fällen moralische Urteile, die auf Gerechtigkeit und Fairneß beruhen, während Frauen die zwischenmenschlichen Aspekte Fürsorge, Betroffenheit und Verbundenheit mit einbeziehen. Wie viele psychonanalytische Feministinnen betont Gilligan den Unterschied: Die männliche Psyche bewegt sich bei der Suche nach Identität auf Trennung und Individualität zu, die weibliche Entwicklung verläuft in Richtung auf mehr Verbundenheit und Nähe. Gilligan beanstandet im Grunde, daß erstere als Maßstab für die seelische Gesundheit der letzteren benutzt wird.[22]

Obwohl die Arbeiten von Gilligan und Miller eine Abkehr von den herrschenden Theorien darstellen – die das weibliche Empfinden nur in bezug auf die männliche Entwicklung betrachteten und es als inhärent unterlegen charakterisierten –, unterstützten sie trotzdem bestimmte Denkweisen, die die Vorstellung einer »wesensmäßigen« Verschiedenheit von Männern und Frauen verstärkten, anstatt lediglich von unterschiedlichen Erfahrungen aufgrund der durch das gespaltene Bild bedingten unterschiedlichen Selbsteinschätzung zu sprechen. Sie meinen, Männer würden vom Bedürfnis nach Autonomie und Frauen vom Bedürfnis nach Bindung geleitet. Wir wissen aber, daß Männer sich genauso nach Nähe sehnen wie Frauen und daß Frauen genauso nach Autonomie verlangen. Die Thematik »Beziehung und Verbundenheit kontra Autonomie und Differenzierung« ist *gesellschaftlich determiniert.* Männer erreichen die Illusion von Autonomie leichter, weil das für sie kulturbedingt zweckmäßiger war. Frauen konzentrieren sich mehr auf Bindung, weil sie überleben wollen.

Das gespaltetene Bild hatte Verbundenheit und Autonomie bei Frauen verschiedenen Polen zugeordnet, und genauso verstärken die neueren Theorien zur weiblichen Entwicklung die scheinbare Gegensätzlichkeit von Männern und Frauen, männlichen und weiblichen Qualitäten. Je zweigleisiger wir denken, desto mehr halten wir uns für gespalten.

Die Psychologinnen Rachel Hare-Mustin und Jean Marecek schreiben: »Die Betonung der geschlechtsspezifischen Rollen ... verbirgt die Gemeinsamkeiten von Frauen und Männern. Das männliche Ideal der Autonomie mag außerhalb der Reichweite von Frauen sein, aber vielleicht ist es auch für Männer unerreichbar.«[23]

In den 80er Jahren verlagerte die psychoanalytische und psychologische Diskussion über die Liebe sich von der individuellen Entwicklung auf die Dynamik der Interaktion. Zumindest in manchen Bereichen der klinischen Forschung sprach man nicht mehr von Subjekten und Objekten. Die feministische Psychoanalytikerin Jessica Benjamin konnte Konzepte der Intersubjektivität erörtern und behaupten, die Mutter sei nicht nur ein Objekt oder ein das Selbst des Kindes reflektierender Spiegel, sondern die Beziehung zwischen den beiden werde durch ein wechselseitiges Reaktionssystem aufgebaut.[24] Trotzdem galt die Beziehung zur Mutter immer noch als entscheidend für die Entwicklung jeglicher Verbundenheit in der Familie. Es wurde immer noch davon ausgegangen, daß Mädchen und Frauen sich in einem beziehungsorientierten Kontext erkennen, während Jungen und Männer ihre Identität durch die Trennung von der Verbundenheit entwickeln. Ein Großteil der populären psychoanalytischen Feminismus-Literatur bezeichnete die frühe Beziehung zur Mutter immer noch als entscheidend für Liebe und Selbstliebe von Frauen.

Schließlich fand die Familiensystemtheorie, die überragendste Theorie der Intersubjektivität, Eingang ins Denken, und individuelle Probleme wurden als Probleme innerhalb des gesamten Systems familiärer Interaktionen betrachtet. In der Systemtheorie gab es keinen Patienten, kein Opfer, keinen Bösewicht, sondern nur ein Interaktionsmuster, das durch das Erkennen der Denkstrukturen und der Zusammenarbeit in der Familie verstanden und verändert werden konnte.[25]

Auf den ersten Blick hielt die Familientherapie das Versprechen, uns von der herrschenden Liebeskonzeption zu befreien. Sie schien von der Vorstellung abzurücken, daß Mütter und Frauen für alle Pannen verantwortlich sind, die in puncto liebender Verbundenheit in einer Familie passieren. Statt dessen wurde von der gleichen und wechselseitigen Auswirkung aller auf die Interaktion ausgegangen. Aus feministischer Sicht schien die Familiensystemtheorie jedoch den wesentlichen Faktor zu ignorieren, daß das soziale Umfeld der Familie durch die inhärente Machtungleichheit zwischen Männern und Frauen bestimmt wird. Es waren immer noch die Mütter, die sich ändern sollten, und manchmal wurde die Botschaft suggeriert, für bestimmte Pannen des Familienlebens wären doch sie verantwortlich.

Da die Familiensystemtheorie nicht erkannte, daß Männer und Frauen von einer ganz unterschiedlichen Position in der sozialen Hierarchie aus starten, verstärkte sie unabsichtlich die herrschende Liebeskonzeption – Vater hat die Macht, und Mutter ist verantwortlich für die Liebe.

Der Krieg der Geschlechter

Das von der Psychologie erzählte Liebesdrehbuch konzentrierte sich schließlich auf die Rolle der Geschlechter. Die Diskussion, ob Frauen und Männer eher ähnlich oder »wesensmäßig« voneinander verschieden sind, hat tiefgreifende Auswirkungen auf unsere Einschätzung von Liebe.[27] Wenn Männer und Frauen voneinander so verschieden sind, wie die traditionelle Psychologie sagt, wird Liebe immer die »wahre« Domäne der Frauen und Arbeit außerhalb der Beziehung immer die »wahre« Domäne der Männer sein. Wenn Frauen ihrer Natur nach als ausschließlich beziehungsorientiert und Männer als ausschließlich autonom betrachtet werden, wird das Identitätsgefühl einer Frau immer durch das gespaltene Bild begrenzt. Die Lächelnde Frau wird dann dazu neigen, ihre kreativen Energien herunterzuspielen und unterzuordnen, denn die durch sie zum Ausdruck kommende Macht wird als inakzeptabel erlebt. Ein Mann wird sein Bedürfnis nach Nähe und seine Fürsorglichkeit beiseite schieben, weil diese Verhaltensweisen seine Macht unterminieren. Das gegenwärtig gültige Liebesdrehbuch verschleiert, daß eine Verstärkung dieser Betrachtungsweise der Gesellschaft nutzt, weil es indirekt zu verstehen gibt, daß Männer und Frauen sich nicht ändern können – daß wir Gefangene unserer Natur sind. Diese Ansicht verewigt das Ungleichgewicht der Macht und die Abwertung von Frauen. Die gegenwärtige »Männerbewegung« hat aus der Vorstellung von der wesensmäßigen Verschiedenheit Kapital geschlagen und ermutigt Männer, ihre Männlichkeit von den Verweiblichungsversuchen der Frauen nicht unterdrücken zu lassen. Obwohl die Verbundenheit, die Männer dadurch untereinander erreichen, überwiegend positiv ist, beschäftigen diese Gruppen sich leider selten mit schwierigeren Fragen über den Status von Männern und die Ungleichheit der Macht. Sie stellen selten in Frage, was Liebe für Männer in unserer Kultur bedeutet.

Es ist nicht hilfreich, das entgegengesetzte Extrem zu betonen und Beziehungen höher zu bewerten als Autonomie, bzw. Weiblichkeit höher als Männlichkeit.[28] Wichtig ist, die Spaltung zu überwinden – zu wissen, daß wir alle nur im Kontext von Verbundenheit autonom sind – und Formen zu erschaffen, in denen beide, Männer und Frauen, beziehungsorientiert und autonom sind, öffentlich und privat wirken. Vielleicht muß der Arbeitsplatz mehr wie zu Hause werden, und vielleicht muß das Zuhause mehr Verbindung zu einer größeren Gemeinschaft haben. Diese Veränderungen würden völlig neue politische und ökonomische Ideologien erfordern.

Wenn die Liebeskonzeption sich ändert, können Männer und Frauen sich ändern, und wenn Männer und Frauen sich ändern, ändert sich die Liebeskonzeption. Wir brauchen nur verstärkt so zu handeln, wie wir zu fühlen behaupten – daß Frauen und Männer gleich sind und Liebe als Wirksamkeit unser aller Domäne ist.

Die Co-Abhängigkeitsbewegung und Liebe

Das psychologische Denken und die populäre Kultur sind eng miteinander verflochten. Eins gestaltet und beeinflußt das andere. Aufgrund einer seltsamen Interaktion zwischen den beiden nahm die gesellschaftliche Liebeskonzeption Ende der 70er Jahre eine merkwürdige Wende. Während Feministinnen die sexistischen Vorurteile der Psychoanalyse bloßlegten und doch zeigten, daß die Mutter für die Entwicklung des weiblichen Selbstgefühls entscheidend ist, während Familientherapeuten den familiären Fortschritt planten und andere Zweige der Psychologie die Persönlichkeitsentwicklung erforschten, aber immer noch nicht nach den Unterschieden von Männern und Frauen fragten, begann die sogenannte Genesungsbewegung Einfluß auf das populäre Denken zu gewinnen. Selbsthilfe galt nun bei der

Lösung bestimmter Lebensprobleme, vor allem Drogen- und Alkoholsucht, als effizienter als institutionalisierte Hilfe.

Was war, da der Alkoholiker in dieser Geschichte vorwiegend männlich war, die Krankheit der Frau? Sie ermöglichte die Sucht, sie liebte zu sehr. Die Liebe wurde ins Sucht- und Krankheitslexikon aufgenommen, und wenn irgend jemand an dieser speziellen Krankheit litt, dann die Frauen. Damit hatte eine seltsame Verlagerung der Liebeskonzeption stattgefunden. Während Frauen früher nicht genug lieben konnten und ihr gesamter Wert in ihrer Fähigkeit lag, sich selbst zurückzustellen und rein und selbstlos zu lieben, erzählte die populäre Kultur in Gestalt der Co-Abhängigkeitsbewegung uns jetzt, daß unser Problem darin besteht, daß wir nicht richtig lieben, nämlich zu sehr, und daß wir uns zu sehr aufgeben.[29] 1985 veröffentlichte Robin Norwood ihren Bestseller *Wenn Frauen zu sehr lieben*[30], und seitdem hat die Genesungsbewegung es unabsichtlich übernommen, Frauen zu kritisieren. Genauso wie die Idealisierung der Mütter Anfang des Jahrhunderts die Kritik an den Müttern in den 50er und 60er Jahren vorbereitete, wurde die »Grundausbildung« der Frauen, das Sich-Selbst-Zurückstellen, von der Co-Abhängigkeitsbewegung zu dem Wunsch umgedeutet, andere kontrollieren und sich selbst ausweichen zu wollen. Obwohl davon ausgegangen wird, daß auch Männer an Co-Abhängigkeit leiden können, erinnern die zentralen Definitionen co-abhängigen Verhaltens seltsamerweise an die selbstlose Objekt-Frau, die Ding-Frau, zu der wir seit jeher erzogen wurden. Mary Kay Blakely schrieb in der Zeitschrift *Ms.* 1988: »Ich war keineswegs erstaunt über die Entdeckung, daß die Medien ein weiteres Buch über Frauen und Liebe zerpflückten, nachdem über Frauen, die zu sehr oder nicht genug lieben, die törichte Entscheidungen treffen oder Männer lieben, die sie hassen, schon so viel Tinte vergossen worden war. Außer weiblichen Oberschenkeln ist fast kein Thema devoter angegangen worden als das Zurechtbiegen der verfehlten, irrigen und unbefriedigenden Art, in der Frauen Männer lieben.«[31]

Vielleicht mußten die Frauen eine neue Möglichkeit finden, sich als Verantwortliche ins Spiel zu bringen, nachdem sie die Männer wegen des Machtmißbrauchs angegriffen hatten, der durch deren Süchte unterstützt wurde. Jetzt wurde suggeriert, Frauen wären »krank«, weil sie auf eine Weise liebten, die Männer zu Mißbrauchern »machte«.

Was immer Liebe also ist, die Frauen sind dafür verantwortlich, sich um sie zu kümmern; da sie aber von Grund auf unterlegen und unzulänglich sind, machen sie es nie ganz richtig. Sie sind nicht nur für die Liebe verantwortlich, sondern auch für das Verhalten anderer, und wenn andere sich »danebenbenehmen«, ist die Frau schuld, weil sie nicht richtig liebt.

Die Co-Abhängigkeitsbewegung hatte zur Folge, daß unsere Vorstellungen über Liebe noch verworrener wurden. Das Bedürfnis nach Verbundenheit war nun irgendwie schlecht und Autonomie wieder einmal der »höhere« Wert. Obwohl die Co-Abhängigkeitsbewegung unser Training, als Objekt zu lieben, zu Recht kritisierte, schüttete sie das Kind mit dem Bade aus und schien auch unser Bedürfnis, als Subjekt zu lieben, in den Bereich des Pathologischen zu rücken. Das neue Liebesdrehbuch gab uns also genausowenig Kraft wie das alte. Es suggeriert, daß es eine »ideale« Art des Liebens gibt, die wir anstreben sollten, und nicht, daß unsere Vorstellungen über Liebe und die von uns zu ihrem Ausdruck geschaffenen Strukturen sich ändern müssen.

Trotzdem scheinen wir durchaus bereit, uns das Mäntelchen der Dysfunktion und der Co-Abhängigkeits-Krankheit anzuziehen; es scheint einfacher, eine negative Selbstdefinition zu akzeptieren, als zu entscheiden, was Liebe wirklich für uns bedeutet.

Beruhigender jedoch ist unsere Tendenz, für die Lieblosigkeit, den Mißbrauch oder die Kontrolle anderer uns gegenüber die Verantwortung zu übernehmen. Vielleicht erschreckt uns das Eingeständnis, daß wir nicht geliebt *werden* – daß wir unsere Seele und unser Leben an eine Illusion verkauft haben. Wir leben in einer gesellschaftlichen Struktur, die auf der Annahme beruht, daß wir automatisch geliebt und umsorgt werden, wenn wir geben und uns aufopfern. Aber als Gruppe werden Frauen abgewertet und benachteiligt; oft befinden wir uns auf der Verlierer-Seite unseres Gesellschaftsvertrags. Häufig geben wir sehr viel und bekommen wenig zurück. Es ist einfacher und weniger erschreckend, Mißbrauch und Einseitigkeit der Liebe einfach zu leugnen. Lieber halten wir uns für krank. Dann brauchen wir nicht den Männern die Stirn zu bieten, von denen unser Selbstgefühl abhängig ist, wir brauchen sie nicht zur Rechenschaft zu ziehen. Wir sagen uns: »Er ist auch nur ein Mensch.« Wir schirmen ab, versuchen, liebe- und verständnisvoll zu sein. Dabei bleiben wir Opfer, Objekte, und nichts ändert sich.

Seit den 70er Jahren versuchen Frauen, ihre Wahrnehmung von Liebe und kreativer Kraft vom beschränkenden Rahmen zu befreien, den Psychologie und populäre Kultur zurechtgezimmert haben. Es war schwierig, das Bild der aktiven Frau wiederzufinden, Liebe als Handeln in der Welt und nicht als Fürsorge zu verstehen und das allgegenwärtige gespaltene Bild zu überwinden, denn in der Geschichte gab es noch keine Frauen außerhalb des herrschenden Drehbuchs, die als Vorbilder hätten dienen können.[32]

Auf der gesellschaftlichen Ebene haben viele von uns versucht, männliche Aktivität und Macht nachzuahmen. Vor allem im Bereich der Arbeit wollten wir auf gleicher Stufe stehen, was wir mit minimalem Erfolg und manchmal nur minimaler Befriedigung erreicht haben. Wir gehen immer noch davon aus, daß wir Liebe und Arbeit irgendwie vereinbaren können, aber da die ungleiche Struktur der Gesellschaft uns im gespaltenen Bild festhält und sich nicht genügend geändert hat, um anderes zu fördern, leiden wir unter gegensätzlichen Zwängen, die für unsere Beziehungen, unser Arbeitsleben und letztendlich uns selbst Streß und Konflikt bedeuten. Wir beschäftigen uns mit dem Leben von Frauen, die etwas erreicht haben, und erfahren, daß – sofern solche Geschichten überhaupt zur Verfügung stehen – Künstlerinnen, Schriftstellerinnen, erfolgreiche Frauen immer noch unterbewertet werden und extreme persönliche Opfer bringen mußten, um ihre kreative Arbeit fortführen zu können. Tillie Olsen weist darauf hin, daß die meisten Schriftstellerinnen im letzten Jahrhundert unverheiratet waren, spät heirateten, keine Kinder hatten oder die Kinderbetreuung einer Haushaltshilfe übertragen konnten.[33] Für Schriftstellerinnen und Künstlerinnen in diesem Jahrhundert war es nicht grundlegend anders.

Da eine soziale Struktur, die das Handeln von Frauen in der Welt fördern würde, nicht zu finden war, haben viele von uns sich archetypischen Bildern zugewandt, um ihr Selbstgefühl ganz oder teilweise neu aufzubauen. Die Schriftstellerin Patricia Reiss, die erkannte, daß sie immer männliche Bilder vor sich hatte, wenn sie sich als Schöpferin sah, wandte sich zwecks Entdeckung ihres spirituellen und künstlerischen Erbes den Göttinnen des Paläolitikums zu. Sie erzählt von ihrer Suche nach der Großen Göttin.[34] Die Arbeit von Jean Bolen hat uns dazu angeregt, bei den Göttinnen der griechischen und römischen Mythologie nach Archetypen für unsere wesensmäßige Weiblichkeit zu suchen; die Göttinnenfiguren aus Mythos und Geschichte sollten uns vor allem sagen, was es bedeutet zu lieben[35], sollten Modelle für die Wiederverbindung mit unserer wesensmäßigen Weiblichkeit sein.

Diese sogenannte »mythopoetische« Bewegung hilft uns, die Heiligkeit und die Macht unserer Geschichte und Verhaltensmuster zu reaktivieren. Wir sollten uns jedoch darüber im klaren sein, daß die Göttinnen-Archetypen nicht außerhalb des von Männern geschriebenen Drehbuchs für Frauen existieren. Jung sagte uns einiges über die Archetypen, und Jung war Mann und Analytiker. Wir können ihn genauso als Vater des gespaltenen Bildes betrachten wie Freud, denn bei der Aufteilung psychischer Repräsentationen des inneren Bewußtseins in *animus*, männlich und *anima*, weiblich, war die Anima immer die dunkle, »unbewußte«, passive, rezeptive Seite. Jung ist an der über Frauen erzählten Geschichte genauso beteiligt wie Freud, und seine Beschreibung des kollektiven Unbewußten wird stark von den stereotypen Vorstellungen über Männlichkeit und Weiblichkeit beherrscht.[36]

Die Jungsche Ansicht verstärkt die polarisierende Behauptung vom »wesensmäßigen« Unterschied. Bestimmte Qualitäten werden als »wesensmäßig« weiblich, andere als »wesensmäßig« männlich betrachtet. Wenn ein Mann an bestimmten stereotyp »weiblichen« Interessen Gefallen findet oder in ihnen sehr kompetent ist, sagen wir, er habe eine sehr dominante weibliche Seite; entsprechendes gilt für Frauen und »männliche« Qualitäten. Wir betrachten Menschen als gespaltene Persönlichkeiten, die verzweifelt versuchen, die zwei vermeintlich gegensätzlichen Teile ihrer Psyche zusammenzubringen. In Reaktion auf das gegenwärtige Handeln von Frauen in der Welt definieren Kritiker unsere aktuellen gesellschaftlichen Probleme als die von Frauen, die versuchen, zu männlich zu sein. Anstatt anzunehmen, daß Männer und Frauen aufgrund ihrer kulturellen Konditionierung universelle Gefühle, Erfahrungen und Fähigkeiten unterschiedlich »äußern«, definieren wir Männlichkeit und Weiblichkeit als statische, unveränderliche, vorhersagbare, »angeborene« Qualitäten.

Erst 1988 schrieb zum Beispiel Dr. Toni Grant, eine populäre klinische Psychologin, ein Buch mit dem Titel *Die Chance, eine Frau zu sein.* Ausgehend von der Jungschen Psychologie verstärkt sie die Vorstellung, die weibliche Beschäftigung mit der Liebe sei berechtigt und natürlich. »Biologie *ist* Schicksal«, behauptet sie. Sie meint, daß der Feminismus uns getäuscht hat. Eine Frau findet die wahre Erfüllung ihrer Weiblichkeit nur durch die Beziehung zu einem Mann, durch Liebe, Ehe und Familie. Sie rät uns, die Fähigkeit zu aktivieren, einen

Mann zu bekommen und zu halten – »Liebe zu finden«. Sie sagt, ihr Buch sei für »jede Frau, die ihr Leben besser verstehen möchte, und für jeden Mann, der ›seine‹ Frau besser kennenlernen möchte.«[37] Zu diesem Liebesdrehbuch – Männer müssen Männer sein, Frauen müssen Frauen sein – brauchen wir nicht zurückzukehren; es ist die neuaufgelegte Geschichte von der Lächelnden Frau.

Die Suche nach unserer inhärenten Weiblichkeit in Mythen und Archetypen nützt uns also nicht viel. Vielleicht sollten Frauen den Mut haben, einen neuen Mythos zu erschaffen – die Vision von einer leidenschaftlichen Frau, die die Kraft ihrer vitalen, fürsorglichen Energie anzapft, um zur Schöpferin ihres eigenen Lebens zu werden, die sich ausdrückt und kreativ ist und neuartige, liebevolle Verbindungen zu anderen und ihrer Umwelt herstellt.

Liebe, Psychologie und Sprache: Die Aufrechterhaltung der Spaltung

In ihrer Version des Liebesdrehbuchs hat die Psychologie versucht, objektives Wissen bzw. Wahrheit über Verhalten und Erleben des Menschen zu definieren. Das akademische Studium der Psychologie ist ein relativ neues Phänomen. Erst seit der Industriellen Revolution sorgt man sich zunehmend darum, als »wahres« Wissen ausschließlich Beobachtbares, durch wissenschaftliche Untersuchungen Beweisbares zu bezeichnen. Die Annahme, es gebe ein unsichtbares Muster seelischer Energie, das das Rohmaterial und die Substanz des Selbst bildet, gilt als »romantische« Vorstellung.[38] Es ist jedoch genauso richtig, daß die Psychologie als wissenschaftliche Disziplin das Wesen menschlichen Erlebens nur begrenzt wirklich »sehen« und objektiv beweisen kann. Wenn die Psychologie von Liebe spricht, die Schwierigkeiten menschlicher Bindung und Zuwendung erörtert oder auch menschliche Dysfunktionen zu erklären versucht, wird sie uns logischerweise ein unvollständiges Bild präsentieren. Die Liebesfähigkeit der Menschen kann innerhalb der begrenzenden psychologischen Sprache nie adäquat erklärt werden. Die Psychologie kann beschreiben, was sie sieht, aber sie kann uns eigentlich nicht sagen, was diese Beobachtung bedeutet. Die Macht, Bedeutung zu erschaffen, besitzt nur der Mensch, der die Erfahrung gemacht hat.

Der arrogante Versuch der Psychologie, das gesamte menschliche Verhalten zu erklären und wissenschaftlich zu untermauern, hat uns geschadet, denn auf vielerlei Art war es die Psychologie, die uns unsere Leidenschaft genommen hat. Samantha erinnert uns daran, wenn sie sagt: »Ich dachte, die relative Abwesenheit von Gefühl würde Reife bedeuten.« Weil sie »reif« sein wollte, gab sie das Haustier auf, das sie liebte, und ersetzte es durch eins, das ihrem Mann zusagte. Sie kümmerte sich um den Hund, aber sie liebte die Katze. Sie hatte ihre Leidenschaft verloren, weil sie das Richtige, das »Reife« tun wollte.

Die herrschenden psychologischen Theorien erzählen eine Geschichte, die Leidenschaft, Schmerz und Emotion des Lebens nicht berücksichtigt. Auf Emotionen wird mit Worten wie regressiv, reaktiv, infantil, objektbezogen, hysterisch, histrionisch eingegangen – alles Versuche, etwas Gefühlvolles objektiv und kontrollierbar zu machen. In der Familientherapie sprechen wir über Verschmelzung, mangelnde Differenzierung. Wie bei den meisten Modellen für Gesundheit, die auf männlichen Konzepten von Autonomie und Individuation beruhen, spricht der Familientherapeut von einem differenzierten Menschen als jemanden, der nicht von starken Gefühlen beeinflußt wird.

Der Psychologe James Hillman soll gesagt haben: »Die Sprache der Psychologie ist eine Beleidigung der Seele.«[39]

Die Psychologie hat ihre »wissenschaftlichen« Prinzipien auf das Phänomen Liebe angewandt, und dabei ging das Erleben der Liebe irgendwie verloren.[40] Das Empfinden, vor allem das Empfinden von Frauen, wurde geknebelt und abgewertet. Die Gesellschaft konzentrierte sich nicht mehr auf die Leidenschaft. Liebe wurde zu einer Institution. Wir entfernten uns von der Liebe als Phänomen, die in den phantastischen Philosophien eines Plato oder Aristoteles, der leidenschaftlichen Dichtkunst eines Keats, Shelley oder Wordsworth erörtert worden war, und kamen zu einer Psychologie der Persönlichkeitstypen, die jegliches Empfinden, vor allem das von Frauen, zu objektivieren suchte.

Die gedankliche und sprachliche Aufteilung, daß Männer die Macher und Frauen die Gefühlvollen sind, zeigt das Bedürfnis unserer Kultur, Gefühle und daher Bedeutung zu leugnen. Wenn die Frau das Fühlen repräsentiert und Leidenschaft auf Radikalisierung und Veränderung hinwirkt, muß das Patriarchat beide unterwerfen.

Männer und Frauen sind nicht so verschieden. Männer haben tiefe Gefühle, und Frauen arbeiten, agieren, erschaffen. Aber weil unsere Kultur das Leidenschaftslose schätzt, leiden wir alle unter der Abwesenheit eines Gefühls für das, was uns bewegt. Infolgedessen gehen wir in

Filme, in denen uns Perversionen des Gefühls und zügellose, grundlose Gewalt vorgeführt werden, wir sehen uns Fernseh-Reality-Shows an, in denen starke Gefühle ausgebeutet werden und aus den schlimmsten Extremen menschlicher Emotion ein Zirkus gemacht wird. Aus Mangel an Bedeutung und Liebe durchtränkt unsere populäre Kultur sich mit unechten Gefühlen.

Unsere Konzentration auf einfache psychologische Erklärungen und Rezepte für die vielen komplexen emotionalen Dilemmas der menschlichen Existenz hat diese emotionale »Verwüstung« gefördert. Wir achten nicht mehr auf unsere Leidenschaft und unseren Schmerz. Anstatt uns Gefühle einzugestehen, betäuben wir uns, wir arbeiten, treiben Sport, beschäftigen uns mit Selbstverbesserung und Selbsthilfe. Und was wir am wenigsten verstehen und am wenigsten zu lenken wissen, ist die Kraft von Leidenschaft und Liebe.

Das gespaltene Bild beeinflußt sicher nicht nur Frauen – als eine Grundlage unserer Gedanken über menschliche Erfahrungen hat es unsere Vorstellungen über Liebe und die Beziehungen zwischen Männern und Frauen geformt. Liebe ist der eine Zufall unserer kulturellen Mythologie, Kreativität der andere. Das Bild von der Lächelnden Frau erzählt den sichtbaren Teil der Geschichte, ihr Pendant an der Staffelei, die Künstlerin / Arbeiterin, zeugt von einer verborgenen Seite weiblicher und kultureller Erfahrung.

3. Der Schatten ihres Lächelns

In einem kürzlichen Artikel über Frauen und Kunst in der Zeitschrift *Ms.* dachte die Autorin Arlene Raven über Bilder lächelnder Frauen nach. Sie erwähnt die Mona Lisa, Leonardo da Vincis Inbegriff eines Frauenporträts. »Mona lächelt, ohne Zähne oder Zunge zu zeigen, nichts bewegt sich. Sie ist statisch und stumm. Diese Merkmale gefielen Leonardo so, daß er Mona Lisa als Quintessenz der Weiblichkeit verehrte...«[1] Im selben Artikel beschreibt Raven eine moderne Mona: »Als ich mich heute von meinem Computer-Bildschirm erholte, drehte ich die ›Oprah Winfrey Show‹ an. Es wurde dort ein Arzt vorgestellt, der per Operation die Lippen seiner Frau so verändert hatte, daß sie in einem ständigen gefälligen Lächeln nach oben wiesen.«[2] Vier Jahrhunderte trennen Oprah und da Vinci, aber die Lächelnde Frau lebt.

Das Bild von der Lächelnden Frau starrte uns aus dem Hintergrund der Geschichte an. In manchen Epochen dominiert es, in anderen tritt es zurück. Die populäre Kultur erschafft und verstärkt das Bild, und manchmal ist das, was wie eine Veränderung aussieht, nur der täuschende Rückzug in den Schatten.

Das Lächeln der Mona Lisa erzählt nur einen Teil der Geschichte von der Frau als Objekt. Der Rest ist hinter dem Lächeln verborgen, in den nichterzählten Geschichten vom Kampf der Frauen, sich ihre kreative Macht zu eigen zu machen, zu handeln und etwas hervorzubringen. Das, was von der Subjekt-Rolle der Frau erkennbar ist, taucht in Bruchstücken unserer Sozialgeschichte auf, die von feministischen Wissenschaftlerinnen wiederentdeckt wurde. Die psychologische Theorie beleuchtet einen Aspekt der Unterordnung von Frauen; die kulturelle, ökonomische und politische Geschichte zeigen die blockierte Kreativität von Frauen.

Verborgene Geschichten: Die Lächelnde Frau erschafft

Da Frauen psychologisch durch ihre Fähigkeit zu beziehungsorientierter Liebe definiert wurden, war die Spannweite ihrer kreativen Kraft ein wohlgehütetes Geheimnis. Das Thema ist aus der Überlieferung weitgehend verbannt worden. Historisch nahm man an, die weibliche Kreativität würde nicht existieren, auch wenn sie augenfällig war. Das Thema Geschlechtszugehörigkeit und Kreativität wurde jahrelang überhaupt nicht erforscht. In den 50er Jahren war Kreativität kurzzeitig ein Forschungsthema, weil die Regierung angesichts einer expandierenden Wirtschaft wissen wollte, ob Frauen Fertigkeiten besaßen, die zur Maximierung des ökonomischen Wachstumspotentials benutzt werden konnten. Aber die Forschungen dieser Zeit ließen die Vorstellung wieder fallen: Frauen seien mehr an ihrer Familie interessiert. Die Psychologin Ravenna Helson meint, dieses Ergebnis sage mehr über die Konformität von Frauen als über ihre kreativen Fähigkeiten aus.[3]

Trotzdem waren Frauen immer schöpferisch und bei der Hervorbringung von Kultur präsent, wenn auch nie in einer Haupt- oder Vordergrundrolle. Wie der Titel von Germaine Greers Buch *Das unterdrückte Talent* andeutet, war der Weg der kreativen Frau voll von Schwierigkeiten, denen Männer sich nicht gegenübersahen. Wenn Frauen ihre Kunst in der Welt sichtbar machen, wird sie vom männlichen Drehbuch mit Beschlag belegt. Die Werke von Frauen werden oft geringschätzig als »Frauenkunst« bezeichnet. Männer maßen sich die Macht an, die Werke von Frauen zu kommentieren, zu kritisieren und ihnen einen Sinn zu geben. Die Schöpfungen von Frauen werden in eine eigene Sphäre mit anderem Wertsystem verbannt, die Bedeutung ihrer Produkte wird bagatellisiert. Es gibt »Volkskunst« und »schöne Kunst«. Es gibt öffentliche und private, häusliche Kunst. Handarbeiten, Nähen, die privaten, häuslichen Künste werden selten wegen der Qualität der künstlerischen und kreativen Energie geschätzt, die in ihre Produktion eingeht. Greer schreibt: »Frauen haben sich bei der Herstellung von ›lediglich‹ Schönem immer hervorgetan, bei dem, was wegen seiner Feinheit, Zartheit, Eleganz bemerkenswert war, bei kleinen Arbeiten, die wenig Platz einnehmen, viel Zeit zu ihrer Herstellung brauchen und kaum bemerkt werden.«[4]

Tatsache ist, daß die Kreativität von Frauen oft durch die Familie oder eine romantische Liebe in Anspruch genommen wurde. Vor dem

19. Jahrhundert äußerten Frauen ihre kreative Energie selten. Sie waren vor allem »Verlängerungen« der Männer, Modelle, Gehilfinnen, von den Künstlern benutzte Objekte. Fast alle Malerinnen vor dem 19. Jahrhundert waren mit männlichen Künstlern liiert, da keine andere Frau die praktische Gelegenheit hatte, eine Ausbildung zu erhalten. Der weiblichen Kreativität wurde nur eine Daseinsberechtigung zugesprochen, wenn sie die männliche Kunst spiegelte, die der Maßstab für Größe war. Die Töchter von Künstlern fertigten Kopien an oder bereiteten das Material vor. Oft heirateten die besten Schüler eines großen Künstlers die Töchter ihres Lehrers, damit das künstlerische Erbe in der Familie blieb. Die Frauen unterwiesen dann ihre Söhne, aber nicht ihre Töchter im Malen. »Töchter wurden von Liebe und Loyalität regiert; sie wurden eher für ihre Tugend und ihre Freundlichkeit geschätzt als für ihr Talent, und entsprechend werteten sie dieses ab.«[5]

Es wurde zu einem Gemeinplatz, daß Künstlerinnen sich in ihren Kunstlehrer verliebten. Wenn die Schwärmerei zur Affäre wurde, wurde die Frau oft völlig absorbiert, und die Beziehung wurde von der künstlerischen Persönlichkeit des männlichen Partners beherrscht. Dies erklärt vielleicht, warum die Arbeit vieler Künstlerinnen Männern zugeschrieben wurde. Das Werk der Bildhauerin Camille Claudel etwa schrieb man Rodin zu.

Dieser Trend beschränkt sich nicht auf die Kunst. Die *New York Times* berichtete erst 1990, die Relativitätstheorie sei möglicherweise von Einsteins Frau entwickelt worden.[6] Erik Erikson, nicht seine Frau Joan, ist wegen seiner Beiträge zur Entwicklungspsychologie im Gedächtnis geblieben. Greer über die Künstlerin Frida Kahlo: »Wie bei vielen Frauen führte das Verlangen nach Kunst sie zum Künstler; die Kreativität wurde im Meister personifiziert, und sie war bereit, ihr Leben um ihn herum aufzubauen und ihre Kunst ihrer Liebe zu verschreiben.«[7]

Tillie Olsen merkt an: »Denken Sie an die jungen Schriftstellerinnen, deren strebsames Leben in einen von der Liebe gestellten Hinterhalt geriet – sie gaben ihre Arbeit auf, weil sie dachten, sie könnten zur ›inspirierenden Geliebten‹ werden; andere wollten mit dem Schreiben weitermachen – und versuchten es; beide wurden im allgemeinen zu Dienenden, die dem Mann sein Leben ermöglichten, zu Gattinnen, zu Müttern von Kindern.«[8]

Kein Wunder, daß die Geschichte von der passiven Lächelnden Frau das Bild weiblicher Erfahrung beherrscht. Der Frau als Künstlerin/Arbeiterin wurde keine eigene Rolle zugebilligt, ihre Geschichte wurde nicht erzählt oder erforscht. Die Biologie war das Schicksal einer Frau, ihre Kreativität beschränkte sich auf die Reproduktion der Art.

Frauen mußten die Geschichte ihrer Kreativität wiederfinden, womit feministische Gelehrte vor etwas mehr als zwei Jahrzehnten anfingen. Tillie Olsen schreibt über das Schweigen der Frauen in der Literatur, Greer, Chadwick und Munro über Kunst.[9] Eine jüngere Geschichte weiblicher Musik von Christine Ammer beschäftigt sich mit unseren dürftigen Kenntnissen über Komponistinnen.[10]

Wir hätten uns genausogut auf das akzeptierte Drehbuch für Frauen in der Musik (Gönnerinnen, nicht Komponistinnen), im Theater (Schauspielerinnen, nicht Bühnendichterinnen) oder in der Literatur (Musen, nicht Autorinnen) konzentrieren können. Oder wir hätten uns auf Frauen in der Wissenschaft (Madame Curie), Frauen in der Geschäftswelt (andere »Madams«) oder Anwältinnen (Katherine Hepburn, die in *Ehekrieg* aus Liebe auf ihre Macht verzichtet) konzentrieren können; in all diesen Geschichten ist die Hauptperson entweder den Blicken entzogen oder, wenn sie im Vordergrund steht, offen mit dem Verdacht der Grausamkeit, Maskulinität, zügellosen Sinnlichkeit, verzweifelten Einsamkeit, Verrücktheit oder – am schlimmsten von allem – Trivialität behaftet. Die Forschung, die diese Drehbücher umschreibt, liest sich wie ein Detektivroman. »Wer hat Athene und Aphrodite ermordet, die Göttinnen des Intellekts, der Karriere, der Leidenschaft und der Künste?«[11]

Oft hören wir nur die Geschichte außergewöhnlicher Frauen, die Story der Georgia O'Keeffes, Golda Meirs und Lilian Hellmans. Aber wie die Ex-Abgeordnete Bella Abzug gesagt haben soll: »Es geht uns nicht so sehr darum, daß ein weiblicher Einstein Assistenzprofessor wird. Es geht uns darum, daß ein weiblicher Schlemihl genauso schnell befördert wird wie ein männlicher.»[12]

Kaum eine Chance

Das fehlende Drehbuch über die Kreativität von Frauen führt zu unsichtbaren oder schwindenden Ambitionen. Die Frau, die darauf besteht, sich trotz kultureller Verbote kreativ zu äußern, sieht sich laufender Diskriminierung gegenüber. Familien, Schulen und Arbeitswelt bevorzugen und fördern die schöpferische Betätigung von Männern. Schulungsmöglichkeiten gehen öfter an Männer, männliche

Kinder werden öfter für besonders begabt gehalten. Eine Studie zeigte, daß die Eltern ein sehr gutes Abschneiden ihrer Tochter bei einer Mathematikprüfung im allgemeinen ihrem Fleiß zuschrieben. Aber zu einem Jungen sagten sie: »Du bist fleißig und so begabt.« Zwangsläufig bekommt die Tochter weniger Selbstvertrauen in ihr angeborenes Talent und ihre Fähigkeiten.[13]

Die für leidenschaftliche Liebe oder leidenschaftliche Kreativität notwendigen Eigenschaften werden bei Frauen nicht gefördert. Uns wird beigebracht, passiv, unterwürfig, abhängig zu sein, und Charakteristika wie Mut, Risikobereitschaft, Liebe zur Einsamkeit, Nonkonformität gelten als Tabu. Gravierender noch sind die ökonomischen Beschränkungen, denen die meisten Frauen sich gegenübersehen, das Verbot von Wut, Eigenständigkeit, intensiven Empfindungen überhaupt und dem Wunsch, sich selbst ernst zu nehmen.

Eine Frau, die versucht, kreativ und beziehungsorientiert zu sein, sieht sich außerdem immer noch der belastenden gesellschaftlichen Überzeugung gegenüber, daß sie die Hegende und Umsorgende sein sollte. Institutionelle Unterstützung, Kinderbetreuung, Seniorenbetreuung, flexible Arbeitszeiten, Vaterschaftsurlaub und sonstige politische Veränderungen, die darauf hindeuten könnten, daß die Betreuung mit dem männlichen Partner geteilt werden sollte, fehlen. Die Quilterin Susan Schroeder schreibt: »Ich brauchte eine Ausdrucksform, die ich während der Betreuung meines Babys aufnehmen konnte.«[14] Am beherrschendsten ist unsere Angst, daß Kreativsein für uns als Frauen zwangsläufig bedeutet, die Möglichkeit des Verbundenseins zu *verlieren*.

Verborgene Kreativität, verlorene Leidenschaft

Die Frage, warum die eine Hälfte unserer Erfahrung in den Vordergrund gerückt wurde, während die andere in den Schatten verbannt wird, läßt sich nur im Kontext von Geschichte und Kultur verstehen. Eine Vorstellung baut auf der anderen auf. Was wir uns über unsere Werte, Empfindungen und Fähigkeiten erzählen, kann nicht von den Trends und Strömungen der populären sozialen Realitätsinterpretation getrennt werden. Wir sind die Produkte unserer Geschichte und des aktuellen gesellschaftlichen Sittenkodex, der uns sagt, was wir von unserem Leben denken sollen. In beiden Bereichen dominieren Bilder und Metaphern, die Frauen eher als Liebende denn als Schöpferin darstellen und die uns auf bestimmte Denk- und Verhaltensmuster festlegen.

Uns fällt hier die Geschichte von Carol Smith ein, einer Frau zwischen zwei Epochen; sie wurde in den 60er Jahren erwachsen, und ihre Mutter hatte ihr eine ältere Version der Spaltungserfahrung weitergegeben. Carol war freier als ihre Mutter, und trotzdem leitete sie das Bild der Lächelnden Frau. Ihre Geschichte einer verlorenen Leidenschaft hat uns sehr beeindruckt.

Vierzig Jahre, nachdem Virginia Woolf in *Die Reise zum Leuchtturm* die Charaktere von Mrs. Ramsay und Lily Briscoe geschaffen hatte, saß Carol in der College-Bücherei und schrieb an einem Essay über Virginia Woolf und diesen Roman. Sie studierte damals englische Literatur und erinnert sich lebhaft an ihre Leidenschaft für das, was sie tat. Die Literatur war immer ihre »erste Liebe« gewesen – ihr Traum war, College-Professorin zu werden.

Aber dann unterminierte der kulturelle Liebesmythos die Leidenschaft. Eine nagende Stimme setzte sich in ihrem Kopf fest, und diese Stimme sagte: »Was nützt es irgend jemandem, wenn ich hier in der Bücherei sitze und gelehrte Abhandlungen über eine tote Autorin schreibe? Was ist mit den realen Problemen draußen in der Welt?«

Es war vielleicht das klar gespaltene Bild in Woolfs Roman oder ein anderer verborgener Einfluß, aber in diesem Moment sagte Carol sich, daß das, was sie gerne tat, keinen Sinn hatte, weil es dabei nicht um die Bedürfnisse anderer Leute ging. Sie traf eine Entscheidung, die den Verlauf der nächsten zwanzig Jahre ihres Lebens bestimmte. Sie verließ das College, heiratete und wurde zu einer Spezialistin für kindliche Entwicklung. Obwohl ihre Arbeit ihr das Gefühl der Verbundenheit mit den »realen Problemen« der Menschen gab, befriedigte sie sie nie wirklich: Sie hatte ihre schöpferische Leidenschaft verloren.

Carol verließ das College Anfang der 70er Jahre, einer Zeit, in der der Einfluß der Frauenbewegung spürbar wurde und Carol bereits begonnen hatte, Bücher zu lesen, die uns von den Fesseln der jahrhundertealten Vorstellungen von Liebe befreien sollten. Warum hielt sich dann, wie bei vielen Frauen dieser Zeit, das gespaltene Bild in Carols Seele? Warum wurde der Auftrag, auf traditionell weibliche Art zu lieben, stärker als die Leidenschaft, die Arbeit zu tun, die sie gerne tat?

Als junge Frau Anfang Zwanzig lebte Carol in einer Phase der Veränderung, aber die wichtigsten Vorstellungen über sich selbst hatte sie Ende der 40er und Anfang der 50er Jahre entwickelt, als die Einstellung zur Liebe ausgesprochen nostalgisch und konformistisch war. Diese

Ideen wurden durch eine familiäre Struktur verstärkt, die ebenfalls auf dem Zwang zur Konformität beruhte, dem Zwang, daß Frauen die vielleicht während der Kriegsjahre erworbene Selbständigkeit aufgaben und in den häuslichen Bereich zurückkehrten. Als wir Carol nach ihrer Mutter fragten, erinnerte sie sich, daß sie eine traditionelle Hausfrau gewesen war, die völlig unter der Herrschaft ihres Vaters stand. Der Mittelpunkt ihres Lebens waren die Bedürfnisse der Familie. Carol sagt: »Ich erinnere mich, daß ich einmal meine Mutter nach einem Paar fragte, das in unserer Straße wohnte und keine Kinder hatte. Ich nehme an, ich wollte wissen, ob es in Ordnung war, zu heiraten und keine Kinder zu haben. ›Diese Leute sind sehr egoistisch‹, sagte sie.«

Als die Liebe in Carols Leben trat, hatte sie gelernt, daß »Liebe« die Liebe zu und von Familienmitgliedern, Kindern und Mann bedeutete. Kein Wunder, daß sie ihre »erste Liebe«, die Literatur, mit zwanzig vergessen mußte. Wenn sie dieser Leidenschaft treu geblieben wäre, wäre sie sich wahrscheinlich so vorgekommen, wie ihre Mutter das kinderlose Paar definiert hatte – egoistisch. Weil Carol keine andere Vorstellung von Liebe hatte und ein alternatives Drehbuch fehlte, nahm sie an, die Liebe in einer Beziehung sei wertvoller und wichtiger als eine kreative Leidenschaft.

Die Geschichte über die Liebe, die Carols Mutter gehört hatte, war die Geschichte von der Frau als Objekt. Sie war damals schon vom langen Arm der Psychiatrie und der psychologischen Theorie ausgeschmückt und sanktioniert worden. Zwischen der Kindheit von Carols Mutter und Carols eigener Kindheit war das Bild von der Lächelnden Frau aufgetaucht, verblaßt und wieder aufgetaucht, entsprechend dem eigentümlichen dialektischen Muster, das unsere Sozialgeschichte beherrscht.

Die Dialektik der Liebe erforschen

Obwohl die Grundlagen des Drehbuchs erhalten und fest in Kopf und Herz der Frauen verankert blieben, hat die Rolle der Frau sich von der Jahrhundertwende bis heute in einem seltsamen dialektischen Prozeß entwickelt, der das gespaltene Bild deutlicher hervortreten läßt. Die Betonung von Liebe und Familie weicht der Betonung des Selbst, und die Betonung des Selbst führt kreisförmig wieder zu einer Betonung von Liebe und Familie.

Erst in den 20er Jahren, das heißt vor etwas über 70 Jahren, erhielten die Frauen das Wahlrecht. In den 20er Jahren begannen Frauen auch in größerer Zahl zu arbeiten, und das Bild von der weiblichen Unabhängigkeit entstand.[15]

Ende der Zwanziger wurde allmählich wieder die Häuslichkeit betont, auch wenn Frauen in den 30er und 40er Jahren weiterhin außer Haus arbeiteten. Im Laufe der 50er Jahre war die Häuslichkeit wieder zum herrschenden Bild der Frauenrolle geworden, und die Frauen kehrten an den Kochtopf zurück. Dieses Vor und Zurück gleicht dem Beginn der Neunziger, als Frauen nach dem in den 70er und 80er Jahren ausgefochtenen Kampf um bisher vorwiegend von Männern beherrschte Berufe ihre Karriere aufgaben, um sich aufs »Muttigleis« zu begeben oder später im Leben Kinder zu haben.

Zwischen den 20er und den 90er Jahren fand eine weitere dialektische Bewegung statt, die Männer und Frauen gleichermaßen beeinflußte. Die seichte Konformität der 40er und 50er Jahre machte dem zornigen Aufruhr einer schnellen gesellschaftlichen Veränderung Platz, die das Merkmal der 60er und 70er Jahre war.[16]

Dieses Vor und Zurück stellt jedoch nur eine relative Bewegung in einer historischen Schublade dar, die bestimmte Grenzen hatte. Frauen konnten ihr Leben immer noch nicht als Subjekt gestalten. Die Unabhängigkeitsbestrebungen verheirateter Frauen entwickelten sich vor dem Hintergrund: »Du kannst glücklich sein, daß er dich das tun läßt!« Die Regeln, die den Frauen ihre Rollen vorschrieben, konnten geändert werden, man konnte an ihnen herumdoktern und von ihnen abweichen, aber es wurde immer noch nicht gefragt, wer die Regeln gemacht hatte, und auch nicht, in wessen Sprache die Erfahrung von Frauen beschrieben wurde. Die Änderungen schienen hauptsächlich von ökonomischen Zweckdienlichkeiten bestimmt zu werden. Wenn die Wirtschaft Arbeitskräfte brauchte, konnten die Frauen den Kochtopf verlassen. Wenn die Wirtschaft stagnierte, wurden die Frauen nach Hause zurückgeschickt.

In den 90er Jahren kann eine Frau wählen, im Aufsichtsrat sitzen, ihre Werke in einer Einzelausstellung zeigen oder ihre Romane, Gedichte und Essays von den Mediengiganten veröffentlichen lassen. Aber die Veränderung scheint größer, als sie tatsächlich ist. Frauen werden immer noch nicht in großer Zahl in öffentliche Ämter gewählt, sind nicht oft Vorstandsvorsitzende und können für ihre Kunstwerke nicht die Preise eines Picasso erzielen. Und sie können nicht die Straßen entlangschlendern, ohne durch männliche Gewalt gefährdet zu sein, oder es als selbstverständlich betrachten, daß sie das Recht haben, über ihren Körper zu bestimmen. Sie können sich keinen populären Film ansehen, in dem ihre Erfahrung fair oder im Einklang mit der subjektiven Erfahrung ihres Lebens dargestellt wird. Sie werden gedrängt, sich von Schuld, Scham und Konflikten wegen ihres Nicht-Lächelns zu befreien. Sie können immer noch nicht behaupten, ihr eigenes Wissen über die Bedeutung von Liebe zu haben.

So wirft das Bild von der Lächelnden Frau seinen Schatten über jede scheinbare Veränderung weiblicher Rollen, auch dann, wenn die Gestalt an der Staffelei in den Vordergrund zu rücken schien. Jeder vom Lächeln beherrschten Phase folgte eine Zeit, in der die Frauen energischer darum kämpften, ihre Kreativität zu behaupten.

In den 50er Jahren, als Carol Kind und ihre Mutter volljährig war, galt der Auftrag zu lächeln vielleicht am stärksten. Nur sehr wenige von uns ließen sich von den 50er-Jahre-Porträts der Lächelnden Frau nicht beeinflussen; de facto wuchsen die meisten von uns – wie Carol – in Familien auf, in denen sie die Mutter war. In Reaktion auf das Subjekt-Sein von Frauen schwingt die Dialektik heute zu dieser 50er-Jahre-Version von Weiblichkeit zurück.

Das gespaltene Bild verstärken

Die 30er Jahre folgten der Weltwirtschaftskrise. Arbeitsplätze waren rar, und Männern und Frauen mißfiel die Vorstellung, zur Rolle der Frau solle eine Arbeit außerhalb des Zuhauses gehören. Als die Krise sich verstärkte, wurden die bislang berufstätigen Frauen von den Medien gedrängt, »nach Hause zu gehen« und wieder Hausfrauen zu sein. Verheiratete Frauen, die arbeiteten, wurden mit Feindseligkeit betrachtet – sie nahmen den Männern die Arbeit weg. Die Kernfamilie wurde wie zur Viktorianischen Zeit als Zuflucht vor den rauhen Realitäten der äußeren Welt idealisiert.

Dann kam der 2. Weltkrieg, und anstatt »Bleibt Zuhause« lautete die Botschaft jetzt »Geh wieder arbeiten«. Jetzt war in den Medien die Frau hinter dem Mann mit dem Gewehr populär – sie war plötzlich Arbeitende, aber sie arbeitete für eine Sache, nicht selbstbestimmt für sich.[17]

Daß Frauen nun zur Arbeit aufgerufen wurden und diese vielen gefiel, löste im populären Denken einen schweren Konflikt aus. Die Anzahl arbeitender Frauen verdoppelte sich während des Krieges.[18] Die Ambitionen der Frauen wurden zunehmend zu einem sozialen Problem – viele wollten nicht wieder zu Hause arbeiten. Also mußte die Botschaft verstärkt werden, daß Frauen zwar jetzt in der öffentlichen

Sphäre sichtbar waren, Liebe und Heim aber trotzdem mehr zählten. Die Einstellung der Gesellschaft änderte sich nicht, und der kulturelle Diskurs blieb derselbe. »In einer *Fortune*-Umfrage akzeptierten die meisten Amerikaner die Mitwirkung weiblicher Arbeitskräfte, wenn sie nicht in einem signifikanten Gegensatz zu häuslichen oder mütterlichen Pflichten stand.«[19] Das Subjekt-Sein wurde zu einem »unvermeidlichen, wenn auch vorübergehenden Hilfsmittel.«[20] In den 50er Jahren, als der Krieg vorbei war und die Männer dem Arbeitsmarkt wieder zur Verfügung standen, begann die Propaganda in den Medien, die Rückkehr zum häuslichen Leben zu predigen. Die geschlechtsspezifische Arbeitsteilung war wieder da.

Die gespaltene Einstellung der populären Kultur zeigte sich in den Filmen jener Zeit am deutlichsten. Patriotische Frauen hielten das häusliche Feuer am Brennen und lernten tapfer, in einer Welt ohne Männer zu leben. Sie wurden als Krankenschwestern oder Frauen im Gefecht gezeigt, als mutige Kriegerwitwen.

Einige Frauen wurden auch als Subjekt dargestellt. In Filmen wie *Das grüne Korn* mit Bette Davis oder *Liebling, zum Diktat* mit Rosalind Russell durften Frauen Romanciers, leitende Angestellte und Werbemoguln spielen. Trotzdem war der Hauptkonfliktpunkt bei all diesen Karrierefrauen-Filmen die Liebe. Es war klar, daß die gespaltenen Energien von Frauen sich eher Liebe, Heim und Familie zuneigten.

Während des Krieges waren die Frauen daran erinnert worden, daß Liebe trotzdem wichtiger war als Arbeit, und nach dem Krieg verstärkte das propagierte Frauenbild die Rückkehr zur traditionellen Rolle. Die Eheschließungs- und Geburtenrate stiegen: Der Begriff »Raumpflegerin« wurde geprägt, damit die Lächelnde Frau weiterlächelte und die private Sphäre Würde erhielt.

Die Autorin Joan Ellis bemerkt: »Still und pflichtbewußt blieben die Frauen im Reichtum nach dem Krieg, als ihre Männer arbeiteten, zu Hause und zogen die Kinder groß. Frauen ermöglichten das Leben anderer, sorgten und lehrten.«[21]

Die Musik verstärkte das traditionelle Liebesdrehbuch genauso wie der Film. Die Liedertexte vermittelten die klare Botschaft, daß der Sinn des Lebens die Liebe war. Eine Frau war berufstätig, aber nur so lange, bis sie der Liebe begegnete. In den Liedern sehnte eine Frau sich nach einem Mann, lernte einen Mann kennen, genoß es, eine junge Frau zu sein, erzählte den Bäumen von der Liebe, ihr Herz pochte, sie wanderte umgeben von Kirschblüten und Liebe durch Obstgärten oder saß unter Apfelbäumen auf einer Bank, ihrem Mann treu. Die Lächelnde Frau boomte.

In dieser Phase wurde die Institution »Familie« wieder zur dominanten Form für den Ausdruck von Liebe. Niemand stellte die Form an sich in Frage. Ihre Starrheit befahl den Frauen eine Art Gefangenschaft, in der sie einen geringeren sozialen Status und weniger Bedeutung hatten als die Männer, die sie angeblich liebten. Diese idealisierte soziale Form konnte strapaziert und demontiert werden, wenn es zweckdienlich war – Väter konnten in den Krieg und Männer zu Arbeitsstellen weit weg von ihrer Familie geschickt werden, wenn es den nationalen und kapitalistischen Zielen nützte. Die Familie konnte ihre Form verändern, wenn es dafür gute Gründe gab. Die Bedürfnisse von Frauen, ihre Vorstellungen über Liebe und kreative Entscheidung waren jedoch nie ein Grund, der gut genug war. Ihre Rolle bestand darin, an ihrem Platz zu bleiben. Frauen hatten vielleicht das Wahlrecht, aber nie wirklich die Wahl.

Nur Männer haben die Begabung zur Kunst

In den 40er und 50er Jahren und der ganzen Zeit nach dem 2. Weltkrieg tauchte die amerikanische Kunstavantgarde auf. Der abstrakte Expressionismus gewann an Einfluß. Es war der Höhepunkt des sogenannten Modernismus, die Zeit, in der wir immer noch an absolute Werte und eine reine Ästhetik glaubten. Bereits während der Weltwirtschaftskrise der 30er Jahre hatten die amerikanischen Künstler begonnen, die gesellschaftliche Rolle der bildenden Künste zu formulieren. Mehrere Künstlerinnen, etwa Lee Krasner, Louise Nevelson und Alice Neel, wurden zunächst durch Programme finanziell unterstützt, die von der Regierung gefördert wurden.[22]

Die vor und nach Freud bestehende Überzeugung, Frauen könnten nicht kreativ sein, schien zeitweise aufgehoben. Die Notwendigkeit war die Mutter der Erfindung. Genauso wie der 2. Weltkrieg den Frauen Anfang der 40er Jahre Beschäftigungsmöglichkeiten geboten hatte, eröffnete die Wirtschaftskrise durch von der Regierung finanzierte Projekte ihnen den Zugang zur Welt der Kunst. Das wurde anders, als die Wirtschaftskrise vorbei war.

Die Karriere der Künstlerin Lee Krasner illustriert einige der Hin- und Herbewegungen von der Frau als Subjekt / Künstlerin zur Frau als Objekt / Hausfrau. Lee Krasner war bereits eine eigenständige Künstlerin, als sie die Frau von Jackson Pollock wurde; sie hatte ihn 1941 kennengelernt und heiratete ihn 1945. Als sie die Welt der von der Regierung unterstützten nicht-diskriminierenden Kunstprojekte verlassen und die der privaten Galerien und Händler betreten mußte, sah die Welt der Kunst sie anders. Das Bild von »Mrs. Pollock/Hausfrau« überlagerte das von »Lee Krasner/Malerin in der New Yorker Kunstwelt«.[23] Als die Regierungsunterstützung für die Kunst in den 40er und 50er Jahren aufhörte, sahen Krasner und ihre Kolleginnen sich der weitverbreiteten Ansicht gegenüber, Frauen könnten nicht malen. Der Freud-Schüler Havelock Ellis sagte: »Nur Männer haben die Begabung zur Kunst.« Und das höchste Kompliment, das Hofmann, ein berühmter Mallehrer, seinen Schülerinnen machte, ging in dieselbe Richtung: »Dieses Bild ist so gut, daß Sie nie vermuten würden, daß es von einer Frau stammt.»[24]

Als Krasner und Pollock 1949 eine Gemeinschaftsausstellung mit dem Titel »Mann und Frau« machten, waren die negativen Kritiken so, daß Krasner zwei Jahre lang nicht ausstellte und viele ihrer Gemälde vernichtete. Man kann nur vermuten, daß sie am Boden zerstört war und zeitweise den Teil des gespaltenen Bildes aufgab, der sie als Künstlerin darstellte. Elaine de Kooning, eine andere bedeutende Künstlerin, die mit einem bekannten Künstler, Willem de Kooning, verheiratet war, stand vor einem ähnlichen Dilemma. Krasner und Elaine de Kooning signierten ihre Werke schließlich nur noch mit ihren Initialen, um nicht das Etikett »Frauenkunst« verpaßt zu bekommen.[25]

Die Kritiker-Reaktion auf viele bedeutende Künstlerinnen dieser Zeit bestand darin, deren Beitrag zu bagatellisieren und dadurch über ihre Kunst anders zu sprechen. Die Arbeiten von O'Keeffe und anderen früheren Künstlerinnen wurden einer von der Welt der Kunst speziell geschaffenen Kategorie zugeordnet, der für »Frauenkunst«. Dieser Versuch, die Arbeit von Künstlerinnen anhand einer speziellen Kategorie zu beurteilen und dadurch an den Rand zu rücken, galt auch für Literatur und Musik und alle anderen Bereiche des künstlerischen Ausdrucks von Frauen.

Für die Gestaltung eines Frauenlebens in den 40er und 50er Jahren – auch für die Künstlerin, die potentiell am ehesten Subjekt in ihrem eigenen Leben war – galt also das Modell der Heim und Familie verpflichteten Gattin. Der Versuch, das gespaltene Bild zusammenzubringen, zeigt sich ausdrucksstark in Louise Bourgeois' »Hausfrauen«-Gemälden, die 1947 zum erstenmal ausgestellt wurden: An der Stelle des Kopfes befindet sich bei den Frauen ein Haus. Die Kritiker sagten damals, die Gemälde würden die »natürliche« Identifikation von Frau und Heim bestätigen. Chadwick schreibt: »In diesen beunruhigenden

Werken werden die Frauen durch eine Häuslichkeit definiert, die in glatten Fassaden und kleinen Fenstern zum Ausdruck kommt und ihnen die Stimme verweigert.«[26]

Von der Konformität zum schnellen Wechsel

In den 60er Jahren begannen die Dinge sich zu ändern. Es war eine turbulente, chaotische Zeit, die in den USA durch Morde, Krieg und Straßenkämpfe gekennzeichnet war. In den 70er Jahren entstanden neue Bewegungen: Konsum im großen Stil, Umweltschutzbewegung, Frauenbewegung. Die Inflation und die Arbeitslosenzahlen stiegen, genauso wie die Scheidungsrate. Die traditionelle Familienform wurde in Frage gestellt und begann zu zerbrechen. Angesichts der hohen Scheidungszahlen waren viele Frauen zum erstenmal gezwungen, außer Haus Arbeit zu suchen.

Nach den konformistischen 50er Jahren sahen die Frauen sich den Themen gegenüber, die von der zweiten Feminismus-Welle angesprochen worden waren. Das gespaltene Bild veränderte sich, als Selbstausdruck, Unabhängigkeit und Gleichheit am Arbeitsplatz in bestimmten Bereichen der Gesellschaft zu Anliegen der Frauen wurden. Die gesellschaftliche Liebeskonzeption jedoch veränderte sich nicht besonders. Außer von feministischen Separatisten und »politischen Lesben« wurde von Frauen immer noch erwartet, Selbstausdruck und Selbstbestimmung innerhalb von Beziehungen zu leben.

In den 60er und 70er Jahren begann die sogenannte sexuelle und politische Befreiung der Frau. Die sexuelle Freiheit wurde zur neuen Norm. Frauen wurden ermutigt, ihre von den Irrtümern des männlichen psychologischen Dogmas befreite Sexualität zu aktivieren. Der Mythos vom vaginalen Orgasmus wurde durch die Glorifizierung des klitoralen Orgasmus ersetzt. Viele von uns wandten sich von romantischer Liebe und Mutterschaft ab und wurden sozial aktiv. Wir bestanden darauf, als rechtmäßige Besitzerinnen unseres Körpers und unserer Sexualität anerkannt zu werden. Das konventionelle Liebesdrehbuch änderte sich trotzdem nicht großartig – freie Liebe bedeutete lediglich freien Sex, und sobald eine Frau die traditionelle Struktur der Ehe wählte, wurde sie wieder Objekt, schuldbewußte und unterdrückte Mutter und Hausfrau.

Die Sexualität in Form der Pornographie wurde zum Forum für die neue Ausbeutung und Objektivierung der Frau. Es war eine seltsame Rückkehr zum biologischen Determinismus Freuds – Frauen waren Körper. Erotische Klubs, Gelegenheitssex und Massagesalons verbreiteten sich, die Privatsphäre wurde kleiner; die Filme jener Zeit stellten Nacktheit, Pornographie und Prostitution in den Vordergrund. Einige meinten, die neue sexuelle Befreiung im Film sei das Symptom für eine neue Intimität. Andere wandten ein, die sexuelle Revolution würde zu einer kulturellen Entfremdung führen. Im Film sahen wir Charaktere, die sexuell, aber nicht sinnlich waren, denen Gefühle und Romantik fehlten. Das Liebesdrehbuch schien überholt.[27]

Ende der 70er Jahre entstanden, angeregt durch die Frauenbewegung, neue Modelle. Frauen wollten ihre innere Vision in der Öffentlichkeit realisieren. Das Bild von der Lächelnden Frau ging in eine Collage von Identitäten ein, die die beziehungsorientierte Energie mit einem erhöhten Selbstgefühl verband; die Frau begann Subjekt ihres Lebens zu werden.

Die Gegenbewegung blieb nicht aus. Auch diesmal wurde sie von der Wirtschaft und der Krise beeinflußt. Die Yuppies, die Erfüllung und persönlichen Erfolg in einer materiellen Kultur anstrebten, traten an die Stelle der Hippies. Die AIDS-Krise wurde von den Medien stärker beachtet, als die Krankheit sich verbreitete. Schwule und Lesben machten ihre Rechte deutlicher und wurden als Bedrohung für die »Familie« und die Standardvorstellungen von Liebe vermehrt belästigt und verunglimpft. Angesichts der zunehmenden Infragestellung des traditionellen Liebesdrehbuchs kehrte der politische Trend zu fundamentalistischen Vorstellungen über Familie, Heim und Kirche zurück, auch wenn die Vermittler dieser Werte bei dem Versuch, sie zu leben, kläglich versagten.

Die 80er Jahre wurden als Phase der Gier bezeichnet, als Höhepunkt der »Ich«-Generation: Die Baby-Boom-Kinder eroberten die Welt. Fitneß-Zentren schossen wie Pilze aus dem Boden, und Sucht und die Genesung von der Sucht wurden zum großen Geschäft. Selbsthilfegruppen, die nach dem Zwölf-Schritte-Programm der Anonymen Alkoholiker arbeiteten, verbreiteten sich. In dieser zunehmend von Konsum, Krise und einer »Alles-haben«-Mentalität geprägten Atmosphäre wurden Frauen in der Öffentlichkeit verstärkt sichtbar, aber ihre Beiträge wurden ökonomisch immer noch geringer bewertet, und die Präsenz der Männer in der privaten Sphäre des Heims hatte nicht entsprechend zugenommen. Niemand konnte entscheiden, ob die neuen Rollen der Frauen gut oder schlecht waren, aber im Zweifelsfall neigte man dazu, sie wieder ad acta zu legen. Als die rapiden sozialen

Veränderungen der 60er und 70er Jahre ihren Höchststand erreichten, wählte Amerika Ronald Reagan. Seine Wahl bezeichnete die Rückkehr zu den traditionellen Werten und die Vision eines konservativen Amerika.[28] Wir sahen, wie Nancy Reagan »ihrem Mann zur Seite stand«, und der Schatten eines Lächelns schlich sich einmal mehr in unser kollektives Bewußtsein. Während Frauen im öffentlichen Bereich an Boden gewannen, wurden wir auch mit Bildern von der Guten Frau versorgt, die den Wert der Familie hochhielt und mit einem bewundernden Lächeln zum »Macher« aufschaute.

Für Frauen war das gespaltene Bild gespaltener als je. Die Formen der Vergangenheit besaßen weiterhin ihre verführerische Anziehungskraft. Auch Frauen, die von der durch die Frauenbewegung erreichten Befreiung profitiert hatten, lehnten es nun ab, als »Feministinnen« definiert zu werden. Nachdem sie einen gewissen Subjektstatus erreicht hatten, wuchs bei den Frauen der Trend, ihn zu entpolitisieren. Aus Angst, der Begriff »Feministin« könne als »Männerhasserin« mißverstanden werden, lehnten viele arrivierte Frauen das ab, was sie für eine Polarisierung von Männern und Frauen auf der privaten, persönlichen Ebene hielten. Mayumi Oda, eine erfolgreiche japanisch-amerikanische Künstlerin, in deren Werk die Welt der Göttinnen und weibliche Bilder und Archetypen im Mittelpunkt stehen, sagt: »Ich betrachte mich nicht als Feministin, aber ich glaube an Kraft und Vitalität des Weiblichen... Ich konnte mich nicht voll auf die Frauenbefreiung in den 60er und 70er Jahren einlassen, weil ich meinte, sie wollten den Männern und der Gesellschaft Vorwürfe machen. Die Gesellschaft hat Frauen seit Tausenden von Jahren schlecht behandelt. Ich hatte das Gefühl, daß auch die Männer schlecht behandelt wurden. Anstatt andere für das Problem verantwortlich zu machen, können wir Kraft und Hilfe in uns selbst finden.«[29]

Nur wenigen von uns ist klar, daß die Struktur der Gesellschaft und der Einstellung zu Frauen das Problem sind: die Strukturen wurden von Männern erschaffen und definiert. Wenn eine feministische Einstellung nur bedeutet, an die Gleichheit der Frauen zu glauben, können wir es uns nicht leisten, die Ursache des Problems zu vergessen. Die Lösung besteht nicht in einer Rückkehr zu den alten Formen, sondern in der radikalen Erschaffung von neuen. Nur ein Teil der Aufgabe besteht darin, Kraft und Hilfe in uns selbst zu finden, denn ein Großteil des Problems entzieht sich unserer Macht.

Der aktuelle Stand des Drehbuchs

In den 90er Jahren besitzen Frauen, die das Glück haben, von bestimmten ökonomischen und klassenspezifischen Zwängen frei zu sein, mehr Alternativen und mehr Entscheidungsfreiheit; der Konflikt zwischen Liebe und Kreativität, der das Leben von Frauen in früheren Jahrzehnten charakterisierte, ist für sie nicht mehr so stark.

In den Künsten haben Frauen sichtbare, aber immer noch begrenzte Fortschritte gemacht. Als 1969 die Jahresausstellung des Whitney Museums in New York eröffnet wurde, waren nur 8 von den 143 vertretenen Künstlern Frauen.[30] Künstlerinnen sind in den großen Museen immer noch stark unterrepräsentiert, und ihre Kunst verkauft sich immer noch für wesentlich weniger Geld als die von Männern.

Mitte der 70er Jahre führten zwei umfassende Übersichten amerikanischer Musik nur eine Komponistin auf. In einer persönlichen Unterhaltung grübelte eine Musikkolumnistin der *New York Times* vor kurzem darüber nach, warum es immer noch so wenig bedeutende Komponistinnen gibt.

Erst 1981 wurde eine Geschichte der Frauen im amerikanischen Theater veröffentlicht. Allerdings scheinen Bühnendichterinnen etwas besser abzuschneiden als Künstlerinnen und Komponistinnen. Aber sie sind immer noch nicht die großen Geldverdiener am Broadway.

Filme über Frauen haben seit dem Ende der 60er Jahre eine scheinbar breitere Palette weiblicher Erfahrungen zum Thema. Filme wie *Personal Best* und *Desert Hearts* beschäftigen sich mit den komplexen Beziehungen zwischen Frauen. Neuerdings haben *Thelma und Louise* und *Grüne Tomaten* die Bestrebungen von Frauen kommentiert, sich außerhalb des Bereichs männlicher Macht und Unterdrückung zu finden. Aber David Greffen, der Produzent von *Personal Best*, stritt ab, daß es sich um einen lesbischen Film handle, und in *Grüne Tomaten* wurde die lesbische Beziehung bagatellisiert. *Thelma und Louise* löste wegen seiner Anti-Männer-Botschaft bei Männern und Frauen Empörung aus, war aber ein Kassenschlager.

Die Kreativität von Frauen nimmt solide Formen an und kommt hinter dem Schatten des gespaltenen Bildes zum Vorschein. Trotzdem haben die meisten von uns immer noch das Gefühl, unvollständig zu sein. Wir sind uns nicht sicher, ob wir das Recht auf ein Selbst haben, das die Subjektiv-Kraft des Mannes besitzt und die Macht, etwas Neues zu zeugen und hervorzubringen. Wir wissen nicht, ob wir Subjekt oder

Objekt sind, ob wir unsere eigenen Lieder aus voller Kehle singen können oder ob unser Selbst nur ganz ist, wenn wir die Begleitstimme in einem Lied singen, das jemand anders komponiert hat. Wir ringen täglich mit Paradoxa und Annäherungen und wissen nie ganz, wer wir sind oder was wir sein und tun sollen. Konzentrieren wir uns auf uns selbst oder auf den anderen, auf Handeln in der Welt oder Fürsorge, auf Kreativität oder Liebe, Wissen oder Fühlen? Lieben wir aus freier Entscheidung, als Subjekt, oder als Reaktion auf die Angst, keine Lächelnde Frau zu sein?

Diese nebeneinanderstehenden und gespaltenen Erfahrungen sind Teil des gesellschaftlich konstruierten Frau-Seins. Sie sind nicht unsere persönlichen Rätsel, nicht Zeichen für das Versagen unserer individuellen Psyche. Die Geschichte hat uns vor bestimmte Probleme gestellt, sie hat diese Spaltung hervorgerufen. Heute vielleicht mehr denn je verfügen wir über die Mittel, sie zu überwinden. Das war nicht immer so, und der Weg zum gegenwärtigen Bewußtseinsstand war voller Gefahren.

Das gesellschaftliche Liebesdrehbuch verbietet Frauen den Zugang zu ihrer Macht, die Spaltung erhält den Status quo aufrecht. Liebe, die Fürsorglichkeit und Kreativität verbindet, ist eine mächtige Kraft. Wenn Frauen sie weiterhin ihrem eigenen Bild entsprechend gestalten, könnte das Machtgleichgewicht in der Welt sich verlagern. Wenn Frauen mehr Subjekt sind, verändern sie sich.

Aber wie Susan Faludi sagt, wird es für die Frauen keinen Fortschritt ohne eine »Reaktion« geben, die uns sagt, wir sollten zu den traditionellen Modellen zurückkehren.[31]

Die Form des Lebens von Frauen ändert sich. Wir haben immer mehr Vorbilder von Frauen, die ein eigenständiges Leben und doch Beziehungen haben. Aber der Schatten der Lächelnden Frau ist noch da, fest verankert in unserer Psyche. Die Frau, die für andere sorgt, ist immer noch die dominante Definition für »Weiblichkeit« und das Hauptthema der gesellschaftlichen Liebeskonzeption. Wir brauchen uns nur umzuschauen, um zu sehen, wie unwohl die Gesellschaft sich bei jeder Veränderung weiblicher Rollen und Selbstdefinitionen immer noch fühlt.

Die Statistiken über das Vorkommen von Gewalt gegen Frauen sind ein Teil des Drehbuchs. Sie sind ein Symptom für die Reaktion gegen Frauen, die an ihre eigene Macht zu denken beginnen. Die Anhörungen im Fall Anita Hill/Clarence Thomas, das gesamte Problem der sexuellen Belästigung, führt die Geschichte weiter. Genauso wie der Freispruch von William Kennedy Smith, der wegen Vergewaltigung angeklagt war. In aktuellen Filmen sehen wir kaum etwas anderes als gewalttätiges, grundloses Gemetzel, als sei die Vorstellung von Liebe ein von den Friedensfesten der Hippie-Generation übriggebliebener Anachronismus. Jeder Tag droht Frauen ihre schwererkämpften Rechte zu nehmen, vor allem das Recht, über den eigenen Körper zu entscheiden.

Die 90er Jahre spiegeln die laufenden Veränderungen, die dialektische Anziehung von Liebe und Kreativität und die jeweiligen Einstellungen der populären Kultur gegenüber Frauen. Die Botschaften sind heute nicht weniger widersprüchlich als generell seit der Jahrhundertwende – habt ein Selbst, aber bleibt an eurem Platz.

4. Das Subjekt ist sie selbst

Angesichts einer derart verborgenen Geschichte weiblicher Kreativität und der entsprechenden Unterdrückung der Leidenschaft in unserem Leben ist schwer vorstellbar, daß die meisten von uns überhaupt den Mut haben könnten, zu definieren und zu realisieren, was sie bewegt. Frauen können nicht an eine Veränderung denken, wenn sie keinen Zugang zu den Geschichten von Frauen haben, die das kulturelle Klischee in Frage gestellt und gewagt haben, ihr Leben selbst zu gestalten. Erst wenn wir sehen, was eine Frau in den Tiefen ihres subjektiven Schmerzes wirklich erlebt hat, verstehen wir die Zwänge ihres Lebens und die Bedeutungen, die sie ihrer Erfahrung insgeheim gibt. Nur durch einen solchen Zugang können wir Verbundenheit, Mitgefühl und Identifikation empfinden. Der Mut, gegen die Konvention anzugehen und zu bestimmen, welche Leidenschaft wir haben, kann nicht in der Isolation entstehen. Wir brauchen die Unterstützung anderer Frauen, um selbst stärker zu werden. Bis zur Entwicklung der feministischen Forschung und der während der Frauenbewegung gewonnenen neuen Perspektive hatten wir keinen Kontext, der uns unsere Erfahrung verständlich machte, denn die Geschichten von Frauen konnten nicht erzählt und daher auch nicht vernommen werden.

Das Drehbuch umschreiben, das Schweigen brechen

Als feministische Wissenschaftlerinnen in den letzten zwei Jahrzehnten begannen, die Geschichten von Frauen vom dominanten kulturellen Diskurs abzuheben, wurde ihnen klar, daß das Leben von Frauen mit Hilfe der uns verfügbaren Erzählformen nicht zutreffend aufgezeichnet werden konnte.[1] *Art und Stil* weiblicher Äußerungen wurden geächtet und beschränkt. Dies zeigen etwa die Autobiographien von Frauen. Carolyn Heilbrun stellt fest, daß die Autobiographien von Frauen vor 1973 ein idealisiertes Leben darstellten; sie waren in der

Sprache der Lächelnden Frau geschrieben, denn den Frauen wurden Wut und öffentliche Machtbezeigungen abgesprochen. »Wenn einem das Äußern oder auch nur Erkennen von Wut nicht erlaubt werden, werden einem auch Macht und Kontrolle abgesprochen... Wenn Frauen über den realen Schmerz und Zorn ihres Lebens schrieben, wurde ihr Text als schrill und überspannt oder ›mit feministischer Ideologie überfrachtet‹ kritisiert.«[2] Virginia Woolfs *Drei Guineen* wurden wegen ihres wütenden Tons ad acta gelegt, aber trotz der Kritik veröffentlichte Woolf als eine der wenigen weiter realistische Geschichten.

Da Frauen bestimmte Gefühle nicht öffentlich äußern konnten, genoß das Tagebuchschreiben große Popularität. In Anbetracht der öffentlichen Zwänge ist es jedoch möglich, daß wir unsere geheimsten Gefühle noch nicht einmal uns selbst eingestehen. Die Angst vor Kritik und Selbstkritik beschränkt uns. Sogar die berühmte Tagebuchschreiberin May Sarton veröffentlichte Tagebücher unterschiedlichen Charakters, eins 1968 und eins 1973; ins zweite nahm sie all die Wut und Verzweiflung auf, die sie im ersten weggelassen hatte. Beide Bücher beschäftigen sich mit derselben Phase ihres Lebens.[3]

Signifikanterweise haben Frauen das Gefühl, nicht von sich selbst sprechen zu dürfen, ohne ihre Identität mit irgendeinem »anderen« zu verbinden. Viele Frauen meinen, nur im Kontext einer Beziehung offen über sich schreiben zu können; sie fühlen sich nicht *berechtigt*, sich ernst zu nehmen. Auch hier zeigt sich, wie schwer es Frauen fällt, im eigenen Leben Subjekt zu sein.

In den Kapiteln 2 und 3 haben wir die Themen skizziert, die den Hintergrund für die Frauengeschichten dieses Buches bilden. Die gesellschaftliche Liebeskonzeption hat zu der Illusion geführt, die Erfahrung von Frauen sei gespalten. Deshalb denken und sprechen Frauen von sich *oder* dem anderen, von Liebe *oder* Kreativität. Aus unserer therapeutischen Arbeit mit Frauen wissen wir, daß dieses Gefühl einer gespaltenen Identität die Geschichten durchdringt, die Frauen über sich selbst erzählen. Es formt ihre Vorstellungen über Liebe und ihr Gefühl, sich frei kreativ äußern zu können. Es beeinflußt, wie sehr sie sich ihre Leidenschaften zu eigen machen und ihr Leben entsprechend orientieren.

Durch unsere Untersuchung wollten wir herausfinden, was Frauen zu diesen Themen zu sagen haben, und eventuell das Potential für eine andere Geschichte zur Verfügung stellen – eine, in der Frauen ihr Leben selbst bestimmen.

Zur Geschichte unseres Projekts

Die Entwicklung dieses Projekts begann gespalten. Wir wollten erst über Liebe und dann über Kreativität schreiben, zwei getrennte Bücher. Beide Aspekte weiblicher Erfahrung faszinierten uns, und wir wollten sie aus einer neuen Perspektive untersuchen – was dachten Frauen über Liebe, und was bedeutete es ihnen, kreativ zu sein? Nach langen Diskussionen mit Freundinnen und Kolleginnen erkannten wir, daß es uns eigentlich um die Beziehung zwischen den beiden ging – wir konnten die weibliche Kreativität nicht erörtern, ohne auch zu untersuchen, wie sie durch unsere Gedanken über Liebe eingeengt wurde.

Sobald wir die Themen Liebe und Kreativität zusammengebracht hatten, sprachen wir mit fast jeder Frau, die wir trafen, über die Leidenschaften ihres Lebens. Die Nachtrezeptionistin eines Motels erzählte uns von ihrer Leidenschaft, Kindergeschichten zu schreiben und aus alten Hochzeitskleidern und dem Brokat alter Vorhänge Puppen zu fertigen. Wenn die Interviewerin einer Zeitschrift uns anrief, drehten wir den Spieß um und interviewten sie. Wir sprachen mit Tanten, Müttern, Schwestern, Freundinnen, Klientinnen, Kellnerinnen, Schauspielerinnen, Workshopteilnehmerinnen. Unsere Frage lautete stets: »Hatten Sie früher eine Leidenschaft, die Sie aufgegeben haben? Was geschah? Was wären Sie geworden, wenn Sie Geld und Talent genug gehabt hätten, was war Ihr geheimer Traum, Ihre größte Leidenschaft? Wer war Ihre erste Liebe? Erzählen Sie uns Ihre Liebesgeschichte.«

Wir sogen uns voll mit den Geschichten von Frauen. Dann entwikkelten wir einen Fragebogen mit 53 Punkten. Wir baten Freundinnen, Kolleginnen, Seminarteilnehmerinnen und sonstige Interessierte um ihre Meinung. Der Fragebogen änderte sich, als wir erkannten, welche Fragen nicht die gesuchten Informationen lieferten. Wir sammelten 45 Fragebögen ein.

Jetzt ging es darum, die Fragen so zu gestalten, daß wir quantifizierbare Aussagen für die Analyse erhielten. Wir stellten zwei Forschungsassistentinnen an. Sie verzeichneten und kodierten jede Antwort. Vier Monate lang trafen wir uns wöchentlich, tippten oder transkribierten die Ergebnisse unserer Begegnungen, sammelten Einfälle zu den Themen, entwickelten unsere Ideen. Aus der Kodierung entwickelten wir gemeinsam eine aus 49 Fragen bestehende Multiple-Choice-Version des umfangreicheren Fragebogens. Jetzt brauchten wir Antworten.

Viele Frauen waren über unseren Frageeifer überrascht. Manchmal waren wir schlichtweg aufdringlich. Auf Empfehlung einer bekannten Forscherin sahen unsere Assistentinnen sich nach Orten um, an denen wir wartende Frauen antreffen würden – sie würden Zeit haben, während des Wartens einen Fragebogen auszufüllen. Wir konzentrierten uns schließlich auf Frauenarzt-Praxen. Unsere Assistentinnen führten die Befragung selbst durch oder schickten die Fragebögen an Freundinnen im ganzen Land, die in den Arztpraxen saßen und auf wartende Frauen warteten. Unsere Assistentinnen gingen auch in Büros, zu Musikfestivals, auf den College-Campus. Überall, wo eine von uns hinging, verteilte sie den Fragebogen. Insgesamt sammelten wir 222 wieder ein, die dann schön ausgebreitet auf dem Wohnzimmerfußboden lagen, während wir uns stundenlang den Kopf über die Antworten zerbrachen.

Das Herumknobeln gab Energie, war aufregend. Das Projekt bekam ein Eigenleben – wir erfuhren so viel über die Denkweise von Frauen, daß wir uns auch zu unserem Leben Fragen stellten und Vergleiche zogen.

Schließlich kam die Interviewphase. Wir wollten nicht nur quantifizierbare Angaben für unser Projekt, wir wollten auch direkt mit Frauen sprechen und die subjektive Erfahrung ihres Lebens kennenlernen. Wir machten Gruppeninterviews, Zweierinterviews, Mutter/Tochter-, Mann/Frau-, Lesbe/Partnerin-Interviews; wir sprachen – meist persönlich, manchmal am Telefon – mit alleinlebenden Künstlerinnen, mit Schriftstellerinnen, Liedermacherinnen, Unternehmerinnen, Schauspielerinnen, Musikerinnen. Jedes Interview wurde getippt und transkribiert.

Die Antworten auf den Fragebögen hatten uns bewegt; die ausführlichen Interviews gehörten zu den bereicherndsten Erfahrungen des ganzen Projekts. Wir wählten Frauen aus, von denen wir annahmen, daß sie uns über das Gleichgewicht von Liebe und Kreativität in ihrem Leben Einzigartiges zu sagen hätten. Wir entschieden uns für einen hohen Prozentsatz kreativer Frauen, die mit ihrer Arbeit an die Öffentlichkeit gegangen waren, weil sie uns vielleicht mehr darüber sagen konnten, wie sie die unvermeidlichen Konflikte der Dualität gelöst hatten. Wir hofften, von ihnen mehr darüber zu erfahren, wie Frauen, die Subjekt sind, zu einem solchen werden. Einige der Frauen sind bekannt; wir fanden alle außergewöhnlich.

Die Frauen gaben uns enorme Energie. Als Therapeutinnen, die Menschen oft nach ihren Schwierigkeiten fragen, wurde uns allmählich die positive Wirkung klar, die es hat, wenn Menschen über ihre

Ressourcen, ihre Lösungen und Freuden sprechen und nicht über ihre »Probleme«. Je mehr wir mit den Frauen über Leidenschaft sprachen, desto mehr Leidenschaft hatten wir für das Projekt. Je mehr wir über Kreativität und Liebe sprachen, desto inspirierter wurden wir, kreativ und liebevoll zu sein.

Am Schluß lasen wir alle Antworten noch einmal durch. Insgesamt hatten wir Angaben von über 300 Frauen. Ihr Alter lag zwischen 15 und 88 Jahren, sie waren aus allen Gegenden der USA, nach Kultur und Schichtzugehörigkeit unterschiedlich, und auch ihre Beziehungsmuster waren uneinheitlich; 146 von den Multiple-Choice-Interviewpartnerinnen hatten Kinder, 76 nicht. Wir stellten fest, daß die Antworten einem klaren Muster folgten: Die Energie einiger Frauen schien mehr auf Beziehungen ausgerichtet, die anderer mehr auf kreative Betätigung und Selbstausdruck. Wieder andere hatten diese beiden Leitmotive gleichmäßiger in ihr Leben integriert. Deshalb differenzierten wir die Frauen anhand eines Kontinuums, an dessen einem Endpunkt wir die ausgeprägt beziehungsorientierten und an dessen anderem Endpunkt wir die ausgeprägt kreativen ansiedelten; zwischen diesen beiden Polen war die Energie integrierter und tendierte entweder zur beziehungsorientierten oder zur kreativen Seite. Diese vier Kategorien führten zu den vier Grundformen eines Frauenlebens. Wir nennen sie: Liebende / ausgeprägt beziehungsorientiert; Künstlerin / ausgeprägt kreativ; Helferin / integrativ beziehungsorientiert; Innovatorin / integrativ kreativ. Die Kategorien beziehen sich auf die Energiemuster, die das Leben einer Frau zu einem bestimmten Zeitpunkt am stärksten gestalten. Bei den interviewten Frauen beziehen die Kategorien sich auf die zur Zeit des Interviews vorherrschende Energie sowie auf die Art, diese auszudrücken.

Als wir die Ergebnisse der Multiple-Choice-Fragebögen analysierten und mit den Interviews und den Antworten auf den offenen Fragebögen verglichen, stellten wir ein hohes Maß an Übereinstimmung bzw. inhaltlicher Validität fest – unsere Fragen hatten also gemessen, was sie messen sollten.

Von den 222 Frauen, die den Multiple-Choice-Fragebogen beantworteten, ordneten wir 171 als überwiegend beziehungsorientiert und 51 als überwiegend kreativ ein. Genauer gesagt waren 87 Liebende bzw. ausgeprägt beziehungsorientiert, 84 Helferinnen bzw. integrativ beziehungsorientiert, 30 Künstlerinnen bzw. ausgeprägt kreativ und 21 Innovatorinnen bzw. integrativ kreativ. Weil die in den ausführlichen Interviews zu Wort kommenden Frauen wegen des von ihnen potentiell am ehesten verwirklichten Gleichgewichts zwischen Liebe und Kreativität absichtlich ausgewählt worden waren, wurden die meisten als Innovatorinnen oder Künstlerinnen eingestuft.

Manche Fragen machten die Zuordnung zu der einen oder anderen Kategorie nicht so deutlich wie andere. Manchmal waren die Unterschiede zwischen den allgemeineren Kategorien – beziehungsorientiert kontra kreativ – am größten, manchmal die zwischen den Endpol-Gruppen (Liebende/Künstlerinnen). Bei der folgenden Erörterung der Unterschiede und Ähnlichkeiten nennen wir Prozentzahlen, wenn sie signifikant sind. Andere Trends und Verhaltensmuster kombinieren Ergebnisse der Multiple-Choice-Fragebögen mit subjektiverem Material aus Fragebögen und Interviews.

Uns war klar, daß die genannten Kategorien nicht statisch sind. Sie spiegeln die Lebensform und die Grundenergie einer Frau *zur Zeit des Interviews*. Am elementarsten überhaupt war die Erkenntnis, daß die Energie von Frauen sich ändert und beziehungsorientierte und kreative Energie in einem ständigen Fluß sind, der durch viele Faktoren bestimmt wird. Einer ist das Alter, ein anderer das Alter der Kinder.[4] In manchen Fällen bilden die vier Kategorien fast so etwas wie ein Entwicklungsmodell. Manche Frauen, die ausgeprägt beziehungsorientiert anfangen, durchlaufen die integrativen Formen und werden schließlich ausgeprägt kreativ. Andere Frauen erleben den umgekehrten Prozeß. Sie konzentrieren sich zuerst auf die kreative Energie und am Schluß auf Beziehungen.

Am aufschlußreichsten waren die Reaktionen der Frauen auf diese spezielle Fragenkombination. Wenn wir Beziehungen *und* Selbstausdruck gleichzeitig in den Mittelpunkt stellten, schienen die meisten Frauen sich unbehaglich zu fühlen, die klare Präferenz für Kreativität, Karriere und andere ich-orientierte, Beziehungen ausschließende Entscheidungen anzumelden. Einigen war unangenehm, daß ihnen die Fragen überhaupt gestellt wurden. Viele Frauen wurden wütend, einige weinten. Die überwiegend Beziehungsorientierten hatten Schuldgefühle, weil sie nicht kreativ waren. Die überwiegend Kreativen schwächten die meisten ihrer Antworten dahingehend ab, sie würden trotzdem Beziehungen einschließen.

Manche Frauen sprachen leicht und ausführlich über diese Themen, andere wußten nicht so recht, was sie sagen sollten. Manchen war die Spaltung gar nicht klar; sie hatten noch nie in Betracht gezogen, daß sie Liebe und Selbstausdruck gleichzeitig in ihr Leben aufnehmen konnten. Oft zeigten die widersprüchlichen Antworten, daß es Frauen immer noch schwer fällt, auch sich selbst die Wahrheit über ihr Leben einzugestehen. Diese Reaktionen weisen darauf hin, daß Modelle und

Geschichten von Frauen, die Liebe und Kreativität aktiv in ihr Leben aufnehmen, weiterhin fehlen.

In den 70er Jahren boten Selbsterfahrungsgruppen die Grundlage für neue Erfahrungen. In den 90er Jahren ist die Erinnerung an diese Gruppen verblaßt. Die wenigsten Umfrage-Teilnehmerinnen hatten je eine gemacht, und unsere Fragen hatten sie unabsichtlich aufgefordert, neu über ihr Leben nachzudenken.

Wie Frauen über Liebe denken

Mit Hilfe unserer Fragen wollten wir verstehen, wie Frauen über die Liebe in ihrem Leben denken und wie sie sie erleben. Die Art unserer Fragestellung sollte die Frauen soweit wie möglich vom Einfluß der dominanten Denkweise befreien – wir wollten nicht wissen, was sie fühlen zu sollen glaubten, sondern wie sie die Dinge wirklich erlebten.

Die Antworten waren ein Musterbeispiel für Vielfalt – Frauen schätzen unterschiedliche Arten von Liebe und erleben sie unterschiedlich.

Was bedeutet Liebe? Bei der Antwort auf diese Frage war die gewählte Terminologie interessant. Manche Frauen definierten Liebe im Hinblick auf Gefühle, andere im Hinblick auf Handlungen oder ein Verhalten, wieder andere im Hinblick auf Beziehungsqualitäten.

Zu den typischen handlungsorientierten Antworten gehörten:

- »Liebe ist Fürsorge für das Wachstum eines anderen.«
- »Liebe bedeutet Fürsorge, Halten, Verantwortlich-Sein.«
- »Sich ganz verpflichten, um völlige Verbundenheit zu sich selbst, einem Interesse/einer Leidenschaft oder einem anderen Menschen zu erreichen.«
- »Zuhören, Hören und Gehört-Werden, Achten und Geachtet-Werden, für das Wohlergehen eines anderen Menschen sorgen und so handeln, daß es ihm gefällt.«
- »Eine tiefe Ebene gegenseitigen Verständnisses und gegenseitiger Verpflichtung.«

Die handlungsorientierten Antworten konzentrierten sich stark auf den Begriff der Verpflichtung und schlossen oft einen Hinweis auf die Eigenliebe ein: »Gut zu mir selbst sein«, »Für mich selbst sorgen«.

Eine Frau sagte: »Die Liebe hilft mir am besten, mich im positiven Sinne zu erforschen.« Die handlungsorientierten Beschreibungen erwähnten als einzige Sex oder Erotik als Aspekt der Liebe. »Liebe ist Unterstützung, Fürsorge, Zärtlichkeit, Intimität, Sex, Berührung.« Im allgemeinen waren Sex und körperliche Leidenschaft bzw. Intimität für die Frauen sehr viel weniger wichtig als andere Aspekte der Liebe – zumindest wurden sie weniger häufig erwähnt. Spiegelt dies unsere kulturelle Konditionierung, oder hielten die Frauen es für schwierig, sich zwischen Sex und anderen Definitionen von Liebe zu entscheiden?

Die mehr gefühlsorientierten Antworten beschrieben Liebe als emotionalen Zustand:

- »Herzliche, freundliche Gefühle, Zuneigung, Verpflichtung, manchmal Ergebenheit, das Gefühl, erwünscht zu sein, gebraucht und akzeptiert zu werden, völliges Glück und Wärme, Sicherheit, Zufriedenheit, Harmonie, Verbundenheit, heitere Gelassenheit, Zärtlichkeit, das wollen, was für den anderen gut ist.«
- »Liebe ist für mich Wärme und Sicherheit. Liebe bedeutet Vertrauen. Liebe ist ein wichtiger Teil meines Glücks. Wenn Liebe gegenseitig ist, ist man in Sicherheit.«
- »Liebe ist Vollständigkeit, Erfüllung, Teilen, Feingefühl.«

Die gefühlsorientierten Antworten konzentrierten sich stark auf die Vorstellungen von Vertrauen, Sicherheit, Zufriedenheit, Glück.

Andere Frauen beschrieben die Qualitäten einer liebevollen Beziehung; sie definierten Liebe nicht als inneren Zustand, sondern als Prozeß zwischen ihnen und einem anderen:

- »Die Liebe ist eine mächtige Kraft, die jeder von uns in Reaktion auf andere hervorbringt. Die Macht der Liebe läßt uns Entscheidungen treffen, die wir sonst nicht treffen würden. Wir sind voller Energie, Risikobereitschaft, Hoffnung, Angst, Erwartungen für die Zukunft, Sinnlichkeit.«
- »Liebe ist bittersüße Erinnerungen, idealisierte Menschen.«
- »Liebe ist Respekt und Rücksichtnahme auf beiden Seiten, Ehrlichkeit, Anerkennung. Liebe ist sanft, förderlich, offen.«
- »Sich so an dem anderen freuen, wie er ist, Zärtlichkeit und Sanftheit für seine Unvollkommenheiten empfinden. Frei sein, zu wachsen und sich zu verändern. Jeden Menschen deswegen schätzen, weil er ist, wie er ist, und nicht, weil ich ihn gerne so und so hätte.«

- »Wie mit einem anderen Menschen einen Augenblick der Gnade erleben.«
- »Für all die kleinen Dinge da sein.«

Oft schienen Frauen ihre idealisierte Version von Liebe zu beschreiben. Wenn die Darstellung von Beziehungsqualitäten irgendwie »abgehoben« erscheint, stellt sie also möglicherweise die idealen Überzeugungen einer Frau in puncto Liebe dar und nicht ihre tatsächliche Erfahrung.

Auf den Multiple-Choice-Fragebögen definierten die meisten Frauen Liebe als das Gefühl, akzeptiert und verstanden zu werden, verletzlich und offen zu sein. Die Sexualität und der sexuelle Ausdruck, die Intensität des Empfindens schienen für die Frauen sehr viel weniger wichtig zu sein als das Gefühl, erkannt und anerkannt zu werden – also sicher zu sein.

Im allgemeinen erwarteten die Frauen Aufrichtigkeit, waren pragmatisch im Hinblick auf die Liebesarbeit, und obwohl einige die Liebe idealisierten, neigten die meisten nicht dazu. Die Skala der Empfindungen war breit gestreut, nicht zwei Antworten waren gleich. Die Frauen gestanden sich Enttäuschungen und Erfüllungen der Liebe ehrlich ein. Interessanterweise sagten die meisten Frauen, in der Beziehung zu einem Ehemann oder Intimpartner hätten sie am stärksten das Gefühl, geliebt zu werden und zu lieben; sie fühlten sich von diesen Beziehungen aber auch am meisten enttäuscht. Auf die Frage, welche Liebe am erfüllendsten ist, stand an zweiter Stelle die Liebe zu Kindern, und die durchgängig am wenigsten erfüllendsten Beziehungen waren die zu anderen Familienmitgliedern und Eltern. Bei den Multiple-Choice-Fragen sahen die jüngsten Frauen die Liebe am pragmatischsten und realistischsten – sie sprachen weniger überschwenglich, weniger emotional über sie, und in vielen Tiefeninterviews spürten wir ein Zögern und die Angst, in einer Beziehung vereinnahmt zu werden und sich selbst zu verlieren. Dies spiegelt vielleicht die wachsende Desillusionierung in bezug auf die Erfüllungen, die Beziehungen und das Familienleben bieten. Sicher zeigt es, daß das Liebesdrehbuch für Frauen sich zu verändern beginnt – und dieser Wandel hat zweifellos positive und negative Aspekte.

Wie Frauen über kreative Energie denken

Weil wir darauf hinweisen wollten, daß Kreativität mehr als künstlerischer Ausdruck ist, benutzten wir bei den Fragen, in denen es um Kreativität ging, das Wort selbst nicht – die Terminologie deutete eher ein Interesse an, das im Zentrum der Energie von Frauen steht. Wir fragten zum Beispiel: »Welche anderen Aspekte Ihres Lebens lieben Sie, bei welcher Aktivität oder in welcher Situation fühlen Sie sich am lebendigsten, am engagiertesten, lassen Sie sich am stärksten ein? Wann drücken Sie am stärksten aus, wer Sie sind?« Auf den offenen Fragebögen kam die kreative Energie einer Frau oft allein schon durch die einmalige Art der Beantwortung zum Ausdruck. Auf die Frage »Welche anderen Aspekte Ihres Lebens lieben Sie?« schreibt eine Frau: »Kleine, dumme Hunde, Kirschen mit Schokoladenüberzug, die sich immer und nie ändernden Berge von New Mexico, das Gefühl von Sand unter meinen Füßen, Blumen, die im Schnee blühen, den Duft des Waldes, den Geruch von Leder, Jessie – meine Lieblingsziege.«

Eine andere schreibt: »Pferde, die meisten Tiere, Schreiben, Lernen, Lesen, Fahrradfahren, Reden, Zuhören, gutes Essen, ein heißes Bad, Schwimmen, Musik, Kunst, Strukturen, Redigieren, Post bekommen. Ich liebe all diese Dinge, weil sie mir helfen, mich selbst mehr zu erfahren.«

Eine Frau schreibt über ihr spirituelles Bewußtsein – in unserer Umfrage ein häufiges Thema von Frauen: »Ich liebe Gott und mein Leben. Ich liebe es, Zeuge der Liebe Gottes zu sein oder an ihr teilzunehmen, Aktivitäten, die heilend, aufbauend sind. Ich liebe die Natur, die Veränderungen in der Natur zu spüren – ein Sturm, starker Wind, Sonnenlicht und mich selbst zu vergessen, wenn ich mir der Gnade bewußt bin.« Im allgemeinen assoziieren die Frauen kreative Energie mit starken sinnlichen, spirituellen und ästhetischen Erfahrungen sowie der aktiven Pflege und Förderung von Beziehungen.

Die Antworten auf diese Fragen verdeutlichten die Unterschiede zwischen den kreativen und der beziehungsorientierten Richtung. Beziehungsorientierte Frauen antworteten auf eine Frage wie »Wann drücken Sie am stärksten aus, wer Sie sind?« im allgemeinen so:

- »Wenn ich liebevoll zu anderen bin, wenn ich ihnen helfe, ihr bestes Selbst zu werden, wenn ich sie aus der Reserve locke, wenn ich freundlich bin, zärtlich, aufmerksam, fürsorglich.«

- »Wenn ich mit einer Freundin über wichtige Themen in meinem und in ihrem Leben spreche.«
- »Wenn ich all die kleinen Dinge für Menschen tue.«

Viele Frauen betrachteten ihre Liebe zum Gespräch als wichtigen Ausdruck ihrer Kreativität.

Frauen, bei denen überwiegend die kreative Energie im Mittelpunkt steht, antworteten auf diese Frage zum Beispiel:

- »Ich habe das Gefühl, mich am besten durch Sport und Schreiben auszudrücken.«
- »Durch Lehren, Tennis.«
- »Fotos machen.«

Frauen, die beide Pole leben, kombinieren bei ihren Antworten Beziehungsorientierung und Kreativität:

»Bei welcher Aktivität fühlen Sie sich am lebendigsten?«
- »Beim Fahrradfahren, Singen, meiner eigenen Therapiearbeit, meiner eigenen Körperarbeit, bei Intimität.«
- »Wenn ich im Orchester spiele, einen gut vorbereiteten Schüler unterrichte, meine Säuglinge stille, mich mit meinen Kindern angeregt unterhalte.«

Die Antworten auf die Frage »Wann drücken Sie am stärksten aus, wer Sie sind?« deuten oft auf dieselbe integrierende Energie hin:

- »Wenn ich mir erlaube, mich so anzuziehen, wie ich mich fühle, und mit *leuchtenden* Farben und Schmuck spiele; wenn ich mich kreativ an Kirchenliturgien und Frauenritualen beteilige.«
- »Lesen, Zeit mit meinem Sohn verbringen.«
- »Lehren – Violine, Stricken, Kochen, Kinderbetreuung, Unterhaltung mit meinen Kindern.«

Aufgrund solcher Antwortmuster identifizierten wir unsere vier primären Kategorien: Die Antworten mancher Frauen waren ausgeprägt beziehungsorientiert, manche konzentrierten sich fast ausschließlich auf die kreative Energie, und andere erwähnen beides, wobei das eine überwog. In den Multiple-Choice-Fragebögen glaubten die Frauen aus den gemischten Kategorien im allgemeinen, daß die in Beziehungen gesteckte Energie die Kreativität *verstärkt*, und umgekehrt. Liebende oder Künstlerinnen jedoch sagten klar, daß die Konzentration auf den einen Bereich vom anderen ablenkt, ihn stört oder zu ihm im Widerspruch steht. Bei der Kombination der Antworten auf diese Fragen mit anderen spezifischen Fragen ergaben sich die Denk- und Verhaltensmuster, die zu den vier Kategorien wurden, eindeutig aus den Daten.

Liebende, Helferinnen, Innovatorinnen, Künstlerinnen

Die als Ergebnis unserer Untersuchung beschriebenen Kategorien drücken das dominante Selbstgefühl einer Frau auf einem Energiekontinuum aus, dessen Endpunkte die Energie für Beziehungen und die Energie für kreativen Ausdruck sind. Je nachdem, wie dominant die eine oder andere Energie ist, hat ihr Leben konsequente und vorhersagbare Qualitäten.

Liebende, die ausgeprägt beziehungsorientierte Kategorie, beschäftigen sich hauptsächlich mit Verbundenheit; der größte Teil ihrer Energie geht in die Fürsorge für andere. Sie sind die, die sich im Interesse anderer am ehesten zurückstellen. Wie bei Samantha in Kapitel 2 ist die Struktur ihres Lebens meist traditioneller, eingeschränkter. Obwohl Liebende Subjekt und in diesem Fall sehr erfüllt und produktiv sein können, sind sie am meisten dafür anfällig, Lächelnde Frauen zu werden oder als solche anzufragen. Wenn sie zu Objekten werden, weil sie sich aus Angst vor Abweichung auf andere konzentrieren, leiden sie aufgrund der fehlenden selbstbestimmten Leidenschaft sehr wahrscheinlich an Süchten, Depressionen, Eßstörungen und anderen Beschwerden. Wenn sie Zugang zu ihrer Kreativität haben, baut diese sich im allgemeinen um ihre Beziehungen herum auf und ist ihr untergeordnet. Von allen Frauen empfinden sie die Spaltung zwischen beziehungsorientierter und kreativer Energie am stärksten.

Die *Künstlerin* bzw. ausgeprägt kreative Frau am anderen Ende des Kontinuums konzentriert ihre Energie hauptsächlich auf kreative Tätigkeiten; Beziehungen sind sekundär. Sie erlebt Beziehungen oft als Ablenkung von der Konzentration auf sich selbst. Sie mag die Einsamkeit, bleibt vielleicht aus freier Entscheidung allein und läßt nicht zu, daß Beziehungen ihre Arbeit gefährden. Beziehungen und Arbeit gehören zwei getrennten Bereichen an. Obwohl die ausgeprägt kreative

Frau gern als jemand gesehen wird, der das Subjekt-Sein am meisten verwirklicht hat, kann sie genauso Objekt sein wie die Liebende. Die Frau, die »alles schafft«, zwanghaft arbeitet oder aus Trotz gegen das gesellschaftlich verordnete Drehbuch ein ungewöhnliches Leben wählt, tut dies mit genausowenig wirklicher Entscheidungsfreiheit wie die Frau, die sich um der Beziehung willen aufgibt. Die »Karrierefrau«, die beweisen will, daß sie keine Beziehungen braucht, ist genauso eine Gefangene der aktuellen kulturellen Mythologie wie die Lächelnde Frau – sie versucht auf männliche Art Subjekt zu sein. Lucy Lippard ist eine Subjekt-Künstlerin. Sie genießt ihre kreative Macht, hat unmittelbar Zugang zu ihren Talenten und ihrem Innenleben, und was sie hervorbringt, drückt der Welt um sie herum ihren Stempel auf.

Die integrativen Formen gleichen sich, nur ist die Energie anders gewichtet. Helferinnen und Innovatorinnen verbinden beziehungsorientierte und kreative Energie; beide sind wichtig für sie – sie überwinden das gespaltene Bild am meisten. Dabei steht für die Helferin die Beziehung im Vorder- und die Kreativität im Hintergrund. Im Zweifelsfall wird sie sich immer mehr auf die Beziehung konzentrieren. Für die Innovation stehen Selbstausdruck, schöpferische Tätigkeit mehr im Vorder- und die Beziehung mehr im Hintergrund. Mary Nolan ist ein gutes Beispiel für eine Helferin, Ann Ehringhaus für eine Innovatorin. Eine Helferin wird ihre kreative Arbeit eher um ihre Beziehungen herum aufbauen, eine Innovatorin ihre Beziehungen um ihre Arbeit herum. Die Helferin kümmert sich fast immer um die Verbundenheit im größeren gesellschaftlichen Rahmen; für die Innovatorin wirkt der »Input« der Beziehungen sich förderlich auf ihre Arbeit aus und läßt sie einen besseren Zugang zu sich selbst finden.

Bis zu einem gewissen Grad passen wir alle in alle Gruppen – zu unterschiedlichen Zeiten unseres Lebens haben wir mit unterschiedlichen Leuten einen unterschiedlichen Zugang zu unterschiedlichen Aspekten unserer persönlichen Energie und tun verschiedene Dinge. Viele der interviewten Frauen kämpften gerade mit dem Übergang von einer Gruppe in eine andere. Die in Teil 2 beschriebenen Frauen wiesen die für eine Kategorie dominanten Charakteristika zu *einem bestimmten Zeitpunkt* auf.

Im Hinblick auf unser Energieschema relevante Unterschiede zwischen lesbischen, bisexuellen und heterosexuellen Frauen, älteren, jüngeren, farbigen und weißen Frauen haben wir nicht festgestellt. Obwohl unsere Stichprobe begrenzt war, sprachen wir vor allem in den Tiefeninterviews mit Frauen unterschiedlichen Lebensstils und unterschiedlicher kultureller Herkunft. Wir alle sind als Frauen sozialisiert worden. Unterschiede sind durch Homophobie und Heterosexismus, die Diskriminierung älterer und farbiger Menschen und das Klassendenken bedingt. Diese äußeren Kräfte beeinflussen die Richtung unserer Energien sehr stark; möglicherweise kämpfen wir um so mehr darum, Subjekt zu sein, je mehr wir unterdrückt sind.

Die meisten, ja eigentlich alle von uns haben auf dem Weg zu unseren Leidenschaften und einer unserem Selbst entsprechenden Form große Schwierigkeiten zu überwinden. Ihre Art hängt von den Ungerechtigkeiten der aktuellen politischen Realitäten ab. Frauen haben vielleicht unterschiedliche Stimmen, aber sie singen mit einem Herzen.

Zurück zum gespaltenen Bild: Allgemeine Trends

Obwohl Frauen die Liebe pragmatischer sehen, halten sie sie auch für das, was ihrem Leben am meisten Sinn gibt. 64% der Multiple-Choice-Interviewten antworteten auf die Frage, was dem Leben am meisten Sinn gibt: »Liebevoll zu anderen sein, ihnen etwas geben.« Nur 20% stellen eine schöpferische Tätigkeit an die erste Stelle. Frauen betrachten Beziehungen also immer noch als den Aspekt ihres Lebens, durch den sie sich am vollständigsten ausdrücken.

Bei den kreativitätsbezüglichen Fragen ergab sich jedoch ein anderes Bild: Auf die Frage, bei was sie sich am lebendigsten und engagiertesten – das heißt leidenschaftlichsten – fühlten, kreuzten 74% der Frauen »Kreative Tätigkeit« oder eine andere Beschäftigung an, bei der sie selbst im Mittelpunkt standen, z. B. Sportarten oder spirituelle Übungen. Nur 26% fühlten sich am engagiertesten, wenn sie etwas Beziehungsorientiertes taten. Aber auf die Frage »Wie drücken Sie am stärksten aus, wer Sie sind?« kehrten die Prozentzahlen sich um: 71% der Frauen sagten, sie drücken sich am stärksten durch Beziehungen aus, während nur 29% das Gefühl hatten, bei einer kreativen oder einer anderen auf das Selbst konzentrierten Betätigung am meisten sie selbst zu sein. Der schöpferische Ausdruck scheint Frauen also Spaß zu machen und ihnen ein Gefühl der Lebendigkeit und Leidenschaft zu vermitteln, Sinn und Selbstbild finden sie aber immer noch eher in beziehungs- als in ich-orientierten Situationen.

Zeigt dies eine bewußte Entscheidung oder den Einfluß des gespaltenen Bildes? Sagen die Frauen uns, was wahr für sie ist oder was sie fühlen zu sollen glauben?

Auf die Frage, was sie mehr in ihrem Leben brauchen, sagten 40%, sie brauchten mehr Zeit für kreative Interessen oder einen besseren Kontakt zu sich selbst. 58% meinten, sie hätten in der Kindheit ein Talent oder ein kreatives Betätigungsfeld gehabt, das sie später aufgegeben haben. Obwohl Frauen sich immer noch für den Beziehungsweg entscheiden, bemerken sie die Abwesenheit ihrer kreativen Persönlichkeitsanteile. Die Sehnsucht nach mehr Kreativität ist bei vielen Frauen also vorhanden, wird aber durch den Beziehungsimperativ überschattet, der ihre Identität definiert.

Zeit, Talent, Liebe

Für viele Frauen ist *Zeit* der entscheidende Faktor, wegen dem sie eine kreative Betätigung aufgegeben haben – Liebe und/oder Geld, die Sicherstellung des Lebensunterhalts sind die Prioritäten, der Selbstausdruck wird immer hintangestellt. Frauen meinen auch, sich auf eine kreative Betätigung nur einlassen zu können, wenn sie sehr begabt sind. Unsere Gesellschaft schätzt das Ergebnis mehr als den Weg zu ihm; daß eine ich-zentrierte Aktivität einfach Spaß macht, rechtfertigt nicht, Energie für sie aufzuwenden. Immer wieder tauchte die Vermutung auf: »Ich bin nicht kreativ.« Da Frauen *künstlerisches Talent* mit kreativer Fähigkeit verwechseln, nehmen sie an, sie hätten kein echtes Talent und daher kein Recht, ihre Liebe zu irgendeiner Beschäftigung, etwa Tanzen oder Singen, weiterzuverfolgen. Einige richten ihre Energie auf andere Hobbys oder Interessen, aber viele geben ihre Leidenschaften einfach auf.

Diese Entscheidung scheint bei manchen Frauen zu einer Überkonzentration auf Beziehungen und dem chronischen Gefühl zu führen, ihr Selbst verloren zu haben bzw. nicht mit ihm in Kontakt zu sein. Die Antworten von Frauen, die kreative Betätigungen aufgaben, waren eher traditionell beziehungsorientiert und drückten weniger Begeisterung und Energie für nicht-beziehungsorientierte Interessen aus. Sie schienen weniger zufrieden und weniger lebendig.

Ein Leben gestalten: Die Bedeutung der Form

Durch die Zuordnung der Antworten zu vier Kategorien wollten wir die Formen, durch die Frauen ihre Energien ausdrücken, auf hilfreiche Weise beschreiben. Die Kategorien erläutern, wie Frauen das gespaltene Bild überwinden bzw. mit ihm umgehen. Sie können eine Frau einengen oder ihre Fähigkeit zum Subjekt-Sein verstärken. Wenn eine Frau mit vorwiegend kreativer Energie eine ausgeprägt beziehungsorientierte Form für ihr Leben wählt, werden Unzufriedenheit und Einengung das Ergebnis sein. Wenn eine Form die Leidenschaft verstärkt, paßt sie. Wenn sie einengt, stehen Modifikationen innerhalb der Form oder der Wechsel zu einer anderen an. Die Frau als Subjekt entscheidet, ist ganz bei der Sache; als Objekt paßt sie sich den Erwartungen von jemand anderem an, und ihre kreative Leidenschaft ist blockiert. In beiden Fällen geht es um die Gewichtung.

Nach der Lektüre dieses Buches könnte eine Frau sich sagen: »Meine Energie ist zur Zeit ausschließlich auf Beziehungen ausgerichtet, aber wenn ich die Form dieses Musters nicht so ändere, daß sie mir besser entspricht, werde ich weiter frustriert sein und mich mehr auf die Gefühle anderer als auf meine eigenen konzentrieren. Ich muß meine Liebe zur Fotografie und zum kreativen Gestalten mehr in mein Leben integrieren.«

Eine andere Frau könnte feststellen: »Mein Leben ist so strukturiert, als wäre meine Energie ausgeprägt beziehungsorientiert, aber wenn ich ehrlich bin, mache ich Dinge lieber allein, und ich brauche wirklich mehr Einsamkeit und mehr Zeit für mich. Eigentlich denke ich, daß ich mehr kreative Energie habe. Meine jetzigen Beziehungen passen nicht mehr richtig zu mir. Ich möchte mich mehr auf meine Arbeit konzentrieren.«

Wieder eine andere Frau könnte – wie so viele Frauen und Männer heute – sagen: »Ich war im Leben auf der Überholspur, ich habe meine kreativen Ziele erreicht, aber wo ist Zeit für Liebe? Ich möchte ein Kind.« Oder: »Irgend etwas muß mit meinem Leben nicht in Ordnung sein, wenn ich keine Zeit habe, zur Kommunion meines Neffen zu fahren.« Oder: »Meine Großmutter ist krank; ich möchte Zeit mit ihr verbringen.«

Die Veränderung der Form braucht keine große Lebensveränderung darzustellen – sie kann bedeuten, daß wir uns zu einem Kurs einschreiben, uns mit anderen sozial betätigen, um eine Einzelkämpfer-Karriere auszugleichen, oder uns zu Hause einen Raum für uns herrichten und

Zeit in ihm verbringen. Es kann einfach bedeuten, daß Sie mehr von dem, was Sie lieben, in Ihr Leben einbringen.

Die Grundform, die wir wählen, beeinflußt jedoch, wie stark wir unsere Leidenschaften leben. Sie entsteht durch die Interaktion verschiedener Faktoren. Einer ist die Stärke von beziehungsorientierter und kreativer Energie. Einige von uns wußten sehr früh, daß sie sich leidenschaftlich gern kreativ, intellektuell, sportlich oder künstlerisch betätigen. Andere waren immer ausschließlich auf Beziehungen orientiert.

Ein anderer Faktor ist unsere Weltanschauung – was wurde uns über die uns zur Verfügung stehenden Formen beigebracht, galten sie als akzeptabler Ausdruck unserer Energie? Kultur, Familie, ökonomischer Status, unsere Ausbildung und spezielle Lebensumstände beeinflussen, was wir tun zu können glauben, inwieweit wir uns spalten müssen oder unsere verschiedenen Leidenschaften integrieren können. Ob wir einer Leidenschaft folgen oder sie aufgeben, scheint vor allem durch unser Selbstvertrauen bestimmt zu werden. Viele sehr erfolgreiche Frauen sagten in den Interviews, sie seien mit absolutem »inneren« Vertrauen auf ihren Erfolg vorgegangen, nachdem sie die Liebe zu einer bestimmten Aktivität erkannt hatten. Frauen, die ihre Leidenschaften aufgaben, hatten oft das Gefühl, »nicht gut genug darin zu sein«.

Schließlich ist die Überwindung von Angst entscheidend dafür, mehr Subjekt zu sein und unpassende Formen zu verändern. Denn es erfordert Mut, sich selbst zu erkennen, der eigenen Vision zu folgen und die Scham, das Entsetzen und das Unbehagen zu überwinden, die in jedem Kontext, dem beziehungsorientierten und dem kreativen, unweigerlich auftreten werden, wenn wir unser Selbst ausdrücken. Es erfordert Mut, Formen zu ändern, wenn man davon überzeugt wurde, daß bestimmte Ausdrucksformen inakzeptabel und andere akzeptabel sind und deshalb von Freunden und Familie erwartet werden.

Die Form, die wir leben, wird auf all diesen interagierenden Faktoren beruhen. Ein Wechsel der Form oder Modifikationen innerhalb von ihr können im großen und kleinen erfolgen. Zuerst müssen wir unsere innersten Energien, unsere Leidenschaften erkennen. Innerhalb der vier Grundmodelle gibt es unzählige Möglichkeiten, ein befriedigendes, leidenschaftliches Leben zu gestalten.

Die Form kann die sexuelle und emotionale Präferenz beinhalten, die Entscheidung, ob Single-Dasein oder Ehe, Kinder oder keine Kinder, in einer Gemeinschaft, der erweiterten Familie oder mit der Schwester zusammenzuleben. Die Form einer Ehe oder Partnerschaft kann geändert, die räumlichen Bereiche und die Gewohnheiten – z. B. die Ferien – können getrennt werden; das Verhältnis von Arbeits- und Beziehungszeit kann neu arrangiert werden, so daß es den emotionalen Bedürfnissen besser entspricht.

Die Form kann kleine, aber wichtige Entscheidungen beinhalten. Fühlen Sie sich eingesperrt, wenn Ihre Wohnung von Bäumen umgeben ist, ziehen Sie den offenen Raum vor? Haben Sie die Fenster lieber auf oder zu? Brauchen Sie Raum und Zeit für sich selbst, oder gefällt Ihnen ein geschäftiger Haushalt, in dem zehn Dinge auf einmal passieren?

Was müssen Sie aus Ihrem Leben entfernen, um es in die richtige Form zu bringen? Wollen Sie in der Stadt oder auf dem Land leben? Müssen Sie Club- oder Vereinsaktivitäten einschränken oder aufbauen, Ihre Freundinnen weniger oft sehen oder neue Freundschaften pflegen? Machen Sie gern viele Dinge auf einmal, oder konzentrieren Sie sich lieber auf eine Sache? Gefällt Ihnen ein Neun-bis-Fünf-Job, oder bestimmen Sie lieber selbst über Ihre Zeit?

Eine Frau, der die traditionelle Form ihrer Ehe zu begrenzend wurde, sagte: »Sie müssen etwas anderes außerhalb der Ehe machen, damit sie in ihr eine Beziehung haben.« Diese Frau befindet sich in einer Übergangsphase – sie weiß, daß sie in ihrem Leben etwas anderes braucht, aber sie weiß noch nicht, welche Möglichkeiten sie hat oder wie ihr Beziehungsleben aussehen würde, wenn sie für eine bessere Entsprechung sorgen würde. Ihre Bemerkung wirft Licht auf eine Feststellung, die die Anthropologin Margaret Mead vor Jahren in einem Gespräch im Metropolitan Museum of Art machte. Mead meinte, wir müßten eine breitere Palette akzeptabler Beziehungen finden, weil die traditionelle Form der heterosexuellen monogamen Ehe der wachsenden Komplexität unseres Lebens nicht gerecht würde.

Die Strukturen und Formen unseres Lebens beeinflussen unser Wohlergehen noch direkter als sein Inhalt, denn die Struktur bestimmt, wie viel vom Inhalt zugänglich ist. Wichtig ist, unsere Energien zu erkennen und zu verstehen und ihnen so getreu wie möglich zu folgen. Wenn eine gewählte Form nicht paßt, sollten Sie den Mut haben, sie zu ändern.

Das kulturelle Drehbuch ändert sich

Aus unserer Untersuchung ergab sich, daß es für die meisten Frauen Zeiten gibt, in denen ihnen Energie für ihr Leben zur Verfügung steht, aber selten auf Kosten der Energie für andere. Dies führte bei uns zu der Frage, inwieweit Frauen in den 90er Jahren ihre wahren Gefühle mitteilen. Wirkt sich das kulturelle Drehbuch weiter so aus, daß Frauen sich als abweichend empfinden, wenn sie mehr Energie für sich als für Beziehungen fordern, so daß sie sich dies nicht wirklich eingestehen können? Oder *erleben* Frauen sich als Subjekt, wenn sie sich auf Beziehungen konzentrieren – besteht für sie kein Riß zwischen Beziehung und Kreativität, erleben sie sich durch beide als liebende, ganze Frauen?

Unsere Schlußfolgerung lautet: *beides*. In den 90er Jahren sind viele von uns manchmal Lächelnde Frauen, aber mehr und mehr sind wir Subjekt, leidenschaftlich und voll befaßt mit unserem Leben, mit Liebe und Kreativität. Wir tun dies zu unterschiedlichen Zeiten und mit unterschiedlicher Gewichtung. Die Stärke unserer Energie ändert sich mit unserem Alter, den Zwängen der Zeit, in der wir aufwuchsen, und den praktischen Anforderungen unseres Lebens. Wir sind eine facettenreiche, talentierte, tatkräftige Hälfte der Menschheit, die sich kollektiv und individuell mehr und mehr auf das Subjekt-Sein zubewegt. Viele von uns sind dabei, ihr Leben zu ändern, mehr Leidenschaft in es einzubringen. Wir haben Inspiration, ein weites Herz, Mut, Veränderungsbereitschaft. Aber wir kämpfen gegen den unbewußten Einfluß des dominanten Drehbuchs, das gespaltene Bild, und wenn wir nicht aufpassen, kann er uns immer noch zum Schweigen bringen.

Angesichts der enormen sozialen Probleme unserer Zeit und der gegenwärtigen kulturellen Übergangsphase können wir es uns nicht leisten, auf die Leidenschaft und das Engagement irgendeiner Frau, irgendeiner Gruppe zu verzichten. Wir müssen lernen, unsere Vielfalt zu schätzen und auszudrücken – sie ist die Quelle unserer kreativen Energie. Durch die Identifikation mit dem Leben anderer Frauen können wir unsere Anstrengungen und unsere Stärken schätzen lernen.

Der Rahmen, den wir in diesem Buch entwickelt haben, soll die Vielfalt feiern, unsere Ähnlichkeit bekräftigen, die Fähigkeit von Frauen preisen, die beengenden kulturellen Einflüsse, die uns jahrhundertelang unterdrückt haben, zu überwinden. Wenn wir verstehen, daß wir alle in unterschiedlichem Ausmaß lieben und schöpferisch sind, brauchen wir nicht mehr eine Art der Liebe mehr zu schätzen als eine andere, Liebe höher zu bewerten als Kreativität, eine Form kreativen Ausdrucks für besser zu halten als eine andere. Wir können uns die Strukturen und Formen unseres Lebens ansehen und alles in Ordnung bringen, was uns davon abhält, unser Leben so leidenschaftlich zu leben, wie wir können.

Die in Teil 2 vorgestellten Frauengeschichten sind Modelle, die zeigen, wie Frauen heute mit Kreativität und Liebe umgehen. Es sind anregende, aufschlußreiche Geschichten von Frauen, die Lösungen suchen. Wir können uns in diesen Geschichten wiederfinden und dadurch den Wert unseres Lebens besser und zuversichtlicher nachempfinden.

Teil Zwei

Die Formen weiblichen Lebens

5. Die Liebende: Ausgeprägte Beziehungsorientierung

In ihrer Autobiographie fängt die Autorin Annie Dillard den grundlegenden Unterschied zwischen einer Liebenden und einer Künstlerin ein. In einer Schilderung, wie sie den amerikanischen Nationalfeiertag verbrachte, schreibt Dillard, die Künstlerin: »Am 4. Juli fuhren mein Mann und unsere Freunde in die Stadt, um sich das Feuerwerk anzusehen. Ich entschuldigte mich; ich wollte weiterarbeiten... Der Horizont meines Bewußtseins beschränkte sich auf den Kreis gelben Lichts in meinem Arbeitszimmer – schließlich schob ich gedankenlos die Jalousie beiseite und schaute hinaus...

Da war das Feuerwerk... Es war der 4. Juli, und ich hatte Raum und Zeit vergessen.«[1]

Zwei andere sehr schöne, bislang unveröffentlichte Manuskripte wurden vor zehn Jahren von Frauen geschrieben, die jetzt über 60 sind und den Weg der Liebenden gewählt haben.[2] Beide Autorinnen waren glücklich verheiratet. Eine ist jetzt geschieden, die andere noch verheiratet. Die erste schreibt Filmkritiken für verschiedene Zeitungen und verwaltet außerdem 13 Mietobjekte. Die zweite liest alte chinesische Literatur und schreibt an einem zweiten Buch. Die erste hat drei erfolgreiche Kinder, die zweite zwei. Die Manuskripte sind nicht veröffentlicht, aber keine der beiden Autorinnen hat auch je darauf verzichtet, mit ihrer Familie den 4. Juli zu feiern.

Die Filmkritikerin würde sagen, daß der erste Akt ihres Lebens ihr gut gefiel. Der zweite Akt machte die Scheidung notwendig. Sie und ihr Mann sind immer noch gute Freunde. Die Kennerin chinesischer Literatur machte im ersten Akt ihres Lebens einen Umweg in die Sucht. Im zweiten Akt bildeten ihre Ehe und ihre Genesung von der Alkoholabhängigkeit die Grundlage für ihre schriftstellerische Tätigkeit und ihr intellektuelles Leben. Sie und ihr Mann sind immer noch gute Freunde.

Joan, die Filmkritikerin, fing 1947 mit dem College an und heiratete 1950. Ruth, die Kennerin chinesischer Literatur, ging 1941 aufs College und heiratete 1953. Bei Joan war der erste Akt eine Form, die ihr entsprach. Bei Ruth paßte er weniger gut.

Joan erzählt: »Am meisten ärgert mich, daß mich in meinem ganzen Leben nie jemand fragte: ›Was willst du werden, wenn du groß bist?‹ Es wurde einfach angenommen, daß ich heiraten und Kinder haben würde und daß danach nichts mehr kam. Leute, bei denen danach noch etwas kam, *wußten von früh an genau, was sie wollten.*«

Mit anderen Worten: Wenn Sie in Ihrem Leben Subjekt sein wollen, müssen Sie das von Beginn an zweifelsfrei wissen. Sie haben kein Recht auf eine Leidenschaft, die selbstsüchtig Ihre innere Vision ausdrückt, wenn Sie ihr nicht so stark verbunden sind, daß Sie sie nicht leugnen können.

Die Lächelnde Frau: Aus Liebe

Die Geschichten von Joan und Ruth zeigen beispielhaft, wie stark die herrschende Liebeskonzeption ist. Das Leben beider wurde vom Bild der Lächelnden Frau beeinflußt, das die 50er Jahre uns vorführten. Sie paßten sich einer Form der Liebe an, die ihnen entsprach und auch wieder nicht entsprach, und beide entwickelten ihren Stil, die kreative Energie in ihr Leben zu integrieren. Da die meisten Frauen, die den Multiple-Choice-Fragebogen ausfüllten, als Liebende kategorisiert wurden, sind ihre Geschichten besonders wichtig – die Übernahme der traditionellen Definition von Liebe und Familie hat ihre Vor- und Nachteile, und Joan und Ruth lernten beide gründlich kennen.

Joan war das jüngere von zwei Kindern, die Alfred und Janet Ferguson geboren wurden. Als Nachfahren britisch-protestantischer Einwanderer gehörten sie der privilegierten Schicht an und hatten, wie Joan sagt, »der Leidenschaft immer mißtraut«.

Eine von Joans Geschichten über ihre Familie ist im Salon ihrer Mutter angesiedelt. Janet Ferguson erhält Besuch von einer Sozialarbeiterin, die mit ihr besprechen möchte, wie das Familienleben in Anbetracht des Schlaganfalls ihres Mannes neu organisiert werden kann. Janet hockt mit 86 königlich auf der Kante eines Chintz-Ohrensessels, ihr Mann Alfred in einem zerknitterten braunen Tweedanzug in seinem Rollstuhl. Ihr Sohn, ein bekannter Rechtsanwalt, trägt zu aufrührerischen Madras-Shorts ein gestreiftes T-Shirt. Joan, die den Besuch der Sozialarbeiterin arrangiert hat, sitzt unbequem auf einem Fußbänkchen.

Janet bittet Alfreds Krankenschwester, eisgekühlten Ananassaft und Makronen zu servieren, und definiert damit den Besuch der Sozialarbeiterin als soziale Angelegenheit. Die Sozialarbeiterin fragt sie nach ihren Gefühlen.

»Gefühle?« antwortet Janet verdutzt. »Oh, ja. Alfred, erinnerst du dich? Als während des Hurrikans 1938 die große Ulme durch das Dach am Ende des Salons durchschlug, waren wir in diesem Raum. Das hat uns einen Schreck eingejagt, nicht wahr, Alfred? Ich erinnere mich, daß wir die Sturmlaterne nahmen und uns eingestanden, daß wir erschrocken waren.«

Joan kichert, als sie die Geschichte erzählt, denn sie fängt die emotionale Atmosphäre, in der sie aufwuchs, genau ein. »Diese angelsächsische Distanziertheit war immer um mich herum. Ich hatte eine reizende Mutter, die sich um ihre Blumen und ihren Garten, ihren Mann und ihre Kinder kümmerte. Sie und mein Vater blieben sehr für sich. Nichts ging nach außen. Es gab keine Bücher im Haus, es gab keine Musik im Haus. Es gab überhaupt keine intellektuelle Neugierde. Ich wußte ziemlich bald, daß mir das alles nicht gefiel und daß es noch etwas anderes geben mußte. Ich mußte selbst aktiv werden.«

Joan entdeckte das »andere«, als ihre Familie während des 2. Weltkriegs von der Ostküste nach Ohio zog. Sie besuchte dort eine öffentliche High-School, und weil sie früher Klassen übersprungen hatte, war sie zwei Jahre jünger als alle anderen. Jetzt gehörten Menschen unterschiedlichster sozialer Schichten und ethnischer Herkunft zu ihrer Welt, und sie erinnert sich, daß diese Vielfalt ihr gefiel.

Die Anpassung an die Unterschiedlichkeit war nur deshalb schwierig, weil sie nicht mit den Reaktionen ihrer Familie auf sie gerechnet hatte. Sie erzählt von einer Erfahrung, die ihr die lebenslange Leidenschaft für soziale Gerechtigkeit eingab. »Der einzige Mensch, der sich meiner annahm, war ein jüdisches Mädchen namens Joan. Eines Tages fuhr Mutter mich zu Joan, und wir saßen vor dem Haus. Sie wartete, bis Joans Vater im Auto nach Hause kam, und sagte ›Sieh ihn dir an, sieh dir diese Nase an. Er ist ein Jude. Und ich möchte, daß du das verstehst.‹ Ich machte es mir damals nicht klar, aber ich wußte, daß ich mit Joan befreundet sein würde, solange ich in Dayton war, und daß nichts das ändern würde.«

Im Gegensatz zur beschränkten Welt ihrer Kindheit schien die Welt sich in Dayton, Ohio, für Joan zu öffnen. Mit 16 ging sie nach Vassar, und jetzt öffnete die Welt sich nicht nur – sie spaltete sich. Joan besuchte Kurse in Verfassungsrecht und war fasziniert von der Bill of Rights. Ihre akademischen Interessen verbanden sich mit ihrer Wertschätzung der Vielfalt. »Im ersten Semester in Vassar kam ich einmal in den Ferien nach Hause. Meine Großmutter saß draußen auf der Veranda und gebrauchte das Wort *Nigger*, und ich sagte ihr, sie solle gehen. Verlaß dieses Haus, sagte ich ihr.«

Joan brachte ihre Leidenschaft für soziale Gerechtigkeit weiter in ihre akademische Arbeit ein. Sie liebte Ideen und intellektuelle Diskussionen. Man kann sich schwer vorstellen, daß sie Vassar, den aufregendsten Teil ihres Lebens, im vorletzten Studienjahr verließ, um zu heiraten.

Wir fragten sie, wie sie über ihre Entscheidung dachte, Vassar zu verlassen, um Corson nach Yale zu folgen.

»Es war überhaupt keine Frage.«

»Sie wußten einfach, daß Sie es tun würden?«

»Ich wußte, daß ich es tun würde. Jemandem, der nicht zu der Zeit lebte, läßt sich schwer vermitteln, wie überwältigend es war.«

Es war nicht so, daß Joan nicht gegen Konformität kämpfte. Von Corson war sie zum Teil wegen seiner Unkonventionalität angezogen gewesen. Bei ihrer ersten Verabredung machten sie eine Kanufahrt, anstatt zu einer Party zu gehen. Corson trank nicht, es interessierte ihn nicht, der Masse zu folgen.

Aber als der Dekan Corson sagte, er könne heiraten, wenn Joan Vassar aufgab, folgte Joan der konventionellen Form, gab ihr eigenständiges Leben auf und stellte dies nie in Frage.

»Hatten Sie keine Zweifel bei dieser Entscheidung?« wollten wir wissen.

»Ich weiß nicht, wieviel davon Pflichtgefühl war, wie sehr ich mich damit meiner Kultur anpaßte, aber es wäre ganz falsch zu sagen, daß ich ihn nicht liebte. Ich liebte ihn. Da bin ich mir sicher.«

»Sie liebten aber auch viele andere Aspekte Ihres Lebens.«

»Ja.«

»Was liebten Sie an Ihrem Leben?«

»Na ja, acht Jahre lang zogen wir immer wieder um, von einer Stadt in die nächste. Er erzählte es mir nie... Ich meine, er kam nach Hause und sagte, wir ziehen nach Chicago. Und überall, wo wir hinzogen, machte ich aus egal welcher Wohnung ein Zuhause.«

Als Joan und Corson Kinder hatten, zogen sie wieder nach New Jersey und ließen sich in der Nähe von Joans Vater und Mutter nieder; sie bauten auf ein paar Hektar ein kleines Ranch-Haus, und Corson startete seine eigene Firma. Die Welt, die sich in Vassar weit aufgetan hatte, drängte sich jetzt in die konventionelle Vorort-Gedankenwelt ihrer Zeit. Aber Joan liebte auch dieses Leben.

»Wir bekamen das erste Kind. Ich hatte drei. In dem Augenblick, in dem ich das erste Kind sah, boom, das war's. Ich habe meine früheren Entscheidungen nie mehr bereut. Ich war glücklich, dieses Kind zu haben.«

»Was gefiel Ihnen daran?«

»Es war so hilflos. Es war da. Es hatte nur mich; es würde sicher nicht ihn haben, er war für den Rest seines Lebens bei der Arbeit. Aber für mich war es 15 Jahre da, und ich genoß die Gesellschaft von niemand anderem so sehr wie die von meinen Kindern.

Sie waren so lebendig, und es war einfach total lustig und aufregend, was wir machten. Wenn es schneite, bauten wir Schneepferde und Schneemänner und Schneeforts und Labyrinthe, und wenn man Schlittschuhlaufen konnte, spielten wir Eisschießen und Eishockey. Es war einfach endlos wundervoll. Ich liebte es. Daran gibt es keinen Zweifel. Was ich wirklich liebte, waren die Freitagabende, wenn wir alle um das Feuer herumsaßen und unsere Lieblings-Westernserie ansahen. Die Jungs funktionierten Besen zu Holzpferden um und galoppierten damit durch die Wohnung. Am Wochenende wollte ich zu Hause sein. Es war mir wirklich zuwider, sie zu verlassen. Einfach wegen ihrer guten Gesellschaft. Corson spielte mit den Kindern. Am Wochenende machten wir alles zusammen, wir bauten einen Schlepplift und brachten den Kindern das Skifahren bei, und er verbrachte Stunden damit, den Kindern solche Sachen zu bauen. Er gehörte dazu.«

Die Liebe zu ihren Kindern, sagt Joan, »war die ursprünglichste und intensivste Liebe, die ich je hatte. Aber es fiel mir schwer, über Liebe zu reden. Ich glaube nicht, daß es daran liegt, daß ich gehemmt bin, ich glaube, es liegt daran, daß ich beschlossen habe, daß Liebe absolut irrational, periodisch ist. Und vielleicht ist das einfach in Ordnung. Was mich beunruhigt, ist das Ausmaß, in dem man sich ihr hingibt.«

Joan überantwortete ihr Leben völlig ihrer Familie. Sie half ihrem Mann beim Aufbau seiner Firma, sie unterhielt einen beständigen Strom von Besuchern aus der ganzen Welt. Sie beschreibt das Leben mit ihm als »mit einer Maschine leben«. Projekt folgte auf Projekt; zusammen rodeten sie das Land, bauten sie mit eigenen Händen ihr Haus auf. Sie liebte es, die Umgebung zu gestalten, und Corson und sie waren jahrelang ein wunderbares Team. Sie waren Partner. Sie wurden sehr autark. Und zum Teil dadurch paßte Joan ihr Leben ihren Energien an und veränderte das typische Vorort-Modell. Joan war auf vielerlei Art keine Vorort-Hausfrau, auch wenn sie in einem Vorort wohnte.

»Wenn Sie Ihren eigenen Brunnen bohren und das Land roden und den Wald zurückdrängen, fühlen Sie sich sehr autark. Wir machten das jedes Wochenende ein paar Stunden lang, und dann spielten wir mit den Kindern Fußball, und dann drängten wir alle wieder den Wald ein Stück zurück, und dann aßen wir zu Mittag – wir haben alles als ganze Familie gemacht, wenn die Kinder nach der Schule zu Hause waren. Dann beschäftigten wir uns mit den Möglichkeiten, das Land zu nutzen. Wenn ein Hügel da war, machten wir ihn zu einem Rodel- oder Skihügel, und der Platz wurde für alle Freunde unserer Kinder zu einem Treffpunkt.«

In all diesen Jahren hatte Joan keine Zeit, an sich selbst zu denken. Sie hatte noch nicht einmal einen Platz im Haus, den sie ihr eigen nennen konnte. Das war ihr damals egal. So, wie Joan ihr Leben gestaltet hatte, mit den Änderungen, die sie vornehmen konnte, bot es ihren Energien in diesen Jahren eine wundervolle Form, und sie war oft froh. Aber sie wußte, daß es mit der Euphorie ihres Lebens vorbei wäre, wenn die Kinder aus dem Haus waren und sie sich mit dem zweiten Akt konfrontiert sehen würde.

Vizepräsidentin von CBS

Ruth gehörte zu einem kreativen Team, das Werbesprüche entwickelte. Freunde erinnern sich an sie als ein einsfünfzig großes Energiebündel mit wildem rotem Haar und einem Philadelphia-Akzent. Es war 1950, sie war 27 und eine der ersten Frauen beim Fernsehen.

Sie kann die Atmosphäre im Studio beschreiben, als wäre es gestern gewesen. »Der Tontechniker fragt mich etwas. Wir alle, der Kameramann, der Regisseur, andere Werbetexter, der Typ, der die Segeltuch-Filmtasche hält, haben drei Tage nicht geschlafen, eine Zigarette nach der anderen geraucht, kalten Kaffee aus Plastiktassen getrunken, bei dem das Fett obenauf schwamm. Wir sind jung und lieben die Aufregung und Intensität, die entstehen, wenn unter Druck gearbeitet wird. Wenn unser nächster Spruch ankommt, werden wir einen der größten Kunden unserer Firma zufriedenstellen können.«

Ruths Energien waren bereits mit 23 Jahren klar auf ihre Karriereziele ausgerichtet. Sie wußte, daß sie Vizepräsidentin von CBS werden wollte.

1970 erfand Ruth eine andere Art von Werbespruch, einen spöttischen, selbstironischen. Er entstand in einem Rehabilitationszentrum für Alkoholismus und Tablettensucht:

Tuinal
Nembutal
Seconal
Sodium butisol
heruntergespült hab ich sie
mit Alkohol.[3]

Ruth sagte: »Ein tödlicher Reim, eine mörderische Dosis.«

Ruth wuchs in einer intellektuellen jüdischen Familie auf. Sie war immer kreativ. Schon als kleines Mädchen war sie unkonventionell, unabhängig, phantasievoll.

»Ich wollte Schriftstellerin werden, seit ich fünf war, und Herausgeberin. Mein Traum war das Rollpult eines Verlegers. Eine viel ältere Cousine, meine liebste von 27 Cousins und Cousinen ersten Grades, war Werbetexterin, und ich wollte wie sie werden oder wie Dorothy Thompson, eine berühmte Reporterin, und ich liebte den Sommer, weil ich im Sommer Shorts anziehen konnte. Ich erinnere mich, daß ich zehn Jahre alt war, ins Pfadfinderferienlager fahren wollte und zu meiner Mutter sagte: ›Ich würde gern Hosen anziehen. Die sind wirklich bequem.‹

Meine Mutter antwortete: ›Wenn du so eine berühmte Schriftstellerin wirst wie Dorothy Thompson, dann kannst du Hosen tragen.‹

Ich dachte ›Na gut‹.« Und sie beschloß, eine berühmte Schriftstellerin zu werden.

Ruth betrachtete die Ehe bzw. die Beziehung zu einem Mann nie als Hauptziel ihres Lebens. Sie stellte alle etablierten Formen der Zeit in Frage. Im 2. Weltkrieg, als Studentin der Anfangssemester, focht sie die Satzung der Universität von Pennsylvania an. Wie Samuel Coleridge erkannte, setzt Kreativität die Zerstörung der alten Formen voraus.

»Als ich nach Wharton kam, durften Studentinnen die Haupttreppe nicht benutzen, auch wenn sie denselben Unterricht, dieselben Professoren usw. hatten. Wir mußten die Feuertreppe außen am Gebäude benutzen. Das Frauen-College wurde als völlig getrennt von der Universität von Pennsylvania betrachtet, auch wenn es in Wirklichkeit dieselbe Einrichtung war. Als dann der Krieg kam und die meisten Studenten weg waren, wurden die Frauen ein bißchen wichtiger, denn der Unterricht für uns hielt die Universität über Wasser. Wir hatten unseren eigenen Dekan – so ein Unfug. Auf jeden Fall konnten Frauen nicht an der Universität studieren, und diese Situation ärgerte mich, denn ich wollte Journalismus machen. Ich hatte als Teenager bei einer Zeitung gearbeitet, und ich hatte beim Radio gearbeitet, und ich wußte, was ich tat. Aber Frauen durften im *Daily Pennsylvanian* nicht schreiben; wir hatten unsere eigene kleine Frauenzeitung. Wir konnten nichts machen. Es war Geschlechtertrennung höchsten Grades. So stand es in der Satzung der Universität von Pennsylvania.«

Ruth war wütend. »Einer meiner Professoren sagte: ›Wenn die Satzung Sie so ärgert, dann sorgen Sie doch dafür, daß sie sich ändert.‹ Man mußte mit den Kuratoren sprechen, diesen ganzen juristischen Kram erledigen, und ich hab's gemacht. Ich verbrachte mein vorletztes und den größten Teil meines letzten Collegejahres damit, und wir bekamen die Satzung für die Universität geändert, so daß von Männern und Frauen die Rede war.«

Ruths Ablehnung der etablierten Trennung zwischen Männern und Frauen begann früh.

»Als ich ein Kind war, schickte meine Mutter mich einmal vom Frauenbalkon einer jüdischen Schule ins Hauptgeschoß, um meinem Vater zu sagen, es sei Zeit, nach Hause zu gehen. An den heiligen Holztüren hielt ein Mann mich an und sagte: ›Du kannst nicht herein. Hol deinen Bruder‹. Dieser kleine Trottel kam also in das heilige Zentrum hinein, ich aber nicht, trotzdem ich älter und intelligenter war und besser Basketball spielte. Warum hatte er das Rüstzeug, zur hebräischen Schule zu gehen und die magische Sprache zu lernen, den Talmud zu studieren und die Regeln zu lernen? Kein Wunder, daß ich das Gefühl habe, die Regeln nie zu kennen. Warum wurde er mit einer Bar-Mizwa geehrt, während ich mit den Frauen hinter dem Gitter saß und nur bemerkt wurde, wenn der Rabbi sagte, die Stimme einer Frau solle in einer Synagoge nicht zu hören sein, weil sie wie eine gackernde Henne klinge?«

Ruth schloß ihr Studium 1945 ab und schrieb zunächst Radiowerbetexte für ein Kaufhaus in Philadelphia. Der Vizepräsident der Firma wurde ihr erster Mentor. »Denken Sie wie das Management«, sagte er ihr. »Sie werden erst vorwärtskommen, wenn Sie wie das Management denken. Sie können nicht wie die Arbeiterschaft denken.«

Wie das Management denken bedeutete, zehnmal soviel Arbeit zu produzieren wie gewohnt und sich immer auf das zu konzentrieren, was zur Erreichung eines Ziels notwendig war.

»Mit 23 übernahm ich die Abteilung, dann kam das Fernsehen, und wir versuchten es. Wir starteten das Programm vor einem Live-Publikum. Wir machten das Kaufhaus-Restaurant zum Studio. Wenn wir Möbel brauchten, liehen wir sie von der Möbelabteilung aus. Es war toll. Damals, 1948, kostete das Fernsehen 400 Dollar pro Stunde. Um die Kosten zu decken, schrieben wir Werbetexte und verkauften die Spots an die Hersteller. Wir verkauften es als Experiment, und eines Tages sagte der erste Hersteller, gut, ich werde dieses neue Medium ausprobieren. Wir machten Werbung für Hausanzüge. Was tragen Frauen sonst? Durch einen einminütigen Spot verkauften wir an einem Tag 700 Dutzend Hausanzüge. Es war weit mehr, als wir uns je hätten träumen lassen.«

1948 war Ruth eine der ersten und erfolgreichsten Frauen im Fernsehen. 1950 arbeitete sie in New York als Fernseh-Werbetexterin, weil sie einem millionenschweren Kunden, der 27 Vorschläge abgelehnt hatte, einen Werbespot vorgelegt hatte, der ihm gefiel. Sie war an der Entstehung mehrerer bekannter Werbeslogans beteiligt.

Sie schrieb, sie filmte, sie führte Regie. Sie war beim Beginn des Farbfernsehens dabei. Sie liebte die Dramatik, die Intensität, das Tempo. »Wenn du für das Fernsehen arbeiten willst, brauchst du eine gute Stoppuhr und ein gutes Deodorant.«

Ruths Energien waren direkt auf ihre Karriereziele ausgerichtet; an Liebe und Ehe verschwendete sie keinen Gedanken.

Wir wollten wissen, was sie damals über Liebe dachte, ob sie je das Gefühl hatte, daß für ihr Leben ein Mann notwendig sei?

Mit dem für sie charakteristischen Esprit antwortete Ruth: »Wenn man das normale Leben wollte, ja. Aber ich wollte Ruhm und Geld. Ich wollte Vizepräsidentin von CBS werden. Das war mein Ziel.«

»Warum Vizepräsidentin?«

»Weil es keine Vizepräsidentinnen gab. Etwas Höheres konnte ich mir nicht vorstellen.«

Von der Liebe gestoppt

Dann lernte Ruth bei der Arbeit Phil kennen. Kurzzeitig war sie sogar seine Chefin. Anfangs ließ die Lächelnde Frau sie unberührt. Sie liebte Phil, erwog aber nie, ihre Karriere aufzugeben. Sie sah keinen Grund, weshalb Liebe und Kreativität Gegensätze sein sollten. Phil auch nicht. »Er und ich gaben einander Erklärungen ab. Ich will keine Beziehung, sagten wir. Ich will keine Verbindlichkeit, sagten wir. Wir beide sagten: ›Ich habe nicht die Absicht zu heiraten, bis ich 35 bin.‹ Wir beide. Jeden Tag. Ich weiß nicht, was passierte. Ehen werden im Himmel geschlossen. Das ist meine Meinung. Plötzlich, boom. Wir änderten beide unsere Meinung.«

Nach der Hochzeit arbeitete Ruth weiter. Ihre Energie für Liebe und ihre Energie für Kreativität waren ziemlich ausgeglichen. Aber sie und Phil wollten Kinder, und sieben frustrierende Jahre lang konnte sie keine bekommen. Sie nahm sogar an einer Forschungsstudie über Sterilität teil. Ruths Gynäkologin gab ihr dann einen Rat, der arbeitenden Frauen, die jahrelang keine Kinder bekamen, oft gegeben wurde: »›Wissen Sie‹, sagte meine Gynäkologin, ›Sie haben einen sehr anstrengenden Beruf. Sie pendeln jeden Tag nach New York, Sie stehen unter einer Menge Druck. Sie sollten Ihre Arbeit aufgeben oder Urlaub nehmen. Machen Sie den Sommer über frei. Sorgen Sie dafür, daß Sie den Druck loswerden, vielleicht funktioniert es dann.‹ ... Es funktionierte.«

Die Kinder waren für Ruth ein Wendepunkt.

»Wollten Sie während dieser jahrelangen Besuche bei Ärzten Kinder?«

»O ja! Ja, das wollten wir. Phil wollte viele Kinder, und ich wollte das auch. Aber eigentlich wollte ich meine Karriere nicht aufgeben.«

»Haben Sie gegen das Zuhause-Bleiben angekämpft? Haben Sie und Phil darüber diskutiert?«

»Ob ich dagegen angekämpft habe, zu Hause zu bleiben? Ich wußte nicht, daß man nicht zu Hause bleiben konnte.«

Phil sitzt in der Küche und hört dem Interview zu. Er wirft ein: »Ich wollte nicht, daß sie wieder arbeitet.«

Ruth sagt: »O nein. Er wollte nicht ... aber ich wußte nicht, daß ich die Wahl hatte.« Obwohl sie die Form einer Universitätsverfassung in Frage gestellt hatte, stellte sie die Form der 50er-Jahre-Familie merkwürdigerweise nicht in Frage. Anders als Joan veränderte sie die Form nicht so, daß sie ihr entsprach.

Und anders auch als bei Joan, für die die Mutterschaft eine aufregende Möglichkeit wurde, ihre Kreativität auszudrücken, erstickte Ruths Kreativität in der Langeweile des Hausfrau-und-Mutter-Daseins. Rückblickend sagte sie: »Ich wußte einfach nicht, wie ich mit Freizeit umgehen sollte. Zeit, in der ich nicht arbeitete. Ich wußte nicht, daß es einen Ausweg aus der Langeweile gab.«

Sie erwartete von sich, eine perfekte Mutter zu sein, was beinhaltete, daß sie sich völlig auf die Kinder konzentrierte.

»Ich war entschlossen, meinen Kindern zuzuhören. Es sollte keine Familie sein, in der Kinder angeschaut, aber nicht angehört werden. Und meine Augen wurden glasig [vor Langeweile], wenn Jenny aus der

Schule nach Hause kam und mir *haarklein alles erzählte, was an diesem Tag passiert war.*«

Ruth konsultierte eine Reihe von Ärzten wegen Depressionen. Zwei von ihnen sagten ihr, sie würde sich wieder wohlfühlen, wenn sie arbeiten würde. Sie meinten natürlich Arbeit außer Haus. Aber Ruth arbeitete, zu Hause, und liebte auch diese Arbeit. Wenn die Kinder in der Schule waren, versuchte sie, durch eine gemeinnützige Tätigkeit einen Ausweg aus ihrer Malaise zu finden, aber es half nichts.

Es gab auch Entschädigungen für das Zuhausebleiben. Ruth freute sich über ihre Familie, und die Energie, die sie in das Leben ihrer Kinder steckte, führte dazu, daß sie eine offene Beziehung zu ihnen hatte, als sie Erwachsene waren. Sie sagt von sich, in bezug auf ihre Familie sei sie leidenschaftlich. Sie nennt Phil immer noch »Mr. Wunderbar«, und sie meint es so. Aber dieses leidenschaftliche Engagement für die Familie erschöpfte ihre psychische Energie.

Ruth litt unter der schwierigen Realität, daß es in ihrer Zeit nicht so einfach war, die akzeptierte Norm zu durchbrechen. Sie hätte sich an einem Arbeitsplatz, an dem sie zwei Stunden entfernt von ihren Kindern war, nicht wohlgefühlt. »Heute könnte ich die Texte per Fax schicken. Damals nicht. Und Phil meinte, für die Kinder wäre es besser, wenn die Mutter zu Hause wäre.«

Schließlich versuchte sie, mit Psychiatern über den Konflikt zwischen dem Zuhausebleiben und der Rückkehr an den Arbeitsplatz zu reden. »Als ich Angstgefühle bekam und darüber mit meinem Arzt sprach, begannen sie, mich in die kulturelle Norm einzupassen. Indem sie mir Valium gaben und mir jegliche Energie nahmen. Zwischen mir und der Gesellschaft herrschte Krieg, und die Gesellschaft gewann.« Sie sagt: »Erschöpfung macht uns alle zu Feiglingen.«

Ruth reagierte mit Wut auf sich selbst. Sie konsumierte immer mehr Alkohol. Sie haßte sich dafür, daß sie ihre Rolle nicht mochte. In ihrem Roman schreibt sie: »Man nimmt an, Menschen, die in hübschen Häusern mit Swimming-Pool und zwei Autos leben, wären glücklich. Zum Beispiel die nette, häusliche Vorstadtmatrone, glücklich und aufrichtig lächelnd. Kein Schatten auf ihrer Ehrbarkeit.«

Ruth, die jetzt seit vielen Jahren trocken ist, ist nicht mehr wütend, sondern ironisch. Sie sagt: »Mir wird klar, daß ich völlig meine Identität verloren hatte. Damals wußte ich nicht, wie ich es nennen sollte. Niemand wußte, daß ich eine erfolgreiche Fernseh-Werbetexterin war. Ich war die Mutter von Elizabeth und Jenny.«

Liebende: Die Leidenschaft für Beziehungen

Edna St. Vincent Millay hat die Leidenschaft der Liebenden vielleicht am besten in einem ihrer Sonette ausgedrückt, in dem sie schreibt:

Liebe füllt die Lunge nicht mit Atem,
sie reinigt nicht das Blut, noch richtet sie den Knochen;
Und doch schließt mancher Freundschaft mit dem Tod,
weil ihm die Liebe fehlt.[4]

Wir ordnen Joan und Ruth der ausgeprägt beziehungsorientierten Kategorie zu, weil sie ihre Energie für den größten Teil ihres Lebens in Beziehungen steckten. Sie waren die unwiderstehliche Leidenschaft, die sie antrieb. Obwohl beide auch sehr viel kreative Energie hatten, kanalisierten sie diese Kreativität so, daß sie den Anforderungen der ausgeprägt beziehungsorientierten Form entsprach. Für Joan war ihr Leben als Liebende eine Entscheidung; sie erlebte sich als Subjekt, weil sie die Form so verändern konnte, daß sie zu ihrer vorwiegend beziehungsorientierten Energie paßte. Sie fand Möglichkeiten, ihre intellektuellen Interessen und ihre Kreativität in sie einzubringen. Ruth hatte eigentlich mehr die Energie der Künstlerin oder der Innovatorin, aber sie konnte die Form nicht dementsprechend ändern. Sie erlebte sich als Objekt. Für Joan war die ausgeprägt beziehungsorientierte Form eine passende Entscheidung, für Ruth eine ihr nicht entsprechende Anpassung.

Die ausgeprägt beziehungsorientierte Lebensform paßt für Frauen, deren Hauptleidenschaft eine innige, fürsorgliche Liebe ist, private Nähe, die Freude, auch ganz banal und alltäglich für die Beziehung zu sorgen. Die Liebende weiß, daß für sie Beziehungen an erster Stelle stehen. Wie eine der Frauen in unserer Untersuchung könnte sie sagen: »Liebe ist *das Höchste*!« Durch Beziehungen drückt sie ihre innersten Leidenschaften aus, und sie hat das Gefühl, daß Liebe in dieser Form am erfüllendsten ist.

Eine Liebende kann durchaus auch außerhalb der Sphäre der Familie arbeiten. Aber wie Joan wird sie ihre kreative Energie wahrscheinlich auf eine Aktivität lenken, die auf Beziehungen ausgerichtet ist. Wenn sie die Bedürfnisse ihrer Familie, ihrer Freunde erfüllt, erlebt sie sich als Subjekt. Ihr Selbstgefühl hängt von der Rolle ab, die sie in den Beziehungen zu anderen spielt.

Die typischste Struktur für den Ausdruck der ausgeprägt beziehungsorientierten Energie ist die traditionelle Familie; sie ist aber nicht die einzige. Jede Beziehung, deren Merkmal das starke Gefühl verbindlicher Sorge für die Bedürfnisse anderer ist, kann eine ausgeprägt beziehungsorientierte Form darstellen.

Viele Liebende sind in den traditionellen Rollen sehr zufrieden, vor allem wenn sie sie gewählt haben und sich ihrer nicht nur aus Bequemlichkeit angepaßt oder aus Angst um ihr Selbstgefühl geopfert haben. Sie bringen ihre kreativen Energien so total in Beziehungen ein, daß ihr individueller Imperativ im beziehungsorientierten Kontext ihres Lebens verlorengeht. Wenn die Jahresversammlung ihrer Berufsgenossenschaft in der ersten Kindergartenwoche ihres Kindes stattfindet, läßt eine Liebende die Versammlung sausen. Wenn sie Kunstunterricht nimmt und mit ihrer Gruppe zwei Wochen lang einen Intensiv-Malkurs machen kann, fährt sie nicht, wenn es die Familie zu sehr belastet. Sie wird ihre Kunst nur soweit betreiben, wie es ihre Beziehungen nicht stört. Sie sagt selten: »Unterbrecht mich nicht. Ich spreche später mit euch, wenn ich mit dieser Sache fertig bin.« Sie ist stolz darauf, da zu sein, wenn andere sie brauchen. Ihr Kind, ihre Freundinnen, ihr soziales Netzwerk, eine wechselseitig respektvolle und fürsorgliche Beziehung zu Mitarbeitern und Kollegen haben Vorrang vor Ehrgeiz oder dem rein logischen Durchziehen eines Projekts.

Obwohl Liebende Beziehungen schätzen, stellen diese sich nicht immer als erfüllend heraus. Ein interessanter Umfrage-Trend war, daß es von allen Kategorien die Liebenden waren, die die Geschichte ihrer Liebe am seltensten als »erfüllte Liebe« beschrieben. 61% der Helferinnen und 57% der Innovatorinnen, aber nur 34% der Liebenden, hatten eine erfüllte Liebe gefunden. Liebende beschrieben die Geschichte ihrer Liebe am ehesten als »erhoffte, aber nicht erhaltene Liebe«. In den zwei beziehungsorientierten Gruppen zusammengenommen gab ein höherer Prozentsatz von Frauen an, daß sie getrennt leben oder geschieden sind, als in den beiden kreativen Gruppen.

Die Bedeutung dieser Ergebnisse ist schwer zu interpretieren; wir können nur spekulieren. Vielleicht überschätzen Liebende die Liebe und sind dann von ihr enttäuscht. Vielleicht haben sie das Gefühl, von der Form zu sehr eingeschränkt zu werden, sie passen sich zu sehr an und verlieren das Gefühl für sich selbst. Vielleicht mißdeuten sie ihre wahren Energien und versäumen den Wechsel in die integrierteren Formen. Die Frauen der anderen extremen Kategorie, der der Künstlerin, hatten fast ebensooft das Gefühl unerfüllter Liebe. Obwohl dieses Ergebnis für diese Kategorie weniger überrascht, scheinen Frauen in den beiden mittleren Kategorien ein befriedigenderes Gleichgewicht zwischen Liebe und Selbstausdruck gefunden zu haben.

Soweit es ökonomisch möglich ist, entscheidet die Liebende sich am häufigsten gegen eine Arbeit außer Haus, das heißt in der Öffentlichkeit. Wenn sie sich dafür entscheidet, bildet die Arbeit im allgemeinen nicht die Hauptquelle ihrer Zufriedenheit.

Eine Liebende ohne Partner ist möglicherweise ständig frustriert und hat das Gefühl, daß ihr etwas fehlt, und das macht kreative Lösungen erforderlich. Beziehungsbedürfnisse sind starke, intensive Energien, die in eine Form einfließen müssen, wenn wir Ganzheit und Erfüllung erleben wollen.

Die auf Beziehungen ausgerichtete Energie kann sich ändern. Manche Frauen sind zunächst ausgeprägt kreativ und auf die Karriere konzentriert und wollen allmählich mehr Nähe in ihrem Leben. Manche fangen mit einer Familie an bzw. sind ausgeprägt beziehungsorientiert und wechseln dann zu den integrierten Formen. Jüngere Frauen konzentrieren sich heute im allgemeinen zuerst mehr auf ihre kreativen Energien und nähern sich dann Beziehungen an; ältere Frauen, die das Gefühl hatten, in bezug auf Ehe und Mutterschaft nicht viel Entscheidungsfreiheit gehabt zu haben, wenden sich den integrativen Formen zu, wenn die Kinder erwachsen sind.

Das Hauptmerkmal der Liebenden ist die Stärke ihrer Konzentration auf andere. Zu den Nachteilen dieser Form gehört die Gefahr, zum Objekt zu werden, sich eher anzupassen als sich zu entscheiden, das Gefühl, aufgrund der ökonomischen Notwendigkeit in einer ungleichen, nicht auf Gemeinsamkeit beruhenden Beziehung festzusitzen. Liebende sind mehr als Frauen in anderen Kategorien in Gefahr, in Beziehungen ausgebeutet zu werden, weil sie oft die ökonomische Abhängigkeit akzeptieren, um ihre Energien ausschließlich auf die Beziehung konzentrieren zu können. Veränderungen dieser Form aufgrund sich wandelnder Bedürfnisse und Interessen sind sehr schwierig, weil eine ihrer Versionen das gesellschaftliche Liebesdrehbuch beherrscht hat.

Häufige Themen bei ausgeprägter Beziehungsorientierung: Konformität oder Entscheidung, Kinder und Beschränkungen, ein Kontext für die Kreativität

Konformität war für Joan und Ruth ein Teil des Liebesdrehbuchs, aber wie sollte es anders sein? Konformität bestimmte die Epoche, in der sie sich verliebten. Konformität ist bei Männern und Frauen das Gegenteil von Kreativität. Konformität erfordert die Hingabe an die Norm, den Verzicht auf das Neue, die loyale Bereitschaft, in Reih und Glied mit den anderen zu marschieren. Kreativität erfordert Mut, Unabhängigkeit, die Fähigkeit, Risiken einzugehen, und zumindest den Schimmer einer neuen Handlungsweise.

Ruth und Joan betonen beide, daß sie andere Möglichkeiten einfach nicht sahen. Joan überlegte nicht, als es darum ging, Vassar und ihre intellektuellen Leidenschaften aufzugeben, um Corson zu heiraten: »Es war gar keine Frage.« Daß sie nicht fragte, ist um so bemerkenswerter, als sie andere Konventionen in Frage stellte und für soziale Gerechtigkeit stritt.

Ruth hielt länger durch. Sie wußte, daß das »normale Leben« ihr nicht das bieten würde, was sie wollte, nämlich »Ruhm und Geld«. Sie sah keinen Grund, ihre Karriere nur deshalb aufzugeben, weil sie Phil heiratete. Bis zu dem Punkt konnte sie das Drehbuch für die traditionelle Ehe umschreiben. Für sie wurden erst die Kinder zu Garanten der Konformität. Als die Kinder kamen, nahm sie ihre Arbeit beim Fernsehen nicht wieder auf.

Die Autorin Sarah Ruddick meint, daß »es unterschiedliche Arten mütterlichen Denkens geben muß, die aus den Anforderungen mütterlicher Arbeit resultieren und ihr angemessen sind«.[5] Über die Denkweisen, die aus dem Bedürfnis entstehen, »Wachstum zu fördern«, sagt sie: »Die Verpflichtung, Wachstum zu fördern, wird, egal wie die durch sie verursachte Mischung von Glück und Sorge aussieht, das intellektuelle Leben einer Mutter erweitern. Die Routine der Verantwortlichkeit, ermüdende Arbeit und – für einige – die sich verengende Perspektive einer beruflichen oder schulischen Betätigung tragen dazu bei, das aktive Geistesleben der meisten Mütter – und Erwachsenen überhaupt – zu unterminieren. Aber Kinder sind faszinierend. Auch wenn die Kinderbetreuung die Mutter an ihre Kindheitskonflikte erinnert, weckt die lebhafte Intelligenz ihrer Kinder *unter günstigen Um-*

ständen [Hervorhebung von uns] die ihre. Die Förderung des Wachstums provoziert oder erfordert eine willkommene Veränderung.«[6]

Eine seit kurzem geschiedene Frau oder auch die verheiratete Mutter in einer heterosexuellen Ehe kann sich die Belebung ihrer intellektuellen Interessen inmitten von Bergen von Wäsche, dem Kampf um die finanzielle Unterstützung ihres Kindes und den zwei Jobs zur Abzahlung der Hypothek wahrscheinlich schwer vorstellen. Viele Experten haben darauf hingewiesen, daß die Sozialgesetzgebung Frauen immer noch nicht angemessen unterstützt und Männer sich immer noch nicht als gleichwertige Partner an der Kindererziehung beteiligen.[7] In Anbetracht der Pragmatik des Überlebens ist die intellektuelle Energie für die ausgeprägt beziehungsorientierte Frau mit Kindern oft nur eine hypothetische Angelegenheit.

Obwohl Ruth von ihrem Mann unterstützt wurde und die Ehe »stimmte«, war sie intellektuell zu Tränen gelangweilt und fühlte sich in ihrem Vorstadt-Leben völlig fehl am Platz. Sie empfand es nicht als Fortsetzung der intensiven Kreativität ihrer Texter-Tage beim Fernsehen, das intellektuelle Wachstum ihrer Kinder anzuregen, auch wenn sie sie liebte.

Wenn Ruth ihre Kreativität auf die Form ihres Ehe- und Familienlebens hätte anwenden können, wäre ihr die Anpassung vielleicht weniger schwer gefallen. Sie hatte die für eine Frau konventionellen Gefühle. Sie liebte Phil leidenschaftlich. Sie liebte ihre Kinder. Aber alles zusammen entsprach ihr nicht richtig.

Bei Joan dagegen stellte die Kindererziehung sich als gute Paßform für ihre intellektuellen Fähigkeiten heraus. Sie würde Ruddicks Analyse zustimmen. Es fiel ihr leicht, ihre intellektuellen Leidenschaften so auszurichten, daß ihre Kinder sich herausgefordert fühlten. Auch als sie im zweiten Akt ihres Lebens 1978 nach Princeton zurückkehrte, um ihr Studium zu beenden, baute sie eine Brücke zwischen ihrem intellektuellen Leben und dem ihrer Kinder, die jetzt junge Erwachsene waren.

Die von der ausgeprägt beziehungsorientierten Form zuweilen verlangte Konformität kann für viele Frauen ein positiver Kontext für ihre Kreativität sein. Wenn eine Frau ihre Energien auf die private Sphäre, das heißt ihr Heim und Beziehungen konzentriert, steht sie nicht vor dem belastenden Konflikt, wie sie ihren Lebensunterhalt bestreiten soll. Sie braucht sich auch keine akzeptable Arena für ihre Kreativität außer Haus auszudenken. Beim Malen, Schauspielen, professionellen Kochen, Schreiben für eine Veröffentlichung, Weiterverfolgen einer Karriere stehen wir Fragen des Talents, des Ehrgeizes, des Wettbewerbs, der Verpflichtung gegenüber. Kreative Betätigungen im Kontext von Heim und Familie können für eine Frau befriedigender sein als eine kreative Ausdrucksmöglichkeit, die neben einem Full-Time-Job existieren muß, oder auch als die Suche nach einem Arbeitsplatz oder einer Karriere, die kreativ so erfüllend sind wie die häusliche Arbeit. Kreativität und Karriere können einander widersprechen. Die ökonomische Seite der Kunst ist entmutigend. Und sicher kann es in der Firma genauso erstickend sein wie zu Hause.

Ausgeprägt beziehungsorientierte Frauen drücken ihre kreative Energie gern durch die häuslichen Künste und Kunstgewerbliches aus, etwa Handarbeiten, die leicht beiseitegelegt werden können und eine Unterbrechung vertragen. Viele ausgeprägt beziehungsorientierte Frauen meiden kreative Tätigkeiten, die ihre Prioritäten aufspalten könnten; wie Joan glauben sie, einem kreativen Traum nur nachgehen zu dürfen, wenn sie bereit sind, alles für ihn aufzugeben, und genau wissen, was sie wollen.

Dieses Zögern zeigte sich in unseren Interviews immer wieder. Kathy zum Beispiel sagte, sie habe früher starke kreative Energie besessen, aber geglaubt, nicht genug Talent zu haben. Als Kind hatte sie davon geträumt, Astronautin zu werden. Diesen Traum hatte sie gegen den üblichen Traum von einem »ruhigen Leben in einer mittelgroßen Stadt mit Mann, Hund und Kindern« eingetauscht. Sie sagt: »Ich halte mich nicht für kreativ. Die einzigen ›kreativen‹ Sachen, auf die ich stolz bin, sind die Pullover, die ich gestrickt habe. Und im großen und ganzen gefällt mir, wie ich mein Haus eingerichtet habe, die kleinen Dinge, die aus einem ›Haus‹ ein ›Zuhause‹ machen.«

Der Einfluß des gesellschaftlichen Liebeskonzepts

Wenn die ausgeprägt beziehungsorientierte Form wie bei Joan ein Kontext für Kreativität ist, kann sie gut funktionieren, befriedigend sein und die Beschränkungen der Subjekt-Objekt-Spaltung aufheben. Die meisten Frauen hält jedoch der Einfluß der gesellschaftlichen Liebeskonzeption davon ab, ihre Kreativität in dieser Form auszuleben.

Ruth zweifelte nicht an ihrer Kreativität; sie war bei der Arbeit in der Welt erfolgreich gewesen und wußte, daß sie Hervorragendes leisten konnte. Doch die Liebeskonzeption ihrer Zeit – eine der größten »Fallen« für die Liebende – beeinflußte sie stärker. Sie akzeptierte den

Teil des psychologischen Liebeskonzepts, der besagte, die Qualität der Bindung des Kindes an die Mutter bestimme seine Beziehungsfähigkeit als Erwachsener. Obwohl sie für Themen, die mit männlichen Privilegien zu tun hatten, sensibilisiert war, glaubte ein Teil von ihr auch den damals dominanten Freudschen Ansichten. Sie meinte, ihre Liebe zur Arbeit stelle eine Abweichung dar und sie leide an etwas, das sie aus Empörung gegen den sexuell gefärbten Jargon der Freudianer als »Jobneid« bezeichnete.

Die damalige Psychiatrie eröffnete keine Alternativen – sie wollte sie anpassen, »in die gesellschaftliche Norm pressen«, ihren Jobneid »bearbeiten«, sie dazu veranlassen, die passive, rezeptive, weibliche Rolle zu akzeptieren. Als sie aufgrund von Alkohol ihre Wut zu stark äußerte (einmal legte sie streitsüchtig Phils Pistole auf den Schreibtisch des Psychiaters), verschrieb der Arzt ihr Tranquilizer, um sie ruhigzustellen – oder unter Kontrolle zu halten. Ruth interpretierte das Lächeln der Mona Lisa tatsächlich sehr radikal: »Ich dachte immer, das Lächeln der Mona Lisa würde bedeuten ›Du kannst mich mal‹.«

Bei Joan hatte das Liebeskonzept eine andere Wirkung.

Es bestimmte ihre Überzeugung, daß Corson mit seinem Intellekt und seiner Arbeit wichtiger war als sie. Weil sie und Corson beim Hausbau und bei der Kindererziehung aktive Partner waren, erlebte Joan sich nicht als Objekt, auch wenn sie rückblickend sieht, wie sehr sie sich den traditionellen Formen ihrer Zeit angepaßt hatte.

Ruth und Phil hatten eine andere Partnerschaft als Joan und Corson. Phil war zwar ein engagierter Vater, aber die Form seiner Ehe mit Ruth war noch traditioneller als die von Joan und Corson. Er war der aktiv in der Öffentlichkeit wirkende Macher. Weder ihm noch Ruth fiel ein, die traditionelle Form ihrer Ehe zu verändern, sobald die Kinder da waren. Ruth war immer mehr auf die private Sphäre beschränkt, und die Ausflüge, die sie in Form einer unentgeltlichen sozialen Tätigkeit in die öffentliche Sphäre machte, regten nur ihren Appetit auf Kreativität an und ließen sie nach selbständiger Arbeit hungern.

Die Konzeption ändert sich

Der Gedanke, daß die Beschränkungen und Gefahren der ausgeprägt beziehungsorientierten Form durch fortschrittlichere Vorstellungen über Liebe und Beziehungen verändert wurden, ist verlockend. Aber

Leidenschaft ist leidenschaftlich, nicht rational, und anscheinend sind wir alle anfällig dafür, zu Objekten zu werden, anstatt unser Leben bewußt so auszurichten, daß Energie und Form sich gut entsprechen. Wir sind auch alle anfällig dafür, in eine bestimmte Form zu verfallen, weil der Druck der Tradition sehr stark ist.

In den 80er Jahren wurde Sarah Richman mit 29 Jahren zur Geschäftsführerin eines internationalen Konzerns. Ihr Lebensgefährte William, ein Fotograf, zog zunächst in ihr Haus in Manhattan. Aber als sie heirateten und sich zu einem Kind entschlossen, zog Sarah mit William von New York fort, gab ihre Karriere auf und konzentrierte ihre kreativen Energien auf die Lokalpolitik und die Liebe zu ihm und ihrem Sohn Kent. Nach fünf Jahren war die Ehe in Schwierigkeiten; William beschuldigte Sarah, »die Leidenschaft verloren« zu haben. Zwischen den Geschichten von Ruth und Sarah liegen 40 Jahre. Aber als die Struktur ihres Beziehungslebens problematisch wurde, warf Sarah sich genauso vor, »unfähig zu sein«, wie Ruth.

Die Wahl des Partners ist für die Zufriedenheit der Liebenden wichtig. In Anbetracht der Komplexität des heutigen Lebens muß ein Partner bereit sein, sich am Aufbau einer funktionierenden Beziehung zu beteiligen, ohne in die traditionellen Denk- und Verhaltensmuster zurückzufallen, die für Männer genauso einschränkend sind. Die Geschichte von William und Sarah sah vordergründig anders aus. Anfangs war sie der Verdiener, er der Künstler, der zu Hause blieb. Aber als Kent geboren wurde, war Sarah für seine Betreuung verantwortlich, und William »half aus«.

Andererseits haben wir viele Geschichten von Liebenden gehört, für die diese Form eine funktionierende und gute Entsprechung darstellt, die die traditionellen Muster geringfügig ändern und sich sehr stark als Subjekt erleben. Penny Mather ist 25, verheiratet und hat zwei Kinder im Alter von vier und sechs. Sie lebt in einem Haus, das sie und ihr Mann Steve an der Küste von Oregon gebaut haben. Unsere Interviewerin, die eine Freundin von ihr ist und sie besucht hat, meint, es wäre das schönste Haus, das sie je betreten hat. Es ist voll von Pflanzen und Atelierfenstern und liegt über einem steilen Abhang an einem Bach.

Penny ist sehr stolz auf ihr Haus, vor allem auf die große weiße Küche mit den Restaurant-Öfen und -Herden. Penny hat einen Party-Service – vom Essen für tausend Leute bis zu kleinen, eleganten Dinner-Partys beliefert sie alles. Ihre Leidenschaften sind ihr Mann, ihre Kinder, ihr Haus und ihre Arbeit. Am meisten befriedigt es sie, mit ihrer Familie in ihrem Haus zu sein, und sie meint, die Liebe würde mit der Zeit immer erfüllender. Sie liebt ihre Arbeit zum Teil deshalb, weil sie sie von zu Hause aus erledigen kann. Sie kann abends Gemüse schnipseln und dabei mit Steve zusammensein. Wenn sie sehr viel zu tun hat, läßt sie einen Babysitter ins Haus kommen, so daß sie den Kontakt mit den Kindern aufrechterhalten kann.

Penny hat die Form der traditionellen Ehe insofern geändert, als sie von Steve mehr Beteiligung an der Kinderbetreuung erwartete. Beide haben auch gelernt, Kompromisse miteinander zu schließen. »Vorher war Steve nicht daran gewöhnt auszuhelfen, aber dieses Jahr hat er viel gemacht. Er kommt jetzt nach Hause und sagt: ›Wieviel Zeit brauchst du dieses Wochenende von mir?‹ Wir versuchen, es uns gegenseitig leichter zu machen.«

Als wir Penny fragen, was ihr das Gefühl gibt, kreativ zu sein, und wodurch am meisten zum Ausdruck kommt, wer sie ist, sagt sie: »Der Liefer-Service, alles, was damit zu tun hat, mit dieser Familie in diesem Haus zu sein, der Versuch, meine Kinder so zu formen, wie wir sie haben wollen.«

Die traditionelle Konzentration auf Beziehungen und Familie, die die Liebende charakterisiert, funktioniert in den 90er Jahren für viele Frauen also immer noch. Aber die Frauen dieser Generation und der danach schreiben auch neue Drehbücher, die neue Formen der Liebe möglich machen.

Die Geschichten von heute werden von Frauen geschrieben, die Kinder allein bekommen und aufziehen, die mit einem Mann zusammenleben, aber nicht heiraten wollen. Eine Frau kann beschließen, alleine zu leben – was immer mehr Frauen tun –, und immer noch ein ausgeprägt beziehungsorientiertes Leben haben. Eine primäre Beziehung mit einem Mann oder einer Frau ist *keine* Vorbedingung für den Ausdruck von Beziehungsleidenschaft.

Viele Frauen heute sind nicht bereit, sich in die alten, ausgeprägt beziehungsorientierten Formen zwängen zu lassen, und äußern ihre Beziehungsenergie anders. Wie eine Kollegin von uns wohnen sie vielleicht in einer Hausgemeinschaft und äußern ihre Beziehungsenergie im Zusammenleben mit ihren Mitbewohnern. Oder sie adoptieren, wie mehrere unserer Kolleginnen und Bekannten, mit vierzig ein Kind oder bringen ohne Ehe eins zur Welt. Vielleicht paßt auch eine lesbische Partnerschaft am besten.

Wie Alison, deren Geschichte dieses Kapitel abschließt, braucht eine Frau die archetypische Form oft nur geringfügig zu ändern, damit sie ihrer Leidenschaft entspricht.

Die Leidenschaft zum Leben

Das Essen nach der Beerdigung von Jonathan Black wird von Walter geliefert, den Jonathan von seiner Zeit beim Musiktheater kannte. Walter hat es auch fertiggebracht, schokoladenüberzogene Erdbeeren von Balducci in Manhattan einfliegen zu lassen. Es gibt Champagner. Jonathan hatte das Menü Wochen vor seinem Tod arrangiert. Seine Witwe, Alison, ist 27. Sie hat eine moderne Liebesgeschichte erlebt.

Acht Monate zuvor war Jonathan die Hauptperson im örtlichen Theater. Von einem edlen roten Rollstuhl aus sang er »Mein Tod« von Jacques Brel. Alison sagt: »Ich war bei jeder Probe und bei jeder Aufführung dabei und durfte mit ihm die Freude daran teilen.« Nur wenige im Publikum wußten, wie treffend sein Lied war, da er wußte, daß der Tod auf ihn wartete.

»Als ich heiratete«, sagt Alison, »verstand ich die Worte, und ich meinte, was ich sagte. Aber jetzt verstehe ich das Wesen der Liebe – daß ich mit ihrer Hilfe alles schaffen kann. Sie ist die größte Quelle, meine größte Stärke.« Die Ehe mit Jonathan erforderte eine Art von Liebe, die sie nie erwartet hatte, und eine Fähigkeit, Liebe zu geben und zu nehmen, die sie sich nie zugetraut hätte. Neun Monate nach ihrer Hochzeit bekam er Gehstörungen. Neurologische Untersuchungen folgten. Eine tödliche Krankheit wurde diagnostiziert.

Bis zum College war Alison eine traditionelle junge Frau gewesen. Sie war in Europa und in Amerika erzogen worden und scheinbar für ein Leben in Reichtum geboren. Sie kannte die Regeln. Frauen sollten ihre Energien auf die Ehe richten und ein gut funktionierendes Zuhause schaffen, in dem sie anständige, intelligente Kinder mit guten Manieren großzogen. Erfolge und Ziele mußten immer groß, immer sichtbar sein. Ihr erstes Jahr in Barnard radikalisierte sie. Sie wurde zu einer glühenden Feministin, deren engste Freundinnen sich intensivst mit Frauenfragen beschäftigten. Sie erkundete, was jenseits der ihr bekannten Welt war, der Welt, die ihr nur einen Teil der Geschichte über Frauen erzählt hatte. Diese Erkundung stellte viele der Werte in Frage, mit denen sie erzogen worden war.

Dann verliebte sie sich in Jon, der in Columbia Geschichte studierte. Mit ihm hatte sie eine nie gekannte, tiefe emotionale Verbindung. »Endlich war jemand da, der sich wirklich um *mich* kümmerte.« Sie heiratete ihn im Februar 1988. Sie arbeitete weiter. Sie lebten in New York, gingen ins Theater, besuchten gute Restaurants, hatten oft Gäste zu Hause.

Alison war keine unterwürfige Frau, obwohl Jon eine traditionellere Ehe wollte als sie. Sie stritten wegen der Hausarbeit. Sie meinte, es wäre lächerlich für sie, sich auf ein Hausfrauendasein zu konzentrieren, und tat es nicht. Sie stritten wegen Geld. Sie, mit dem Geld ihrer Familie im Rücken, setzte ihrer beider Lebensweise Grenzen. Sie arrangierten sich.

Als die neurologischen Probleme bei Jon einen Rollstuhl erforderlich machten, gab Alison ihre Arbeit auf. Obwohl sie sich leicht eine Krankenpflegerin hätten leisten können, beschloß sie, in den zweieinhalb Jahren bis zu seinem Tod den größten Teil der Pflege selbst zu übernehmen. Sie zogen nach New England, um ein ruhigeres Leben zu führen, als New York körperlich zu stressig wurde, obwohl Jon gern am Wochenende zurückflog, solange es möglich war.

Jon sagte vier Tage vor seinem Tod, Schönheit und Liebe hätten sein Leben gestaltet. Er hatte kein Selbstmitleid. Ab März 1991 konnte er auch mit Stock nicht mehr stehen. Alison sagte oft, am schlimmsten wäre, daß der Rollstuhl immer da sei. Sie konnten nie mehr Seite an Seite sitzen. Aber sie hatten die Liebe gehabt, die Jons kurzes Leben vollständig machte.

Hatte sie bedauert, ihre Arbeit aufzugeben? Hatte sie bedauert, ihre gesamte Energie für Jon und ihr Zusammenleben aufzuwenden? »Nein. Manchmal. Ich wünschte, ich hätte beides haben können. Einmal wollte ich in New York Freunde besuchen, aber ich machte die Fahrt rückgängig, weil er vor meinem Weggehen schreckliche Angst hatte. Es gab eine fürchterliche Szene, aber ich wußte dann, daß es nicht nur Abhängigkeit war, daß seine Angst ganz real war; es war das Entsetzen angesichts der Erkenntnis seiner Hilflosigkeit. Also blieb ich zu Hause. Ich bedauere nichts. Bei Entscheidungen war mir einfach immer klar, daß ich nur begrenzte Zeit mit ihm zur Verfügung hatte und daß ich sie nicht zurückbekommen würde. Ich wollte, daß jeder Tag so gut war, wie er sein konnte. Jon war der einzige Mensch in meinem Leben, mit dem ich je um die Befriedigung meiner Bedürfnisse stritt. Aber ich hatte auch das Bedürfnis, ihm die Liebe zu geben, die er nie gehabt hatte. Das hatte einfach immer Vorrang. Und ich hatte das Bedürfnis, seine Liebe jeden Tag zu haben, der möglich war.« Für Alison war die Liebe vor allem eine Entscheidung, die sie traf, ein Ausdruck ihrer innersten Energien, keine Ablenkung von ihnen.

Man könnte leicht denken, daß Alison keine großen Alternativen hatte. Sie wußte, daß ihre Bindung an Jon zeitlich begrenzt war – Jon würde sterben. Aber nicht jede Frau will oder kann auf eine solche Krise so reagieren. Die Entscheidung, den größten Teil unserer Leidenschaft in eine Partnerschaft, Kinder, die Familie, Freunde oder die Gemeinschaft zu investieren, kann zu einem bestimmten Zeitpunkt oder unser ganzes Leben lang die richtige Entscheidung sein – auch ohne die besonderen Umstände, denen Alison sich gegenübersah.

Mut

Viele Frauen, die zur Zeit das Muster der Liebenden ausagieren, können ihre kreative Energie leichter anzapfen, als ihnen klar ist. Die Illusion vom gespaltenen Bild behindert uns noch immer, und wir fürchten, Kreativität würde zwangsläufig den Verlust der Beziehungsfähigkeit bedeuten. Es braucht Mut, diese Angst hinter sich zu lassen und neue, befreiende Modelle zu erschaffen.

Zweifellos kann ein Leben als Liebende uns voll befriedigen oder ein schreckliches Opfer für uns bedeuten. In ein- und derselben Form und ihren Variationen können wir uns als Muse oder Liebende erleben, uns anpassen oder eigene Entscheidungen treffen, im Einklang oder im Gegensatz zu früheren Leidenschaften leben. Die Veränderungen, die wir an der archetypischen Form der Liebenden vornehmen, werden darüber entscheiden, ob sie zu unseren Energien paßt oder uns schmerzt und unsere innersten Träume einschränkt.

6. Künstlerinnen: Ausgeprägt kreativ

Katherine Bradfords Bild *Good Girl, Bad Girl* fängt die Spaltung der Frau perfekt ein. Das in Blautönen gehaltene Bild zeigt den Umriß von zwei identischen Frauenköpfen, die einander ansehen. Eine gepunktete Linie trennt sie, und eine gepunktete Linie verbindet ihre Augen.

Katherine sagt über das Bild: »Ich wollte die Spannung zwischen dem guten Mädchen und dem bösen Mädchen malen – die eine ist bereit, nach den Regeln der Gesellschaft zu funktionieren, die andere will die Regeln brechen. Ab der High-School weiß jeder, wer die guten und wer die bösen Mädchen sind. Sie beobachten sich – etwas trennt sie – das Bild sollte das illustrieren. Von der Form her habe ich dasselbe abstrakte Vokabular benutzt wie immer, aber diesmal wollte ich eine feministische Vorstellung zum Ausdruck bringen.

Ich habe die Mädchen fast genau gleich gemacht und sie in einem Bild zusammengebracht, um auf die Möglichkeit hinzuweisen, daß sie zwei Seiten eines Selbst sind, daß wir diese zwei gegensätzlichen Seiten in uns haben. Mich interessiert nur, warum wir dazu neigen, eine solche Trennung vorzunehmen. Ich glaube, daß ein gutes Bild zu solchen Fragen anregt – ein Paradox untersucht.«[1]

Nebenbei erzählt Katherine uns: »Das ist das einzige Bild von mir, das meine Tochter haben wollte, als sie im vergangenen Jahr ihr letztes Collegejahr begann, ich habe es ihr gegeben.«

Das »Paradox« des Gemäldes *Good Girl, Bad Girl* spiegelt das gespaltene Bild, das die Geschichte der Frauen beherrscht. Wenn hinter der Lächelnden Frau die Künstlerin auftaucht und in den Vordergrund tritt, brandmarkt die Gesellschaft sie als böses Mädchen. Eine Frau wie Kathy Bradford, deren Leben durch ihre ausgeprägt kreative Leidenschaft gestaltet wird, symbolisiert eine Frau, die ganz Subjekt ist. Katherine scheint zu fragen, warum die Subjekt-Frau, die die Regeln bricht, von der Gesellschaft als böse betrachtet wird.

Die Künstlerin: Kreativität an erster Stelle

Frauen, die andere Lebensformen wählen, schätzen das Gleichgewicht und lernen, seinetwegen Kompromisse zu schließen. Die ausgeprägt kreative Frau jedoch ist – als Künstlerin, Freiberuflerin oder Karrierefrau – sehr zielstrebig. Diese Zielstrebigkeit erfordert den Bruch mit der Konvention, so daß ihr Weg der am wenigsten »traditionell weibliche« der vier Kategorien ist.

Von den 222 Frauen unserer Stichprobe gehörten 30, das heißt 13%, der Künstlerinnen-Kategorie an. Künstlerinnen sagen uns, daß eine kreative Tätigkeit ihnen am ehesten das Gefühl gibt, ganz zu sein, und daß sie bei Beziehungen am zerrissensten sind. Die kreative Tätigkeit gibt ihrem Leben am meisten Sinn, und bei ihr sind sie am lebendigsten und engagiertesten. Als Kinder haben Künstlerinnen oft von professionellem Erfolg oder einem Leben voller Reisen und Aufregung geträumt. Interessanterweise bezeichnen sie im Verhältnis genausooft wie Liebende die Liebesgeschichte ihres Lebens als »unerfüllte Liebe«, auch wenn die Frauen in den zwei kreativen Gruppen (Künstlerinnen und Innovatorinnen) genausooft verheiratet sind wie die beziehungsorientierten Frauen.

Das besondere Merkmal dieser Kategorie ist Klarheit – das Wissen um das, was man tun will und muß, und das dann auch mit unerschütterlicher, unverfälschter Energie zu tun. Die Antworten der Künstlerinnen auf unseren Fragebögen stimmten sehr stark überein, es wurde kaum in Frage gestellt, daß die kreative Betätigung Priorität hat.

Eine solche Klarheit erfordert Unabhängigkeit, Selbstvertrauen, Ichbezogenheit. Die Künstlerin muß sich mit Themen beschäftigen, für die Männer erzogen werden, die aber den meisten Frauen weniger vertraut sind: Konkurrenz, Zielgerichtetheit, Ehrgeiz. Unsere Gesellschaft mißtraut zu konzentrierten, zu zielstrebigen, zu ichbezogenen Frauen und bestraft sie.[2] Aber kreative Frauen sind sehr konzentriert, sehr leidenschaftlich. Diese konzentrierte Energie kann so stark sein, daß sie Kompromissen widersteht, so daß die Künstlerin ziemlich leicht Prioritäten setzen kann. Es ist nicht so, daß sie nie unter Konflikten oder Schuld leidet. Aber ihr ist klar, daß sie ihrer Vision den ersten Platz einräumen wird; deshalb ringt sie nicht darum, ihre Prioritäten herauszufinden. Nicht ihr Inneres ist konfliktreich, sondern die Reaktion der Gesellschaft auf sie.

Die Klarheit, die auf die eigene Person gerichtete Leidenschaft und die Entschlossenheit, eher die Künstlerin als das Kunstobjekt zu sein, bringt die Künstlerin in Konflikt mit den gesellschaftlichen Erwartungen. Als letztes schleudert die Gesellschaft ihr vielleicht das Wort »egoistisch« entgegen. Dieser Egoismus, dieses Subjekt-Sein, kennzeichnet sie am meisten als »böses Mädchen«.

Eine Künstlerin, die ihre kreativen Impulse respektiert, muß den Mut haben, über die Beurteilung als »egoistisch« hinwegzugehen. Sie muß sich ihre Kraft zu eigen machen, tätig werden, so daß sie von ihrem Leben sagen kann: »Ich bin nach außen gegangen und habe getan, was ich tun mußte.« Dieses selbstbewußte Akzeptieren der eigenen Kraft kontrastiert mit dem Selbstzweifel, den wir bei der Befragung der meisten anderen Frauen feststellten.

Die Beurteilung als egoistisch ist etwas von äußeren Normen Aufgezwungenes, das die Erfahrung der einzelnen Frau nicht berücksichtigt. Viele ausgeprägt kreative Frauen lassen intensive Energie in Liebe, Freundschaft und Kindererziehung einfließen. Die Energien von Liebe und Kreativität sind unentwirrbar miteinander verflochten, und wenn die Energie aus unserer Mitte kommt, wird sie eher mehr als weniger. Deshalb ist die Liebe willkommen, aber die ausgeprägt kreative Frau wird ihr nicht gestatten, ihre Vision zu behindern. Vielleicht ist ihr bestes Werk ihr eigenes Leben – eine Form, die ihr entspricht.

Die Komponistin Beth Anderson sagt: »Ihre Leidenschaft ist das, wonach Sie als erstes verlangen.« Sie wollte ein Klavier. Wie viele befragte Künstlerinnen folgt sie der Regel, daß einer Beziehung, so leidenschaftlich und für ihr Glück notwendig sie auch sein mag, letztendlich nicht erlaubt werden darf, von innen her die Kreativität zu gefährden, zu sabotieren oder zu zerstören.

Katherine Bradford: Das eigene Leben malen – eine bewußte Entscheidung

Katherine Bradford malt abstrakt, hat aber ein konkretes und klares Gefühl, wer sie ist und um was es in ihrem Leben geht. Klarheit ist ihr Markenzeichen – die Energie, die ihre Form bestimmt, ist so klar wie das Winterlicht in einer vegetationslosen Landschaft. Um das zentrale Thema herum, das ihrem Leben Kohärenz verleiht, hat sie ihr Leben aufgebaut, dem Maß jener Energie folgend. »Ich bin Malerin«, sagt sie.

»Das Leben ist gewaltig und chaotisch. Ich finde es sehr befriedigend, es auf das zurechtzustutzen, was unentbehrlich ist.«[3]

Sie lebt ihr Leben, wie sie es leben möchte. Und sie wird als Künstlerin hoch geachtet.

In einem Ausstellungsprospekt heißt es:

> »Die Grundfarben und die elementaren geometrischen Formen von Katherine Bradford erinnern an Spielbretter und die Arbeit der frühen amerikanischen Modernisten. Ihre Farben und Formen sind nicht komponiert, sondern eher auf der Oberfläche ihrer Bilder ›aufgelistet‹. Auch Worte und Zahlen werden in Listenform präsentiert, und obwohl dies an die Logik eines Spiels erinnert, ist die letztendliche Aussage sehr poetisch.«[4]

Kathy Bradford erzählt: »Als ich mich ernsthaft entschloß – nicht an einem Tag, sondern in der Phase meines Lebens, in der ich wirklich das Gefühl hatte, eine seriöse Künstlerin sein zu wollen –, einen Großteil meiner Zeit dem Malen zu widmen und es soweit wie möglich in den Mittelpunkt meines Lebens zu stellen, war ich Anfang 30. Ich war verheiratet und hatte zwei Kinder, die gerade in die Schule kamen. Ich war also in einer sehr schlechten Position, um eine wirklich professionelle Künstlerin zu sein. Es gibt viele Frauen, die in dieser Lage malen oder schreiben oder sonst etwas tun, aber ich war frustriert. Ich wollte mehr. Ich wollte den besten Teil meiner Energie meiner Arbeit widmen. Ich wollte nicht jemand sein, der in seiner Freizeit Blumenaquarelle malt. Ich wollte eine Künstlerin sein, die sich durch das Malen verwirklicht.«

Sie suchte nach Vorbildern. Über Georgia O'Keeffe – über die sie viel las – und Katherine Hepburn sagt sie, daß sie »für jeden interessant sind, weil sie ein Gefühl für sich selbst zu haben schienen, weil sie es wert waren, daß sie eine Menge Raum einnehmen konnten«. Über sich selbst sagt sie: »Ich glaube, daß es mir schwerfiel, diese Einstellung zu übernehmen. O'Keeffe zum Beispiel kleidete sich ganz schwarz und trug keinen Schmuck, vermutlich deshalb, weil sie sehr konzentriert sein wollte. Sie gab sich nicht mit Sachen ab, mit denen sie sich nicht abgeben wollte.«

Sie beobachtete auch befreundete männliche Künstler. »Es hat mir enorm geholfen, denn Frauen haben eine lange Tradition als Hobbymalerinnen, während Männer sich wirklich ernst nehmen. Sie sind so ehrgeizig. Ich sah mir an, wie sie arbeiteten, welche Entscheidungen sie trafen. Was sie an die erste Stelle setzten ... wofür sie ihr Geld ausgaben ... eine Menge Gemälde. Ich meine, sie etablierten sich. Sie hatten ein Gefühl des Berechtigtseins, das ich durch Beobachtung erst lernen mußte. Sie machten riesige Gemälde, und es erschien ihnen einfach natürlich, etwas Großes zu schaffen.«

Bradford ging daran, ihre Malerei zum Zentrum ihres Lebens zu machen. »Ich habe all diese Veränderungen vorgenommen, und ich ging bewußt auf die Dinge zu, um malen zu können.« Zuerst durchlebte sie die schmerzhafte Scheidung von ihrem Mann. »Ich hatte das Gefühl, nie der Mensch sein zu können, der ich sein wollte, wenn ich in dieser Beziehung blieb.« Ihre Ehe nahm mehr Energie in Anspruch, als sie hergeben konnte, wenn sie auch malen wollte. »Liebe und Kreativität waren immer uneins; das eine nahm dem anderen den Platz weg. Manchmal denke ich, daß sie sich gegenseitig ausschließen. Als ich geschieden wurde, war ich endgültig auf Kreativität aus.« Sie sagt, sie hätte eine Weile versucht, sich als »Frau einer wichtigen Person« – ihres Mannes – zu sehen, aber sie hatte das Gefühl, es wäre Selbstmord. »Vielleicht würde ich Kunst oder irgend etwas anderes kaufen, und ich würde mich wahrscheinlich für glücklich halten, aber ich hätte nicht getan, was ich tun wollte, ich wäre nicht meinen innersten Wünschen gefolgt. Ich hätte diese Wünsche einfach begraben. Ich glaube, wenn man ständig beschäftigt ist, achtet man nicht auf das, was man wirklich will. Er war ein feiner Mensch, und wir hatten eine wundervolle Familie; aber ich ging einfach in eine bestimmte Richtung. Ich konnte nicht beides durchziehen.«

Sie sagt, sie habe »wirklich Panik gehabt«, dieser Entscheidung entsprechend zu handeln. »Ich hatte Angst, es wäre böse und ich würde bestraft werden.«

Nach der Scheidung, als ihre Bilder sich zu verkaufen begannen, vermietete sie ihr Haus, um ein Extraeinkommen zu haben, und zog nach New York, um im Zentrum der Kunstwelt zu sein. Sie wollte die Anregung und die seriöse Kritik, die das Leben in einer Künstlergemeinschaft mit sich bringt.

Kathy hatte zwei Kinder, Zwillinge. Sie nutzte die Zeit, die sie mit ihrem Vater verbrachten – mit dem sie sich das Sorgerecht teilte –, um zu malen. Als sonstiges Einkommen hatte sie die Unterhaltszahlungen für die Kinder und das Honorar für eine Kunstkolumne in einer lokalen Wochenzeitung.

Nach der Scheidung zweigte sie an der Kunstakademie zunächst weiter Energie für Männerbeziehungen ab. Sie erzählt, daß sie mit ungefähr 39 an einen Wendepunkt kam: »Ich sah einfach, daß meine Beziehungen zu Männern so viel Zeit in Anspruch nahmen; die Männer waren interessant, erwarteten aber immer Hilfe von mir. Viele von ihnen waren ebenfalls Künstler. Ich konnte mich unmöglich auf mich und meine Bedürfnisse konzentrieren. Also stieg ich glücklich aus dem ganzen Spiel aus, und ich hatte wirklich ein paar wunderbare Jahre, ich arbeitete hart, blieb lange auf, verbrachte keine Zeit mit dem Kochen, ich machte mit meiner Zeit das, was ich wollte. Meine Kinder waren Teenager und viel unterwegs. Ich habe das Gefühl, daß sie genauso glücklich waren, daß ich keine Beziehung hatte. Ich las eine Menge, fühlte mich toll und hatte viel Zeit zum Nachdenken. Ich denke, damals bin ich schließlich in Kontakt mit dem gekommen, was ich machen wollte... gute Bilder. Beziehungen verbrauchten einfach zu viel Zeit und Energie. Man konnte einfach nicht so egoistisch sein, wie ein Künstler meines Erachtens sein muß.«

Bradford erkannte als eine der wenigen, daß nicht nur die Ehe, sondern die bevorzugte Form aller heterosexuellen Beziehungen – in denen der Mann der Akteur, die Frau das Publikum, er der Wichtige, sie die Helfende ist – Energie von der zentralen Vision abzieht. Noch außergewöhnlicher war ihre Disziplin bei der Entscheidung, den Ablenkungen solcher Beziehungen zu widerstehen.

Bradford hat alle ihre Entscheidungen bewußt getroffen. Sie reagiert nicht, sie agiert. Auch wenn sie die Energie und Anregung von New York sucht, schränkt sie die potentiellen Ablenkungen ein. Sie geht nicht in jeden neuen Film, in jeden Vortrag, zu jeder Party. Sie setzt sich nur solchen Aspekten dieser Gemeinschaft aus, die ihr etwas geben, nicht solchen, die sie auslaugen. »Ich versuche, in New York zu existieren – einem sehr wettbewerbsorientierten, professionellen Ort – und nicht in den emotionalen Tumult hineingezogen zu werden... Klatsch, Enttäuschungen, Triumphe, Finanzen von diesem und jenem.«

Sie macht die ökonomische Sicherheit nicht zu einer Vorbedingung künstlerischer Tätigkeit. Sie verkauft ihre Bilder, unterrichtet aber auch stundenweise. »Ich hatte nie einen Job von Neun bis Fünf«, sagt sie. »Ich glaube, das ist schlecht für die Kreativität.«

Beim Nachdenken über das Wesentliche hat sie äußere Belohnungen gestrichen. »Viele Künstler werden verbittert. Sie haben keinen Erfolg, sie verlieren die Hoffnung und ihren Optimismus; sie verlieren die Energie, die sie zum Wachsen brauchen.« Über ihre neueste Ausstellung in New York sagt sie: »Es entfernt einen vom Zentrum. Man hetzt herum und redet mit Leuten, und ich warte nur darauf, ruhig und still zu werden, zurück in mein Studio zu kommen, zu malen.«

Wieder stellt Kathy Bradford das ihr Wesentliche an die erste Stelle. Sie weiß, »wieviel genug ist«.

Magie und Intensität

Kathy illustriert Verbindlichkeit und Klarheit der ausgeprägt kreativen Lebensform. Julie Flanders verkörpert die Intensität und den Zauber eines Lebens, in dem man sich voll auf seine Phantasie und seine Kreativität einläßt. Julie ist zwanzig Jahre jünger als Kathy Bradford. Sie ist leidenschaftlich mit dem Schauspielen und dem Schreiben von Liedern beschäftigt, und sie hat nicht die Absicht, diese Tätigkeit zwanzig Jahre lang auf Eis zu legen.

Wir fragen sie: »Hatten Sie als Kind je eine Vision oder einen Traum von etwas, was Sie tun oder sein wollten?«

»Magie«, antwortet sie ohne Zögern. »Ich habe immer davon geträumt, Magie zu betreiben. Ich bin wirklich ein intensiver Mensch und mag Dinge, gegen die ich gewinnen kann. Alle Leidenschaften treffen sich in einem Punkt, in dem ich meine gesamte Energie binden kann.«

Unsere Interviewerin trifft Julie in einem Café in Greenwich Village. Sie erzählt: »Wenn man Julie nur begegnet, ist es schon eine intensive Erfahrung. Man wird in ihre Erregung hineingezogen.«

Julie, in New York geboren, spricht zweimal so schnell wie normal. Ihr langes, glattes schwarzes Haar fällt ihr beim Reden ins Gesicht, und sie nimmt es häufig mit beiden Händen auf und packt es nach hinten, hinter riesige goldene Ohrringe. Sie ist groß und schlank und hat einen modischen schwarzen Stretchanzug an, zu dem sie einen übergroßen schwarzen Lederbeutel als Handtasche trägt. Ihr Lippenstift ist knallrot. Ihre äußere Persona scheint der von ihr beschriebenen inneren Erfahrung zu entsprechen.

Das Liederschreiben und die Schauspielerei beschäftigen Julie voll. Sie sind immer noch Magie für sie, und sie vergleicht sie mit der Alchemie, mit einer Transformation.

Sie sagt: »Ich liebe es, Musik zu schreiben. Ich liebe es, den Klang zu erschaffen, der Musik eine Stimme zu geben, die sie zusammenhält. Ich liebe es, eine Idee zu haben, eine Vision von etwas zu haben, und sie dann mit den Leuten wiederzugeben, mit denen ich zusammensein möchte. Vor kurzem habe ich eine Band zusammengestellt, und die Musik, die ich geschrieben habe, klingt genauso, wie ich es hören möchte.« Sie liebt die Zusammenarbeit, den verbindenden Aspekt der Musik.

Sie wollte aber noch etwas anderes machen, ein Leben haben, das von ihrer Hauptbeschäftigung getrennt war. Die Schauspielerei bot eine eigenständige Möglichkeit, sich zu engagieren. »Ich liebe die Schauspielerei. Ich bin total verrückt mit ihr. Es ist wirklich intensive Schulung, und wenn man an seiner Technik arbeitet, gibt es einen Moment, in dem man das Gefühl hat, von einem anderen Universum aufgesogen zu werden. Es ist wie eine Trance-Erfahrung, deshalb arbeitet und arbeitet man, und dann hebt man ab. Es ist, als würde man ein Behältnis für sich selbst bauen. Man taucht durch etwas hindurch und gerät in eine Art Zeitverwerfung, man geht einfach irgendwo anders hin. Man kommt zurück und wundert sich: ›Was war los?‹ Sie tauchen ein und wissen, daß Sie gegen die Wand geschleudert werden, wenn ein Teil von Ihnen am Sims festhält, oder Sie bekommen Splitter in die Hand, wenn Sie nicht den ganzen Weg zurücktauchen.«

Wenn Julie sagt, daß sie Dinge mag, gegen die sie »gewinnen kann«, und dann über das Eintauchen in eine andere Dimension spricht, beschreibt sie Emotionen, die der Psychologe Mihaly Csikszentmihalyi als einen Zustand des *Flow*, des Fließens bezeichnet. Er taucht in Situationen auf, in denen man seine ganze Energie einsetzen muß, in der aber die Fähigkeiten der Herausforderung gewachsen sind. Es ist eine optimale Erfahrung, die Aufmerksamkeit ist ganz auf die Aktivität gerichtet, das Ichbewußtsein aufgehoben. Die psychische Energie wird in die Erreichung des Ziels investiert, nicht in das Nachdenken über mögliche Bedrohungen, Angst oder Zweifel. Dieses Fließen wird oft als Gefühl des Einsseins mit der Umgebung beschrieben, als Aufhebung des normalen Zeitgefühls, als außergewöhnlich tiefe Konzentration, die das gesamte Wesen einbezieht.[5]

Fließen beschreibt die Empfindungen einer Frau, die mit ihren Energien in Einklang ist und sie engagiert ausdrückt.

Julie erkannte ihre Intensität und die Augenblicke und Aktivitäten, die sie fließen lassen, und brachte dann eine Form hervor, die ihre Empfindungen ausdrückt.

Sie muß an sich selbst leidenschaftlich interessiert sein und bleiben, um sich dieser Empfindungen und Bedürfnisse bewußt zu sein. Das leidenschaftliche Interesse an sich selbst ist bei Frauen jedoch in den Bereich des Pathologischen gerückt worden – die Geschichte vom gespaltenen Bild hat uns gesagt, wir sollten ganz und gar mit Beziehungen, nicht mit uns selbst beschäftigt sein.

Wenn die Psychoanalyse über Liebe sprach, gehörte zu ihrem Vokabular stets das Wort »narzißtisch«, und keins war in diesem Zusammenhang vielleicht schädlicher. Es wird benutzt, um uns zu beschämen, wenn wir uns auf unsere Erfahrung konzentrieren. Von uns Frauen wird verlangt, uns nach außen auf unsere Beziehungswelt und jene praktischen Seiten des täglichen Lebens zu konzentrieren, die anderen Leuten gestatten, sich mit sich selbst zu beschäftigen, so daß es dem Rest der Familie und dem Gesellschaftssystem unweigerlich »narzißtisch« erscheinen muß, wenn wir es wagen, von unseren eigenen und nicht von ihren Überlegungen fasziniert zu sein.

Daß wir uns ganz auf uns selbst einlassen, gehört notwendig zu Magie und Intensität des schöpferischen Prozesses. Der Dialog mit dem eigenen Selbst kann viele Formen annehmen. Für Lynn Wilson, eine Komponistin, hat die Meditation – ihre spirituelle Praxis – viele Elemente mit dem Komponieren gemeinsam, und beide gleichen dem völligen Engagement bei leidenschaftlichem Sex. »Auf dem sexuellen Höhepunkt verliert man jegliches Zeitgefühl. Wenn die Meditation oder irgend etwas anderes einen völlig in Anspruch nimmt – zu meiner Yoga-Ausbildung gehörte es zum Beispiel, beim Salatwaschen jedes einzelne Blatt so zu waschen, als würde ich mit jedem Atemzug in es hineingehen –, kann man tief in etwas eintauchen. Man vertraut darauf, daß man nicht so weit gehen wird oder kann, daß man verloren geht, oder vielleicht geht man wirklich verloren, aber es ist in Ordnung.«

Lynns Zeitgefühl beim Komponieren unterscheidet sich nicht von ihrem Zeitgefühl beim Salatwaschen. »In meiner linken Gehirnhälfte bin ich verdammt gut darin, mir der Zeit bewußt zu sein. Ich kann ein Musikstück hören und weiß, ob es 60 Takte in der Minute hat oder 8, aber wenn ich komponiere, weiß ich nicht, wie lange es gedauert hat, ob es eine halbe Stunde oder eineinhalb Stunden oder zwei Stunden waren. Ich verliere die Zeit, aber ich habe eine tiefe Verbindung zu mir.«

Probleme für die Künstlerin: Entscheidungen, Angst, Talent, Geld

Die Frau, die die Lebensform der Künstlerin gewählt hat, steht täglich vor der Notwendigkeit, sich auszurichten und sich zu entscheiden. Kathy Bradford sprach über die Ablenkung, die durch eine Beziehung entstehen kann, wenn man sich ausschließlich auf seine Arbeit und die kreativen Neigungen konzentrieren muß. Aber nicht nur Liebesbeziehungen können die Energie zerstreuen. Kenneth Gergen schreibt in seiner Analyse des postmodernen Lebens, die Vielfalt der Entscheidungen sei heute einer der größten Zwänge. »Die Welt der Freundschaft und der sozialen Effektivität wird immer größer, die geographische Welt gleichzeitig kleiner. Das Leben wird zu einem Bonbonladen für unsere sich entwickelnden Begierden« – wir werden zu »saturierten Persönlichkeiten«.[6]

Gergen sagt weiter, man könne sich heute kaum selbst achten, wenn man nicht bei allem möglichen, von der Eß- und Trinkkultur über Fitneßtraining und Geldmanagement bis zum Familienleben, Tüchtigkeit und Beteiligung zeigen würde.[7] Wir können uns schuldig fühlen, weil wir den Erwartungen nicht entsprechen, optimistisch unsere enormen Möglichkeiten feiern oder klare Entscheidungen treffen.

Für die Künstlerin ist es entscheidend, daß sie auswählt, denn sie muß die Zeit und den Raum schaffen, in den sie eintaucht und in dem sie sich verlieren kann. Das Eintauchen und Verlorengehen, das völlige Einlassen, das Julie Flanders beschreibt, ist für den schöpferischen Prozeß entscheidend. Viele Frauen, die andere Lebensformen gewählt haben, erfahren dieses Eintauchen in Beziehungen, im Sport, in ihrer spirituellen Praxis. Aber viele von uns haben Angst, sich dem Augenblick so völlig zu überlassen, sich so leidenschaftlich zu engagieren, daß sie sich in einer kreativen Betätigung »verlieren«. Eine Freundin gab ihre Liebe zur Aquarellmalerei auf, weil sie wußte, daß sie nichts anderes mehr tun würde, wenn sie sich »losließe«. Männer fürchten dieses Eintauchen genauso wie Frauen.

Otto Rank deutete 1932 in einem der ersten und einflußreichsten psychologischen Bücher über Kunst, *Art and Artist*, das gespaltene Bild für alle Künstler an, auch für Männer.[8] Er dachte, die Lebens- bzw. Sexualenergie könne von der ästhetischen bzw. kreativen Sensibilität ablenken, und aufgrund dieser dem patriarchalischen westlichen Denken jahrelang inhärenten Spaltung meinte er, der Künstler würde sich bemühen, sich vom Sexuellen, Biologischen zu befreien. Rank spricht auch von dem Problem des totalen Aufgehens im Geschaffenen. »Eine Möglichkeit der Rettung vor dem totalen Aufgehen im Geschaffenen besteht wie im gewöhnlichen Leben darin, die Aufmerksamkeit zwischen zwei oder mehr simultanen Aktivitäten aufzuteilen; in diesem Zusammenhang ist die Beobachtung interessant, daß die Arbeit an der zweiten Aktivität genau zu dem Zeitpunkt begonnen wird, in dem die Arbeit an der ersten alles zu absorbieren droht.«[9] Die zweite Arbeit kann von der ersten völlig verschieden sein oder sie auf einer anderen Ebene fortsetzen.

Die Angst vor dem völligen Aufgehen in der kreativen Aktivität gleicht der Angst vor dem Tod; zehrt die Lebensenergie sich auf, wenn sie zielstrebig für eine Aktivität ausgegeben wird? Wir glauben, daß das völlige Aufgehen in der schöpferischen Tätigkeit die Beziehungsstruktur vieler Frauen bedrohen würde. Die meisten von uns brauchen sich jedoch darum keine Sorgen zu machen. Das völlige Aufgehen ist für uns sowieso nicht möglich, denn unsere Vorhaben werden immer wieder von den Bedürfnissen anderer oder unserem Bewußtsein, daß wir diesen Bedürfnissen gegenüber unaufmerksam sind, unterbrochen. Da wir von anderen unterbrochen werden, brauchen wir uns oft nicht selbst zu unterbrechen. Es ist sowieso schon schwierig, sich auf unsere Vorhaben zu konzentrieren.

Die Art des Eintauchens ist unterschiedlich. Manche ausgeprägt kreative Frauen gehen linear und zielstrebig vor. Ihr leidenschaftliches Engagement duldet nur »alles oder nichts«, keine Unterbrechungen, keine Umwege. Andere Frauen arbeiten an vier Projekten gleichzeitig; sie gehen eher spiralförmig, kreisförmig vor, nutzen, was ihnen begegnet.

Alle Frauen neigen dazu, das Aufgehen im kreativen Prozeß zu vermeiden; im allgemeinen blockiert sie die Angst vor dem Ergebnis, die Angst, zu wenig Talent zu haben. Viele ausgeprägt kreative Frauen entdecken dadurch ihre Leidenschaften oft erst spät im Leben. Statt dessen finden sie sich in Lebensformen wieder, die weniger gut zu ihnen passen.

Obwohl viele von uns sich am glücklichsten fühlen, wenn sie sich mit ihrer Lebendigkeit, ihrer kindlichen Kreativität verbinden, ohne sich um die Beurteilung ihres Produkts als gut oder schlecht zu kümmern, fällt das Aufgehen in der Kreativität selten leicht.

Die Gefahr ist unser Perfektionismus, unsere Scham, wenn wir nicht die beste oder die einzige sein können. Die Gefahr ist, daß die Welt uns die beschämenden Botschaften »egoistisch, unweiblich, inkompetent, unattraktiv, lieblos« übermittelt, damit wir wieder in Reih und Glied zurücktreten.

Noch schlimmer ist, wenn unsere Ambitionen bagatellisiert werden. Beiläufig, leichthin wird gesagt: »Ach, ich wußte nicht, daß Sie Gedichte schreiben«; man geht zum nächsten Konversationspunkt und merkt nicht, wie zentral unser Dichten für unser Leben ist. Wir fühlen uns verlegen, töricht.

Wir brauchen die anderen nicht, um uns zu beschämen. Wir können es gut selbst.

Norma Marder, eine Schriftstellerin, die früher auch Avantgarde-

Musik sang, sah sich der seltenen Gelegenheit zu einer beruflichen Veränderung gegenüber, die von ihr verlangt hätte, nein zu anderen und ja zu sich selbst zu sagen. Sie nahm die Scham zu Hilfe, um sich selbst zu begrenzen. »Ich hatte einen Knoten in mir, der so fest war wie die Knoten, die mein Vater auf Geschenkpakete machte. Jede Bindfadenschlinge war eine Wahrheit – ich war eine verantwortungsbewußte Mutter, ich hatte eine traditionelle Ehe, ich las in Notenschrift geschriebene atonale Musik nur langsam. Ich hätte den Knoten durchschneiden können, *wenn ich nur das absolute Gehör gehabt hätte*. Das absolute Gehör ist eine natürliche Fähigkeit, durch die man alles vom Blatt singen kann. Ich war überzeugt, daß ich ohne sie, wenn dann noch ein häuslicher Notstand dazukam, keine ausreichende Leistung bringen konnte.«[10]

Bei unseren Multiple-Choice-Fragebögen war die Angst, nicht genug Talent zu haben und nicht gut genug zu sein, signifikant. Wir haben bereits gesagt, daß 58% der befragten Frauen in der Kindheit ein Talent oder eine kreative Betätigung hatten, die sie später aufgaben. In der kreativen Gruppe der Künstlerinnen und Innovatorinnen sagte keine Frau, daß sie die Kreativität aufgegeben hätte, weil sie nicht genug Talent hatte.

Die Angst, nicht gut genug bzw. unzulänglich zu sein, wurde am *wenigsten* oft von Künstlerinnen und Helferinnen als Grund dafür angegeben, daß sie eine kreative Betätigung aufgegeben hatten. Innovatorinnen jedoch, die andere kreative Kategorie, nannten – zusammen mit Liebenden – *die Angst, nicht gut genug zu sein, am häufigsten* als Grund für das Aufgeben einer kreativen Betätigung. Diese Ergebnisse führen zu einer interessanten Frage. Entscheiden Liebende sich für die Liebe, weil sie Angst haben, für die Kreativität nicht genug Talent zu besitzen, oder haben sie ihre Kreativität noch nicht richtig erlebt, weil sie ihre Talente auf Beziehungen ausgerichtet haben? Die meisten Liebenden sagten, sie hätten kein kreatives Talent oder Betätigungsfeld gehabt, das sie später aufgegeben haben, was darauf hindeutet, daß viele Liebende nie das Gefühl hatten, überhaupt kreativ zu sein.

Der Refrain »Ich habe nicht soviel Talent, daß ich es rechtfertigen könnte, mich zu ernst zu nehmen« galt, wie wir in Kapitel 2 gesehen haben, die ganze Musik-, Literatur- und Kunstgeschichte hindurch. Wir haben nicht nur der gesellschaftlichen Konzeption geglaubt, daß nur wenige Künstlerinnen, wenige Unternehmerinnen, wenige Freiberuflerinnen es so weit gebracht haben wie Männer, wir glauben auch, daß das Ergebnis wichtiger ist als der Entstehungsprozeß und daß nur ein großes Talent und ein großer Erfolg es rechtfertigen, daß wir unsere Energien in unsere eigene Vision stecken. Oder wir sagen: »Ich bin nur Töpferin oder Näherin, eine Handwerkerin, keine Künstlerin.«

Sheila Keats, Pianistin, Lehrerin und Musikschriftstellerin, sieht das Problem des Talents so: »Ich habe den inneren Antrieb, alles, was ich mache, gut zu machen. Das Glück spielt in jedermanns Leben eine Rolle. Wenn Sie zufällig dem richtigen Menschen zur richtigen Zeit begegnen und er Ihnen das Richtige anbietet, ist das Glück.

Das Talent ist nur so groß wie das, was man mit ihm macht. Man arbeitet mit dem, was man mitbekommen hat. Es gibt in dieser Welt Leute, die sehr viel weniger Talent haben als ich, und es gibt Leute mit mehr Talent. Aber das ist unwichtig. Ich habe mit der Fähigkeit, die ich habe, das gemacht, was ich machen konnte. Es gibt Leute, die ich als Studentin in Juilliard kannte, die in ihrer Heimatstadt der beste Pianist oder die beste Violinistin gewesen waren. In Juilliard entdeckten sie, daß jeder dort, wo er herkam, der Beste gewesen war. Einige von ihnen verloren völlig den Mut, denn sie hatten die Vision, der Spitzen-Solo-Künstler zu sein, und weil sie das nicht haben konnten, wollten sie nichts. Das ist kontraproduktiv.

Ich wollte nur in eine Musikschule gehen und alles über Musik lernen, was ich lernen konnte. Ich will Ihnen eine Geschichte erzählen. Raten Sie mal, wer beim Abschlußexamen direkt vor mir spielte? Van Cliburn! Ich spiele jetzt nicht wie Van Cliburn, und ich habe damals nicht wie Van Cliburn gespielt. Dieser Mann ist ein großes Talent. Ich ging in die Prüfung rein und gab dem Dekan, der der Vorsitzende der Jury war, mein Programm und sagte: ›Wollen Sie *wirklich* hören, wie ich Klavier spiele?‹ Ich wußte genau, daß ich nicht dieselbe Art von Karriere wie Van Cliburn haben würde, und ich erwartete das nicht. Aber für mich war es wichtiger, irgend etwas im Bereich der Musik zu tun, als etwas anderes zu tun.«

Sheila wußte, daß sie Tschaikowsky nicht so wie Van Cliburn spielen würde. Sie löste das Problem, indem sie dem Prozeß mehr Bedeutung beimaß als dem Ergebnis. Sie wußte, was sie liebte. Sie ließ Perfektionismus und Scham hinter sich, weil das Bedürfnis, zu tun, was sie tun wollte, stärker war als das Bedürfnis, es auch noch hervorragend zu machen.

Die Frau, die dem Weg der Künstlerin folgt, muß sich überlegen, wie wichtig Erfolg für sie ist und welche Rolle Ehrgeiz und Geld in ihrem Lebensplan spielen.

Wir leben in einer Gesellschaft, die Geld mit Wert gleichsetzt. Lucy Lippard sagt: »Die [Kunst-] Werke von Frauen werden immer noch für sehr viel weniger Geld verkauft als die von Männern, obwohl es jetzt ein paar wirklich unglaublich erfolgreiche Künstlerinnen gibt.« Die Gleichsetzung von Geld und Wert kann dazu führen, daß wir unseren kreativen Weg aufgeben, wenn wir nicht ein rentables Produkt hervorbringen. Auch die meisten Männer können von der Kunst nicht leben.

Die Komponistin Beth Anderson hat Avantgarde-Theaterstücke gemacht, Musical-Theater, Kammermusik, Vokal- und Instrumentalmusik. Sie hat zahlreiche Auszeichnungen und Aufträge erhalten und drei Musikkomödien und ein Musiktheaterstück instrumentiert, die in New York City aufgeführt wurden.

Trotzdem verdient Beth nicht das Geld, das ihr erlauben würde, ihre Musik zielstrebiger zu verfolgen. Die finanzielle Seite der Musik vereitelt dies. Sie würde der Schriftstellerin Katherine Anne Porter zustimmen, die sagte: »Ich glaube, ich habe nur ungefähr 10% meiner Energie ins Schreiben gesteckt. Die anderen 90% habe ich darauf verwendet, mich über Wasser zu halten.«[11] Nur ab und zu hat Beth eine Woche frei, um sich ganz auf ihre Musik zu konzentrieren.

Bestimmt würde sie gern öfter andere Verpflichtungen ablehnen, um sich mehr mit ihrer Musik beschäftigen zu können. Aber es ist einfach nicht immer möglich, wenn man sich abstrampelt, Körper und Seele zusammenzuhalten. Beth geht in ihrer Musik auch nicht die Kompromisse ein, die sie kommerziell bekannt machen würden. »Die Idee, daß Schönheit revolutionär ist, ist für mich eine Offenbarung. Früher habe ich geglaubt, das Konzept der Musik wäre wichtiger als ihr Klang... Ich habe den Teil meines Gehirns wiederentdeckt, der nicht alles entschlüsseln kann, der nicht addieren kann, der nicht von einem verbalisierten Konzept aus arbeiten kann, der sich nicht um modische Notationen kümmert, sondern Melodien macht, die die richtige Tonhöhe und den richtigen Rhythmus haben... Schönheit ist genug.«[12]

Diese Vision unterscheidet sich sehr stark von den Kompromissen, die aufgrund *ökonomischer Imperative* geschlossen werden.

Beth ist ehrgeizig, aber als sie gefragt wird, ob Geld oder Ruhm ihr lieber wären, antwortete sie: »Ich würde Achtung nehmen, Achtung für mein Lebenswerk.«

Auf die Frage, welche Faktoren sie von einem Ausbau ihrer kreativen Tätigkeit abhielten, antworteten alle Künstlerinnen, sie brauchten eher Geld als Zeit (30%; bei den Innovatorinnen waren es 14%, bei den Helferinnen 20% und bei den Liebenden 22%). Interessanterweise sagten *alle* Frauen in den anderen Gruppen, sie brauchten eher Zeit als Geld. Vor allem die Helferinnen brauchen mehr Zeit für kreative Tätigkeiten (46%), aber auch die Innovatorinnen (43%). Die Frauen in den integrativen Gruppen erlebten den Zeitdruck generell stärker als Künstlerinnen oder Liebende.

Frauen sollen heute verschiedene Rollen integrieren und ins Gleichgewicht bringen, was oft dazu führt, daß sie ihre Grenzen nicht erkennen und versuchen, »alles zu schaffen« – also fehlt es ihnen an Zeit. Ausgeprägt kreative Frauen jedoch haben oft nicht genug Geld, um ihren Selbstausdruck zu finanzieren, auch weil sie oft die ökonomische Sicherheit aufgeben, um ihre Arbeit fortsetzen zu können.

Was fördert die kreative Vision?

Hilfen und Mittel von außen gibt es für die kreative Frau nur wenige und sind sehr schwer zugänglich. Die ausgeprägt kreative Frau sucht nach Möglichkeiten, ihre Leidenschaft realisieren zu können. Bei der Überwindung der Hindernisse muß sie kreativ sein. Vor allem muß sie mit der sie antreibenden Energie in Kontakt bleiben. 1935 sagte die Quilterin Nancy Crowd: »Ich quilte, weil es mich dazu treibt. Ich kann den Trieb nicht kontrollieren... Ich liebe es, unzählige Farben auszuprobieren, sie alle zusammen auf der Wand an meinem Arbeitszimmer zu sehen und intuitiv nach Antworten zu suchen, die meine Seele mit Aufregung erfüllen.«[13]

Viele Frauen, mit denen wir gesprochen haben, hatten eine so antreibende innere Notwendigkeit erlebt, sich auszudrücken, daß sie Hindernisse ignorierten oder überwanden. Aber viele von uns geben auf, wissen nicht, wie sie Kreativität und Hoffnung lebendig halten sollen. »Die Seele füllen« scheint in Anbetracht der praktischen Anforderungen unseres Lebens weniger Priorität zu haben.

Wie nährt eine Frau ihre Vision trotz fehlender gesellschaftlicher Unterstützung? Durch Mentoren, Spiritualität, Gemeinschaft und die Fähigkeit, das Anderssein ungeachtet der an ihm geübten Kritik zu ertragen.

Die Komponistin Lynn Wilson wurde einmal von Zweifeln an ihrem Engagement für die Musik überfallen. Lynn hatte gesungen und komponiert, seit sie fünf war. Aber sie stieg aus dem Studium aus, nachdem ein Professor ihr gesagt hatte, sie müsse für die Musik mehr Leidenschaft haben als für alles andere im Leben. Sie sagte, sie hätte in den Spiegel geschaut und das Gefühl gehabt: »Nein, das ist es nicht. Ich habe nicht genug Leidenschaft. Ich meine, er sagte mehr oder weniger ›Es lohnt sich nicht.‹« Sie gab die Musik auf und nahm einen Job als Berufsberaterin an.

Fast vier Jahre lang kämpfte sie mit Hilfe einer Mentorin – einer Therapeutin –, um wieder zur Musik zurückzufinden.

Oft ist der persönliche Kontakt zu einem Mentor entscheidend dafür, daß wir die Bedeutung und den Wert unserer Arbeit verinnerlichen. Untersuchungen über persönliche, schulische und berufliche Entwicklung betonen immer wieder die Notwendigkeit von Mentoren bzw. besonders Mentorinnen.[14]

Eine Mentorin kann uns auf den grenzenlosen Horizont ausrichten, wenn der Zweifel uns überschwemmt. Die Mentorin sagt: »Natürlich kannst du das.«

Daß die spirituelle Suche, Schamanen, Geistführer, die Wiederbesinnung auf Göttinnen und die Suche nach archetypischen Bildern derzeit so populär sind, hat vielleicht mit der Seltenheit von Mentoren zu tun. Obwohl diese mystischen Traditionen unsere Phantasie beflügeln, verbergen sie manchmal unser ganz reales Bedürfnis nach dem herzlichen, ermutigenden Kontakt mit einer starken Frau, die uns in unserem täglichen Ringen um den Selbstausdruck unterstützt.

Die Kreativität kann auch durch eine intensive spirituelle Praxis unterstützt werden. Lynns Spiritualität ist für ihren Dialog mit sich selbst extrem wichtig, und sie glaubt, daß sie eine heilende, liebevolle Beziehung zu sich selbst braucht, um nicht wieder vom Kurs abzukommen. Sie bejaht sich selbst, nimmt sich ernst. Sie ist Buddhistin.

Susan Osborn, ehemalige Lead-Sängerin einer Rockgruppe und populäre Gesangslehrerin, ist der Meinung, daß Singen spirituelle Praxis *ist*. Susan hatte einmal 15 Jahre Laryngitis. Sie erklärt sie so:

»Als meine Kehle zumachte, leugnete ich Gefühle. Man muß zum Singen aus sich herausgehen. Als ich mein wahres Ich mehr herausließ, öffnete meine Kehle sich wieder. Das Singen gibt mir die Möglichkeit, Energie umzuwandeln und mein ganzes Selbst zu erleben. Beim Singen geht es darum, zu sich zu stehen, die Wahrheit zu sagen. Es ist das, was von innen kommt und nicht geleugnet werden kann.«[15]

Die Herausgeber der *Northern Lights Studies in Creativity* stellen ebenfalls eine enge Verbindung zwischen Kreativität und Spiritualität her: »Wir glauben, daß Kreativität nicht nur eine Angelegenheit der Ästhetik ist. Genausowenig wie die Wirkung von Kunst apolitisch ist, kommt Kreativität... nicht nur ein paar begabten Menschen zu, die als Künstler bezeichnet werden. Sie bezeichnet das spirituelle Potential im Bewußtsein, das auf sein Tätigwerden in der Welt wartet, nicht nur in Form von Kunstwerken, sondern als Möglichkeit, die widersprüchlichen Zusammenhänge der Erfahrung zu entwirren.«[16]

Unsere Ergebnisse weisen ebenfalls darauf hin, daß Kreativität und Spiritualität voneinander abhängen. 40% der Künstlerinnen sagten, ihre Entscheidungen in puncto Spiritualität seien für ihr Ganzheitsgefühl sehr wichtig gewesen (zum Vergleich: Nur 10% der Innovatorinnen, 26% der Helferinnen und 28% der Liebenden waren dieser Meinung). Die feministische Theologin Mary Daly sagt: »Das kreative Potential im Menschen ist das Abbild Gottes.«[17]

Auch eine Gemeinschaft ist für die Unterstützung einer schöpferischen Vision sehr wichtig. Kreativität impliziert notwendig eine neue Sicht der Dinge. Neue Perspektiven und Visionen sind nicht immer populär, und Frauen haben möglicherweise Angst. Der Mut, Dinge anders zu sehen, ist leichter zu bewahren, wenn er durch ein Netz von Beziehungen unterstützt wird.

Lynn Wilson und Susan Osborne haben eine Gemeinschaft kreativer Frauen und Männer, die ihre Vision mittragen. Unsere Ergebnisse zeigen, daß Künstlerinnen Freundschaften eine bemerkenswerte Bedeutung beimessen. 40% von ihnen gaben Freundschaft zusammen mit Spiritualität als entscheidend für ihr Ganzheitsgefühl an; nur 14% der Innovatorinnen, 26% der Helferinnen und 23% der Liebenden teilten diese Einschätzung. Ein anderer interessanter Trend zeigt, daß die geographische Situierung für das Ganzheitsgefühl einer Künstlerin doppelt so wichtig ist wie für die Angehörigen anderer Gruppen. Helferinnen dagegen sagten überwältigend oft, daß für ihr Gefühl der Ganzheit Kinder ganz entscheidend gewesen seien. Kreative Frauen – Künstlerinnen und Innovatorinnen – haben oft tiefe ästhetische Bindungen an bestimmte Orte; der Ort ist für sie doppelt so wichtig wie für die Angehörigen der beziehungsorientierten Gruppen. Künstlerinnen wählen auch gern Orte zum Leben, an denen sie jene unterstützenden Gemeinschaften finden, die für die Lebendigkeit ihrer Vision so entscheidend sind.

Ausgeprägt kreative Energie: Die Schattenseite

Sandra, eine Schriftstellerin, die sich ihren Lebensunterhalt mit Zimmermannsarbeit verdient, ist in den Dreißigern. Auf die Frage, wie sie ist, wenn sie liebt, sagt sie: »Ich weine, weil ein Felsen so grau ist.«

Schönheit, die qualvoll die Seele durchdringt, die Öffnung des Herzens für den Schmerz der anderen, das Wissen, daß wir »die Wolke, das Blatt, der Wind«[18] sind – von diesen Verbindungen geht die Liebe aus, die die Welt erlösen wird. Weil die Vision, das Sehen, zwangsläufig auch das Leid mit einschließt und das Wahre oft schmerzlich ist, hat die Künstlerin eine feinere Sensibilität und damit oft mehr Mitgefühl.

Holly Near sagt: »Als Künstlerin muß man bereit sein, von Dingen, die uns jahrelang überrascht und verletzt haben, immer wieder überrascht und verletzt zu sein.«[19]

Matthew Fox meint, daß Kreativität und Mitgefühl »in Wirklichkeit dieselbe Energie sind... Getreu dem ursprünglichen Vorgehen, alle Erinnerungen und Erfahrungsspuren zu verbinden, nimmt der Künstler ›alles auf‹ – verbindet es. Durch die Herstellung von Gerechtigkeit und Mitgefühl kommt es letztendlich zu Verbindungen zwischen dem Unterdrückten und dem Unterdrücker (der ebenfalls unterdrückt ist), zu der Erkenntnis, daß die Sonne über Bösen und Guten aufgeht...«[20]

Dem Schmerz begegnen bedeutet, der Angst zu begegnen. In ihrer ausgezeichneten Biographie über Georgia O'Keeffe spricht Roxana Robinson über die Angst der Künstlerin und ihrer Überwindung. »Die Phantasie ist ein unerläßlicher Bestandteil des Muts: Eine Sensibilität, die sich keine Risiken vorstellt, geht bewußt keine ein; in einer Landschaft ohne Gefahr gibt es keine Tapferkeit. Georgias enorm starke Imaginationskraft führte zu Ängsten aller Art... Die Erfahrung war immer das Risiko wert. ›Ich habe ständig Angst‹, sagte sie, ›tödliche Angst. Aber sie wird mich nicht aufhalten. Nie!‹«[21]

Die Angst der Liebenden, die die Einladung in den Augen des Geliebten spürt, oder die Fragen in den Augen eines Kindes, das gerade den Tod gesehen hat, sind wie die Angst der Schriftstellerin vor der leeren Seite, die Angst der Sängerin vor dem ersten Auftritt. Die Gefahr ist die authentische Begegnung, angesichts derer man den unbezähmbaren menschlichen Geist feiern oder kapitulieren und verzweifeln kann. Die Gefahr ist die Angst vor Leid und Verlust. Es ist die Angst vor dem Versagen.

Die Künstlerin steht oft vor einer zweifachen Angst – der Angst vor dem Verlust des Selbst und vor dem Verlust der Liebe. Sandra, deren

Mutter starb, als sie acht Jahre alt war, sagt: »Zu Beginn einer Verliebtheit äußere ich meine Identität voller, dann werde ich starr und schütze auftauchende Aspekte meiner Identität, als wären sie nicht erlaubt... Die Angst vor Verlust geht mit der Euphorie meines Verliebtseins immer einher... Sie ist gefährlich und anstrengend, aber meine Angst vor der Depression (meine Angst, den Verlust zu provozieren, weil ich nicht will, daß er *mir* angetan wird) treibt mich stark an.«

Die Angst vor der durch eine Beziehung hergestellten Nähe, die Angst, »sich an die Beziehung zu verlieren«, ist für die Künstlerin schmerzlich und typisch. Weil die ausgeprägt kreative Lebensform beinhaltet, daß eine Frau sich selbst an die erste Stelle setzt bzw. das »böse Mädchen« ist, müssen Frauen manchmal die Überzeugung überwinden, daß mit ihnen etwas nicht stimmt, daß sie unfähig sind, Nähe zu ertragen. In Wirklichkeit brauchen sie nur eine Form der Beziehung, die sie nicht von ihrer Kreativität ablenkt, aber dafür gibt es nur wenige Vorbilder. Die existierenden, etwa O'Keeffe, mußten oft längere Zeit von ihren Partnern getrennt leben.

Zudem neigen unsere Herkunftsfamilien dazu, gedankenlos das Bild von der Lächelnden Frau zu verstärken. Als die Violinistin Sarah Minton mit etwas mehr als vierzig Jahren sechs Monate nach Japan ging, um Violine zu studieren, sagten ihre Familie und ihre Freunde: »Wie kommt dein Mann zurecht?«, nicht: »Wie aufregend für dich!« Mit einer Spur Humor stellte sie für ihren Ehemann, einen völlig kompetenten und brillanten Arzt, ein Videoband zusammen, das er sich ansehen konnte, wenn sie weg war. Es enthielt Illustrationstafeln mit Telefonnummern für alle eventuell benötigten Dienste, von der Massage bis zum Gespräch, und eine audiovisuelle Tour durch den Familienkühlschrank, damit er nicht Hungers starb.

Die Belohnungen – Die Schönheit einer vollendeten Geste

Die Künstlerin hat sich leidenschaftlich auf sich selbst eingelassen. Wie alle Frauen, die – unbeschadet ihres Weges – Subjekt sind, ist sie die Antithese der Passivität. Wie die Frauen dieser Gruppe sich engagieren, ist vielleicht unterschiedlich. Aber alle wissen, was sie glücklich macht, welche Tätigkeiten dazu beitragen, daß sie sich ganz und lebendig fühlen, und welche Bedingungen erfüllt sein müssen, damit sie diesen Tätigkeiten nachgehen können. Sie wissen, welche Ablenkungen sie vom Ausdruck ihrer zentralen Energien wegbringen, und sind bereit, Unwesentliches abzulehnen und endlose und manchmal langweilige Stunden mit der ständigen Vervollkommnung ihres Werkes zu verbringen. Bei der Suche nach dem Non-Plus-Ultra sind sie in der Lage, Fragen des Talents und der Belohnung beiseite zu lassen. Sie sind manchmal allein, kennen aber die Freude, die der Einsamkeit innewohnt. Und sie müssen Werte wie Gleichgewicht und Für-andere-Dasein, die in der Geschichte der Frauen einen so wichtigen »roten Faden« bilden, zuweilen beiseite schieben.

Wir alle können von der Künstlerin lernen, daß ein leidenschaftliches, rückhaltloses »Ja« immer auch ein »Nein« verlangt. Das Ja zu uns selbst läßt ein Leben entstehen, dessen Form unsere Leidenschaften ausdrückt und nicht beengt.

Zu was müssen wir ja sagen? Vor allem zur Leidenschaft, zu unserer ersten Liebe. Als ausgeprägt kreative Frauen können wir unsere Leidenschaften ernst nehmen und unsere Energien respektieren. Wir sind lebendiger, haben einen intensiven Kontakt zu unserem Leben und nehmen die Neuheit der »ersten Liebe« und die Schönheit einer vollendeten Geste immer noch wahr.

7. Helferinnen: Integrativ beziehungsorientiert

Die Familientherapeutin Betty Carter schreibt im Vorwort zu ihrem von ihrer guten Freundin und Kollegin Monica McGoldrick herausgegebenen Buch *Women and Families*: »Jede Revolution hat ihre Aufwiegler und ihre Märtyrer, ihre Pioniere und ihre Historiker, aber nur erfolgreiche Revolutionen haben Leitfiguren, die so kreativ sind, daß sie neue Ideen aufgreifen und gestalten und gleichzeitig auf jeder Ebene... in unserem persönlichen und beruflichen Leben... verankern.«[1]

Monica McGoldrick gehört zu den kreativen Leitfiguren, von denen Betty spricht. Monica hat sich einen Weg geschaffen, der beziehungsorientierte und kreative Energie integriert – Beziehungen sind nicht nur für sie persönlich wichtig, sondern auch die antreibende Kraft für ihre Arbeit. Sie wollte die Verbindungen der Menschen verstehen und verstärken. Sie besitzt die außergewöhnliche Fähigkeit, Menschen zusammenzubringen, um neue Lösungen für familiäre Probleme zu erarbeiten. Für Monica sind Arbeit und Beziehungsleben integrierte Energien, die ineinander übergehen.

Monica, eine Revolutionärin im Bereich der Familientherapie, ist Theoretikerin, Lehrerin, Klinikerin, Autorin, Ausbilderin, Mentorin. Sie ist oder war Leiterin vieler wichtiger Organisationen in ihrem Bereich und führt einige der innovativsten Bewegungen an. Vor kurzem wurde ihr als Anerkennung für ihre Arbeit ein Ehrendoktorhut verliehen. Feminismus, Verlust, Entwicklung der Lebenszyklen, Ethnizität, die Entwicklung des »Familien-Genogramms« sind nur einige der Forschungsbereiche, zu denen Veröffentlichungen von ihr vorliegen.[2] Vor kurzem hat sie sich auf einen neuen Karriereweg gewagt und ihr eigenes Ausbildungsinstitut eröffnet.

Ihre berufliche Tätigkeit verlangt, daß sie viel reist. Sie geht in Flughäfen ein und aus wie andere in die Reinigung. Sie ist auch Mutter und Ehefrau und hat eine Leidenschaft für die Oper und Irland; sie liebt es, auf dem Weg zur Arbeit in ihrem Auto Arien zu singen. Bevor sie

Sozialarbeiterin und schließlich Familientherapeutin wurde, hat sie in Yale Russisch studiert.

Das Russischstudium hatte nur einen Haken. »Ich wurde zu der Überzeugung erzogen, ich sollte Ehefrau... und Mutter sein. Je weiter meine Ausbildung fortschritt, desto mehr sorgte ich mich, wie ich das machen sollte, denn es schien mit dem Russischstudium nicht zusammenzupassen. Ich erinnere mich, daß ich dachte, wenn ich wirklich Russisch studiere, werde ich irgendwann nach Rußland gehen müssen. Wie sollte ich da einen Mann finden? Ich war dazu erzogen worden, einen Beruf zu haben, aber irgendwie mußte er zu einer Ehe und Kindern passen.«

Es gab noch andere Gründe dafür, daß Monica von den Geisteswissenschaften zur geistigen Gesundheit wechselte. Unter dem Strich hatte sie das Gefühl, daß »man bei den Geisteswissenschaften um so weniger Beziehungen hat, je weiter man kommt. Ich geriet immer mehr in einen Elfenbeinturm.«

Als Monica die Familientherapie entdeckte, war ihr klar, daß sie ihre Leidenschaft gefunden hatte. Sie entsprach ihr, weil sie ihre intellektuelle Seite mit dem Bedürfnis nach Beziehungen und Verbundenheit zusammenbrachte. »Alles, was man intellektuell machen konnte, konnte man mit etwas in Verbindung bringen, das eine Beziehung herstellte. Von Anfang an hatte ich nie das Gefühl, auf dem falschen Gebiet zu arbeiten.« Sie beschreibt ihre Leidenschaft für diesen Bereich als »absolut dasselbe« wie ihre Leidenschaft für das Russischstudium. »Es hing zusammen... Eigentlich habe ich nicht den Bereich gewechselt, denn ich war in Dostojewski verliebt, und das war Dostojewski, nur übersetzt.« Man denkt an das große Panorama menschlicher Komplexität und Emotion, das in *Schuld und Sühne* oder *Die Brüder Karamasow* beschrieben wird. Die Leidenschaft für die Oper, für die russische Literatur, für intellektuelle Intensität und für Menschen haben eine Gemeinsamkeit: die Tiefe, den Reichtum und die Emotion menschlichen Erlebens, die in Interaktion mit anderen Menschen ausgedrückt werden muß.

Monica war ein Produkt des Baby-Booms. Sie ging zuerst ihre Karriere an und dachte nebenbei an die Ehe. Obwohl sie sich für ihr Leben eine andere Form vorstellen konnte als die, die ihre Mutter möglicherweise gewählt hätte, wurde sie von der herrschenden gesellschaftlichen Liebeskonzeption immer noch stark beeinflußt.

Als ihre Karriere schließlich vorgezeichnet schien und sie da war, wo sie sein wollte, lernte Monica ihren späteren Mann Sophocles kennen, einen in Griechenland geborenen und erzogenen Physiker, und heiratete ihn. Es gab nur ein Problem für Monica – er wollte in seine Heimat zurückkehren. »Ich dachte immer, wie soll das gehen? Das paßt nicht zu dem, was ich mache... Ich spreche nicht griechisch, und ich will nicht in Griechenland leben. Er beschuldigte mich dann, ihn nicht genug zu lieben, und ich dachte, er hat recht, wahrscheinlich liebe ich ihn nicht genug. Ich dachte, ich bin keine gute Geliebte. Erst später wurde mir klar, wie sehr ich in dem Definitionssystem festhing, in dem die Liebe zu einem Mann bedeutet, daß man sein eigenes Leben aufgibt.«

Sie gingen nicht nach Griechenland. Sophocles bekam den Job, für den er sich dort beworben hatte, nicht. Wenn Monica sich hätte entscheiden müssen, wäre die Geschichte komplexer gewesen.

Da sie wie die meisten von uns dazu erzogen worden war, ein zukünftiges Dasein als Ehefrau und Mutter nie in Frage zu stellen, kämpfte sie damit, sich von den herrschenden Vorstellungen zu befreien, wieviel von sich sie aufgeben sollte. Viele ihrer Konflikte sind gelöst, viele noch immer eine Quelle des Unbehagens. Lange Jahre floß der größte Teil ihrer Beziehungsenergie in die Arbeit ein, nicht nur weil die Arbeit ihre Leidenschaft war, sondern auch, weil verschiedene Versuche, schwanger zu werden, fehlschlugen. Zu einem Zeitpunkt, als sie beruflich bereits fest im Sattel saß, wurde ihr Sohn geboren, und sie adoptierte ein weiteres Kind, eine Tochter. Monica sagt, daß Beziehungen sogar noch wichtiger wurden, als John auf der Welt war. Der Brennpunkt ihrer Energie verlagerte sich mehr auf das Familienleben. Aber sie war nicht geneigt, ihre Arbeit einem traditionelleren Bild der Mutterschaft zu opfern. Ihre Kinder und ihre Arbeit sind ihr sehr wichtig, und zwischen ihrem persönlichen Empfinden von Nähe und ihrer beruflichen Vision besteht absolute Kontinuität. Sie ist überzeugt, daß Beziehungen, die Verbindungen zwischen Menschen, das wirklich Wichtige sind.

Wenn man Monica in der beruflichen Arena arbeiten sieht, ist man enttäuscht – sie ist so beschäftigt, so produktiv, so in ihrem Beruf engagiert, daß man sich ständig fragt, wie sie da noch Zeit für ihre Familie haben kann. Oberflächlich betrachtet scheint sie mehr die Energie einer Innovatorin zu haben. Erst wenn man sich eingehend mit ihr unterhält, versteht man, wie sie ihr Beziehungsleben wirklich empfindet.

Es gibt keinen Bereich, in dem Beziehungen nicht an erster Stelle stehen. Nicht zufällig beginnt dieses Kapitel mit einem Zitat ihrer Freundin Betty Carter – Monicas berufliches Leben steht immer im Kontext der Freundschaft und unterstützender kollegialer Beziehungen. Freundschaft erscheint ihr als absolute Priorität, und mit ein oder zwei Ausnahmen ist ihr Arbeits- und ihr Freundschaftsnetzwerk identisch. All ihre wichtigen Bücher sind in Zusammenarbeit mit Freundinnen entstanden. Wenn man einen Großteil seiner Zeit bei beruflichen Versammlungen verbringt, werden die Menschen, die man immer wieder dort sieht, zu engen Bekannten. Sie möchte diese Art von Kontakt ausbauen, wenn sie älter ist und die Arbeit weniger im Mittelpunkt steht.

Ihre Leidenschaft für ihre Arbeit, ihre Leidenschaft für Beziehungen, das Bedürfnis, ihre Energien ins Gleichgewicht zu bringen und zu integrieren, sorgen für Komplexität und Konflikt. Monica ist realistisch, sie sieht ihre Grenzen und die sich widerstreitenden Anforderungen an ihre Zeit. »Manchmal habe ich das Gefühl, hier Leute großartig zu Verbundenheit bewegen zu wollen, und dann habe ich keine Zeit, meine Schwestern zu besuchen, einen Verwandten anzurufen oder mit meinem Sohn zu reden.« Sie ist wichtigen Menschen in ihrem Leben nicht immer so nah, wie sie gern wäre. Sie beschreibt eine Unterhaltung mit ihrer Mutter, die durch ihre Ungeduld, ihre Beschäftigung mit anderen Dingen beeinträchtigt wird. »Und dann ertappe ich mich und sage: ›Monica, gerade hast du darüber gesprochen, wie sehr du sie vermissen wirst, wenn sie tot ist, und jetzt, wo sie mit dir reden will, bist du genervt und liest die Zeitung.‹ Und dann haben ein paar Sachen sich sehr viel besser angelassen. Wahrscheinlich bekommt man es nicht immer richtig hin. Ich wünschte, die Tage wären länger und ich hätte mehr Zeit. Ich beunruhige mich wegen des Todes meiner Schwestern und ob ich diese Beziehungen genutzt habe.« Monica würde wahrscheinlich sagen, daß ihre Beschäftigung mit dem Tod ein irischer Charakterzug ist. Wahrscheinlich mag sie den Gedanken an den Tod auch deshalb nicht, weil er sie von allem abhalten würde, was sie gerne tut. Sie mag auch den Schlaf nicht. »Schlaf ist vergeudete Zeit«, sagt sie.

Ein vollkommener Tag würde für Monica bedeuten, daß sie alles darin unterbringt, was sie gerne tut. »Ich empfange gern Familien, ich unterrichte gern, ich beschäftige mich gern mit John. Ein wirklich toller Tag bestünde aus einem Brunch mit einer Freundin, zwei Filmen nachmittags mit Cappuccino und einem Stück Schokoladenkuchen dazwischen, einem großen Abendessen und einem Opernbesuch.« An einem anderen vollkommenen Tag würde sie die Zeit mit ihren Kindern und Sophocles verbringen. Obwohl sie und Sophocles sehr unterschiedlich sind und völlig verschiedene berufliche Leidenschaften haben, ist ihnen die Liebe zur Oper gemeinsam. Ihre Verbindung ist tragfähig, fast so etwas wie die physische Grundlage für Monicas Leben.

Über Sophocles sagt sie: »Daß ich mit ihm schlafe, daß ich am Ende des Tages mit ihm im Bett lande, ist wichtig. Er ist irgendwie sehr verschmust. Basisunterstützung.«

Auf die Frage, was sie schätzt, was ihr am wertvollsten ist, sagt Monica: »Das, was bleibt, wenn alles vorbei ist und ich tot bin. Ich bin mir nicht sicher, ob ich dem gerecht werde, aber ich denke wirklich, daß Beziehungen wichtig sind. Daß man mit seiner Familie im reinen sein sollte... Was mich beim Unterrichten und bei der klinischen Arbeit wirklich packt, sind Leute, die die Verbindung zu anderen Menschen verlieren, die sie brauchen. Manchmal empfehle ich den Leuten in der Therapie, Musik zu hören, denn ich denke, daß sie Menschen mit dem in Kontakt bringt, was wirklich wichtig ist, deshalb verordne ich ihnen die Mahler-Therapie. Ich glaube, niemand kann das hören, ohne berührt zu sein und nicht das Gefühl zu haben, er sollte sich wegen diesem dummen Streit mit der Ehefrau nicht mehr ärgern, sondern einfach seiner Familie sagen, daß er sie liebt.«

Über ihre persönlichen Familienbeziehungen sagt Monica: »Ich hoffe, meine Kinder haben das Gefühl, daß ich für sie da war und ihre Entwicklung nicht behindert habe. Ich möchte, daß sie das Gefühl haben, daß ich sie dabei unterstütze, alles zu sein, was sie sein können – und daß wir eine schöne Zeit miteinander verbringen.«

Egal wie beschäftigt sie ist, für ihre Familie ist Monica immer zu sprechen – daß sie für sie da ist und sie unterstützt, ist für ihre Vorstellungen von Fürsorglichkeit zentral und immer ihre erste Priorität. Offensichtlich bekommt sie in ihrer Ehe dieselbe Unterstützung. Über ihren Mann sagt sie, das beste ist, »daß er mich meine Entscheidungen treffen läßt und ich im Grunde weiß, daß er an mich glaubt und denkt, daß ich alles kann«.

Die Helferin: Liebe und Arbeit verbinden

Helferinnen konzentrieren sich auf Liebe, aber nicht, weil sie weiblichen Klischees entsprechen wollen. Für sie geht Liebe nach außen, bringt etwas hervor. Eine Familie oder eine primäre Beziehung genügen ihnen nicht. Ihre Liebe schätzt Verbundenheit als eine Kraft, die dem Leben mehr Intensität verleiht. Während die Liebende zumindest für einen Teil ihres Lebens in der privaten Sphäre von Heim und Familie Erfüllung finden kann, muß die Helferin an die Öffentlichkeit gehen. Sie versucht, Brücken zwischen ihrer inneren und ihrer äußeren Welt zu bauen, zwischen ihren innersten Leidenschaften und deren Ausdruck in der Welt draußen. Beziehungen sind ihr Werkzeug. Ihre private Fürsorglichkeit fließt über, wird zu Fürsorglichkeit auf einer öffentlicheren Ebene. Wie Monica sagt: »Ich denke wirklich, daß Beziehungen wichtig sind.« Die Leidenschaft für die Liebe und die Leidenschaft für die Arbeit sind thematisch und organisch verbunden. In dieser Hinsicht ist Monica typisch für andere Frauen, die diese Lebensform wählen.

Obwohl die Karriere und die Arbeit der Frauen in dieser Kategorie sehr kreativ sind, besteht ihr primäres Interesse darin, ihre Energie dafür einzusetzen, daß es anderen besser geht. Die Beziehungen stehen immer im Vordergrund, die kreative Energie sammelt sich um sie und wird in Reaktion auf sie ausgefeilt und entwickelt. Eine künstlerische Arbeit kann ins Leben integriert werden, aber sie wird sich um es herum entwickeln und hinter den Beziehungen zurückstehen. Der menschliche Kontakt ist Ziel und Kontext ihrer Arbeit. Dies ist nicht die Frau, die Dinge gern alleine macht. Sie genießt die Zusammenarbeit, die Zugehörigkeit, die Interaktion mit einem starken sozialen Netzwerk. Wir nennen diese Frauen Helferinnen, weil sie ihre Energie darauf ausrichten, Menschen zu Verbundenheit, zu Veränderung zu bewegen.

Ein paar interessante Trends unserer Umfrage bestätigen diese Verallgemeinerungen. Die Antworten auf eine Frage nach der Zufriedenheit in Beziehungen zeigen, daß Helferinnen in ihrer primären Beziehung glücklicher zu sein scheinen als Frauen in allen anderen Gruppen. Liebende und Helferinnen halten Freundschaft für die wünschenswerteste Eigenschaft einer Liebesbeziehung, während Innovatorinnen und Künstlerinnen leidenschaftliche Gefühle und Intensität schätzen.

84 Frauen unserer Untersuchung, das heißt 38%, waren Helferinnen, etwas weniger als Liebende. Wie bereits gesagt, beschrieben Helferinnen die Liebesgeschichte ihres Lebens am häufigsten von allen Gruppen als »erfüllte Liebe«. Sie sagten auch in überwältigender Anzahl, daß für ihr Ganzheitsgefühl die Entscheidung, Kinder zu haben, am wichtigsten war.

Für eine Helferin ist eine eigenständige Arbeit notwendig, aber nie ausreichend, damit sie in ihrem Leben zufrieden ist. Sie braucht die Beziehungskomponente. Frauen in dieser Kategorie entscheiden sich im allgemeinen für Tätigkeiten im Dienstleistungs- oder Gesundheitsbereich. Die Autorin, Rechtsanwältin, Umweltschützerin, soziale Aktivistin, Politikerin mit ihrer hauptsächlich beziehungsorientierten

Energie hat im allgemeinen das Gefühl, für die politische und soziale Veränderung zu arbeiten. Sie will Wachstum fördern, Verbindungen herstellen, das Leben anderer bewegen. Die Ehe oder eine persönliche Beziehung bildet oft die Grundlage, von der aus eine Helferin in die Welt hinausgeht und die Werte, Instinkte und Kenntnisse vermittelt, die ihre Leidenschaft sind.

Die Antworten auf unsere Fragebögen zeigen jedoch, daß die integrativ beziehungsorientierte Frau nicht zwangsläufig die verheiratete Frau mit Kindern ist; sie hat noch nicht einmal unbedingt eine primäre Beziehung. 22% der Frauen in den beiden beziehungsorientierten Gruppen waren Singles. Obwohl die Anzahl der Lesbierinnen in unserer Stichprobe beschränkt war (viele offenbarten sich wahrscheinlich nicht), waren sie am ehesten in dieser Kategorie anzutreffen. Bestimmend für diese Kategorie war nicht, *wie* eine Frau Beziehungen und kreative Energie integriert, sondern *daß* sie sie integriert und daß Beziehungen, gleich welcher Art, an erster Stelle stehen. Eine Frau ohne Liebesbeziehung kann zum Beispiel eng mit einer Gemeinschaft von Freunden verbunden sein oder eine Arbeit haben, bei der sie sich intensiv mit dem Wohlergehen anderer beschäftigt.

Die Antworten, die wir auf den offenen Fragebögen von Helferinnen bekamen, spiegeln ihre Leidenschaft für Beziehungen.

Auf die Frage, bei welcher Aktivität sie sich am lebendigsten fühlt, sagt eine Frau »intensive Therapie geben, tanzen, mit jemandem reden, der mich versteht«. Diese Frau ist Psychotherapeutin. Ihre Liebe zum Tanz ist ein für Helferinnen typisches Motiv. Wünschenswerte kreative Aktivitäten für diese Frauen sind oft eine Form von Singen, Tanzen, das heißt aktive, expressive Beschäftigungen. Helferinnen betrachten Kreativität als Entspannung, als Möglichkeit, sich zu amüsieren. Kreativität hängt für sie mit »Freiheit« zusammen. Innovatorinnen oder Künstlerinnen betrachten Kreativität eher als direkten Selbstausdruck, als der Disziplin bedürfende Kunstfertigkeit. Obwohl kreative Frauen den Selbstausdruck sehr hoch einschätzen, finden sie ihn nicht immer vergnüglich.

Auf die Frage, was sie für die Kreativität aufgeben würde, antwortet die Helferin sehr vorsichtig. Hier ein paar typische Antworten:

»Zeit.«

»Arbeit.«

»In der Struktur der Gesellschaft zu leben.«

»Reichtum.«

Oder einfach: »Nicht viel. Ich würde Kompromisse schließen oder Sachen auf Eis legen.«

Die Frage, was sie für die Liebe aufgeben würden, beantworten Helferinnen jedoch entschieden:

»Alles!«

»Sicherheit.«

»Eine gesunde Liebe oder Familie würde ich für die Kreativität nicht aufgeben.«

»Fast alles. Meine Freiheit, aber nicht mein Selbstgefühl.«

Auf die Frage schließlich, was sie im Leben am meisten schätzen, ist die folgende Antwort für Helferinnen typisch: »Freiheit, Toleranz, anderen dienen, mir selbst dienen, Nach-außen-Gehen, Bindung.«

Aus den Antworten auf die offenen Fragebögen ergab sich, daß Helferinnen sich unter anderem dann am lebendigsten fühlen, wenn sie sich mit anderen unterhalten, und daß sie sich am meisten blockiert fühlen, wenn die ständige Konzentration auf die Bedürfnisse anderer sie erschöpft hat. Bei einer Frau entsprang eine eigentlich introvertierte Betätigung dem Bedürfnis nach Verbundenheit: »Ich lese gerne, weil ich dadurch einen Zugang zu den Gedanken anderer habe.«

Rheatha Foster gab eine Karriere als Bühnenmanagerin und Schauspielerin auf und wurde Ausdruckstherapeutin – das Theater war zwar ein sehr kreativer Schauplatz, gab ihr aber nicht das Verbundenheitsgefühl, nach dem sie sich sehnte. Sie wollte ihre Kreativität stärker so einsetzen, daß sie anderen Menschen half.

Frauen in dieser Kategorie haben das starke Bedürfnis, in der Welt etwas zu bewegen. Sie haben einen intensiven Kontakt zum Schmerz anderer und wollen helfen. Bei manchen ist diese Sensibilität eine Folge eigenen Schmerzes, bei anderen entsteht sie aus dem mitfühlenden Bewußtsein heraus, daß sie selbst begünstigt sind, während andere nichts haben. Oft, aber nicht zwangsläufig, haben sie spirituelle Werte. Sie sind sehr zielbewußt. Häufig wurde ihr Leben durch Verlust oder Kampf beeinflußt, und oft unterstützten die Väter den Wunsch, außerhalb des traditionellen Rahmens von Haus und Familie etwas zu leisten.

Der Schwerpunkt liegt im allgemeinen mehr auf dem Lieben als auf dem Geliebt-Werden. Zuwendung bedeutet, daß sie Zuwendung geben. Helferinnen umhegen andere und sehen das Potential für Wachstum und Verbundenheit in ihnen. Sie haben sehr viel Energie und betrachten Schlaf manchmal, wie Monica, als Zeitverschwendung. Oft haben sie so viele Beziehungen und Verpflichtungen, daß ihr Schwerpunkt unscharf wird und sie sich verzetteln. Sie sind anfällig dafür, sich gesundheitlich zu ruinieren, und stecken oft so viel Energie in die öffentliche Arbeit, daß enge Beziehungen leiden.

Die zeitliche Abstimmung und die jeweilige Lebensphase sind wichtige Elemente in dieser Kategorie – manche Frauen verbinden Karriere, Familie und persönliche Beziehungen von Anfang an, andere gehen erst in die Öffentlichkeit, wenn die Kinder erwachsen oder zumindest älter sind; sie verlagern ihr Interesse allmählich von Beziehungen auf eine künstlerische oder intellektuelle Arbeit. Wieder andere pendeln zwischen der Konzentration nach außen und der Konzentration nach innen, ohne dauerhaft in einem Bereich zu bleiben.

Die beiden integrativen Kategorien, Helferinnen und Innovatorinnen, waren in der Altersgruppe »40 bis 49 Jahre« unverhältnismäßig hoch vertreten. Liebende waren eher jünger, 30 bis 39, oder älter, 50 bis 59. Diese Abfolge deutet darauf hin, daß Helferinnen möglicherweise als Liebende beginnen und mit dem Älterwerden der Kinder die Außer-Haus-Arbeit zunehmend in ihr Leben integrieren. Oft kommt es bei dem Versuch, kreative und beziehungsorientierte Energien ins Gleichgewicht bringen, zu einer Scheidung in der Lebensmitte.

Wie alle Lebenswege hat auch diese Kategorie ihre Schattenseite. Oft fällt es schwer, sich zu introvertierten, selbstbestimmte Talente und Neigungen zu bekennen und die Aspekte von sich selbst zu aktivieren, die nicht auf Beziehungen ausgerichtet sind. Ein sehr hoher Prozentsatz von Frauen in dieser Kategorie hatte eine kreative Betätigung wie Tanzen oder Schreiben aufgegeben, weil die Angst bestand, nicht gut genug zu sein. War hier das Gebot stärker, sich mehr auf Beziehungen zu konzentrieren?

Helferinnen sind wie Liebende stark in Gefahr, sich auf Kosten des Selbst auf Beziehungen zu konzentrieren, oder sie empfinden – wie Carol Smith in Kapitel 3 – den Wunsch nach eigenständiger Arbeit und die Verpflichtung, für andere sorgen zu müssen, immer noch als Konflikt. Die Entscheidung für einen Beruf oder eine kreative Tätigkeit stellt manchmal das Bedürfnis dar, einem »weiblichen«, das heißt sozial akzeptablen Leistungsvorbild zu folgen. Die Entscheidung für einen beziehungsintensiven Beruf kann auch durch das Gefühl bestimmt werden, daß Frauen kaum andere Alternativen haben.

Die Frau in dieser Kategorie ist Subjekt, wenn ihre leidenschaftliche Überzeugung ihre Entscheidungen diktiert. Dann folgt sie dem inneren Gebot, daß Verbundenheit wichtig ist, daß Beziehungen das primärste und sinnvollste sind, an dem sie arbeiten kann. Die Objekt-Frau dagegen konzentriert sich auf Beziehungen, weil sie sie für »Frauensache« hält, und findet keinen Zugang zu mehr selbstbezogenen kreativen Energien.

Der Weg der Helferin ist sehr komplex. Frauen, die sich für ihn entscheiden, wollen viele Menschen erreichen, die zum Medium ihrer Vision von Beziehungen, Kunst und Spiritualität werden. Diese Frauen haben ihren Finger am Puls des menschlichen Wachstums; sie wollen andere bewegen und ändern sich dadurch selbst.

Für die Welt sorgen

Donna Hilleboe DeMuth ist ebenfalls Familientherapeutin und in immer stärkerem Umfang Autorin; sie schreibt über Themen, die mit den Gefahren des modernen Lebens zu tun haben.[3] Sie und Monica sind in vieler Hinsicht gegensätzlich. Donna ist ein oder zwei Jahrzehnte älter als Monica. Sie lebt und arbeitet in einer ländlichen Umgebung, Monica in einer vorstädtischen. Donna hat das College und die Hochschule besucht und dann die außerhäusliche Arbeitswelt dreizehn Jahre lang verlassen, um ihre Kinder großzuziehen. Die Leidenschaft beider gilt der Familientherapie und Beziehungen, aber die Schwerpunkte sind unterschiedlich. Ihre Geschichten sind Variationen zu einem Thema.

Bei Donna sind die zwei gegensätzlichen Kräfte ihrer Energie integriert, aber es besteht weniger Kontinuität, weniger Kohärenz zwischen ihnen als bei Monica. Donna erzählt: »Die Spannung zwischen der Leidenschaft für Beziehungen und der Leidenschaft für meine eigene Kreativität war so etwas wie die beherrschende Kraft meines ganzen Lebens.« Zunächst jedoch konzentrierte sie sich ausschließlich auf Beziehungen. »Als junges Mädchen war ich ständig verliebt, ich meine *ständig* verliebt, aber immer in einen Menschen. Ich ging damals auch in Vorträge über die Möglichkeiten von Sozialarbeitern und war Feuer und Flamme. Aber damals nannte ich es nicht Leidenschaft – für mich hatte es mit Religion oder Spiritualität zu tun, mit der Art von Dingen, die in der Kirche passieren; mit meinem Leben, in dem ich ständig in irgendeinen Jungen verliebt war, hatte es nichts zu tun. Ich hatte das Gefühl, zwischen den beiden bestünde überhaupt keine Verbindung. Dieser Teil [die Leidenschaft für das Intellektuelle] war völlig abgetrennt, es war der geheime Teil von mir.

Ich erinnere mich an ein Empfinden, als ich noch sehr jung war... da waren Menschen, die litten, und ich konnte es spüren. Ich glaube wirklich, daß einige von uns Gefäße sind, die diesen existentiellen Schmerz auffangen. Schließlich wurde mir klar, daß Menschen mit meinen Fähigkeiten zur Heilung der Welt beitragen können.« Aber der Drang,

Kinder und einen Mann zu haben, stand für Donna außer Frage. »Eigentlich hatte ich nie irgendwelche Zweifel daran, daß das Aufziehen von Kindern mein Schicksal war – es war absolut zentral und notwendig, und ist es immer noch –, und auch wenn es schrecklich war, stellte ich nie in Frage, daß es meine Aufgabe war. Bei mir war dieser Drang nicht durch die Gesellschaft vorgegeben – er wurde durch die Gesellschaft *verstärkt*... Ein Teil von mir blüht richtig auf, wenn ich mit kleinen Kindern zusammen bin.«

Donna bekam innerhalb von sieben Jahren vier Kinder. In dieser Zeit baute sich ihr Mann, der ebenfalls im sozialen Bereich tätig war, eine solide und erfolgreiche Karriere auf. Er war in seinem Bereich führend – arbeitete aber auch viel im Haushalt mit. »Die Arbeitsteilung war nicht typisch – er hat bei der Hausarbeit sehr viel höhere Maßstäbe als ich, und deshalb erwies es sich als praktische Lösung. Ich kümmerte mich um die Kinder, und er kümmerte sich um das Kochen und die Hausarbeit mehr als irgendein anderer Mann seiner Generation.«

Die Konzentration auf Ehe und Kinder erfüllte Donna, aber andere Energien lagen brach. Sie war an eigenständigen akademischen Erfolg gewöhnt – sie hatte an einem angesehenen Frauencollege studiert. Sie war ohne Brüder aufgewachsen, weshalb insbesondere ihr Vater sie ermutigt hatte, in der Welt etwas zu erreichen. Er hatte sie als Ärztin gesehen, und als sie ablehnte, bot er an, statt dessen ihren Mann beim Medizinstudium zu unterstützen.

Obwohl ihre Energien überwiegend auf Beziehungen ausgerichtet waren, fand ihre strebsame Seite kein Ventil und war irgendwie außer Kraft gesetzt. »Ich glaube, ich habe den intellektuellen Teil von mir unterschätzt. Ich sah meine Rolle als Heilerin so: ›Kinder haben, sie richtig erziehen, damit sie einmal die Welt heilen können. Meinen Mann unterstützen.‹ Er würde es im Leben weit bringen, und ich sollte seine Stütze sein; es fühlte sich nicht wie ein Opfer an. Aber ich hatte das Gefühl, als ob ein Teil von mir nicht genutzt wurde, ein Teil, der Forscherin, Suchende, Rebellin war. Ich meine, ich hatte wirklich eine gute Ausbildung, und plötzlich war sie nichts mehr wert. Aber ich habe in diesen Jahren nie aufgehört zu lesen, es war eine richtige Leidenschaft.«

Donna hatte einen Hochschulabschluß, aber keine eigene berufliche Tätigkeit. Sie hielt sich durch die Arbeit ihres Mannes auf dem laufenden, war hauptsächlich durch ihn mit der Öffentlichkeit verbunden. »Andererseits war ich die ganze Zeit so müde... Wo sollte ich da die Zeit und die Energie hernehmen, etwas mit meinem Verstand anzufangen?«

In ihrer Ehe erhielt sie Anerkennung für ihre Weiblichkeit, fast für ihre Rolle als Lächelnde Frau. »Er schätzte mich auf die konventionelle

Art, in der Männer Frauen schätzen, wegen meines Aussehens, meiner Sexualität, meiner Attraktivität. Kurz nach der Geburt unseres dritten Kindes schenkte er mir ein schwarzes sexy Cocktailkleid – das ist der Grund, weshalb ich mit diesem Mann immer noch zusammen bin. Ich fühlte mich wie eine Putzfrau, und dann brachte er das. Ich habe das Kleid immer noch. Ich passe natürlich nicht mehr hinein, aber es ist wunderschön. Er schätzte mich nicht wegen meiner Intelligenz. Das tut er immer noch nicht. Nicht das verbindet uns. Dieser Teil meines Lebens ist von unserer Ehe völlig getrennt.

Aber für mich war es als junge Frau sehr viel wichtiger, sexuelle Bestätigung zu bekommen als intellektuelle. Ich hatte eine Familie, die mich in intellektueller Hinsicht ziemlich ermutigte und wollte, daß ich beruflichen Erfolg hätte. Die Entscheidung, wegen meines traditionellen weiblichen Selbst geschätzt zu werden, war also eine Möglichkeit, gegen meinen Vater zu rebellieren, das war mir klar. Aber der Drang, mich hervorzutun, ging nicht weg, und als ich die Kinder großzog, vermißte ich diese Anerkennung und Wertschätzung, die ich als junge Frau gehabt hatte.«

Die Anerkennung kam schließlich wiederum von einem Mann. In einem Jahr lebte ein junger norwegischer Austauschstudent bei Donna und ihrer Familie, der ihr intellektuelle Anregung bot und außerdem alles bewunderte, was sie tat. Zusammen mit der Ermutigung anderer wichtiger Männer in ihrem Leben trug seine Anerkennung dazu bei, daß sie wieder ein Gefühl für ihre Kompentenz und ihr Bedürfnis, es auszudrücken, bekam.

Als Donna die Welt außerhalb von Heim und Familie betrat, erschienen ihre bisherige Arbeit der Kindererziehung und ihre berufliche Rolle ihr sofort als Einheit. »Bei der Kindererziehung hatte ich viel über *Aufmerksamkeit* zu lernen. Ich glaube nicht, daß es eine therapeutische Fertigkeit gibt, die ich nicht zuerst als Mutter benutzt habe. Als ich als Therapeutin anfing, brauchte niemand mir beizubringen, wie ich es machen sollte, ich wußte es schon. Zum großen Teil deshalb, weil ich Kindern zugehört hatte – ich hörte, was sie sagen wollten, aber nicht direkt ausdrückten.

Ein Teil der Zufriedenheit oder der Leidenschaft oder des Drangs oder der Liebe, Eltern- bzw. Großelternteil zu sein, entsteht nicht nur aus dem Anteil in mir, der gern für etwas sorgt, sondern auch aus dem Anteil, der neugierig ist, der untersuchen will. Ich meine, Kinder sind lustig und fordern einen und zeigen einem den Weg. Diese Neugierde in bezug auf Menschen und das Leben war eine integrierende Kraft.«

Wir fragten Donna, wie der Wechsel ins Berufsleben ihre Ehe beeinflußt hatte. »Die Form unserer Beziehung änderte sich, weil er nicht mehr dominant war bzw. ich ihn nicht mehr als dominant betrachtete, als ich mich selbst mächtig zu fühlen begann. Ich glaube, das war, als ich wieder beruflich arbeitete – unser jüngstes Kind war fünf – und ich sofort Erfolg hatte. Dabei hatte ich schreckliche Angst. Ich erwartete sehr viel von mir. Wahrscheinlich bin ich deshalb nicht früher in die Welt hinausgegangen; es war einfach ein bißchen sicherer, bei den Kindern zu bleiben. Aber man kann kein wirklich gutes Gefühl zu sich haben, solange man es in der äußeren Welt nicht geschafft hat. Deshalb ging ich in die Außenwelt, und ich überlebte, und die Kinder gingen nicht vor die Hunde, obwohl jeder mich warnend darauf hingewiesen hatte, was passiert, wenn Frauen arbeiten gehen.

Ich verlagerte meine Leidenschaft darauf, dieses Zentrum für psychische Gesundheit aufzubauen und kompetent zu werden, und habe in diesen Jahren wirklich sehr viel gelernt. Ich übernahm enorme Aufgaben, für die ich gar keine Qualifikationen hatte. Ich war damals wirklich irgendwie egoistisch, und ich brauchte das, weil ich aufholen mußte.«

Schließlich begann Donna sich für Familientherapie zu interessieren und studierte bei Virginia Satir, einer der ersten weiblichen Pioniere in diesem Bereich. Im Verlauf dieser Arbeit wurde ihr Interesse an der atomaren Bedrohung wach, und sie ließ ihre Angst, ihren Schmerz und ihre Panik angesichts des bevorstehenden Zusammenbruchs der Welt zu. Es war für Donna in beruflicher und persönlicher Hinsicht eine Zeit der Wandlung und des Übergangs. Sie hatte jetzt Enkelkinder und das Gefühl: »Mein Gott, was ist, wenn diese Kinder keine Chance bekommen, erwachsen zu werden?« Die Erkenntnis, daß die Außenwelt irrational und gewalttätig ist, hatte sie persönlich verletzlich gemacht – sie war dem Gespenst des Verlusts begegnet. Es war ein Wendepunkt in ihrer Arbeit. »Es hat mein Leben wirklich verändert und intensiviert; ich hatte das Gefühl, Teil von etwas zu sein, das größer war als ich. Ich konnte nicht professionell schreiben, bis das passierte.«

Sie begann zu schreiben und tat sich mit einer kleinen Gruppe anderer Fachleute zusammen, um zu untersuchen, wie sich die atomare Bedrohung und Themen des globalen Überlebens auf Familien auswirken. Donna hat sich beruflich und familiär jahrelang stark engagiert; ihre Energie schien weit zu reichen und zu fließen, bis sie fast aufgezehrt war. Sie war eine gesuchte Therapeutin, Beraterin, Projektplanerin, aber jetzt scheint eine andere Energie in ihr aufzusteigen. Sie ist ruhiger, mehr nach innen gerichtet, nachdenklicher.

»Ich habe eine Menge Ideen und Projekte, aber seit etwa sechs

Monaten mache ich mehr allein ... ich habe allein geschrieben, bin allein zu Versammlungen gegangen, und ich weiß nicht, wo es mich hinführt. Ich habe es früher nie gewollt, und jetzt will ich viel Zeit für mich und nicht hetzen und kein Programm haben und jeden Tag einfach das tun, was kommt.«

Vielleicht ist es eine Zeit, Bilanz zu ziehen, eine seelische Pause vor dem Übergang in eine andere Lebensphase. Egal was für Donna kommen mag, es wird immer von ihrem tiefen Mitgefühl und ihrer Sorge um Beziehungen geprägt sein, auch wenn es jetzt mehr um die Beziehung zu sich selbst und die eigenen kreativen Bedürfnisse geht.

Handeln in der Welt als Freigebigkeit – Die Macht zu geben

In unseren Gesprächen mit Frauen in dieser Kategorie war ihre geistige Freigebigkeit sehr auffällig. »Freigebigkeit« als Wille zu geben ist vielleicht die zutreffendste Definition für die Energie der Helferin – der ungehemmte Einsatz von Kräften und Talenten, um das Wohlbefinden anderer zu fördern. Diese Kategorie bildet das vielleicht deutlichste, wenn auch nicht einzige Modell für tätige Liebe.

Wer handelt, muß Macht haben. Aber wenn Frauen ihre Macht, etwas zu verändern, ganz wahrnehmen sollen, müssen ihre Fähigkeiten geschätzt und anerkannt werden, und sie müssen Zugang zu den intellektuellen und kreativen Fertigkeiten haben, die sie ermöglichen. Sie müssen an die Wichtigkeit ihres Beitrags zum Leben anderer glauben, sie müssen wissen, daß ihr Tun einen Sinn hat und nicht nur als »Frauenarbeit« abgetan wird.

Die Frauen in dieser Kategorie können in einen Konflikt geraten, wenn sie meinen, ihre Arbeit sei zu intellektuell, zu »unweiblich«. Sie beschränken sich dann möglicherweise auf die Aspekte des kreativen Ausdrucks, die Macht, Aktivität, Initiative und Wissen nicht voraussetzen, auf Arbeiten, die ihre Abhängigkeit oder ihren niedrigeren Status nicht in Frage stellen. Manche Frauen schreiben nicht, weil dies ein angesehener, vorgeblich männlicher Bereich ist; andere meinen, sie könnten nur als Teil eines Programms arbeiten, nicht es eigenverantwortlich dirigieren. Manche Frauen nehmen immer noch an, sie könnten nur Krankenschwestern, nicht Ärztinnen sein. Frauen sind gut im

Geben, aber oft müssen sie auch gut darin werden, Machtpositionen im öffentlichen Bereich zu übernehmen, in denen sie ihre Freigebigkeit stärker ausdrücken und andere beeinflussen könnten, dasselbe zu tun.

Die Arbeit der Frauen, die dieser Kategorie angehören, wird oft als *zu beziehungsorientiert* kritisiert – als ob die Leidenschaft für Verbundenheit in der Welt belanglos wäre. Donna DeMuths Lehrerin Virginia Satir, deren Leidenschaft darin bestand, die Kommunikation und die Verbundenheit in Familien zu fördern, wurde erst nach ihrem Tod als Helferin erkannt. Die Leute meinten, sie sei zu emotional und ihr fehle die distanzierte Intellektualität, die Männer in diesem Bereich charakterisierte.

Viele Männer unterrichten, geben Therapie und setzen ihre kreativen Fertigkeiten ebenfalls freigebig für das Wohlergehen anderer ein. Aber bei ihnen wird es anders wahrgenommen und eingeschätzt, weshalb dieses Engagement bei vielen Männern zu einer subtilen Möglichkeit wird, Macht über andere auszuüben.

Vergleichspunkte

Weder Monica noch Donna haben je an einem Dasein als Ehefrau und Mutter gezweifelt. Insofern sind sie Produkte ihrer Generation. Weniger als Frauen heute stellen sie die *Form* ihrer auf Beziehungen ausgerichteten Leidenschaften in Frage – sie gleichen eher Joan Ellis oder Ruth: die Familie steht an erster Stelle, und ihre Hauptaufgabe besteht darin, der traditionellen weiblichen Rolle zu entsprechen. Aufgrund bestimmter Faktoren jedoch bestand die Wahrscheinlichkeit, daß sie schließlich andere Leidenschaften, andere Energien integrierten.

Anders als bei vielen Frauen wurde ihr Wunsch, in der Außenwelt etwas zu leisten, von ihrer Herkunftsfamilie unterstützt, vor allem vom Vater. Sie hatten beide den Vorteil einer privilegierten Ausbildung. Monica wechselte vom College direkt in die Karriere, Donna vom College in Ehe und Familie. Aber beide wußten instinktiv, daß andere Teile von ihnen geäußert, ermutigt und geschätzt werden mußten, und sie waren in der Lage, über ein Gleichgewicht der beiden nachzudenken.

Ironischerweise wurden Donna und Monica von Männern ermutigt – einige von Monicas ersten Lehrern waren Männer. Letztendlich war bei beiden jedoch die Frauenbewegung ausschlaggebend dafür, daß sie sich für ihre Arbeit mehr öffentliche Aufmerksamkeit und Macht wünschten. Der soziale Kontext ist für die persönliche Entwicklung also sehr wichtig.

Viele Liebende integrieren die Kreativität mehr, wenn sie älter werden und ihre familiären Verantwortlichkeiten sich ändern. Viele Helferinnen nähern sich den Innovatorinnen, wenn ihre Beziehungswelt sich verändert. Sie gehen mehr nach innen, entwickeln andere Teile von sich. Die Formen unseres Lebens sind im Fluß, die Energie ändert sich, und wenn eine Frau Glück hat, kann sie von der Peripherie ins Zentrum ihrer selbst gelangen.

Die Mutter ist das Kind der Tochter

Beziehungsorientierte Frauen mit kreativem Einschlag wie Joan Ellis (Kapitel 5), die nach der ausschließlichen Konzentration auf Beziehungen später im Leben ihre eigene Arbeit aufnehmen, stecken oft sehr viel kreative Energie in ihre Kinder. Wenn das Kind vor Entscheidungen in puncto Arbeit und Karriere, Kreativität und Beziehungen steht, befindet die Mutter sich manchmal am selben Entwicklungspunkt. Die Begegnung von Mutter und Tochter an diesem Scheideweg in der Entwicklung kann zu unbewußter Konkurrenz führen. Im Fall einer engen Beziehung kann das Kind, oft die Tochter, jedoch den Wechsel der Mutter von einer Lebensform in eine andere auch unterstützen. Die Mutter wiederum unterstützt die Entscheidungen der Tochter – ihre Energien wirken zusammen. Eine so funktionierende Eltern-Kind-Beziehung illustriert die Art von Wachstum, die eine Helferin in ihre Arbeit in der Welt einbringt.

Bobbie Keppel und ihre Tochter Wilma sind hier ein gutes Beispiel.

Wilma und Bobbie haben sich in puncto Kreativität immer wieder gegenseitig unterstützt und angeregt – dieses Charakteristikum bestimmt ihre Beziehung und verbindet sie. Die Herzlichkeit ihrer Beziehung wird sofort deutlich. Bobbie sagt: »Es war sehr schwierig für mich, als die Kinder in der Schule waren. Ich hatte nicht das Gefühl, als wüßte ich, was ich tat – ich wußte es nämlich wirklich nicht.« Wilma lächelt und unterbricht die Unterhaltung: »Dazu sind Kinder da – sie sorgen dafür, daß ihre Eltern nicht als Ignoranten alt werden.«

Die Unterhaltung findet in der Studiowohnung einer Freundin von ihnen statt. Wilma und Bobbie sind damit beschäftigt, zum 85. Geburtstag einer Tante einen Quilt herzustellen. Unser Gespräch wird vom periodischen Surren der Nähmaschine und Bobbies Hin und Her zwischen Bügeleisen und Arbeitstisch begleitet.

Der langsam entstehende Quilt ist ein Symbol für Nähe, Kreativität, Liebe. Jedes lebende Mitglied der ausgedehnten Familie einschließlich der Katze wird durch ein Feld repräsentiert. Ungefähr ein Drittel der Felder sind bereits auf die Unterlage genäht – ein kompliziertes Stück Arbeit.

Bobbie hat vor kurzem ihr Talent für graphisches Zeichnen und ihre Leidenschaft zum Quilten entdeckt. Die Arbeit mit Stoff hat für sie das Potential für Heilung und Selbstausdruck. Ihre Quilts sind Kunstwerke – Symbole für wichtige Veränderungsprozesse in ihrem Leben.

Bobbie ist an einem Wendepunkt in ihrem Leben, und Wilma ebenso. Bobbie ist sechzig, Wilma dreißig. Beide Frauen sind sehr kreativ. Wilma bereitete sich zunächst auf einen Doktorgrad in Biologie vor. Sie malt, schreibt, quiltet, repariert Motoren, renoviert Häuser, macht Musik und ist fasziniert von mehr Ideen, als die meisten von uns in einem Leben unterbringen können.

Im Moment hat sie keine Liebesbeziehung, obwohl sie sich nach einer sehnt. Wilma hat so viele Interessen und kreative Betätigungsfelder, daß sie von Projekt zu Projekt geht und zur Bestreitung ihres Lebensunterhalts das tut, wonach ihr gerade ist. Sie überlegt, ob sie sich an einer Wohnungsgenossenschaft beteiligen soll. Aber vielleicht kauft sie auch ein Haus und renoviert es. Ihre Interessen und Fähigkeiten sind so mannigfaltig, daß sie sich nicht lange auf eine Sache festlegen will.

Bobbie und Wilma stehen zwischen der Helferinnen- und der Innovatorinnen-Kategorie. Beim Gespräch mit ihnen wird jedoch deutlich, daß die Betonung ungeachtet ihrer vielen kreativen Betätigungsfelder auf Verbundenheit liegt – beide wollen in einer Beziehung mit jemandem sein, der ihre Interessen akzeptiert, unterstützt und teilt.

Auf die Frage, was in ihrem Leben am wichtigsten ist, sagt Wilma: »Beziehungen. Zu meinen größten Vergnügen gehört, mit einem Dutzend Freunden am Tisch zu sitzen, der Unterhaltung zu folgen und hier und da etwas einzuwerfen. Ich mag Menschen, sie sind toll, sie verzaubern und erfreuen mich immer wieder.«

»Sehnen Sie sich im Moment nach irgend etwas?«

»Einer langfristigen Liebesbeziehung.«

Auch Bobbie ist kreativ und beziehungsorientiert. Lange Jahre hat sie ihre Kreativität in die Erziehung ihrer Kinder gesteckt. Dann wurde sie Psychotherapeutin. Sie war mit einem herzlichen, kreativen Mann verheiratet, einem Wissenschaftler, der vor einigen Jahren an einem Gehirntumor starb. Ihre kreativen Interessen waren Bestandteil ihrer Beziehungen, kamen aber bis zu Bobs Tod immer an zweiter Stelle.

»Ich hatte noch viele andere kreative Betätigungen, aber sie waren eher mit den Beziehungen vereinbar, die die Kindererziehung mit sich bringt.«

Ihr Mann war nicht gegen ihre kreative Arbeit. Sie sagt: »Ich denke, ich war irgendwie eine richtige Glucke. Damals machte ich keine Kunst, ich meine graphische Kunst, aber wenn er und ich gewußt hätten, daß ich das will, hätte er mich sicher dabei unterstützt.«

Nach dem Tod ihres Mannes entdeckte Bobbie ihr Talent für technisches Zeichnen. Die Gewichtung von Kunst und Beziehungen verlagerte sich, aber wie für Wilma sind Beziehungen immer noch das Hauptventil für ihre Kreativität.

»[Beziehungen] erschließen eine Kreativität, die ich im Moment nicht voll nutze. Kreativsein ist für mich eine Art, die Dinge zu sehen – und die werde ich nie verlieren. Meine Intimpartner sagen mir, ich sei eine der kreativsten Geliebten, die sie je kannten. Daß ich das nicht gewußt habe, bedeutet nicht, daß ich nicht so war. Ich brauche keine Beziehung zu jemand, der quiltet oder malt oder sonst etwas, aber es ist sehr wichtig, mit jemandem zusammenzusein, der ebenfalls kreativ ist.«

Das Bedürfnis nach kreativer Verbundenheit kommt auch in ihrer Arbeit zum Ausdruck. »Ich glaube, ich bin kreativ darin, zu erkennen, wie die Teile von Menschen zusammenpassen, und herauszufinden, wo etwas fehlt oder wie sie das schaffen können, was für sie notwendig ist. Ich weiß nicht, ob ich Kunsttherapeutin werde, aber ich werde die Kunst sicher benutzen. Ein paar Sachen kann man nur in Worten ausdrücken, und ein paar Sachen sind graphisch, und dann ist ein Bild soviel wert wie tausend Worte.«

Die Energie, die Bobbie und ihr Mann in die Unterstützung und Entwicklung der Kreativität ihrer Kinder gesteckt haben, kommt jetzt zu ihr zurück.

»Meine Kinder haben mich sehr viel gelehrt, und sie konfrontieren mich immer noch mit meiner Selbstkritik. Es war für mich auch wichtig, daß Wilma all ihre verschiedenen kreativen Möglichkeiten erkannt hat. Wir haben darüber gesprochen, wir haben uns den Spiegel vorgehalten. Dadurch ist mir klargeworden, wie kreativ ich bin.«

Bobbie und Wilma suchen zur Zeit eine Beziehungsform, die ihnen entspricht. Seit dem Tod ihres Mannes hatte Bobbie verschiedene Beziehungen, würde aber wie Wilma eine primäre, langfristige Beziehung vorziehen.

Beziehungen sind für beide zentral, aber sie brauchen einen Menschen, der ein gleichwertiger Partner ist und das durch ihre verschiedenen Interessen und Leidenschaften geforderte Intensitätsniveau teilt. Eine traditionelle Ehe oder die konventionelleren Formen der Verbundenheit, die unser Denken so gern begrenzen, werden diese beiden Frauen wahrscheinlich nicht befriedigen. Für beide sind Beziehungen notwendig, aber entscheidend werden Form und Struktur dieser Beziehung sein.

Die Beziehung zwischen Wilma und Bobbie scheint hilfreich und förderlich, eine wahre Freundschaft. Der Schlüssel für ihren Erfolg ist wohl, daß sie sich gegenseitig akzeptieren und ermutigen.

Der größere Rahmen

Frauen können bei ihren Kindern das ermutigen, was sie selbst nicht verwirklichen konnten. In den offenen Fragebögen fragten wir Frauen, welche Träume oder Visionen sie als Kind hatten. Wir wollten wissen, wie stark ihr Leben ihren frühen wichtigen Phantasien glich. Ziemlich durchgängig haben Frauen in der Helferinnen-Kategorie sich auch als Kinder als Lehrerinnen, Krankenschwestern gesehen, irgendwie helfend.

In einer anderen interessanten Reihe von Antworten zeigte sich die Neigung zu mehr Kreativität; die Zerrissenheit zwischen Beziehung und Selbstausdruck wurde zu einem klaren psychischen Konflikt. Eine Frau sagte, ihr Wunschtraum sei gewesen, »Filmstar oder Beraterin« zu werden. Später änderte dieser Traum sich in »Sängerin und Therapeutin«. Sie wurde Therapeutin, aber aus ihren Antworten ergab sich auch, daß sie früher einmal wirklich im Konzert gesungen hatte, und sie behauptet immer noch, daß Singen zu den Aktivitäten gehört, bei denen sie sich am lebendigsten fühlt.

Wir fragten dann, warum eine Frau einen Wunschtraum oder eine kreative Beschäftigung aufgibt. Die Antworten gleichen sehr den Reaktionen der oben zitierten Frau: »Fehlendes Selbstvertrauen«, »Fehlende Disziplin«, »Nicht gut genug dafür«, »Hatte keine Priorität«.

Frauen sagten nicht unbedingt, daß sie bewußt dachten, daß »Frauen solche Dinge nicht tun«, aber der genannte Mangel an Selbstvertrauen und Disziplin, das Gefühl, daß es »keine Priorität« hatte, zeugen davon, daß unsere Gesellschaft Frauen, die eine andere als die ausschließlich beziehungsorientierte Form wählen, weder unterstützt noch ermutigt.

In unserer Stichprobe neigten jüngere Frauen (das heißt Frauen kurz nach der Ausbildung) dazu, den integrativen Weg anders zu sehen. Bei ihnen geht es nicht so sehr darum, Liebe und Arbeit bzw. kreative Interessen zu verbinden, sondern darum, die Liebe zu anderen mit der Liebe zu sich selbst zu vereinen. Eigenliebe ist für sie gleichbedeutend damit, nach innen zu gehen und mit den ureigensten Interessen und Gefühlen im Einklang zu sein.

Eine Frau sagte klar, daß sie eine psychisch gesunde Liebe oder Familie nicht für eine kreative Aktivität aufgeben würde, sprach aber auch ausführlich über die Notwendigkeit der Eigenliebe. Sie schätzt Aktivitäten, bei denen sie mit anderen verbunden ist, Sex, Helfen, Reden, mit Freunden zusammensein, und wählte einen der für Helferinnen typischen Berufswege; aber sie meint auch, daß für ihr Wohlbefinden entscheidend ist, daß sie Zeit für sich hat. Ihre nicht um Beziehungen kreisenden Interessen sind einsame, private Erfahrungen: Nähe zur Natur, Lesen, Skifahren – Aktivitäten, die das Selbst in den Vordergrund stellen. Sie hat ein Gefühl für ihren privaten Raum – es ist sehr wichtig für sie, ihr eigenes Zimmer zu haben. Sie spürt klar, daß die Verbundenheit mit anderen auch verlangt, daß sie mit sich selbst verbunden ist. Sie sagt: »Ich fühle mich frei, das zu tun, was ich jetzt gerade tun will, und habe gemacht, was ich machen wollte. Ich folge meinem Herzen.«

Jüngeren Frauen scheint es weniger schwerzufallen, das Selbst zu achten – ihm Zeit zuzugestehen, sich zurückzuziehen, allein zu sein; die Notwendigkeit, für sich selbst zu sorgen, ist für sie die Voraussetzung dafür, für andere sorgen zu können. Die oben zitierte Frau sagte: »Ich denke, das Wichtigste im Leben ist, daß man sich selbst liebt. Es ist die Basis dafür, andere zu lieben, schöpferisch zu sein, sich zentriert zu fühlen. Ich gebe mir immer den Vorzug vor anderen – es sei denn, es handelt sich um einen Notfall.«

Dieser Trend läßt sich durch den sich wandelnden sozialen Kontext und den relativ größeren Wert erklären, den Frauen heute der Selbstbestimmung beimessen. Der Weg der Helferin erlaubt einer Frau mehr als jeder andere, die Ressourcen und die kreative Energie von Beziehungen zu nutzen, um andere zu beeinflussen und die Energie der

Verbundenheit auf vielen verschiedenen Ebenen in eine Welt einzubringen, die sie dringend benötigt. Und in immer stärkerem Maße erlaubt er einer Frau auch, sich die elementaren Leidenschaften zu eigen zu machen, die sich zeigen, wenn das Selbst verstanden und respektiert wird.

8. Innovatorinnen: Integrativ kreativ

»Wenn ich Menschen liebe, möchte ich mit ihnen etwas erschaffen, denn wenn ich mit ihnen etwas erschaffe, teile ich die Liebe mit ihnen und brauche das eine nicht durch das andere zu ersetzen, weil keines fehlt.«

Diese Worte stammen von Elia Wise, einer Frau, die über zehn Jahre Projektberaterin bei Film und Fernsehen war. Zur Zeit schreibt sie Bücher und Drehbücher. Über den Platz, den die kreative Energie in ihrem Leben einnimmt, sagt sie: »Es wurde für mein Leben zentral, alles kunstvoll zu machen, und mit 30 war ich schon gut darin. Mein Haus war wunderschön, meine Garderobe war wunderschön, Beziehungen waren wunderbar solide. Es ging mir darum, verstanden zu werden. Alles, was ich innerlich war, sollte durch alles, was ich in der Welt tat, ganz nach außen gebracht werden, damit ich ›gesehen‹ werden konnte und Verbindungen möglich wurden.«

Als Kind war Elia mißhandelt und vernachlässigt worden. Weil das einzige andere Kind ihrer Eltern sehr viel älter war, fühlte sie sich als Einzelkind und verbrachte viel Zeit allein. »Es gab eine Zeit in meiner Kindheit, in der in meiner Umgebung nichts Lebendiges, Schöpferisches, Konstruktives geschah, und um lebendig zu bleiben, begann ich einen Dialog mit der Kreativität, den ich als Dialog mit dem Universum betrachtete. Einmal sah ich im Fernsehen eine exotische Frau, eine Schlangenbeschwörerin, und ich wurde Frau Schlangenbeschwörerin. Ich band alle Seidentücher zusammen, die ich irgendwo finden konnte, und drapierte diese ›Schlange‹ durch das ganze Haus. So machte ich das Haus für mich wohnlich, zu einem sicheren Ort. Ich hatte 5 oder 8 Sekunden ein Bild im Fernsehen gesehen, aber daraus erschuf ich ein ganzes Universum.

Unser Haus hatte eine Eingangshalle mit einem facettierten kleinen Glasfenster in der Tür. Wenn die Sonne zu einer bestimmten Zeit darauf fiel, wirkte es wie ein Prisma und verteilte überall Regenbogenfarben. Das war ein idealer Ort, um Frau Schlangenbeschwörerin zu sein. Einmal fragte ich jemanden nach Jesus Christus, und mir wurde erzählt, er sei von den Toten auferstanden. Daraufhin spielte ich zwei Monate lang, wie Leute von den Toten auferstehen. Alles, was ich hörte, jede neue Idee, war also etwas, das ich ausbaute.«

Integrative Kreativität: Innere Notwendigkeit und Innovation

Für die Innovatorin ist kreativer Selbstausdruck genauso eine Notwendigkeit wie das Bedürfnis nach Verbundenheit. Als Kinder lernen wir nur sehr wenig über die Möglichkeiten, unsere inneren und äußeren Welten zu verbinden, uns selbst Gesellschaft zu leisten und uns in einer manchmal stummen Welt auszudrücken. Die Innovatorin denkt sie sich aus. Wie für Elia wird jede neue Idee zu einem Ausgangspunkt für ihre Phantasie. Die Innovatorin hat eine Leidenschaft für Ideen, Musik, abstrakte Formen, künstlerische Medien, eine spezialisierte Karriere und die Chance, ihre Ideen zu realisieren. Da Leidenschaft nicht nur mit Gefühlen, sondern auch mit Gedanken und Überzeugungen zu tun hat, ist die Innovatorin sehr stark intellektuell ausgerichtet. Ihr Beziehungsleben und ihr intellektuelles Leben sind gleich stark, und sie ist sehr innovativ darin, Möglichkeiten zu finden, die beiden zu verbinden.

Die Innovatorinnen bildeten die kleinste Gruppe unserer Untersuchung, ungefähr 10%. Wie Helferinnen tendieren sie dazu, die Liebesgeschichte ihres Lebens als »erfüllte Liebe« zu beschreiben. Beziehungen mit Kindern sind für sie etwas befriedigender als für Künstlerinnen; interessanterweise sagen sie auch am *ehesten,* daß die Beziehung zu den Eltern befriedigend ist – in manchen Fällen noch mehr als die zu Kindern und Freunden. 43% der Innovatorinnen waren verheiratet. Trotzdem sagten 67%, daß es in erster Linie die schöpferische Tätigkeit ist, die ihnen ein Gefühl der Ganzheit vermittelt.

Für die Helferin ist das Bedürfnis, *in einer Beziehung zu sein* und das Verbundenheitsgefühl anderer anzuregen, die charakteristische Leidenschaft; der auffallende Aspekt der Innovatorin ist ihr Bedürfnis, *ein Medium für Verbundenheit herzustellen.* Die Innovatorin erhebt das Bedürfnis nach Verbundenheit auf die symbolische Ebene. Der Kontakt zu anderen ist für die beziehungsorientierte Frau befriedigend; sie konzentriert ihre Kreativität darauf, zu verstehen, wie Verbundenheit zustande kommt, und stellt sie her. Für die Innovatorin jedoch ist das

Medium genauso wichtig wie die Verbundenheit selbst. Elia wurde kreativ, weil sie »verstanden werden wollte«. Die *Form* ihres Ausdrucks, die schönen Kleider, das kunstvoll gestaltete Haus, der gut formulierte Satz, waren Mitteilungen über sich selbst, die ein integraler Bestandteil ihres Gefühls von Verbundenheit mit anderen und sich selbst waren. Nicht nur die Botschaft, auch das Medium war wichtig.

Das Bedürfnis von Innovatorinnen, sich durch ein Medium auszudrücken, gleicht dem von Künstlerinnen. Oft wählen sie tatsächlich ein künstlerisches Medium. Sie unterscheiden sich von Künstlerinnen jedoch in mehreren Punkten. Da die zwischenmenschliche Verbundenheit für sie sehr wichtig ist, ringen sie mehr als Künstlerinnen um ein Gleichgewicht zwischen kreativem Ausdruck und Beziehungen. Sie machen auch vom Umfang ihres künstlerischen oder beruflichen Engagements eher Abstriche als die Künstlerin. Sie trennen weniger und integrieren mehr. Die Künstlerin definiert ihre Identität fast ausschließlich über ihre Arbeit. Obwohl Künstlerinnen oft Beziehungen haben, ist ihre Arbeit immer der Mittelpunkt ihres Lebens. Die Innovatorin braucht beides und sucht also verstärkt nach Möglichkeiten, die beiden zu verbinden. Während die Künstlerin Grenzen setzt, die ihre Kunst für sie zu einer klaren Priorität machen, duldet die Innovatorin eher Unterbrechungen, ist flexibler in bezug auf den Fortschritt ihrer Arbeit oder Karriere. Die Kreativität der Künstlerin konzentriert sich eher auf nur ein künstlerisches Medium; die Innovatorin realisiert ihre Kreativität in vielen verschiedenen Medien. Am charakteristischsten für Frauen in den beiden kreativen Gruppen ist die Intensität ihres Innenlebens, die Tendenz, auf der Suche nach einem Selbstgefühl eher nach innen als nach außen zu schauen.

Die Lebensform der Innovatorin fängt die Synthese, die essentielle Gleichheit von kreativer und liebender Energie ein. Beide stellen Verbindungen her, geben und nehmen, fördern und erforschen.

Die meisten Innovatorinnen sind ihr ganzes Leben lang kreativ gewesen. Wie die folgenden Geschichten zeigen, tauchte das innovative Talent, die Fähigkeit, verschiedene Formen und Ideen zusammenzubringen und etwas Neues daraus zu erschaffen, oft in der Kindheit auf. Dieses Merkmal war hier stärker als in den beziehungsorientierten Kategorien. Viele Innovatorinnen konnten sich daran erinnern, daß ihre Interessen in der Kindheit behindert oder jedenfalls nicht unterstützt worden waren, aber ihre Sensibilität für Farben, Musik, Naturerlebnisse oder sich selbst und ihre innerseelischen Prozesse war sehr stark. Sie sehen sich als spielende, schöpferische Kinder – entweder wurden liebevolle Zeiten durch Singen, Tanzen, Spielen mit Eltern oder Geschwistern ausgelöst, oder sie schufen sich Phantasiewelten, um den Schmerz einer einsamen Kindheit zu bewältigen. Es ist, als hätten sie den starken Wunsch, sich wieder mit dieser Kindheitsenergie zu verbinden – sie bildet eine Konstante in ihrem Leben, einen intrinsischen Bestandteil ihrer Identität. Wenn ihnen diese Verbindung nicht gelingt, sind sie frustriert und unglücklich.

Die Schriftstellerin Norma Marder sagt über diese essentielle Verbindung zur Kindheit: »Das Kind in uns bleibt lebendig.«[1]

Je nach Vorhandensein und Stärke eines künstlerischen Talents nimmt diese Energie bei jeder Frau eine andere Gestalt an. Aber die Energie selbst ist schöpferisch – das Bedürfnis, sich auszudrücken, sich zu verbinden, Formen, Produkte, Symbole zu erschaffen, die Sinn, Fürsorglichkeit, Leidenschaft, Kraft vermitteln. Das Großziehen von Kindern ist für die meisten dieser Frauen eine notwendige, aber nicht ausreichende Form der Kreativität. Der Impuls geht über das Biologische hinaus – er beinhaltet das Bedürfnis, etwas von uns selbst in die Welt zu entlassen, Sinn zu erschaffen. Da wir mit diesem Gefühl für das Wunderbare oft als Kinder am stärksten in Kontakt waren, wird die Kindheit zu dem Boden, auf dem die kreative Energie wächst.

Diese Frauen erleben sich von sehr früh an als von anderen *getrennt*. Angesichts des Gefühls, anders zu sein, wurden oft seelische Spannkraft und starker Wille zu dem roten Faden, der Kindheit und Erwachsenenleben miteinander verband, denn diese Eigenschaften werden bei einer Frau eher verurteilt als belohnt. Die kreative Arbeit wurde oft zur wichtigsten Möglichkeit, Verbindungen mit der Außenwelt herzustellen und sich selbst bekanntzumachen.

Kindheit, Kohärenz, Kreativität

Linda Russell ist Sängerin und Schauspielerin mit einer Leidenschaft fürs Historische. In ihrer New Yorker Wohnung fühlt man sich, als käme man vom brodelnden Leben einer modernen Großstadtstraße in eine andere Welt. Die Wohnung ist voll von alten Büchern und Möbeln.

Linda bestreitet eine Ein-Frau-Show, der sie den Titel »Patchwork. Stimmen von Frauen aus dem 19. Jahrhundert« gegeben hat; auf der Grundlage authentischer Tagebücher, Briefe und Lieder porträtiert sie zwanzig Frauen, die über die Freuden und Leiden ihres Lebens sprechen. Lindas Musik ist unvergeßlich, aber noch unwiderstehlicher sind die Geschichten, die sie in ihren Liedern erzählt; viele entwickelten sich aus Kindheitserinnerungen an das Leben auf einer Farm in Wisconsin, mit einer Mutter, die gerne sang.

Linda ist verheiratet, hat aber keine Kinder. Für sie sind Liebe und Kreativität gleichermaßen wichtig und in ihren Kindheitserinnerungen eng miteinander verknüpft.

»Auf dem Dachboden fand ich die Liebesbriefe meines Vaters an meine Mutter; er hatte überall auf die Umschläge Karikaturen gemalt und gezeichnet... Ganze Bildergeschichten. Mein Vater drückte sich extrem kreativ aus. Ich sah sie mir immer wieder an. Es war für mich einfach ein Wunder.«

Eines der Stücke in Lindas Album beschreibt, wie die Familie im Auto durch die idyllische Landschaft von Wisconsin fährt und die Mutter ihnen Lieder beibringt. Da war Nähe, Harmonie und ein Gefühl für das Wunder, Teil einer beschützenden und liebevollen Familie zu sein. Aber Lindas Sensibilität war einzigartig. »Als Kind wollte ich mir nie überlegen, was ich sein wollte. Ich hatte zuviel Angst, heranzuwachsen und es herauszufinden. Ich war meist allein, bis meine Brüder und Schwestern geboren wurden; ich hatte viel Zeit für mich, und meine Phantasie leistete mir Gesellschaft. Ich liebte Tragödien. Als Kind stellte ich mir arme kleine verwahrloste Kinder vor, die im Schnee allein gelassen wurden, und setzte all diese Dinge in Szene. Diese Art Spiele faszinierten mich mehr, als eine Prinzessin oder reich zu sein.«

Diese Kindheitserfahrung gibt Linda ein Gefühl von Kontinuität und Verbundenheit. Sie sagt: »In meinen Liedern erzähle ich von meiner Kindheit, die ich sehr genoß. Ich *komme* direkt aus meiner Kindheit. Die Dinge, die ich als Kind liebte, kann ich jetzt als Erwachsene tun. Wenn ich also über meine Kindheit schreibe, sage ich ziemlich genau, wer ich bin. Und das gilt auch für die Bühne, denn ich habe eine Menge Gefühle in mir, und auf der Bühne kann ich sie alle herauslassen.«

Linda hatte das Glück, Eltern zu haben, die ihre sich entwickelnde Kreativität unterstützten. Sie spielten selbst Theater, fotografierten und machten Musik, und sie ermutigten Linda, drängten sie aber nicht zu sehr, als sie aufgrund ihrer Ängstlichkeit ihre Karriere nicht ernsthaft verfolgen wollte. Doch eines Tages ging sie ins Wohnzimmer und verkündete: »Mom, Dad, es ist Zeit. Ich gehe nach New York.« Sie unterstützten sie rückhaltslos.

Gesehen, aber nicht gehört werden

Sara Eyestones Kindheit war von dem Gefühl geprägt, fehl am Platz zu sein, mit ihrer Familie und anderen Kindern uneins zu sein. Was sie unterschied, waren ihre starke visuelle Empfänglichkeit und ihre innovativen Ideen in bezug auf das, wie die Dinge aussehen sollten.

Sara ist eine bekannte Künstlerin, deren Werk vor allem wegen ihres kühnen, leidenschaftlichen und unwiderstehlichen Gebrauchs der Farbe geachtet wird. In einer Kurzbiographie für die Zeitschrift *Lears* beschreibt Ingrid Tomey die Begegnung mit Sara am Flughafen in Dallas: »Sie schwebte die Gangway herunter wie ein einzelnes, leuchtendes Segel an einem leeren Horizont. Farbe. Sie trug einen kirschfarbenen Trenchcoat und gelbe Schuhe und eine wundervolle Sonnenbrille, die von roten und schwarzen Wirbeln umraht wurde ... Die Farborgie hätte mich nicht überraschen dürfen. ›Farbe‹, schrieb sie mir nach unserem High-School-Abschluß, ›ist mein absolutes Vergnügen.‹«

Sara malt und zeichnet häufig Blumen; sie scheint dem Konzept eine neue Bedeutung, eine neue Reichweite zu geben. Ihre Arbeit ist schwungvoll und romantisch. Doch sie ist nicht nur Künstlerin, sondern auch Unternehmerin und Geschäftsfrau. Sie hat ihr beträchtliches künstlerisches Talent für ein lukratives und erfolgreiches Kunstgeschäft eingesetzt, das von ihren enormen Reserven an Energie und Ideen lebt. Sie hat das scheinbar unvereinbare Ziel erreicht, als Künstlerin und als Geschäftsfrau erfolgreich zu sein.

Beim Nachdenken über die Ursachen ihrer künstlerischen Energie ist sie pragmatisch. Sie sagt: »Mir geht das Hundefutter genauso aus wie Ihnen.« Aber es ist klar, daß ihre kreative Energie von Kindheit an immer da war.

»Jetzt, mit fast 50 Jahren, meine ich, daß ich künstlerisch, erfinderisch und kreativ geboren wurde. Ich erinnere mich ganz genau an meine frühe Kindheit, zum Beispiel einen kastanienbraunen Babyanzug aus Schweizermusselin mit weißen Punkten, den meine Mutter mir machte, als ich ungefähr 14 Monate alt war. Ich habe ihn oft auf Bildern gesehen. Als ich vor ein paar Jahren meine Mutter fragte, warum sie kastanienbraun für einen Babyanzug genommen hatte, fragte sie zurück, wieso ich wüßte, was es für eine Farbe gewesen wäre, denn die alten Fotos waren schwarzweiß. Ich sagte: ›Aber ich habe den Anzug angehabt, ich habe ihn gesehen, als ich ihn trug!‹

Ich erinnere mich auch an den Goldbrokat auf der Couch meiner Großmutter und die Pastellblumen und Drucke auf ihrer Tapete. An solchen Dingen merke ich, daß ich sehr viel wahrnehme.

Schon als Kind hatte ich immer das Gefühl, gute Ideen zu haben, aber Kinder sollten immer nur gesehen und nicht gehört werden. Meine Mutter war zwar sehr liebevoll und aufopfernd, aber ihre Rolle war das Vorbild. Ihr ›Job‹ war, die Kinder großzuziehen, und daran maß sie eine Frau. Sie war nicht anders als viele andere intelligente Frauen aus ihrer Generation, sie versuchte ihr Bestes – so wird es gemacht, und das erwartet man von Kindern, etc. Und wenn man dann ein Kind hat, das seinen eigenen Stil und seine eigene Einstellung oder eine bessere Möglichkeit hat, das Schwarze Brett im Klassenzimmer zu organisieren, kam es auf den Elternteil oder den Lehrer an, ob ein Kind als unverschämt oder als brillant betrachtet wurde. Wenn meine Mutter etwas erfuhr, das nicht positiv war, war es für uns beide traumatisch.«

Sara litt darunter, daß sie anders war und daß ihr Anderssein ihren Eltern Konflikte bereitete und ihnen peinlich war. Trotz ihrer starken Sensibilität für Farben und Muster und ihres von früh an offensichtlichen künstlerischen Empfindens sah Sara als Kind ihre Zukunft so: »In meinem kindlichen Doris-Day-Wunschtraum wollte ich heiraten und viele Kinder haben und von meinem Mann zu etwas Besonderem gemacht werden. Ich hatte nie die Absicht zu arbeiten, ich wollte es mir mit meinen Kindern schön machen und eine romantische Liebesbeziehung mit diesem Mann haben, der für uns alle sorgen würde.«

Sara heiratete und hatte vier Kinder; später wurde sie geschieden und heiratete zum zweitenmal. Aber ihre Beschäftigung mit der Kunst gewann Einfluß auf ihr Leben und wurde schließlich zu einer bestimmenden Kraft. Die erste Ehe ging zu Ende, als ihr klar wurde, daß ihr die Romantik fehlte und sie sie nie mit ihrer Arbeit verbinden könnte.

Obwohl Sara als Kind »anders« war, hatte sie über Beziehungen ziemlich konventionelle Vorstellungen. Wie wir später sehen werden, konnte sie Beziehungen erst dann positiv in den seit der Kindheit vorhandenen kreativen Imperativ einbauen, als sie ein stärkeres Gefühl für ihre eigenen Bedürfnisse und ihre Einzigartigkeit entwickelte.

Die meisten Frauen mit starker kreativer Energie werden sich auch durch mangelnde familiäre Unterstützung in der Kindheit nicht von dem Gebot abhalten lassen, sich auszudrücken. Viele Innovatorinnen scheinen durch Zufall auf ihr gewähltes Medium zu stoßen, aber bei genauerer Betrachtung hat die Entscheidung einen Zusammenhang mit dem bisherigen Leben oder eine symbolische Bedeutung.

Eine akzeptierte Stimme

Sharon Gainsburg ist Bildhauerin und lebt in derselben Künstler-Gemeinschaft in New Jersey wie Sara Eyestone. Auch sie ist als Künstlerin erfolgreich. Ihre Werke, die sich durch die Kraft auszeichnen, die in ihren fließenden, anmutigen, fast lyrischen Formen auftaucht, werden von Privatleuten und Firmen aus den ganzen USA in Auftrag gegeben. Als C. Everett Koop sein Amt abgab, erhielt sie den Auftrag, ein abstraktes DNA-Modell zu fertigen, das er als Auszeichnung für seine Arbeit über Infektionskrankheiten erhielt.

Neben der Arbeit an eigenen Werken bringt Sharon den zahlreichen Interessierten der Gemeinschaft das Meißeln in Stein bei. Wie Sara war sie verheiratet, wie sie wurde sie geschieden, als die Form ihrer Ehe dem schöpferischen Imperativ nicht mehr entsprach, wie sie heiratete sie ein zweites Mal. Sie hat zwei Kinder. Man kann nicht sagen, daß ihr auftauchendes Talent in ihrer Kindheit nicht unterstützt wurde, aber diese Kindheit bot auch wenig, das ihr erlaubt hätte, sein Vorhandensein überhaupt zu erkennen.

»Ich erhielt als Kind keine künstlerische Ausbildung, und ich begann mit der Bildhauerei, als ich in den Zwanzigern war, aus Spaß, als Hobby. Zehn Jahre habe ich es als Hobby gemacht. Es wurde nicht viel über Kunst geredet, als ich aufwuchs. Meine Familie war sehr einfach, es ging wirklich ums Überleben. Tag für Tag zur Arbeit gehen, nach Hause kommen. Meine Mutter war in den Vierzigern und erzog uns alleine, was damals sehr unüblich war. Sie hatte keine Ausbildung, deshalb mußte sie sich in dieser großen Welt irgendwie durchschlagen.

Ich hatte eine Schachtel mit Kreidefarben. Es gab acht Farben, und für mich war das alles, was existierte. Wenn ich krank war, bekam ich Ausschneidefiguren; es hingen keine Bilder an den Wänden, und im Bücherschrank standen nur sehr wenige Bücher. Wir lebten von Tag zu Tag, sehr prosaisch. Als ich in der Schule Kunst hatte, merkte ich, daß ich gut nachmalen konnte – ich kann eigentlich nicht sagen, daß ich kreativ war, aber der Vorgang gefiel mir. Mit 15 verliebte ich mich. Meine erste große Liebe. Ich verliebte mich in einen Jungen, der fünf Jahre älter war als ich, und er war voll in der Kunstszene drin; er spielte Jazzpiano, konnte malen und zeichnen. Und er führte mich in die äußere Welt ein. Er nahm mich mit ins Kunstmuseum. Er nahm mich mit zu Jazzkonzerten. Er liebte klassische Musik. Er war eine Kombination von Lehrer, Vaterfigur und Intimpartner. Er zeigte mir die ganze Welt. Zu diesem Zeitpunkt wußte ich, daß ich aus meinen Verhältnissen heraus mußte, und das bedeutete, daß ich nicht Sekretärin werden konnte... Ich war entschlossen, über das hinauszukommen, wo ich war, und zwar nicht auf einer ökonomischen Ebene, sondern auf einer autonomen. Es besser machen. Mich ausbilden. Mehr lernen. Denn ich erkannte, daß da draußen eine ganze Welt war.«

Sharon ließ sich zur medizinisch-technischen Assistentin ausbilden. Nach dem Bruch mit ihrem ersten Freund besuchte sie eines Tages dessen Bruder, der Bildhauerunterricht nahm und ihr zeigte, was er machte.

»Ich sah die Skulptur an und hatte dieselben Gefühle wie im Kunstmuseum. Mit 15 verstand ich es nicht, ich wußte nur, daß es anders war als alles, was ich je erlebt hatte. Ich wußte, daß ich so etwas auch machen wollte, aber ich hatte das Gefühl, kein Talent zu haben. Er ermutigte mich. Ich machte einen Kurs, und so kam ich in die Bildhauerei hinein. Aber ich betrachtete mich immer als Hobbykünstlerin.«

Bei Sharon gewannen die Liebe zur Kunst und das Bedürfnis nach Selbstdefinition und Autonomie also während der Adoleszenz Einfluß auf ihr Leben. Bei einem Blick zurück auf ihre Kindheit sieht Sharon heute jedoch dort die Ursache für die Wahl ihres Mediums.

»Wenn ich arbeite, fühle ich mich mächtig. Meine Schwester war fünf Jahre älter als ich, und meine Mutter und sie handelten und trafen Entscheidungen, ich war immer das Baby. Ich hatte immer das Gefühl, als würde meine Meinung nicht zählen. Und ich wollte einfach eine Stimme haben, die akzeptiert wurde.

Ich mußte mich selbst ausdrücken. Und ich denke, die Bildhauerei hat das für mich getan. Aber ich habe nicht bewußt damit begonnen. Ich mußte es einfach tun – es war eine treibende Kraft. Ich verstand sie nicht, sie war einfach da.«

Die typische Innovatorin: Entschlossen, willensstark und autonom

Am charakteristischsten für Energie und Leidenschaft der Innovatorin ist ihre Entschlossenheit. Entschlossenheit ist die Grundlage ihrer Fähigkeit, etwas Neues zu machen. Aus den Antworten auf den Fragebögen und den persönlichen Interviews wurden die gebündelte Triebkraft und die Entschlossenheit, ja fast Halsstarrigkeit in bezug auf ihr Ziel deutlich. Sie *sagen*, was sie zu sagen haben, und *tun*, was sie tun wollen. Und sie *bringen* Arbeit und Liebe ins Gleichgewicht. Sie definieren sich selbst und erschaffen die Formen, die sie für ihr Tätigsein brauchen. Die Suche nach dem Gleichgewicht von Arbeit und Liebe ist nicht die geringste der Kräfte, die sie antreiben – sie wird vorausgesetzt, erwartet.

Die Helferin und die Liebende haben enorme Energie für andere; die Innovatorin hat enorme Energie für alles, was ihr wichtig ist und was ihr Spaß macht. Sie will leidenschaftlich *wissen*. Sie wird unermüdlich studieren und arbeiten, um ihre Fertigkeiten und Interessen zu entwikkeln. Sie versucht, alles aus der Welt um sie herum aufzunehmen, zu lernen, was sie lernen kann. Wenn sie den Wunsch verspürt, zu lehren, entspringt er ihrer Faszination von der Welt. Oft ist sie in bezug auf ihre Arbeit perfektionistisch und hat das Bedürfnis, alles »richtig« zu machen. Dieses Bedürfnis entspricht ihrem Gefühl, daß Medium und Botschaft identisch sind – was sie tut, ist ein wichtiger Ausdruck ihrer selbst.

Diese Intensität und Entschlossenheit zeigten sich in unseren Fragebögen in Antworten wie dieser:

»Ich bin am lebendigsten, wenn ich etwas Großes in kurzer Zeit erledigen muß, wenn ich körperlich und geistig an meine Grenzen stoße – ich liebe es, auf Messers Schneide zu leben... Ich träumte davon, Ärztin zu sein und in Afrika zu leben wie Albert Schweitzer. Ich wollte Behandlungsmethoden für seltene Krankheiten entdecken.«

Innovatorinnen finden häufig in sehr spezialisierten Berufen Betätigungsfelder für ihre Kreativität und ihre Intensität. Die Herausgeberin, die Geschäftsführerin, die Gutachterin, die Akademikerin, die Computerspezialistin, die Wissenschaftlerin, die Ärztin, für die es in der Medizin mehr um Wissenschaft als um Beziehungen geht, die Geschäftsfrau – sie alle sind Innovatorinnen. Frauen, die ein Interesse verfolgen, die das Bedürfnis empfinden, ihre Fähigkeiten in den öffentlichen Bereich zu tragen, und nie etwas anderes in Erwägung gezogen haben, sind oft Innovatorinnen. Entscheidend für sie ist, eine äußere Struktur zu finden, in die ihre inneren Energien einfließen können. Oft arbeiten sie als Selbständige, denn sie bestimmen ihre Arbeitsstrukturen am liebsten selbst.

Bei der Helferin steht die Beziehung im Vordergrund und die Kreativität im Hintergrund, bei der Innovatorin ist es umgekehrt. Beziehungen können in dieser Kategorie zwei Formen annehmen – entweder die kreative Arbeit wird mit einem Partner geteilt oder sie wird von ihm bedingungslos unterstützt. Auch die Frauen, bei denen die kreative

Arbeit zu Konflikten in der Beziehung führt, würden nie wegen der Beziehung ihre Arbeit aufgeben. Sie können sich gar nicht vorstellen, in einer Beziehung zu sein, in der dies von ihnen gefordert würde. Der Selbstausdruck ist ein so entscheidender Bestandteil ihres Selbstgefühls, daß eine Beziehung, die ihn drosseln oder herabwürdigen würde, nicht als Liebesbeziehung betrachtet werden könnte. Die Beziehung muß die Arbeit unterstützen, achten und Zeit und Raum für sie lassen. Dieselben Eigenschaften einer Beziehung sind für Künstlerinnen entscheidend.

Auch in einer Beziehung besteht die Innovatorin auf ihrer Autonomie. Liebesbeziehungen sind eher zur gegenseitigen Unterstützung gedacht als dazu, sich zu ergänzen. Die Form des Selbstausdrucks ist für sie genauso entscheidend wie die Wahl des Partners.

Kinder können zu Konflikten führen, denn sie lösen Schuldgefühle aus. Mehr als alles andere erfordern Kinder, daß der kreativen Arbeit Grenzen gesetzt und die innovativen Fähigkeiten aktiviert werden. Oft lassen sich Möglichkeiten finden, die Bedürfnisse von Kindern mit den Anforderungen von Arbeit oder Kunst zu vereinbaren. Organisation, Effizienz und die Bereitschaft, Grenzen zu akzeptieren, sind dazu unerläßlich. Sally Mann, die Fotografin, deren umstrittene Arbeit ihre Kinder in verschiedenen gestellten und natürlichen Posen zeigt, löste das Dilemma, indem sie die Kinder zu ihrem Thema wählte. Eine Autorin sagt über sie, sie habe aus ihrer Kunst eine Art »Kinderbetreuung« gemacht.[2]

Die Innovatorin hat weniger Schwierigkeiten als Frauen in den beziehungsorientierten Kategorien, sich als Subjekt zu erleben – sie kann jedoch starke Schuldgefühle haben und deshalb an sich zweifeln. Oft hat sie sich von klein an als Subjekt erlebt, entweder weil sie von Mutter oder Vater ermutigt wurde oder weil sie aufgrund mangelnden elterlichen Interesses selbst ihr Leben gestalten mußte.

Innovatorinnen lieben als Subjekt und verlangen, als solches respektiert zu werden. Sie haben ein klares Gefühl für ihre Macht. Wie Künstlerinnen sagen sie oft, beim Theaterspielen oder Singen oder Malen oder Bildhauen oder Versinken in ihrer Arbeit hätten sie ein klares Selbstgefühl – sie hätten nie daran gezweifelt, daß die jeweilige Tätigkeit richtig, notwendig, zentral für ihre Identität war.

Ein großer Prozentsatz von Frauen in den beiden kreativen Kategorien sagt, die Beschäftigung mit einer kreativen Tätigkeit gebe ihnen am ehesten ein Gefühl von Ganzheit, während es in den beiden anderen Gruppen Entscheidungen waren, die mit Beziehungen zu tun hatten. Innovatorinnen gaben ihren kreativen Traum kaum aus praktischen Gründen auf, Helferinnen schon. Die meisten Innovatorinnen, die sagten, praktische Erwägungen würden sie nicht von ihrem Traum abhalten, waren zur Zeit der Befragung nicht verheiratet. Behält die Innovatorin ihren kreativen Traum eher, weil sie sich in bezug auf die Liebe vorsichtiger entscheidet?

Gleichgewicht oder Kompromiß: Das Dilemma der Innovatorin

Die Innovatorin versucht, Beziehungen und Selbstausdruck, tätige und fürsorgliche Liebe ins Gleichgewicht zu bringen. Dazu sind eine traditionelle Familie, Mann und Kinder, oder eine primäre Beziehung nicht unbedingt nötig. Wie bei Ann Ehringhaus in Kapitel 1 kann Einsamkeit mit der Beziehung zu Freunden und einer Gemeinschaft verbunden werden. Oder die kreative Beschäftigung wird in die Fürsorge für alternde Eltern oder die Anforderungen eines großen sozialen Netzwerks, eines kirchlichen oder politischen Engagements eingebaut.

Das Bedürfnis nach Gleichgewicht gerät jedoch leicht zum Kompromiß, das heißt zum Opfer. Da die Innovatorin per definitionem um jeden Preis an ihrer Arbeit festhält, muß sie diesen Preis manchmal zahlen. Die traditionellen Familienstrukturen etwa müssen oft überarbeitet werden. Die Beziehung zum Partner und zu den Kindern kann leiden, Freundschaften enden, und manchmal leidet die kreative Arbeit. Das Gleichgewicht ist nicht einfach zu bewerkstelligen, aber die integrativ kreative Frau ringt tapfer darum, es zu finden.

In ihrem Buch *Composing a Life* macht Mary Catherine Bateson aus der Fähigkeit einer Frau, mit der Diskontinuität zu leben und dem roten Faden des eigenen Lebens durch die vielen Hochs und Tiefs der Ansprüche und Pläne anderer Menschen zu folgen, eine Tugend. Sie meint, Frauen müßten viel improvisieren, und die Improvisation sei die Hauptstütze der kreativen Energie, weil die Energie nicht eingeengt oder ständig auf eine einzige Ambition ausgerichtet würde.[3]

Aber zeigt das Leben von Frauen nicht deshalb wenig Kohärenz, weil sie sich immer noch gezwungen fühlen, die Rolle der Lächelnden Frau zu spielen? Wird das Leben von Frauen nicht deshalb unterbrochen, weil sie glauben, daß die Bedürfnisse anderer immer vor den ihren rangieren? Warum wird das Leben von Männern weniger durch die

Ansprüche von Frauen unterbrochen als das Leben von Frauen durch die Ansprüche von Männern? Diskontinuität und Veränderung sind vielleicht ein geschlechtsunspezifisches allgemeines Merkmal des postmodernen Lebens, aber man muß sich fragen, ob das Leben von Männern nach Art und Umfang genauso diskontinuierlich ist wie das von Frauen. Die Innovatorin muß der Vorstellung den Kampf ansagen, daß die Energien einer Frau sich um andere drehen müssen. Sie findet Möglichkeiten, im Kontext ihrer anderen Verpflichtungen der Energie für sich den Vorrang einzuräumen.

Durch die Interviews und die Fragebögen erfuhren wir jedoch, daß auch Innovatorinnen kreative Interessen um der Liebe willen aufgaben. Eine Frau, die sich gerade im Übergang vom Helferinnen- zum Innovatorinnen-Schema befindet, sagt, als Kind habe sie Schriftstellerin werden wollen. »Ich schrieb Geschichten und Seifenopern. Ich tat so, als ob ich krank wäre, damit ich nicht zur Schule gehen mußte und zu Hause bleiben konnte, um das zu tun.« Auf die Frage, wie ihr Traum sich geändert hat, sagt sie: »Ich hörte auf, Geschichten zu schreiben.« Erst jetzt, mit 45, hat sie diese Leidenschaft wieder aktiviert.

Eine Freundin, die Violine studierte, steckte ihre kreative Energie schließlich in eine Karriere als Therapeutin. Sie erinnert sich ganz klar, daß sie dachte, eine Karriere in der Musikwelt würde ihre zukünftige Ehe stören. Wie sollte sie üben, reisen, an allen möglichen Orten Konzerte geben und trotzdem eine verbindliche Beziehung aufrechterhalten? Sie hatte Angst vor der Intensität der musikalischen Karriere, der Möglichkeit, daß die Musik ihr wichtiger werden würde als die Ehe. Sie studierte Musiktherapie und lenkte ihre Kreativität auf andere Beschäftigungen.

Ihr Mann jedoch, der immer wußte, daß er Psychologe werden wollte, obwohl er auch Künstler und Bildhauer ist, fragte nie, wie seine beruflichen Entscheidungen sich auf sein Beziehungsleben auswirken würden. Er nahm nie an, daß seine Wünsche sein Beziehungsleben beeinflussen könnten. Es fiel ihm nie ein, einem anderen Weg zu folgen als dem, der ihn geradlinig zu seinem Ziel brachte. Er tat nur das, und seine Frau unterstützte ihn; sie folgte ihm dahin, wo seine akademische Arbeit und seine beruflichen Praktika ihn hinführten. Zweifellos erlebt sie ihr Leben als sehr viel weniger kohärent als er seins.

Die Autorin und ehemalige Sängerin Norma Marder fügt der Vorstellung, das größte kreative Talent einer Frau sei ihr Improvisieren angesichts einer unbekannten Zukunft, einen weiteren Aspekt hinzu. Obwohl Improvisation ein großes Talent sein kann, trägt es nicht zwangsläufig oder ausschließlich zur Entfaltung des Selbst bei. Was

Bateson Improvisation nennt, nennt Marder das Nicht-Ernstnehmen des eigenen Lebensplans. Für sie hat die Improvisation gemischte Folgen.

In einem Essay beschreibt Marder die häuslichen Ereignisse, die ihre frühere Karriere als Avantgarde-Musikerin beeinflußten: ihre Ehe, ihr erstes Kind, die zeitweilige Betreuung ihres Vaters am Ende seines Lebens. Sie sang und sorgte, und obwohl sie ihre Karriere als Sängerin immer wieder zurückstellte, gab es auch Kompensationen und Befriedigungen.

Der Wendepunkt für Marder kam, als sie und ihr Mann aus finanziellen Gründen von New York City, dem Zentrum der Welt für eine Künstlerin, in eine kleine Stadt in Illinois zogen. Rückblickend weiß sie, daß es falsch war, sich nur zu sagen, daß sie »improvisierte« und nicht »Kompromisse schloß«; daß sie Opfer brachte, statt »ins Gleichgewicht« zu bringen.

»Ich sagte immer, ich würde nie Kompromisse schließen – weder als Künstlerin noch als Mensch –, aber ich kann mich selbst nur zu gut zum Narren halten. Nach der Geburt der Kinder verpackte ich den Kompromiß als Improvisation. Ich scherzte mit anderen Frauen über das Improvisieren im Leben, darüber, eine Kunst aus ihm zu machen; ich wurde zur Spezialistin, verwandelte es in Musik und Theater.

Ich schaue zurück und sage, wie intelligent war ich, wie kreativ: eine Künstlerin bis ins Mark, fähig, von einem Medium zum anderen zu wechseln.

Ich schaue zurück und sage, ich habe mich nicht so ernst genommen, wie ich dachte.«[4]

Beziehungen: Eine Entscheidung, die zählt

Innovatorinnen haben oft mehrere Beziehungen – ihre Energie entspricht eher fließenden Strukturen, in denen sie vom Partner getrennt leben können oder ihn wechseln, wenn ihre Arbeit geographische oder andere Veränderungen verlangt. In einer festen Partnerschaft ist, mehr als für Frauen in den anderen Kategorien, entscheidend, wen sie wählen. Wenn die Leidenschaft für Beruf oder kreative Tätigkeit genauso wichtig ist wie die Leidenschaft für die Beziehung, muß der Partner akzeptieren und unterstützen, daß die Energie nicht nur auf die Beziehung konzentriert wird. Die als Subjekt liebende kreative Frau sucht einen gleichwertigen Partner, einen Gefährten, eine verwandte Seele, jemanden, der ihre Werte und Interessen teilt und die Wichtigkeit ihrer Arbeit versteht. Wenn der Partner die ausschließliche Konzentration der Energie auf seine Person verlangt, stört der entstehende Konflikt das Gleichgewicht und kann zu einem Bruch der Ehe oder Beziehung führen.

In unserer Untersuchung waren Innovatorinnen zusammen mit Liebenden am ehesten von den ersten Intimpartnern oder Ehemännern enttäuscht. In ihrer ersten Ehe oder Beziehung verstehen Innovatorinnen im allgemeinen ihr Bedürfnis nach Unterstützung noch nicht. Sie versuchen, der konventionellen weiblichen Rolle zu entsprechen, und erkennen erst nach einigen Erfahrungen, daß sie dafür einen zu hohen Preis bezahlen. Scheidung und Wiederverheiratung kommen in dieser Gruppe häufig vor. Das Umfrageergebnis, daß Innovatorinnen ihre Liebesbeziehung für erfüllt halten, bezieht sich möglicherweise auf die zweite Ehe. Innovatorinnen werden ihre Arbeit nicht um einer Beziehung willen gefährden, und sie sind weniger bereit als Frauen in den beziehungsorientierten Kategorien, sich einzugewöhnen oder anzupassen, wenn die Beziehung die Konzentration auf die Arbeit nicht erlaubt.

Sara Eyestone und Sharon Gainsburg haben ihre frühere Ehe aus genau diesem Grund aufgegeben. Sharon sagt:

»Ich heiratete zwei Jahre, nachdem ich mit der Bildhauerei angefangen hatte. Mein Mann unterstützte mich sehr, als es ein Hobby war. Als meine Kinder alt genug waren, um ganztags in die Schule zu gehen, begann ich, ernsthafter zu arbeiten. Er unterstützte mich immer noch sehr, außer als ich anfing, Ausstellungen zu machen, die mich von zu Hause wegführten, wenn auch nicht für lange Zeit. Allmählich bereitete es ihm Schwierigkeiten. Er unterstützte mich, aber wenn ich zurückkam, machte er mir Vorwürfe. Er war depressiv, zog sich zurück, war eifersüchtig, daß ich so aufgeregt und begeistert zurückkam und erzählte, und hörte auch zu, aber dann änderte er das Thema. Ständig doppeldeutige Botschaften. Ich fuhr irgendwohin, er schickte mir Blumen. Dann kam ich zurück und litt.«

Schließlich engagierte ihr Mann sich philanthropisch und beschloß, nach Israel zu ziehen. Er erwartete, daß Sharon mitging – sie wollte, daß er fünf Jahre wartete, damit sie ihre Arbeit weiterentwickeln konnte. Er weigerte sich. Er ging nach Israel, aber sie ging nicht mit.

Sara Eyestone hat Ähnliches erlebt. Als sie gerade dabei war, in ihren verschiedenen künstlerischen Tätigkeiten erfolgreich zu werden, wurde ihr ein lukrativer Vollzeit-Job angeboten. Ihr Mann, bislang

Vollzeit-Student, fühlte sich angesichts der finanziellen Macht, die eine solche Arbeit Sara geben würde, offensichtlich unbehaglich. Er beschloß, mit der Familie von Phoenix nach St. Louis zu ziehen, um eine Tätigkeit im Staatsdienst anzunehmen, die ihn nicht wirklich begeisterte.

Sara sagt: »Ich kannte meine Fähigkeiten. Ich managte meine häuslichen Aufgaben, hatte Mann und Kinder, und meine Arbeit hatte uns alle jahrelang ernährt. Aber in meinem Kopf war ich immer noch die *Ehefrau*, und er war der Mann, und er sagte: ›Du wirst diesen Job nicht annehmen, wir werden nicht in Phoenix bleiben, auch wenn es dir in Phoenix gefällt. Du wirst in dieser Familie nicht die Hosen anhaben. Punktum.‹ Ich gab nach, lehnte eine Tätigkeit ab, die uns doppelt soviel Einkommen beschert hätte, wie er erwarten konnte, und zwei Wochen später verließen wir die Stadt.«

Sara war monatelang depressiv und verließ die neue Wohnung in St. Louis kaum. Schließlich wurde ihr klar, daß sie Künstlerin war und arbeiten wollte, aber diesmal als Selbständige, so daß eine Ortsveränderung sie nicht aus der Bahn werfen würde; so setzte sie ihr Improvisationstalent ein, erschuf etwas Neues. Sie wollte nie mehr das Einkommen von jemand anderem »aufbessern«. Sie hatte damals drei kleine Kinder, und nachdem das vierte geboren war, verließ sie ihren Mann. Sie hatte nicht mehr die Vorstellung, daß ihr Mann sie zu etwas Besonderem machen würde. Sie hatte aus einer Niederlage einen Sieg gemacht, und ihre Depression hatte dazu geführt, daß sie ihr künstlerisches Talent deutlicher sah und ausdrückte.

In den Geschichten vieler Frauen, mit denen wir durch unsere Umfrage oder in unserer Praxis zu tun hatten, taucht immer wieder das Thema auf, daß der Partner einen Umzug beschließt, wenn seine Frau anfängt, künstlerisch oder beruflich zur Geltung zu kommen. Das kann Zufall sein, zeugt aber von einer der größeren Schwierigkeiten dieser Lebensform. In unserer Gesellschaft wird unter Liebe verstanden, daß Frauen sich intensivst um die Bedürfnisse anderer kümmern. Wenn die Frau aufhört, fürsorglich zu sein, und statt dessen kreativ wird, löst dies furchtbare Angst aus und führt in einer Ehe zu komplexen Problemen; denn wer ist jetzt dafür verantwortlich, wessen Bedürfnisse zu erfüllen? Wenn die Form der Ehe oder Beziehung eine kreative, das heißt nicht ausschließlich fürsorgliche Liebe nicht toleriert, muß die kreative Frau sich entscheiden: Wenn ein Gleichgewicht nicht möglich ist, muß sie Kompromisse schließen, und manche Kompromisse drosseln die für den Selbstausdruck unabdingbaren Energien.

Die Innovatorin und die Künstlerin stellen die Vermutungen der Jungschen Theorie über die angeborene Weiblichkeit am stärksten in Frage. Wenn wir Toni Grants Position ernst nähmen (Kapitel 2), wäre die Innovatorin aufgefordert, ihre weibliche Seite zu aktivieren, weil sie zu männlich ist und nicht erlaubt, daß ihre weicheren, unterwürfigeren Seiten der Liebe nachgeben. Weiblichkeit und Liebe werden als passiv und reaktiv, nicht als kreativ definiert. Die Innovatorin braucht jedoch einfach eine Liebesbeziehung, in der ihre kreative Energie geschätzt wird, und nicht eine, in der sie sich durch traditionell »weibliche« Liebe anpaßt.

Sara Eyestone sagt über ihre neue Beziehung: »Ich habe in meiner Ehe viel Freiheit. Als ich diese Ehe schloß, wußte ich, wer ich war, und ich heiratete jemanden, der ebenfalls etabliert war. Als David Molin mich kennenlernte, war ich bereits Künstlerin. Er liebt mich. Er sagt mir, daß er mich für erfrischend hält. Ich brauche nie mein Verhalten zu ändern. Mein Mann versteht und respektiert, daß ich das, was ich tue, nicht in einem normalen Achtstundentag tun kann.«

Wir treffen Sara um halb elf abends in ihrem Studio. Ihr Mann ruft an, um zu hören, ob es ihr gutgeht. Sie wird wahrscheinlich bis 3 Uhr morgens dort arbeiten, aber das ist kein Problem.

Sharon Gainsburg sagt über ihre zweite Ehe: »Ich habe einen Mann geheiratet, der weiß, was es bedeutet, jemanden zu lieben: nämlich, daß man Opfer bringt. Er sieht, daß ich tun muß, was ich tue. Da ist viel Geben und Nehmen. Ich lebte fünf Jahre allein, bevor ich Frank heiratete, und brauchte nicht viel aufzugeben. Ich habe mich für eine Beziehung entschieden und wußte, daß ich ein paar Opfer bringen mußte. Ich glaube, der Schlüssel ist Gleichgewicht – man muß zum Gleichgewicht kommen.«

Die Bühnenschauspielerin Frances Sternhagen war lange verheiratet und wurde dann Witwe. Über ihren Mann, der ebenfalls Schauspieler war, sagt sie: »Ich weiß, daß... ein Großteil des Respekts und der Innigkeit dieser Beziehung eine Folge der Tatsache war, daß wir beide die Schauspielerei liebten und einander verstanden.

Meine erste große Liebesaffäre mit einem anderen Mann vor meiner Ehe war sehr aufregend. Er arbeitete bei einem Fernsehsender und war dabei, es in der Welt zu etwas zu bringen, und eines Tages sagte er: ›Ich bin bereit zu heiraten, und du bist die, die ich heiraten möchte, wie du weißt. Und jetzt möchte ich wissen, ob du auch dazu bereit bist?‹ Ich sagte: ›Und was wird aus meiner Schauspielerei?‹ Er sagte einfach: ›Nun, das wirst du aufgeben müssen.‹ Es war, als würde der Vorhang fallen, und ich dachte, das war's. Er heiratete kurz darauf eine andere.

Als ich Tom dieselbe Frage stellte, sagte er ›Natürlich wirst du weiterspielen‹.

Ich glaube, wir akzeptierten beide, daß ich Schauspielerin war ... Ich rief ihn bei der Arbeit an und sagte, ich habe gerade dieses Angebot bekommen und weiß nicht, ob ich es annehmen soll. Und er sagte nur, willst du Schauspielerin sein oder nicht? Es gab Zeiten in meiner Karriere, die für Tom sehr schmerzlich waren, aber wenn es darum ging, ob ich diesen oder jenen Auftrag annehmen sollte, wußte er immer, wenn ein Job etwas für mich war.«

Norma Marder spricht von den positiven und negativen Folgen eines Kompromisses. In ihrem neuen Leben in Illinois war sie weiter kreativ. Sie steckte ihre Energien in viele verschiedene Tätigkeiten in der Gemeinschaft und brachte sich selbst bei, Belletristik zu schreiben. In ihrem Essay heißt es: »Meine Einstellung zum Kompromiß änderte sich; das Leben besteht aus der Anpassung an Unterbrechungen, aus Collagen ... überall gibt es Probleme im Zusammenhang mit Zwang und Freiheit.«[5] Aber sie hatte ihre Karriere als Sängerin aufgegeben und damit ihre dominante Leidenschaft.

»Aber ich verliere mich; das, was sang, stirbt, denn in dieser Stadt gibt es kaum Gesangsarbeit. Ein paar Konzerte im Jahr, ein bißchen Tournee. Ich unterrichte alte Leute in Literatur und sitze in Ausschüssen. Im Sommer sticke ich Wandteppiche.

Ich akzeptiere die schwer erkämpfte Wahrheit über mich selbst, daß ich als Künstlerin innerhalb der Grenzen meiner Verantwortlichkeiten und der mir von meinen Dämonen gesetzten Grenzen gearbeitet habe ... Ein Teil von mir ist unglücklich, ein Teil von mir ist glücklich. Manchmal gewinnt der eine, manchmal der andere.«[6]

Kinder

Außergewöhnlich war, daß viele der von uns interviewten Innovatorinnen mehr als die durchschnittliche Kinderzahl hatten. Man muß annehmen, daß sie mehr Energie als der Durchschnittsmensch haben und von Freunden oder Partnern unterstützt werden. Viele Frauen hatten Kinder zur selben Zeit großgezogen, in der ihre Karriere ihre entscheidendsten Phasen durchlief. Frances Sternhagen hatte sechs Kinder, Sara Eyestone vier, Sharon Gainsburg zwei, Norma Marder zwei. Die Kinder wirkten sich bei den meisten weniger störend aus als die Ehe. Jede Frau fand kreative Möglichkeiten, Zeit und Energie für beides zu haben.

Man spürt, daß Kinder für Innovatorinnen ein weiteres Medium sind, durch das sie sich ausdrücken, durch das sie lernen und sondieren – sie bringen etwas hervor, haben Zugang zu einer weiteren Form kreativer Energie. Die Opfer, die jede um der Kinder willen zu bringen hatte, schienen weniger störend, weil sie sie stärker selbst bestimmten. Sara Eyestone trug ihre Kinder in der Kinderwippe mit sich herum und richtete ihnen in ihrem Studio einen Spielbereich ein. Sie malte, und die Kinder waren dabei. Sharon Gainsburg beendete die Arbeit in ihrem Studio jeden Tag um drei, wenn die Kinder von der Schule kamen. Es war für sie ein Opfer, aber eins, zu dem sie bereit war. »Ich war dazu gezwungen, mich mit meinen Kindern zu beschäftigen, denn sie unterbrachen den kreativen Prozeß. Eines Tages dachte ich darüber nach und sagte mir, die ersten zwanzig Jahre waren für mich, die zwanzig Jahre in der Mitte sind wirklich für sie. Ich habe sie in die Welt gesetzt, ich kann sie nicht übers Ohr hauen, und die nächsten zwanzig Jahre sind dann wieder für mich. Wenn sie dann um drei aus der Schule kamen, schloß ich meine Sachen weg, und es war in Ordnung.«

Auch Frances Sternhagen brachte Opfer, aber irgendwie störten die für Kinder gebrachten Opfer die Karriere weniger als die Kompromisse, die möglicherweise eine Beziehung erfordert.

»Mit sechs Kindern mußte ich mich natürlich zurücknehmen. Wenn ich gefragt wurde, ob ich etwas machen wollte, das mich zum Beispiel zehn Wochen nach Kalifornien geführt hätte, lehnte ich einfach ab. Meine Prioritäten waren klar. Gott sei Dank waren die mir angebotenen Jobs nie so aufregend, daß es mir leid tat.

Ich wußte immer, daß es in New York Arbeit für mich gab. Ein paarmal dachte ich, o Gott, ich sollte eine bessere Mutter sein und zu Hause bleiben und Plätzchen backen, was ich praktisch nie getan habe. Ich sollte das Normale tun. Und wenn ich so redete und sagte, ich fühle mich so schrecklich, ich bin so oft abends unterwegs und nicht zu Hause, ich sollte eine bessere Mutter sein und zu Hause bleiben, sagte meine älteste Tochter einfach, o Mami, du wärst unmöglich, wenn du die ganze Zeit zu Hause wärst. Das klärte die Sache irgendwie.«

Frances Sternhagen gibt zu, daß ihr Mann ihr viel Verantwortung für die Kinder abnahm. Als sie einmal erwog, ihn zu verlassen, war ihr klar, daß sie als alleinerziehende Mutter mit sechs Kindern nicht mehr als Künstlerin hätte arbeiten können.

Norma Marder brachten die Kinder den Spott ihrer Berufskollegen ein. Sie erzählt die Geschichte, wie sie sich nach ihrem ersten Kind mit einem Stipendium wieder am Konservatorium immatrikulieren wollte.

»›Ich möchte, daß Ihnen klar ist‹, sagte Brownlee kalt und unpersönlich, ›daß Sie sich durch das Kind selbst Schande bereitet haben. Sie haben der Schule Schande bereitet.‹

Trotzdem wurde mein Stipendium erneuert, und ich war die Hälfte der Zeit Mutter und die Hälfte der Zeit Musikerin und entschlossen, beides gut zu machen.«[7]

Sogar die Frauen, die keine Kinder hatten, wollten schließlich welche. Vielleicht wird die kreative Energie in Gegenwart von Kindern stärker. Die Unterschiede zwischen der Art, wie Liebende und Helferinnen im Vergleich zu Innovatorinnen und Künstlerinnen über Kinder denken und sich auf sie beziehen, und die Wirkung dieser Unterschiede wären eine faszinierende Frage, die weiter untersucht werden sollte.

Bilanz

Innovatorinnen, die ein Gleichgewicht zwischen Arbeit und Liebe in ihrem Leben erwarten und anstreben, begegnen den Konflikten, denen die »Superfrau« sich überall gegenübersieht. Wenn sie Kinder haben, fällt ihnen die tätige Liebe leichter als das Verhätscheln. Innovatorinnen sind gut darin, Kinder zu respektieren, anzuerkennen, zu ermutigen, anzuregen und mit ihnen zu spielen. Die alltägliche emotionale und materielle Fürsorge muß jedoch möglicherweise mehr vom Partner kommen. Unsere Gesellschaft fördert diese Lebensform nicht besonders. Frauen werden nicht belohnt dafür, daß sie ihre Kinder der Fürsorge anderer überlassen, damit sie selbst kreativ sein können. Innovatorinnen oder Künstlerinnen werden vielleicht ihre Kunst um der Kinderbetreuung willen aufgeben. Ihr Talent, innovativ zu sein und gangbare Formen für sich selbst zu erschaffen, kann zu Selbstzweifeln und Selbstkritik führen, besonders wenn die Stimmen in ihrem Kopf an die Lächelnde Frau appellieren.

Es kann aber auch sein, daß die Kunstszene eine kreative Frau verachtet, die ihre Kunst den Kinder geopfert hat (siehe Norma Marder). Frauen in der Geschäftswelt haben oft schlechtere Karrierechancen, wenn sie Kinder haben. Das gespaltene Bild hat dann praktische Konsequenzen, die besonders schmerzlich sind, wenn Kinder betroffen sind.

In ihren persönlichen Beziehungen, die ihre Kreativität oft stärker herausfordern als Kinder, kann eine Innovatorin Konkurrenz, Neid und Machtkämpfe erleben. Abgesehen von einem Partner, der die Arbeit seiner Frau nicht unterstützt oder ermutigt, wird das Beziehungsleben vor allem durch die Organisation der Zeit und den Selbstzweifel erschwert.

Die alleinstehende Innovatorin gerät leicht in die Isolierung. Da sie so selbstbestimmt ist und ein so großes Bedürfnis nach eigenständiger Arbeit hat, fällt es ihr möglicherweise schwer, passende Freundschaften und Arbeitskollegen zu finden. Sie steht vielleicht vor der Notwendigkeit, mehr Energie in die Suche nach befriedigenden Beziehungen zu stecken – ihre Arbeit ist im allgemeinen weniger konfliktreich.

Wenn eine Frau eine Beziehung findet, die ihr entspricht, überwiegen die Vorteile die Schwierigkeiten. Dann sind Unterstützung und Partnerschaft möglich und die Verbundenheit mit einem Menschen, der sie als gleichwertig respektiert und ihre Kreativität und ihr Wachstum fördert. Mehr als Frauen in anderen Kategorien lernt die Innovatorin, verschiedene Arten von Liebe zu integrieren und deren Strukturen für sich selbst zu definieren. Sie erlebt Interdependenz und Autonomie und die Befriedigung, der Welt um sie herum ihren Stempel aufzudrücken. Sie ist Subjekt, und ihr hohes Energieniveau zeigt, wie frei eine Frau sein kann, wenn dieses Subjekt-Sein ihr Leben gestaltet.

Die Frage nach dem Sinn

Für die integrativ kreative Frau ist die Beziehung der Prüfstein, und Sinn entsteht durch die Verbindungen, die sie zwischen sich und den Menschen ihrer Welt herstellt. Für die kreative Frau in unserer Untersuchung war der schöpferische Prozeß an sich Ursache für Sinn und Identität ihres Lebens. Die Produktion von Kunst oder anderen Formen von Arbeit hatte viele Bedeutungen, die alle artikuliert werden wollten, aber bei allen war dieser Vorgang für ihr Wesen und ihr Gefühl von Ganzheit zentral.

Sharon Gainsburg sieht ihre Arbeit als eine Möglichkeit, etwas über sich selbst zu erfahren. Sie sagt: »Alles, was du im Studio machst, zeigt beispielhaft, wie du mit Dingen draußen in der Welt umgehst. Für mich geht es beim schöpferischen Prozeß ums Lernen. Über mich lernen, über mich in Beziehung zu Gefühlen lernen, über die Welt lernen.

Ich entdecke mich selbst. Ich hatte das Bedürfnis bzw. die Leidenschaft, schöpferisch zu sein, etwas über mich zu erfahren und zur Schönheit der Welt einen Beitrag zu leisten. Und Menschen zu lehren, anders zu sehen.«

Linda Russell spricht von den Augenblicken ihres Lebens, die am befriedigendsten sind: »Das Gefühl, daß ich direkt aus meiner Kraft heraus singe und die Macht habe, Menschen zu bewegen.«

Integrativ kreative Frauen wissen, welche Macht Subjekt-Sein und Handeln in der Welt besitzen. Durch ihre Arbeit übersetzen sie ihre innersten Energien und Visionen in Verbundenheit mit anderen. Aber obwohl ihre Arbeit für ihr Selbstgefühl und ihre ausgesprochen produktive Veranlagung zentral ist, bleiben Liebe und Verbundenheit die Basis, ein notwendiger, aber nicht ausreichender Aspekt ihres Lebens. Linda Russell spricht ergreifend über die dunklen und magischen Seiten der Liebe in ihrem Leben: »Mein Mann verließ mich zwei Tage, bevor ich vierzig wurde. Ich lud meine besten Freundinnen und meine Mutter zu meinem Geburtstag ein, und wir gingen in die Dachwohnung einer Freundin. Ich wußte nicht, daß ich in einem Schockzustand gewesen war, als ich die Frauen angerufen hatte. Ich wußte nicht, ob ich sie zu einer Totenfeier oder zu einer Party eingeladen hatte. Es war unglaublich. Wir erzählten Geschichten, wir sangen. Meine Mutter führte uns durch all die Lieder, die sie mich als Kind gelehrt hatte. So fühlte ich diese völlige Verbundenheit von Kindheit und Erwachsenenleben. Es ging bis zwei Uhr morgens. In dieser Nacht geschahen magische Dinge. Niemand hat die Geschichten vergessen, die dort erzählt wurden. Es war einfach ein wunderbarer, liebender Kreis. Das war für mich im bislang schlimmsten Augenblick meines Erwachsenenlebens, soweit Beziehungen betroffen waren, enorm heilend. Ich wußte einfach, daß ich wieder in Ordnung kommen würde. Was immer geschah, es zeigte mir, daß ich auf dieser Welt Liebe hatte. Ich hatte nicht *die* Liebe, aber ich hatte Liebe.«

Das Medium war das Lied gewesen, die mächtige Brücke zwischen ihrem kreativen und ihrem liebenden Selbst. Linda fängt mit dieser Geschichte die Essenz des Selbstgefühls der Innovatorin ein: Sie erlebt und äußert liebevolle, leidenschaftliche Verbundenheit durch ein schöpferisches Ereignis.

9. Visionärinnen: Frauen mit leidenschaftlicher Überzeugung

Frances Wilson Peabody ist 88, als wir ihr zum erstenmal begegnen. Sie lebt im Zentrum von Portland, Maine, in einem um die Jahrhundertwende erbauten Haus im viktorianischen Stil, das sie mit viel Liebe zum historischen Detail renoviert hat.

Frances ist eine zierliche, freundliche Frau, die trotz ihres Alters noch immer einen vollen Terminkalender hat, in dem es fast ausschließlich um gemeinnützige Tätigkeiten geht. Zur Zeit ist sie eine der Hauptantriebskräfte des AIDS-Zentrums von Maine. Sie macht die Öffentlichkeitsarbeit, hält Vorträge und stellt ganz allgemein ihr Wissen über Gruppenorganisation dieser Gemeinschaft zur Verfügung, die für die wachsende Zahl von AIDS-Patienten im ländlichen Maine die Hauptanlaufstelle ist.

Der Terminkalender von Frances ist so voll wie ihr Leben. Sie hat bei der Organisation des Zentrums mitgearbeitet, weil ihr Enkel vor kurzem an AIDS gestorben ist. Sie wollte etwas tun, um zu helfen. Ihre Tochter, Barbara Peabody, hat das Engagement und die Freigebigkeit ihrer Mutter geerbt – sie hat eine in den ganzen USA verbreitete Organisation für AIDS-Patienten ins Leben gerufen und ein Buch geschrieben, in dem sie das Sterben ihres Sohnes protokolliert. Es ist zu einem viel gelesenen Klassiker der zunehmenden Literatur geworden, die die Grausamkeit des Lebens mit AIDS darstellt.[1]

Frances' Ansichten über Politik und Frauen sind traditionell und liberal zugleich. Unser Treffen findet während der Hearings im Fall Anita Hill/Clarence Thomas statt. Frances sagt: »Ich weiß, daß sie Thomas glauben werden, denn es sind Männer, die einen Mann beurteilen. Frauen würden ihn anders beurteilen. Frauen wissen, von was sie spricht – sie wissen es, aber viele wollen ihren Instinkten nicht vertrauen. Sie wollen nicht, daß die Männer denken, daß sie so denken. Frauen sind von ihrem Leben, ihrer Bezugsgruppe und ihrer Familie so geprägt, daß ihnen noch nicht einmal klar ist, daß sie so denken.«

Frances glaubt, daß Frauen in der Welt genauso fähig und kreativ sind wie Männer. Aber sie denkt auch, daß Frauen bestimmte »weibliche« Aufgaben, etwa die Kindererziehung, für befriedigender und angenehmer halten. Sie bezieht sich auf ihr eigenes Leben – sie hat fünf Kinder geboren; eins starb im Säuglingsalter, zwei andere hatten Polio und wurden von ihr gesund gepflegt. Ihr Leben bestand aus Privilegien, Leid, Dienen und Verlust. Aufrechterhalten wurde sie durch ihre innerste Überzeugung, daß »es sehr befriedigend ist, jemand anderem zu helfen – was man gibt, kommt zehnfach zurück. Ich glaube, daß wir hier sind, um uns zu entwickeln und zu reifen, und ich empfinde es als sehr befriedigend, für andere etwas zu tun.«

Frances hat viele Jahre ihres Lebens der Pflege und Gesundung ihrer Tochter Charlotte gewidmet, die durch Polio gelähmt war. Über diese Zeit sagt sie: »Es war kein Opfer. Ich war einfach total froh, daß ich die Chance hatte, es zu tun; sonst wollte ich nichts – nur die Chance, dafür sorgen zu können, daß es ihr bessergeht.«

Eine Überzeugung, die Kraft gibt

Unter den von uns interviewten Frauen waren einige, die wegen der Energie ihrer Vision bemerkenswert schienen. Als wir zu definieren versuchten, was diese Frauen »antreibt«, wurde klar, daß sie alle eine Vorstellung oder Überzeugung in bezug auf das hatten, was in ihrem Leben sinnvoll und wichtig ist, und diese Vision direkt in Handlung umsetzten. Obwohl diese Frauen uns allen ähnlich sind, schienen sie irgendwie heroisch, wenn auch in der Stille. Historische Vorbilder könnten Eleanor Roosevelt, Marian Wright Edelman oder Gloria Steinem sein. Diese Frauen wirken inspirierend, weil sie ihre Vision so engagiert vertreten. Obwohl wir zunächst vielleicht an bekannte Frauen denken, können sie sich auch in ihrem kleineren, speziellen Kontext engagieren.

Zu diesen letzteren Frauen gehört Frances Peabody. Sie könnte als Helferin bezeichnet werden, weil ihr Schwerpunkt immer auf der Beziehung und der Sorge für andere liegt. Ihre Zielstrebigkeit und der kreative Einsatz ihrer Person jedoch erinnern an die Innovatorin. Sie hat ihr Leben lang für das Wohl anderer gearbeitet. Lieben und Handeln sind beide in Frances' Leben vertreten – der verbindende Faktor, die beherrschende Kraft ist ihre Überzeugung, ihre Vision, die auf eine bestimmte Seinsweise ausgerichtet ist. Die Vision wird durch die Hoffnung angeregt und gedeiht, wenn das Leben bejaht und an seine Möglichkeiten geglaubt wird.

Eine bestimmte Überzeugung charakterisiert jede Kategorie, die Leidenschaft verlangt es so. Die beziehungsorientierte Frau glaubt leidenschaftlich an Beziehungen, die kreative Frau gibt ihrem inneren Imperativ leidenschaftlich Ausdruck. Die visionäre Frau jedoch wird durch eine breiter angelegte Überzeugung angetrieben, die die soziale Gerechtigkeit oder ihre Selbstbestimmung betreffen kann. Ihr Handeln entspringt dieser Überzeugung. Das ordnende Prinzip, der rote Faden, ist das starke Gefühl, einen Auftrag zu haben. Für die Verwirklichung dieser Überzeugung sind Aktivität und Verbundenheit wichtig. Visionärinnen integrieren die Eigenschaften und Energien der vier anderen Lebensformen.

Die Frage nach ihren Leidenschaften beantwortete eine Frau auf die für eine Visionärin typische Weise:

»Erstens, die Erde und sie mit Liebe und Respekt behandeln; zweitens, Delphine und Pferde; drittens, die Heilung dysfunktionaler Familien; viertens, dazu beitragen, daß verarmte junge Menschen zu verantwortungsbewußten Eltern erzogen werden; fünftens, Hungernden hier im Land Nahrung und Kleidung geben.«

Diese Leidenschaften sind für unsere Gesprächspartnerin nicht nur imaginäre Ideale – sie handelt ihnen gemäß. Auf die Frage, was sie für ihre Leidenschaften tut, antwortet sie:

»Eins und Vier, indem ich unentgeltlich entsprechende Kurse gebe und lehre, wie wir die Erde und unsere Mitmenschen achten können; Zwei, Geld spenden und Kongreßabgeordneten schreiben; aus Drei habe ich meinen Beruf gemacht (Suchttherapeutin für Familien); Fünf, Geld spenden und Erziehung zur Gemeinschaft machen.«

Die Visionärin will nicht so sehr Einzelpersonen helfen, sondern eher Gruppen, dem Land, einer Organisation, der Welt. Die dieser Kategorie zuzuordnenden Frauen sind oft sozial aktiv, zum Dienen bereit, wollen »die Welt verändern«, etwas tun, was mehr Menschen nützt.

Viele Visionärinnen sind Unternehmerinnen oder Politikerinnen, die glauben, durch ein Dienstleistungsgeschäft oder eine politische Karriere auf der gesellschaftlichen Ebene etwas verändern zu können. Sie verbinden die Selbstbestimmtheit und den Eigenwillen der kreativen Frau mit dem Mitgefühl und den sozialen Fähigkeiten der beziehungsorientierten Frau.

Das Leben von Frances Peabody ist in ihren Vorstellungen von Dienen und Helfen verwurzelt, und diese Überzeugungen kamen in ihrem privaten und in ihrem öffentlichen Leben zum Tragen. Als Charlotte

Polio bekam, ließ Frances sich ausbilden und gab ihr zwei Jahre lang zu Hause Unterricht; fünf Jahre lang machte sie jeden Tag Physiotherapie mit ihr. »Ich war entschlossen, ihr das Laufen wieder beizubringen.« Charlotte, die völlig gelähmt war, lernte tatsächlich wieder gehen. Eine andere Tochter sagte ein paar Jahre später über Frances: »Charlotte wagte nicht, nicht gesund zu werden, nachdem Mutter beschlossen hatte, daß sie gesund werden würde.«

Frances war lange Jahre Witwe; ihr Mann starb mit 58. Nach seinem Tod leitete sie eine Zeitlang sein Geschäft und beaufsichtigte dann dessen Verkauf und Übergabe. Wenn sie nicht mit dem Geschäft zu tun hatte, beschäftigten ihre vielen freiwilligen sozialen Aufgaben sie. Sie interessierte sich für Geschichte und war in der historischen Gesellschaft ihres Bundesstaates aktiv. Sie war im Vorstand zahlreicher Organisationen und hat an Büchern mitgearbeitet, von deren Reinerlös Studenten am örtlichen Konservatorium ein Stipendium bekamen. Frances sagt: »Ich denke, daß ich einen gewissen Ideenreichtum habe. Ich bin irgendwie kreativ und mache Dinge gerne so. Es ist eine Herausforderung. Ich habe ein oder zwei Programme und Organisationen gestartet, und es hat Spaß gemacht, in ihnen zu arbeiten und zu sehen, wie sie sich entwickeln. Es gibt viele Möglichkeiten, kreativ zu sein, wenn man nur seiner Phantasie freien Lauf läßt und Mut hat. Man braucht Mut, Energie und Ausdauer. Ich habe ein paar Sachen gemacht, bei denen ich furchtbare Angst hatte, aber sie sind gutgegangen.«

Frances ist vor allem eine Frau der Tat – aber ihre Taten sind von Weitsicht, Entschlossenheit und Zielstrebigkeit beseelt. Über ihre Zukunft sagt sie: »Ich möchte nicht noch jahrelang herumhängen, wenn ich nicht mehr nützlich sein kann.« Ihr Leben war alles andere als unnütz. Von ihrer aktiven Kreativität und ihrem Sinn für Beziehungen haben viele profitiert. Typischerweise jedoch glaubt sie, selbst am meisten profitiert zu haben.

Die ökonomisch privilegierte Stellung, die Ausbildung und die von Familie und Gesellschaft eingeimpfte Ethik des Dienens haben Überzeugung und Entschlossenheit von Frances Peabody zweifellos beeinflußt. Aber auch Frauen mit anderem familiärem Hintergrund haben dieselbe Entschlossenheit, denselben Wunsch, die Welt zu einem besseren Ort zu machen. Visionen sind ein notwendiger Bestandteil eines leidenschaftlichen Lebens. Auch Frauen, die auf der ökonomischen Leiter ganz unten rangierten, brachten ihr Leben langsam wieder in Ordnung, weil sie sich die für ein besseres Leben notwendigen Schritte vorstellen konnten. Sie alle besaßen Entschlossenheit, glaubten an die Möglichkeiten des Lebens, an harte Arbeit und Ausdauer. Meist waren die Frauen, die den größten Schwierigkeiten begegnet waren, am entschlossensten. Sie hatten durch die Kraft ihres Willens enorme Hindernisse überwunden.

Ein entscheidender Augenblick

Paulette Hines ist in einer verschlafenen Landgemeinde in North Carolina groß geworden. Sie hatte drei Geschwister, die zusammen mit ihren Eltern ihre Kernfamilie bildeten, aber daneben hatte sie eine große erweiterte Familie: beide Eltern hatten zwischen neun und elf Brüder und Schwestern, die alle wieder Kinder hatten. »Die Familie wurde sehr weit definiert. Es gab ein ganzes Netzwerk von Leuten einschließlich Tanten und Onkeln und Lehrern, die einen in einer so kleinen Gemeinde im Grunde wie Familie behandelten.«

Paulette ist Ehefrau und Mutter, aber ihre Leidenschaft gilt ihrer Arbeit – sie leitet die Abteilung für Vorbeugung an einem großen Zentrum für psychische Gesundheit am Rand von New York City. Sie ist eine führende Autorin und Expertin, was die Situation afro-amerikanischer Familien angeht, und Ex-Vorsitzende der State Association of Black Psychologists.[2]

Sie wußte schon immer, was sie wollte, nämlich »mein Wissen und mein Können zur Reduzierung oder Beseitigung menschlicher Probleme einsetzen... versuchen, soziale Probleme in der Gemeinschaft in Ordnung zu bringen... versuchen, Problemen vorzubeugen, bevor die Leute selbst handlungsunfähig werden... die Gesundheit fördern, das Wohlbefinden fördern, versuchen, menschliches Leid zu beheben oder zu vermeiden. Ich glaube, das hat mich schon als kleines Kind beschäftigt. Ich bin in den 50er und Anfang der 60er Jahre groß geworden; damals kam die Bürgerrechtsbewegung so richtig in Gang, und ich erinnere mich, daß ich im Fernsehen sah, wie Martin Luther King die Massen bewegte und ich in meinem Leben etwas tun wollte, was die Welt veränderte. Ich stamme von einer langen Reihe von Baptisten-Pfarrern und Lehrern und Krankenschwestern und anderen Leuten ab, die in helfenden Berufen arbeiteten, und weil ich in der Schule gut war, wurde ich auch als schwarzes Kind immer wieder mit der Frage konfrontiert: ›Willst du Krankenschwester werden? Willst du Lehrerin werden? Willst du Sekretärin werden?‹ Und das ärgerte mich, weil es so begrenzend war. Ich wußte, daß ich etwas tun wollte, um Menschen zu helfen, aber ich wollte dazu nicht gezwungen oder getrieben werden. Ein Teil von mir suchte immer nach einer anderen Möglichkeit, es zu tun, und jetzt bin ich hier. Ich glaube, es ist genausosehr durch das bestimmt, was ich nicht wollte, wie durch das, was ich wollte.«

Bei Paulette gab es einen entscheidenden Augenblick, der den emotionalen Rahmen vorgab, der die Initialzündung für ihre Vision war. Sie war damals fünf oder sechs Jahre alt. »Ich ging in die Stadt, um mir eine Tüte Eiskrem zu kaufen, und mir wurde gesagt, ich könnte sie nicht an der Theke essen [weil sie schwarz war]; ich war so wütend darüber, daß ich die Eiskremtüte auf die Theke zurückschob und mich weigerte, sie zu bezahlen. Diese Erinnerung ist immer noch da, ein Schmerz, eine Wut, die mich, glaube ich, auch irgendwie angetrieben haben.«

Paulette ist eine der vielen Frauen, die sich nicht unbedingt für kreativ halten. Aber sie sagt: »Meine kreativen Momente werden wahrscheinlich eher durch die schwierigen Zeiten angeregt. Das ist eine meiner Methoden, mit Widrigkeiten fertig zu werden. Viele Leute schalten ab und treten den Rückzug an. Ich beschäftige mich gründlich mit der Sache und strenge mich mehr an.«

Paulettes ethnische Zugehörigkeit ist die Ursache ihrer Unterdrükkung und ihre Stärke. Sie sagt: »Es fällt mir schwer, mich nur als Frau und nicht als schwarze Frau zu sehen. Ich hatte mein Leben lang das Gefühl, daß meine Realität durch meine Hautfarbe bestimmt wird... mein Selbstgefühl wird vor allem durch meine Rasse und dann erst durch mein Geschlecht bestimmt. Als schwarze Frau kann ich mich jedenfalls auf das Vermächtnis der vielen starken, kreativen und energischen schwarzen Frauen berufen, die mir vorausgegangen sind. Die mir ein Beispiel gegeben haben, wie man es machen kann, und innerlich habe ich diese Vorstellung, daß ich es machen könnte oder sollte, weil sie es getan haben.«

Für Frances Peabody ist das zentrale Thema Verlust, für Paulette die soziale Ungerechtigkeit. Beide scheinen von inneren Ressourcen zu zehren, der Fähigkeit, mit einer Situation nicht nur fertig zu werden, sondern sie zu bewältigen, eine Fähigkeit, die moderne Theoretiker als seelische Spannkraft bezeichnen. Sie besteht aus einer Mischung aus Kreativität, Aktion, Findigkeit und dem starken Wunsch, sich mit anderen zu verbinden, in ihnen dieselben Stärken zu fördern und zu wekken, die sie selbst haben.

Paulette ist eine Helferin, die Eigenschaften der Innovatorin integriert hat. Die Visionärin weitet das Helferinnen-Schema maximal aus, indem sie ihre Zielstrebigkeit in politische Aktionen hineinträgt. Paulettes Energie ist beziehungsorientiert, aber am stärksten treiben Prinzipien sie an – die Überzeugung, daß Menschen so unterstützt und gefördert werden können, daß sie imstande sind, kontrollierbare und nicht kontrollierbare Widrigkeiten zu überwinden. Man könnte sagen, daß ihre Vision durch mitfühlenden Zorn auf die Ungerechtigkeiten gespeist wird, die wir uns gegenseitig antun.

Die Welt verändern

Der für Frances Peabody und Paulette Hines charakteristische Wunsch, die Welt zu einem besseren Ort zu machen, steht auch hinter Sheila Wilensky-Lanfords überaus erfolgreicher Kinderbuchhandlung in einer kleinen Stadt in Maine. Sheila sieht die Sache so: »Ich bin ein Kind der 60er Jahre, und ich wollte die Welt verändern.«

Sheila hat früher Sozialkunde unterrichtet – sie wollte zeigen, daß Geschichte auch anders unterrichtet werden kann. Heute versorgt sie junge Menschen mit niveauvollen Büchern, die ihren Blick auf die Welt erweitern. Sie verkauft die Klassiker und Bücher, die die Gleichwertigkeit der Geschlechter und die ethnische Gerechtigkeit fördern. Die Leute bemerken den Unterschied. Anläßlich der Eröffnung ihrer Buchhandlung beschrieb eine örtliche Zeitung Sheila als »Frau mit Mission«.[3]

Manchmal war Sheilas Mission durch die Notwendigkeiten des Alltags gefährdet. Als Unternehmerin ist sie auch aufgerufen, pragmatisch mit Geld umzugehen. »Manchmal fällt mir die Entscheidung wirklich schwer, ob ich bestimmte populäre Bücher, die ich nicht gut finde, von denen ich aber weiß, daß sie sich gut verkaufen werden, ins Programm aufnehmen soll oder nicht.« Aber Sheila *hat* ihren Traum verwirklicht *und* ist finanziell erfolgreich, obwohl ihr gesagt worden war, in einer Stadt mit 5000 Einwohnern wäre das nicht möglich. Heute, zehn Jahre nach der Eröffnung, verkauft Sheila nicht nur Bücher, sondern sponsert auch Autorenlesungen und öffentliche Workshops für Erwachsene.

Es war die Macht ihrer Vision, die Sheila zur Gechäftsfrau machte. »Jeder sagte, es würde hier in dieser Stadt nicht laufen.« Zuerst sprach sie wegen der Finanzierung mit dem männlichen Banker der örtlichen Bank. »›Das ist nicht die Art von Geschäft, die in dieser Stadt florieren wird‹, meinte er. Ich ging dann zu einer Frau, die eine andere kleinere Bank managte. Ich hatte den Finanzierungsplan und den ganzen Papierkram, den ich glaubte vorlegen zu müssen, aber den Ausschlag hat gegeben, daß ich sagte ›Das ist eine Sache, an die ich wirklich glaube‹. Sie muß auch Intuition gehabt haben, denn sie sagte: ›Ich halte es für eine großartige Idee‹, und sie gab mir das Geld.«

Sheila ist überzeugt, daß man aktiv werden muß.

»Wer nicht wagt, der nicht gewinnt. Wenn man sagt, man *versucht* es nur einmal, hat man schon verloren. Man muß es einfach *tun.*«

Sheilas Wandlung zur Unternehmerin zeigt ihre Entwicklung von der Liebenden zur Innovatorin.

Ihre Existenz als Geschäftsfrau hatte ein Vorspiel. Der Beginn ihres Erwachsenenlebens spielte sich im tiefen Schatten der Lächelnden Frau ab. Anfangs meinte sie, nicht selbst für die Gestaltung ihres Lebens sorgen zu müssen. Wie die Künstlerin und Unternehmerin Sara Eyestone, die dachte, ihr erster Mann würde sie »zu etwas machen«, heiratete Sheila ihren Mann, weil er all die Eigenschaften zu besitzen schien, die sie selbst gern gehabt hätte. Sheila dachte wie so viele Frauen, die »Er ist genau so, wie ich will« mit »Er ist genau so, wie *ich sein möchte*« verwechseln: »Ich heiratete ihn, damit er mir den Weg zeigte. Und damit er stellvertretend das wäre, was ich nicht war, aber sein wollte. Henry war ein brillanter Mann. Das ist einer der Gründe, weshalb ich ihn heiratete. Er war ein brillanter, gutaussehender, protestantischer Anglo-Amerikaner, und ich bin Jüdin, und ich wollte immer intelligenter sein. Es war mir egal, ob ich hübsch war... Auch als Teenager, in der Zeit, in der die meisten Mädchen beliebt sein wollen, wollte ich intelligent sein, und ich hatte nicht das Gefühl, sehr intelligent zu sein. Und deshalb heiratete ich stellvertretend diesen Mann, der all das war. Obwohl er mir sagte, daß wir nie reich sein würden. Er würde nie viel Geld verdienen, er kam aus einer sehr intellektuellen, distinguierten Familie, aber er wollte sich nicht draußen in der Welt am Wettkampf beteiligen. Deshalb erfüllte er meine Erwartungen nie. Ich sagte mir, dieser Junge ist so brillant, er wird ein Buch schreiben oder etwas erfinden... und er wird berühmt werden, und wir werden eine Menge Geld haben. Damals versuchten wir uns im Hippie-Dasein, aber als die Jahre vergingen, wollte ich kein Hippie mehr sein.«

Sheila wollte, daß er mehr Ehrgeiz hätte. Wenn er ihn gehabt hätte, wäre es ihr vielleicht leichter gefallen, ihr Leben um seinen Terminkalender herum aufzubauen. Aber weil ihm der Ehrgeiz fehlte, der ihre aber sehr stark war, rebellierte sie.

Sheila begann, das ausschließlich beziehungsorientierte Muster hinter sich zu lassen. Die Tatsache, daß sie Kinder hatte, hätte sie in die alte Form zurücktreiben können. Aber das passierte nicht.

Obwohl die Existenz ihrer Kinder ihre »genetische jüdische Schuld« aktivierte, wußte sie, daß es ihr nicht entsprechen würde, wenn sie ihre ganze Energie in das Bemuttern steckte. »Ich mußte etwas außer Haus tun, um mich nicht wie ein Nichts zu fühlen. Ich war keine große Plätzchenbäckerin.

Wunderschöne Zeiten mit meinen Kindern waren nicht der Hauptgrund dafür, daß ich mich gut fühlte. Das war immer mehr meine Arbeit. Meine Kinder waren sicher sehr wichtig für mich, und ich bin froh, daß ich sie hatte, aber es war nicht genug.«

Als ihre Tochter viereinhalb und ihr Sohn anderthalb Jahre alt waren, ging Sheila also zur Bank, um die Finanzierung für ihren Buchladen zu beantragen.

Vision und der Mut zur Entscheidung

Kurz nachdem Sheila ihr Geschäft eröffnet und erkannt hatte, daß sie selbst für die Gestaltung ihres Lebens sorgen mußte, wurde sie zum drittenmal schwanger. Ihr war klar, daß ihr sich abzeichnendes geplantes Leben mit diesem Kind schwieriger zu realisieren wäre. »Ich wollte mein Geschäft nicht aufgeben. Ich wollte kein drittes Kind.« Sie war an einem Scheideweg.

Nach verzweifeltem Ringen entschloß sie sich zu einer Abtreibung. Die Abtreibung »war sehr, sehr traumatisch für mich, mehr als für jede Freundin, die dasselbe mitgemacht hat. Ich betrachtete es als eine Art Wiedergeburt. Wenn ich dieses Protoplasma töten würde, mußte ich die Energie in mich selbst stecken.«

Später las sie Carol Gilligans *Die andere Stimme*; die Autorin hatte festgestellt, daß – mit den Worten Sheilas – »eine Abtreibung Frauen entweder zu einem Rückschritt veranlaßt oder sie ihre Kreativität entdecken läßt«.

Wie reagierte Henry, als Sheila sich immer mehr auf ihre eigenen Pläne konzentrierte? Vor ihrer Heirat war Henry Filmemacher gewesen, hatte alle möglichen interessanten Dinge gemacht. Obwohl er Sheila beim Aufbau des Ladens sehr unterstützte und sie beriet, begann er, wie sie meinte, mit ihr zu konkurrieren. Er glaubte ihres

Erachtens, immer recht zu haben, weil er wußte, daß er sehr intelligent war, ein Wissenschaftler, ein logischer Denker.

»Er wußte immer, wie man etwas richtig macht. Wenn ich ihm das Geschirr zum Abwaschen stehenließ, mußten die Gläser auf der rechten Seite stehen... Er sprach immer von dem Laden, als würde er uns beiden gehören. Das gefiel mir nicht. Der Laden war nicht seine Sache. Er hat lauter großartige Sachen auf die Beine gestellt, bevor er mich kannte, und machte ab und zu ein paar Vorschläge, aber es war mein Laden, es war mein Baby. Ich höre mir die Ratschläge anderer an, aber ich entscheide.«

Die Entscheidung, sich für ihr Leben und nicht für das des Fötus zu entscheiden, ihre Energie in ihre eigenen Träume zu investieren, anstatt Henry anzutreiben, sie ihr zu erfüllen, ging tief. Nicht nur, daß Henry von dem Laden redete, als würde er ihnen beiden gehören, auch Sheila reagierte heftig auf die dramatische Veränderung in sich.

»Ich war nach der Abtreibung nicht verrückt oder nahe an einem Nervenzusammenbruch oder sonst etwas, aber ich war auch nicht in guter Verfassung. Ich hatte furchtbare Angst, auch nur mit dem Auto in die Stadt zu fahren.« Die Zunahme an Selbstvertrauen, die Unterschiedlichkeit ihres Angstpegels vor und nach der Entscheidung für den Laden fand Sheila bemerkenswert. »Ich glaube, ich bin jetzt ein völlig anderer Mensch. Ich mache jetzt alles mögliche.«

Sheila beschreibt ihre Mutter als sehr traditionell und sagt, daß sie dieser jahrelang wegen ihrer Angst Vorwürfe machte. Jetzt ist sie versöhnlicher. Sie macht sich auch Gedanken, ob ihre eigene Tochter ihre Kraft bewahren wird, wenn sie sich erst einmal mit Jungen einläßt, obwohl »sie sehr viel stärker ist, als ich war«.

Gilligan sagt, daß mit Mädchen zwischen 11 und 16 etwas passiert. Ich sehe es an meiner Tochter. Sie hat eine sehr starke Ausstrahlung und ist meist sehr selbstsicher, aber vor ein paar Jahren begann sie zu weinen und sagte, sie hätte Angst, daß sie gegen ihren Willen anfangen würde, Jungen, Rockmusik und Kleider zu lieben, und das wollte sie nicht. Sie war damals ungefähr zehn. Sie hat mir nicht gesagt, was sie jetzt Jungen gegenüber empfindet, aber ich glaube, sie fängt an, sich für sie zu interessieren. Das ist für mich in Ordnung, solange sie auch ihre Kraft behält.«

Die Form ihrer Ehe entsprach Sheila immer weniger, je erfolgreicher sie wurde. Sie hatte Henry geheiratet, damit er ihr den Weg zeigte, aber jetzt fand sie ihn selbst. Inzwischen ist sie geschieden.

Vision und Geld: Der ökonomische Imperativ

Die Frau, die aufgrund ihrer Vision ihr eigenes Geschäft aufmacht, kann, wie andere Karrierefrauen, je nach der Entschlossenheit bei der Verfolgung ihres Ziels Innovatorin oder Künstlerin sein. Anders als die meisten anderen Karrierefrauen bzw. Malerinnen, Komponistinnen oder Schriftstellerinnen sind Unternehmerinnen jedoch bis in die letzte Konsequenz für ihr Leben und ihre Finanzen verantwortlich. Frauen wie Sara Eyestone, die Künstlerin *und* Unternehmerin sind, sind selten. Auch die sehr erfolgreiche Firmenjuristin, die Herausgeberin, die Physikerin oder die Maklerin nehmen von jemand anderem Anweisungen entgegen. Die Unternehmerin gibt sie. Sie übernimmt die volle Verantwortung für die Verwirklichung ihrer Vision.

Sheila und Frances sind Beispiele für Frauen, die in dieser Weise aktiv werden. Sie stellen sich ihren Traum vor und gehen dann die notwendigen Risiken ein, damit er wahr wird. Sie sind auch in der Lage, den Prozeß in einzelne Schritte zu zerlegen. Sie wissen, wie man Dinge angeht, können gut mit anderen zusammenarbeiten. Sie bauen Brücken zwischen Ereignissen, Menschen oder Situationen, so daß sie da, wo andere Hindernisse sehen, Chancen wahrnehmen. Und sie pakken Gelegenheiten beim Schopf, denn sie haben keine Angst, für ihre Ideen Reklame zu machen und anderen ihre Wünsche mitzuteilen.

Viele Frauen zögern nicht, ein soziales Anliegen zu fördern. Wie Frances Peabody arbeiten wir für die AIDS-Hilfe, für die Krankenbetreuung, wir verwalten den Reinerlös vom Kirchenfest und schämen uns nicht, die Mächtigen und Reichen unverblümt um Geld zu bitten. Manche von uns können dies sogar, wenn es um Frauen-Angelegenheiten geht; wir versuchen, Politiker zu beeinflussen, den Mutterschaftsurlaub zu verlängern, oder setzen uns als Rechtsanwältinnen für das Recht auf Abtreibung ein. Aber wenn es darum geht, unsere eigenen Seminare zu vermarkten, zu berechnen, was wir wert sind, die Bank zu überzeugen, uns Geld für ein Haus oder ein Geschäft zu leihen, haben wir Schwierigkeiten.

Der künstlerischen Frau fällt es möglicherweise schwer, ihre Arbeit ernst zu nehmen. Frauen sind schließlich nicht dazu geboren, Symbole zu erschaffen oder Kultur zu produzieren. Die Unternehmerin jedoch muß noch sakrosanktere männliche Bereiche durchschreiten, die der Macht und des Geldes.

Infolgedessen ist es vielen von uns unangenehm, Geld zu verdienen, zu berechnen, einzunehmen. Eine privat praktizierende Therapeutin erinnert sich, daß sie in ihrer ersten Zeit Schwierigkeiten hatte, den Scheck direkt aus der Hand der Klientin entgegenzunehmen. Sie hatte ein »Sparschwein«, in das der Klient das Geld oder den Scheck stecken konnte, so daß sie es nicht direkt zu nehmen brauchte.

Künstlerinnen und Musikerinnen müssen ihre Zeit bewerten und ihrer Arbeit am Schluß einen Preis geben. Die Unternehmerin muß finanzielle Risiken eingehen können und das Selbstvertrauen haben, daß sie etwas anzubieten hat, was das Geld zurückbringt. Sie muß Geldgebern die Idee überzeugend verkaufen können. Und sie braucht ein paar stereotyp männliche Eigenschaften wie Aggressivität und gute Nerven, um ihre Ideen durchzuführen.

Die Geschäftsfrau hat visionäre Ideen, aber auch den Pragmatismus und das Können, sie zu realisieren. Die Visionärin denkt nicht nur über die Veränderung nach, sie bewerkstelligt sie.

Die Gesellschaft und die visionäre Frau

Die amerikanische Gesellschaft schätzt Unternehmer seit jeher. Aber man stellte sie sich nicht im Rock vor. Unsere Gesellschaft hat sich auch auf die guten Taten sozialer Aktivisten verlassen, aber ihnen erging es in der volkstümlichen Vorstellung nicht besser als den Unternehmern. Das Bild, das die Gesellschaft von Visionärinnen hat, zeigt die Ambivalenz gegenüber Frauen, die eher aktiv als passiv sind. Der soziale Aktivismus beschwört in Amerika das Bild der verspotteten, mit einem Beil bewaffneten Aktivistin der Vereinigung christlicher Frauen für Alkoholabstinenz herauf. Einige ihrer Mitglieder konzentrierten sich auf das Gebet. Andere dachten wohl, daß der Herr denen hilft, die sich selbst helfen, und wurden aktiv. »Schon 1853 zog Mrs. Margaret Freeland aus Syracuse, New York, allein in die Lieblingsbar ihres alkoholsüchtigen Ehemanns und zertrümmerte mit einer Keule die gesamte Inneneinrichtung. Andere Frauen folgten ihrem Beispiel, vor allem im Mittleren Westen; sie schlossen sich zusammen und schwangen Beile, Keulen und Steine.«[4]

Die Suffragetten wurden in Karikaturen als Frauen mit strengem Gesicht dargestellt. Auch heute noch werden Frauen, die für gleiche Rechte kämpfen, von den Medien – und, schlimmer noch, von anderen Frauen – als »wütende Feministinnen«, »schrill und grell« oder »männerhassende [d. h. lesbische] Feministinnen« charakterisiert.

Das Bild der Unternehmerin ist nicht weniger ambivalent. Von Diamond Lil und anderen berühmten historischen Puffmüttern über die erfolgreichen Besitzerinnen der Flüsterkneipen während der Prohibition bis zu Ivana Trump hat die Gesellschaft Frauen so lange toleriert, wie sie männlichen Interessen nützten. Sie lieferten Alkohol, Sex oder hübsche Dekoration. Madonna, deren neues Buch *Sex* sich sofort hunderttausendfach verkaufte, ist eine der erfolgreichsten Unternehmerinnen unserer Zeit. Aber die Gesellschaft betrachtet sie, genauso wie andere Geschäftsfrauen, mit großer Ambivalenz: Sie ist von ihr fasziniert, verachtet sie aber zugleich.

Karrierefrauen ergeht es sogar in den 90er Jahren kaum besser. Während des letzten amerikanischen Präsidentschaftswahlkampfs lautete die Schlagzeile einer örtlichen Zeitung: »Hillary Clinton zeigt weiblicheres Verhalten« – den Wählern wurde Frau Clinton als pragmatische Karrieristin präsentiert, die ihren Partner beherrscht.[5]

Die Aktivistin ist langweilig und humorlos, geschlechtslos, frigide. Die Geschäftsfrau rauh und extravagant, promiskuitiv und gefährlich, Madonna/Hure. Die Einstellungen zu Visionärinnen zeigen auch die Ambivalenz der Männer in bezug auf Sexualität und Macht der Frauen.

Visionärinnen haben einen Auftrag und ein Ziel, Spannkraft, Mut, Energie und Ausdauer. Ob sie auf den Barrikaden für soziale Veränderungen kämpfen oder ihre eigene Vision als Unternehmerin vertreten, die Haupteigenschaft dieser Frauen ist ihr Mut, trotz großer Gefahren mit ihrem Traum an die Öffentlichkeit zu gehen.

Teil Drei

Leidenschaft und Entwicklung

10. Der frühe Tod der Liebe oder: Früher spielte ich Violine

Das Leben von Frauen entwickelt, verändert sich ständig. Wie bei den in Teil 2 beschriebenen Frauen finden die Leidenschaften idealerweise ihren Ausdruck in einem für die einzelne harmonischen Verhältnis zwischen Beziehung und Kreativität, das sich jedoch im Lauf des Lebens ändern kann. Zum Seelenwachstum gehört nicht zuletzt, daß wir unser Leben immer wieder neu und so orientieren, daß wir Zugang zu der Wahrheit unseres Herzens haben. Wir treffen Entscheidungen, wir verändern uns, wir lassen die Angst, das Objekt-Sein los und bekennen uns zu uns selbst.

Oft finden Frauen aber auch keine Form, die ihnen entspricht, keine Struktur, die paßt. Viele unserer Gesprächspartnerinnen spürten keine leidenschaftliche Verbindung zu ihrem Leben, hatten das Drehbuch ihres Lebens nicht selbst geschrieben. Ihre Gefühle waren abgestumpft, abgelenkt oder wurden negiert. Manchmal hatten sie ihre leidenschaftlichsten Gefühle und Interessen gar nicht erkannt. Sie empfanden eine unbestimmte Traurigkeit, bedauerten, bestimmte Entscheidungen nicht getroffen zu haben, waren sich über ihre innersten Energien im unklaren. Wenn der Zugang einer Frau zu ihren innersten Leidenschaften blockiert ist, ist sie kein Subjekt, hat sie nicht das Gefühl, in ihrem Leben etwas zu bewirken. Die Folgen können Krankheit, Depression, Unglücklichsein oder Sucht sein.

Nicht nur, was uns bewegt, sondern auch, was uns blockiert, ist wichtig. Warum bleiben unsere leidenschaftlichsten Gefühle und Interessen im dunkeln, so daß das Subjekt-Sein so schwerfällt? Die Antworten auf diese Fragen haben mit den heimtückischen Auswirkungen der herrschenden Liebeskonzeption zu tun und mit der Tatsache, daß die Vergangenheit die Gegenwart erschafft. Wie haben wir den Kontakt zu dem verloren, was uns in der Kindheit bewegte? In unserem Erwachsenenleben gibt es vieles, was uns von unseren innersten Gefühlen und Bedürfnissen ablenkt.

In unseren Fragebögen hatten wir Frauen gebeten, sich an das zu erinnern, was sie als Kind, als Heranwachsende und als junge Erwachsene leidenschaftlich bewegt hatte und wie diese Energie jetzt in ihrem Leben wirksam ist. Wir fragten, welche Bilder sie damals von ihrer Zukunft hatten, und ob diese Phantasien zum Bestandteil ihres Lebens geworden sind. Wie wurde die erste Liebe abgewandelt, zurechtgestutzt, transformiert?

Erinnerungen an die erste Liebe

Die Ursprünge unserer Leidenschaften sind in unserer Vergangenheit angesiedelt. Der Begriff »erste Liebe« bezieht sich nicht nur auf unsere frühsten und oft leidenschaftlichsten Liebesbeziehungen, sondern auch auf Aktivitäten, die uns Freude machten, bei denen wir glücklich waren, auf die wir uns ganz einließen. Gefühle, Phantasie und schöpferische Kraft bilden sich in der Kindheit aus – falls sie uns nicht durch Familien und Schulen, die Konformität und Funktionalität höher bewerten als Einzigartigkeit und Empfindsamkeit, systematisch ausgetrieben werden.

Als wir in einem Workshop darum baten, jemand möge seine Geschichte einer verlorenen Liebe erzählen, kam eine Frau Mitte 50 langsam nach vorne und nahm den mehr als hundert Anwesenden gegenüber Platz. Sie hieß Barbara.

Wir fragen: »Welche Liebe haben Sie verloren?«

»Meine erste Liebe; ich war ungefähr zwölf oder dreizehn und verliebte mich wahnsinnig in einen jungen Mann, der ein paar Jahre älter war als ich. Mein Vater lehnte ihn ab und tat alles, was er konnte, um uns auseinanderzubringen, und schließlich gelang es ihm. Und ich denke immer noch an ihn.«

»Erinnern Sie sich noch, wie er sie auseinanderzubringen versuchte?«

»O ja. Er tat etwas sehr Dramatisches. Das Erlebnis berührt mich immer noch. Mein Vater sagte mir, ich solle ins Auto steigen, er wolle mich mitnehmen. Ich spüre noch den Stoff des Sitzes und den Geruch des Autos. Wir lebten in einer kleinen Farmer-Gemeinde im Mittleren Westen und fuhren zu der kleinen Kirche. Als wir dort ankamen, sagte er zu mir: ›Ich sage es dir sehr ungern, aber es ist möglich, daß ich der Vater dieses Jungen bin.‹«

Das Publikum hält den Atem an.

»Ich war am Boden zerstört. Ich war damals 17.«

»Wem haben Sie sich mitgeteilt? Mit wem haben Sie gesprochen, um diese Wunde zu heilen?«

»Mit niemandem, erst Jahre später. Ich habe es mit mir herumgetragen, dreißig Jahre oder so.«

»Haben Sie und der Junge je darüber gesprochen?«

»Nein.«

»Sie behielten es für sich?«

»Ja.«

»Können Sie zwischen dieser ersten Liebe, die so beendet wurde, und späteren Lieben eine Verbindung herstellen?«

»Ich weiß nicht. Der Mann, für den ich mich entschieden habe, ist Alkoholiker.«

»Erinnern Sie sich, wie Sie sich fühlten, als Sie verliebt waren?«

»Ich schämte mich.«

»Es macht Sie immer noch traurig.«

»Ja. Vor zwei Jahren erzählte mein Vater mir, daß er die Geschichte erfunden hatte.«

Aus dem Publikum kommt ein »Ohhh«, dann Stille. Die Ungeheuerlichkeit der Macht des Vaters, diese Liebe zu zerstören, steht greifbar im Raum.

»Gibt es eine andere Leidenschaft in Ihrem Leben, etwas anderes als Menschen? Gibt es etwas, bei dem Sie so engagiert sind, daß Sie es als Leidenschaft betrachten würden?«

»Dehalb bin ich in diesen Workshop gekommen, um das herauszufinden.«

»Hatten Sie als Kind irgendwelche Leidenschaften?«

»Ich war das brave kleine Mädchen.«

»Sie hatten die Leidenschaft, brav zu sein?«

»Ja, sehr stark.«

»Wenn Sie genug Talent, Geld und Zeit hätten, was wären Sie geworden?«

»Hmmm. Oh, ich wollte ein Buch schreiben, ich wollte ein Lied schreiben, ich wollte malen.«

»Sie wollten ein Lied schreiben; Sie wollten malen. Haben Sie schon einmal etwas geschrieben?«

»Nein.«

»Haben Sie schon einmal ein Lied gemacht?«

»Nein.«

»Haben Sie Kunstunterricht genommen?«

»Nein.«

»Haben Sie Kurse besucht?«
»Nein.«
»Singen Sie?«
»Nein.«
»Nie?«
»Für mich selbst.«
»Was singen Sie?«
»Och, ich weiß nicht, populäre Lieder.«
»Nennen Sie uns ein Lied.«
»Wollen Sie mich hier zum Singen bringen?«
Gelächter aus dem Publikum.
»Nennen Sie uns ein Lied. Wir wollen Sie hier zu nichts bringen.«
»Ihnen ein Lied nennen. Okay. ›Smoke Gets in Your Eyes.‹«
»Das ist ein leidenschaftliches Lied. Wer kann singen?«
Drei oder vier Frauen aus dem Publikum kommen nach vorne und singen leise »Smoke Gets in Your Eyes«. Barbara schließt sich an. Viele der Frauen haben Tränen in den Augen.

They asked me how I knew,
my true love was true
I of course replied,
something deep inside
cannot be denied.[1]

[Sie fragten mich, woher ich wüßte,
daß meine Liebe wahre Liebe sei
und ich antwortete natürlich,
daß etwas von tief innen
nicht verleugnet werden kann.]

Dann singt jeder mit; Barbara weint.
Wahrscheinlich hat jede von uns schon einmal für sich ein Lied gesungen, das ein nicht erkanntes Gefühl zum Ausdruck brachte. Wahrscheinlich sehnt jede von uns sich nach der Intensität der ersten Liebe zurück, nach der tiefen Verbundenheit mit sich selbst, die eine Folge der Leidenschaft ist. Die Frauen, die unsere Fragebögen beantworteten, hatten alle deutliche Erinnerungen an die erste Liebe. Ihre Antworten spiegeln die Irrationalität früher Leidenschaft und die Komik des Menschseins.
Frage: Erinnern Sie sich an Ihre erste Liebe? Was geschah?
»Ja. Jimmy Taub küßte mich in der Garderobe – dritte Klasse.«

»Ja. Meine Eltern erlaubten mir nicht, ihn zu sehen, weil sein Vater Anstreicher war.«

»Ja, er sang mir ›Jingle Bells‹ auf Griechisch vor.«

»Max Sokolsky. Wir lasen mystisches Zeug, rauchten zusammen jede Menge Hasch und sprachen in sehr kurzen Sätzen. Wir sprachen von Heirat. Ich bekam schließlich Panik, hatte Angst zu ersticken. Ich steckte immer mehr Energie in die Photographie. Ich dachte, wenn die Photographie in meinem Leben wichtiger würde als Max, wäre die Beziehung beendet.«

»Ja. Junge 23, ich 15. Verliebte mich, er war beunruhigt, sagte es mir nicht, verschwand. Brach mir das Herz, aber solange es dauerte, war es wunderschön.«

»Ja, sehr intensiv, verlor mich in dem Menschen, hatte Angst, zurückgewiesen zu werden, lief beim ersten Anzeichen davon, das Ablehnung hätte bedeuten können.«

»In der High-School war ich ein paarmal verknallt, aber ich glaube, der erste Mensch, den ich liebte, war eine Lehrerin an der Krankenpflegeschule. Wir gingen in Lesbenbars und redeten eine Menge. Es war keine körperliche / sexuelle Beziehung – sie sagte, sie wünschte, ich wär zehn Jahre älter, aber sie wollte wegen mir keine Probleme mit dem Gesetz riskieren, weil ich noch nicht volljährig war. Wir blieben jahrelang befreundet.«

In vielen Erste-Liebe-Erinnerungen geht es nicht um eine romantische Liebe, sondern um die mütterliche oder elterliche Liebe. Im selben Workshop, in dem Barbara sang, erzählte Elena, eine Russisch-Amerikanerin:

»In der frühesten Erinnerung, die ich an Liebe habe, bin ich ein Kind; meine Eltern waren aus Rußland hierher gekommen, als ich dreieinhalb oder vier Jahre alt war, und ich spielte mit ein paar amerikanischen Kindern, die nicht mit mir spielen wollten, und ich weinte. Ich kam die Stufen herauf, und meine Mutter nahm mich in die Arme und sagte mir, sie habe mich lieb.«

Eine andere Erinnerung an elterliche Liebe:

»Ich war ungefähr drei und lag auf dem Schoß meiner Mutter – sie trug einen kratzigen Wollrock und einen weichen blauen Pullover und sprach einfach mit mir und streichelte meinen Kopf.«

Manchmal gilt die erste Liebe gar keinem Menschen:

»Ich wollte mit drei Jahren eine Geige haben, liebte Geigen und Wiegenlieder.«

»Betäubungsmittel – es wirkte jahrelang emotional als ›verwöhnende Mutter‹, bis ich nicht mehr high genug werden konnte.«

Wichtige emotionale Erfahrungen in der Kindheit gehen meist mit geschärften Sinnen und der späteren Erinnerung an sinnlich wahrnehmbare Details einher. Diese starke Empfänglichkeit für den Augenblick ist typisch für Erfahrungen, in denen wir am lebendigsten sind. »Das Erlebnis berührt mich immer noch; der Stoff des Sitzes, der Geruch des Autos«, hatte Barbara gesagt.

Die Erinnerung an Sinneseindrücke wird oft als Charakteristikum eines Fließens beschrieben, von dem wir zuerst anläßlich der Erfahrung von Julie Flanders bei der Schauspielerei sprachen. Es ist die Freude, unsere Fähigkeiten voll zu nutzen: einen Tennisball sauber zu treffen, mit einem gleichwertigen Partner Schach zu spielen, an einem Satz herumzufeilen, bis er »stimmt«.

Man kann diese Art von Freude auch erleben, wenn man verliebt ist. Wenn unsere Aufmerksamkeit völlig in Anspruch genommen ist und wir die ständige Selbsterforschung in unserem Kopf vorübergehend zum Schweigen bringen können, sind wir ganz in der Gegenwart, und die Erinnerung an diese Erfahrung ist immer da.[2]

Die Erinnerung an diese Bilder aktiviert all unsere Sinne, was dann auf ein wirklich entscheidendes emotionales Erlebnis verweist. Erste Lieben sind entscheidende emotionale Erlebnisse. Sie können intensiv, komisch oder tragisch sein, deuten aber unvermeidlich Strukturen für Leidenschaft, Aufmerksamkeit und Sehnsucht an, die sich in unserem Leben wiederholen werden.

Geschichten über verlorene Liebe und Geschichten über verlorene Kreativität gleichen sich. Die Trennung von der kreativen Energie ist auf einer bestimmten Ebene dasselbe wie die Trennung von der »ersten Liebe«.

Zurück zum Workshop: Wir fragen, ob Barbaras Geschichte andere Gefühle in bezug auf verlorene Leidenschaften aufgerührt hat.

Leslie, eine Sozialarbeiterin, erzählt: »Ich komme aus einer Familie, die in vielerlei Hinsicht gemischt ist; sie verstärkte sehr, daß ich als älteste Tochter mich um alles kümmerte; als meine Mutter während meiner Adoleszenz ein paar Jahre krank bzw. im Krankenhaus war, war ich die Hausfrau, ich wurde dafür sehr gelobt und belohnt; ich wußte nicht, was meine Leidenschaften waren, denn ich dachte, es würde mir gefallen, für alle zu sorgen. Jetzt als Erwachsene bin ich verheiratet und habe erwachsene Kinder, und wir sind wieder ein Paar. Ich habe Zeit, mich mit etwas zu beschäftigen, aber ich weiß überhaupt nicht, was ich machen soll, außer für andere sorgen und gärtnern und backen ...«

»Was haben Sie als Kind gerne gemacht?«

»Als junger Teenager habe ich in einer High-School-Klasse einmal mit Ton gearbeitet und fand das gut. Meine Eltern sagten ›Dafür hast du keine Zeit; das ist Blödsinn; damit wirst du es im Leben zu nichts bringen; warum vergeudest du deine Zeit damit?‹ – ›Der Ton wird dir die Haut austrocknen‹, sagte meine Mutter [das Publikum lacht]; also packte ich den Ton weg.«

Manche von uns packten den Ton weg, andere verloren ihre Stimme:

»Ich erinnere mich, daß ich in der ersten Klasse gern sang. Meine Lehrerin ging mit leicht gebeugtem Kopf herum, um jedes Kind singen zu hören. Und dann fragte sie: ›Wer verdirbt dieses Lied? Wer singt zu tief?‹

Sie blieb bei meinem Tisch stehen. Scham. Demütigung. Mit Schande bedeckt in der ersten Klasse. Zwanzig Jahre lang bewegte ich die Lippen, formte ich den Mund, um still zu singen, nie kam ein Ton aus mir heraus. Ich sang nie mehr aus voller Kehle.«

Scham tötet die Liebe

Dieselben Faktoren, die die Gefühle und die Liebesleidenschaft blockieren, hemmen auch den schöpferischen Ausdruck. Bei einer Verhinderung des einen wird die Energie manchmal auf das andere gelenkt; Liebe wird zu Kunst, Kreativität zu Liebe. Öfter jedoch hemmt die Blockade der einen auch das andere.

Es ist bekannt, daß frühe Erfahrungen uns tief und umfassend beeinflussen. In jüngster Zeit hat man sich vor allem mit den dauernden Narben beschäftigt, die ein Trauma wie etwa sexueller Mißbrauch hinterläßt. Aber die kleineren Traumata, die »kleinen Morde an der Seele«, bestimmen den Verlauf unseres Lebens ebenfalls entscheidend. Kreativität und Liebe können die Wunden nachhaltigen Mißbrauchs heilen, aber wenn sie selbst unterdrückt werden, wenn sie an der Quelle versiegen, ist die Verbindung zu uns selbst unterbrochen. Scham hemmt die Leidenschaft früh und wirkungsvoll. Leslie schämte sich, als ihr gesagt wurde, mit Ton verschwende sie ihre Zeit, und die Lehrerin beschämte unabsichtlich die Sängerin, die nie wieder ihre Stimme erklingen ließ.

Bobbi ist die 60jährige Quilterin, die im Kapitel über die Helferin zum erstenmal erwähnt wurde. Sie hatte ihre Liebe zur Kunst fast

40 Jahre lang vermieden, weil sie als Kind ständig beschämt wurde. Sie sagt: »Der Lieblingssatz meiner Mutter war ›Barbara, du solltest dich schämen‹. Und ›Barbara, du weißt, daß du das nicht so meinst‹.«

Oft werden Kinder nicht nur wegen ihrer Handlungen beschämt, sondern auch wegen ihrer Gefühle. Die Scham wegen Gefühlen beeinträchtigt die künstlerischen, kreativen Impulse besonders stark, weil wir uns durch sie ja ganz ausdrücken. Frauen sprechen über ihre Angst vor dem Selbstausdruck unterschiedlich, aber immer eindringlich. Hier ein paar Aussagen von Frauen aus unserer therapeutischen Praxis:

»Wenn ich meine kreative Energie fließen lasse, habe ich Angst, abgelehnt zu werden.«

»Wenn ich mein kreatives, reales Selbst zeige, wird jemand es zertrümmern.«

»Wenn ich mir erlaube, lebendig zu sein, werde ich zur Zielscheibe für Kritik und Vernichtung.«

Eine Frau in unserer Untersuchung erzählte uns: »Es gibt Zeiten, in denen Angst und Scham mich davon abhalten, leidenschaftlich zu sein. Ich habe Angst, mit der Leidenschaft allein zu sein, ich habe Angst, von anderen beurteilt zu werden (daß sie mich für albern, verrückt halten). Ich habe auch Angst, daß meine Leidenschaft nicht so stark und magisch ist, wie ich mir vorstelle, und daß ich dann enttäuscht sein werde, wenn ich sie herauslasse.«

Diese Antworten zeigen die Angst vor der Beschämung. »Vernichtung« bedeutet, daß einem gesagt wird, daß das, was man von sich gibt, die Gefühle, die man hat, das Selbst, das man ist, keinen Wert haben und sogar irgendwie ekelhaft oder unangenehm sind. Scham und Angst geraten in eine enge Verbindung – eine Frau kann das Gefühl haben, den seelischen Tod zu riskieren, wenn sie Ihr Selbst anders als nach dem Motto »Der Körper als Kunstwerk« oder »Die Kunst der Intimität« ausdrückt.

Scham unterminiert Kreativität *und* Liebe. Nicht nur der schöpferische Ausdruck, auch der leidenschaftliche Ausdruck von Liebe erfordert Freiheit von kulturellen und familiären Erwartungen. Zum »wahren Selbst« kann eine ganze Reihe von Gefühlen gehören, die von Frauen eingeschränkt und unterdrückt werden, weil sie nicht »damenhaft« sind, zum Beispiel Zorn, Sexualität, Sinnlichkeit, Abneigung, Mißfallen, Egoismus, unfreundliche Gefühle, Neid, Eifersucht oder sogar intensive Liebesgefühle.

Wir erleben diese Gefühle als die »dunkle Seite« unserer Persönlichkeit, als, wie Jung sagt, »Schatten«, und lehnen sie ab, weil wir sie für unanständig halten. Oder wir nehmen, wie Samantha in Kapitel 2, an, intensive Gefühle seien »unreif«, sentimental, melodramatisch. Wie oft wurde uns als Kind gesagt, wir sollten das Herz nicht auf der Zunge tragen. Wahrscheinlich ist das »wahre Selbst« bei den meisten von uns sehr viel wilder, leidenschaftlicher, feuriger, intensiver, zorniger, verletzlicher, erschreckter, als wir uns anmerken lassen. Wir engen unsere Sexualtität und die Intensität unseres emotionalen Ausdrucks bei Kindern, Freundinnen und Partnern ein. Wir haben Angst, die ganze Spannweite unserer Gefühle kennenzulernen. Wir wissen genau, wie wir unsere Gefühle bändigen können, aber nicht, wie wir sie voll ausdrücken können. Auch wenn das zivilisierte Leben bestimmte Formen der Selbstkontrolle erfordert, sollten wir zumindest die Intensität dessen kennen, was da kontrolliert wird.

Gutsein als Gefängnis

Die gesellschaftliche Liebeskonzeption hat einen Großteil der Scham und Angst ausgelöst, die wir empfinden, wenn wir unser wahres Selbst ausdrücken und über unsere Liebe und unseren Haß sprechen wollen. Oft wird unsere Wildheit, unser Subjekt-Sein, wegen der Stärke unserer Gefühle gering geschätzt, denn wir leben in einer Gesellschaft, die Gefühle abwertet, fürchtet und in den Bereich des Pathologischen rückt. Die Eltern, die uns beschämen, sind selbst Produkte einer Kultur, die Gefühle generell scharf kritisiert.

Der Impuls, sich durch Liebe oder Arbeit selbst auszudrücken, stellt bei Frauen jedoch die wichtigsten Regeln für Weiblichkeit in Frage – attraktiv sein, eine Dame sein, selbstlos sein, dafür sorgen, daß Beziehungen funktionieren, und ohne zu klagen alles schaffen. Er stellt den Status der Frau als Objekt in Frage, bei dem sie statt aktiv und selbstbestimmt passiv und gefällig bleibt.

Für jede Abweichung von typisch weiblichen Rollen werden wir beschämt; und daß wir uns die bei einem Mann akzeptierte oder zumindest tolerierte Freiheit nehmen, von sozialen Erwartungen abzurücken, wird im allgemeinen nicht von uns vermutet. Zwar sollen wir Expertinnen für Gefühle sein und für die Gefühle und Bedürfnisse anderer die Verantwortung übernehmen, aber trotzdem bekommen wir ständig die Botschaft, daß wir »schlecht« lieben. Unsere Versuche, »gute« Frauen zu sein, engen also unsere Kreativität und unsere Offenheit für innige, emotional befriedigende Beziehungen ein.

Oft wird unser Gefühlsleben von dem Bedürfnis beherrscht, anderen zu gefallen. Bei vielen Frauen wurde eine schöpferische Betätigung vor allem durch die Angst verhindert, daß sie dann den Kontakt zur Beziehung verlieren, und durch das Gefühl, »schlecht« zu sein, wenn sie sich auf sich selbst statt auf den anderen konzentrierten. Paula Bennett schreibt:

> Wir können unser Leben nicht in Beziehungen einbetten, die Leistung der Fürsorge unterordnen und den größten Teil unserer Energie darauf verwenden, andere glücklich zu machen, ohne einen Preis dafür zu bezahlen... Er wird... vom schöpferischen Teil des Selbst bezahlt... Die überwältigende Wichtigkeit von Zorn für die Kreativität von Frauen wird klar... denn es wird für [eine Frau] keine Möglichkeit geben, die Energien, die sie kreativ machen – ihre Phantasie, ihr Ungestüm, ihre Lieblosigkeit –, mit den Eigenschaften in Einklang zu bringen, die sie besitzen muß, um geliebt zu werden.[3]

Bennett stellt klar, daß der Wunsch einer Frau nach Liebe und gesellschaftlicher Akzeptanz eben die Kraft ist, die die Leidenschaft verhindert und sie von jenen tieferen Gefühlen entfernt, die ihr eine eigenständige Arbeit ermöglichen würden. Die Einbettung in eine Beziehung kann eine Frau paradoxerweise also nicht nur unterstützen, sondern auch die für die schöpferische Arbeit notwendige Autonomie und Subjekt-Empfindung einengen.

Nancy West ist eine erfolgreiche Sozialarbeiterin. Zur Zeit unseres Interviews überlegte sie gerade, ob und wie sie sich von der Sozialarbeit zurückziehen sollte, um ihre Leidenschaft fürs Quilten auszubauen. Der Weg zur Aktivierung ihrer kreativen Energien war lang und mühsam gewesen. Sie hatte eine Ehe hinter sich, eine Scheidung, eine zweite Ehe, hatte vier Kinder großgezogen und war wieder zur Universität gegangen. Was hinderte sie vor allem an einer Veränderung? Der Drang zu gefallen. »Ich glaube, der Wunsch, anderen zu gefallen und zu tun, was von einem erwartet wird, ist einem so in Fleisch und Blut übergegangen, daß es mir immer noch sehr schwer fällt, etwas zu tun, was mir gefällt. Mein erster Mann war das Produkt eines total patriarchalischen Vaters und einer sehr gefügigen Mutter, und als wir heirateten, sagte er ›Ich bin der Haushaltsvorstand. Du bist für die Kinder und das Haus verantwortlich, und ich für Lebensunterhalt und so weiter.‹ Als dann mein eigenes Selbst sich zu zeigen begann und mir klar wurde, daß ich etwas Talent hatte, wurde diese Rolle mir natürlich immer unbehaglicher.« Nancy kann jetzt an eine Veränderung denken; denn: »Ich habe die Notwendigkeit erfüllt, selbstlos zu geben.« Aber als wir fragen, welche Beschränkungen sie von einer Veränderung abhalten, sagt sie: »Schuldgefühle. Wie könnte ich etwas für mich tun? Wie kann ich mich gut bei etwas fühlen, das ich für mich tue?« Wir weisen darauf hin, daß vielleicht das Quilten die Lösung ist. Wenn Nancy diesen Schritt nachvollzieht, kann sie von einem Objekt gesellschaftlicher Zwänge zum Subjekt werden.

Eine Version der gleichen Angst ist Pat Taylors Angst, nicht damenhaft und beherrscht zu sein. Im College studierte und liebte Pat das Theater und studierte weiter, um ihren Magister in diesem Bereich zu machen. Aber der Lebensstil war zu intensiv, »Partys, Drogen, das Nachtleben des Theaters« fraßen sie auf. Sie hatte ein paar Männerbeziehungen, die sie verwirrten und erschreckten. Nachdem es ihr eine Zeitlang körperlich und emotional ziemlich schlecht gegangen war, machte sie einen Abschluß in Pädagogik und beschloß, der Weg zur Ausgeglichenheit sei ein strukturierter, kalkulierbarer und, man könnte sagen, sehr weiblicher Beruf. Zehn Jahre später war sie verheiratet, eine kompetente Lehrerin, aber sie fühlte sich lethargisch und richtungslos und meinte, in ihrem Leben würde etwas fehlen. Sie wußte nicht, ob sie ein Kind oder eine Karriere wollte, nur einen »Job« oder eine Arbeit, auf die sie sich voll einlassen könnte. Sie wußte nicht, was sie wirklich begeisterte. Bis jemand sie daran erinnerte, daß sie das Theater geliebt hatte, daß sie für eine entsprechende Arbeit gut ausgebildet war und daß sie das Hauptinteresse ihres Lebens aufgegeben hatte, um sich als »braves Mädchen« um andere zu kümmern.

Warum hatte sie eine andere Richtung eingeschlagen? »Ich fürchtete, außer Kontrolle zu geraten. Der Lebensstil erschien mir so wild, ich wußte nicht, wie ich je ein regelmäßiges Leben haben sollte. Ich hatte Angst vor den Drogen und dem Alkohol. Und ich dachte auch, daß ich nicht so gut darin wäre. Ich dachte, ich müßte wirklich beeindruckend sein, um in dem Bereich zu bleiben. Aber jetzt wird mir klar, daß viele normale Leute in dem Bereich arbeiten und nicht jeder beeindruckend sein muß. Wahrscheinlich ist es auch möglich, ein einigermaßen regelmäßiges Leben zu führen, weil viele Leute das tun.«

Wenn man Pat fragt, was sie davon abhält, ein Kind zu haben, sagt sie: »Angst. Wie wird es werden, werde ich eine gute Mutter sein, kann ich damit umgehen?« Die Angst hielt sie jahrelang von einer Heirat ab. Pat fällt es schwer, sich auf Liebe und Kreativität einzulassen, weil sie Angst hat, »nicht gut genug« zu sein, zu sehr sie selbst und nicht genug das zu sein, was andere erwarten. Weil sie nie gelernt hat, daß Gefühle die Quelle ihrer Kraft und nicht die Manifestation ihrer Verletzlichkeit sind, fürchtet sie, mit ihren eigenen Empfindungen nicht fertigzuwerden. Da sie blockiert ist, erlebt sie sich als abgestumpft und teilnahmslos.

So vermeidet sie das Risiko, Scham zu empfinden und sich selbst als in der Welt handelnde, starke und leidenschaftliche Frau verurteilen zu müssen – eine Lektion, die sie durch das Leben in einer beschämenden Welt gut gelernt hat.

Aufgegebene Träume

Scham und die herrschende Liebeskonzeption sind also die größten Hindernisse bei der Aktivierung unserer produktiven Kraft. In unseren Interviews fragten wir, welche Träume und Leidenschaften Frauen aufgegeben hatten, welche Zwänge sie davon abgehalten hatten, einem kreativen Interesse oder einer Liebe entsprechend zu handeln. Wir wollten etwas über ihre Kindheitswünsche wissen und fragten dann, was sich geändert hatte. Fast alle Frauen, die davon träumten, »berühmt« zu sein oder etwas sehr Aktives, Eindrucksvolles oder Kreatives zu tun, ergriffen schließlich einen helfenden Beruf oder steckten ihre kreativen Impulse in eine Beziehung. Viele Antworten spiegelten den Einfluß des gespaltenen Bildes. Eine Frau zum Beispiel wollte etwas Aktives sein, das ihr in der Welt Macht geben würde, aber gleichzeitig wollte sie Ehefrau und »weiblich« sein.

Frage: Hatten sie als Kind eine Vision von dem, was Sie tun oder sein wollten? Welche? Wie hat der Traum sich im Lauf der Zeit verändert? Wann hat er sich verändert? Wie ist er jetzt?

»Ich wollte erstens Priesterin sein; zweitens Sängerin; drittens Pianistin; viertens, Tänzerin und Schlittschuhläuferin; fünftens radikale Aktivistin. Außerdem Braut und/oder Miss America. Jetzt will ich eine aufregende, kreative Sozialarbeiterin/Therapeutin sein, die kreative/expressive Therapien benutzt; ich habe mich einer neuen Kirche angeschlossen, in der alle Gläubigen als Priester betrachtet werden und in der ich als Frau meine Verehrung intellektuell und sinnlich frei äußern kann.«

»Filmstar oder Beraterin. Dann Sängerin oder Beraterin, dann Arbeit mit Leuten/Sozialarbeit, dann wieder Therapie.«

»Wollte Nonne werden, bis ich verschiedene Bücher über ihr Onanieren las. Begann, als Kind in der Schule anderen Kindern zu helfen, wurde Lehrerin, dann Therapeutin.«

»Schriftstellerin. Ich schrieb Geschichten und Seifenopern. Ich tat so, als ob ich krank wäre, um nicht zur Schule gehen zu müssen. Ich hörte auf, Geschichten zu schreiben. Schrieb Anfang zwanzig ein paar Gedichte und dann theoretische Sachen für die Uni. Erst jetzt versuche ich wieder, einen Artikel zu schreiben.«

»Ich hatte viele Phantasien: Ballettänzerin, Missionsärztin, denen, die nichts haben, helfen. Änderte sich vor allem wegen Mangel an Geld früher. Heute möchte ich Mutter, Ehefrau und Gemeindemitglied, gelassen, weise und liebevoll sein.«

»Helferin, Tänzerin, Krankenschwester. Ich war immer eine Helferin – verlor den Traum zu tanzen, weil ich keine Ausbildung und Unterstützung hatte, jetzt in meiner Tanztherapiearbeit kombiniert.«

»Mein wahrer Traum tauchte auf, als ich vor 24 Jahren trocken wurde. Traum: So groß, einflußreich und hilfsbereit zu sein wie Marty Mann. Er hat sich geändert insofern, als er realistischer geworden ist, aber ich habe mir meinen Namen gemacht.«

Hier weitere Antworten auf eine geringfügig andere Version der Frage, bei der es darum ging, wie der Traum bzw. die Vision sich verändert hatten:

»Schön sein und geliebt werden. Änderte sich mit Anfang zwanzig, als ich mich selbst haßte. Ich glaube jetzt, auf meine Weise schön zu sein, und fühle mich bedingungslos geliebt von der Quelle, nicht von Menschen.«

»Tierärztin – ich wollte mich mein Leben lang um Tiere kümmern. Ich träumte auch davon, der Schwan zu sein, der sich aus dem häßlichen Entlein entwickelte. Es änderte sich im Sommer vor meinem zweiten Jahr an der High-School. Ich machte einen Workshop über Journalismus und fand meinen Beruf.«

»Nein, ich hatte keine Helden. Ich war damit beschäftigt, für alle zu sorgen. Ich will: erstens noch einmal nach Hawaii; zweitens, ein Zentrum für die Heilung von Beziehungen aufbauen; drittens, das Heilige Land und die Pyramiden und Weingegenden in Italien besuchen.«

»Ich dachte, als Erwachsene würde ich gut und liebevoll sein. Ich verehrte Heiler und heilige Frauen. Ich dachte, ich würde irgendwo in einem Slum als Ärztin arbeiten oder so etwas wie Licht und Liebe verbreiten. Ich wollte auch die Schimpansen retten und lernen, mit Delphinen zu reden, und mit vielen Kindern auf einer Insel leben. In der Adoleszenz veränderte sich der Traum, als ich so viele Drogen nahm und in der Schule absackte. Als mir klar wurde, wie schwer es ist, Ärztin zu werden, und ich dachte, ich wäre zu dumm. Als ich aus Schulen herausgeworfen und völlig depressiv wurde. Als ich Ewigkeiten von meinen Werten entfernt war und nicht wußte, was geschah. Als mir klar wurde, daß ich nichts Besonderes bin. Als ich ständig versagte. Ich weiß nicht, was ich jetzt für einen Traum habe. Ich möchte Gott verstehen und mich mehr als Teil der ›Gnade‹ fühlen. Ich möchte lernen, liebevoller zu sein. Ich möchte Menschen nicht verletzen. Ich möchte das Gefühl der Verbundenheit haben und stolz auf mein Menschsein sein.«

Als wir die Frauen fragten, welche Zwänge sie an der Verfolgung ihrer ursprünglichen Leidenschaften gehindert hatten, waren ihre Kommentare bemerkenswert konsistent und ähnlich. Sie sprachen von einem negativen Körperbild, dem Gefühl, nicht gut genug zu sein, fehlender Zeit, mangelnden Gelegenheiten, und daß sie ihre Leidenschaften wegen jemand anderem zurückgestellt hatten. Sie schämten sich ihres Körpers genauso wie ihrer Befähigung zu bzw. ihrem Wunsch nach einem Leben aktiven »Machens« in der Welt.

Frage: Welche Zwänge haben Sie daran gehindert, Ihren Traum weiterzuverfolgen?

»Mangel an Selbstvertrauen, Disziplin, Zeit, nicht gut genug dafür, keine Priorität.«

»Ich kam aus einem sehr behüteten Zuhause.«

»Nur meine fehlende Bereitschaft, mir die Zeit zu nehmen.«

»Fehlendes Geld – für frühe Ausbildung. Gesundheit – Entwicklung einer Nervenverletzung. Familie – unglaubliche Anhäufung von Verantwortlichkeiten. Realität – das Gefühl, ›nie gut genug zu sein‹.«

»Ich behinderte mich im allgemeinen selbst durch Ängstlichkeit, Unsicherheit, Selbstzweifel, Selbstabwertung.«

»Ich wollte lange Zeit mit dem Tanzen nicht weitermachen, weil ich mich zu dick und unförmig fühlte. Ich löse dieses Gefühl langsam auf und will bald mehr Unterricht nehmen. Ich habe viel geschrieben und wollte einen Roman und Kurzgeschichten schreiben, aber im College wurde mir klar, daß das Verlagswesen sehr konkurrenzorientiert ist und von Männern beherrscht wird, und damit wollte ich nichts zu tun haben. Ich glaubte nicht genug an mich, um die Kritik zu ignorieren und einfach zu schreiben, was ich wollte.«

»Die Ehe mit meinem ersten Mann! Ich kam schließlich aus dieser Beziehung heraus, verlor aber eine Liebe, bevor das geschah.«

»Meine Karriere, die Karriere des anderen, die Möglichkeit der Ablehnung. Ich halte mich nicht für sehr intelligent, und ich arbeite so hart, daß mir für die Kreativität wenig Energie bleibt – was für eine verdammte verrückte Schande.«

»Selbstverachtung – andere wegdrücken, isolieren, wüten, urteilen, Perfektion suchen.«

»Die Entmutigung anderer.«

Zurückgestellte Träume

Was geschieht, wenn Träume sterben oder Leidenschaften aufgegeben werden? Was geschieht, wenn der Impuls, das eigene Leben aktiv zu gestalten, durch die Konzentration auf andere abgebogen wird?

Eine Folge ist der dunkle Abstieg in Sucht, Depression oder Krankheit. Nicht ausgedrückte starke Gefühle können genauso leicht destruktiv wie zu einer Quelle der Kreativität werden. Auch wenn das einzige Ventil für das Gefühl ein Tagebucheintrag ist, ist die Chance, angesichts der eigenen Gefühle ausgeglichen zu bleiben, größer, als wenn es überhaupt nicht zum Ausdruck gebracht wird. Fehlgeleitete und nicht ausgedrückte Gefühle können zu Chaos, emotionaler Instabilität und »Obsessionen« führen. Die Leidenschaft wird von einer kreativen zu einer destruktiven Kraft, wenn wir das Gefühl haben, uns selbst verleugnen zu müssen, und unsere Kraft auf etwas Äußeres konzentrieren. Wie Sara Eyestone suchen wir nach dem Partner, der uns zu etwas Besonderem macht, während wir im Hintergrund bleiben und der Angst entkommen, uns selbst zuzuhören und selbst etwas zu bewirken.

Leidenschaft oder Obsession?

Manche Frauen entwickeln eine »Leidenschaft« für einen anderen Menschen, eine Arbeit oder ein Ziel. Oft suchen sie etwas Unerreichbares – sie suchen ihr Subjekt-Sein, ihre Kraft in etwas oder jemandem außerhalb von sich selbst. Sie wollen Liebe, Aufmerksamkeit, Ruhm, Anerkennung und Macht und fixieren sich so auf diese Person oder Aktivität, daß sie schließlich jede Kontrolle über sich verlieren. Sie suchen im anderen, was sie außerhalb von sich selbst nicht finden können – die Selbstakzeptanz, Befreiung von der Scham, Befreiung von dem Gefühl, passiv und machtlos zu sein und das eigene Leben nicht gestalten zu können. Oft sollen Alkohol, Drogen oder Nahrungsmittel ihnen ein Gefühl von Kontrolle, Präsenz und Macht geben. Linda Leonard schreibt dazu:

> Ich halte die Beziehung zwischen Sucht und Kreativität nicht für kausal. Es handelt sich eher um einen parallelen Prozeß, der in der Psyche des Süchtigen und in der des kreativen Menschen abläuft. Beide steigen ins Chaos hinab, in die unbekannte Unterwelt des Unbewußten. Beide sind fasziniert von dem, was sie dort finden. Beide begegnen dem Tod, Schmerz und Leid. Aber der Süchtige wird oft ohne Wahlfreiheit nach unten gezogen, er ist eine Geisel der Sucht; der kreative Mensch *beschließt*, in diesen unbekannten Bereich hinabzusteigen, auch wenn die Entscheidung vorherbestimmt erscheint... Manche kreativen Künstler steigen mit Hilfe von Drogen oder Alkohol hinab und sind weiter kreativ. Manche stellen fest, daß sie ihre Süchte aufgeben müssen, um schöpferisch sein zu können. Und andere machen mit ihren Süchten weiter, bis sie früh ihre Kreativität und/oder ihr Leben verlieren. Aber sobald sie im Reich der unterweltlichen Mysterien sind, müssen sie dem Chaos Form und Bedeutung abgewinnen und beschließen, ins Leben und in die Gesellschaft zurückzukehren.[4]

Eine Obsession ist eine fehlgeleitete Leidenschaft, die sich auf das richtet, was man besitzen oder beherrschen kann, und nicht auf das, was man hervorbringen oder ausdrücken kann. Kennzeichen einer Obsession ist die Unerreichbarkeit des Ziels. Die Obsession soll diese Realität leugnen. Während die Leidenschaft das Selbst bejaht, vermeidet die Obsession es, was vielleicht auf den Tod eines nicht geäußerten Traums zurückzuführen ist. Zwang, Angst, Unsicherheit, Depression sind die Folge, wenn unsere innersten Impulse, zu lieben und uns auszudrücken, blockiert werden. Die Frauen in unserer Untersuchung sprachen am häufigsten über die zwanghafte Beschäftigung mit Nahrung, was eigentlich ein Symbol für die zwanghafte Beschäftigung mit dem Körper als Kunstwerk ist – das Gefühl, daß sie von dem Drang beherrscht sind, nach außen hin zu gefallen, anstatt ihren inneren Bedürfnissen und Gefühlen treu zu bleiben.

Obsession, Depression und Sucht treten auf, wenn wir uns uns selbst entfremden, wenn wir das Selbst zum Schweigen bringen und überzeugt sind, der andere sei wertvoll, wir dagegen wertlos. Wir suchen die Liebe und Anerkennung des anderen, um selbst Wert zu bekommen. Obsession und Sucht sollen die Scham auflösen und den mangelnden Kontakt zum Selbst verbessern, Depression ist eine Reaktion auf sie.

Die Bildhauerin Sharon Gainsburg sagt: »Für mich bedeutet Obsession, daß man bereit ist, alles für einen Menschen, eine Sache, eine Ideologie zu opfern. Mit fünfzehn war ich obsessiv. Ich war bereit, für diesen Jungen alles aufzugeben. Ich habe erfahren, daß man sich selbst verliert, wenn man einen Teil von sich jemand anderem gibt – man weiß nicht mehr, wer man ist.«

»Obsession schadet also dem Selbst?« fragen wir.

»Ich glaube, wenn man manchmal obsessiv ist, macht das nichts. Ich kann von etwas Bestimmtem eine Zeitlang besessen sein, solange diese Obsession nicht mein Leben beherrscht. Ich kann von einem Objekt besessen sein, an dem ich arbeite. Aber ich darf nicht zulassen, daß es mich völlig zerstört. Es ist, als müßte ich ein Gleichgewicht wiederfinden.«

Einen Stellvertreter finden

Die Leidenschaft wird am häufigsten dadurch umgelenkt, daß die Frau ein Kind oder einen Partner zu ihrem Stellvertreter in der Welt der Subjekte macht. Traurig muß sie jedoch zur Kenntnis nehmen, daß sie sich immer noch leer und unerfüllt fühlt, auch wenn das Kind oder der Partner ihren Traum realisiert haben. Die glücklicheren unter uns nehmen diese Anerkennung als Gelegenheit zur Verwandlung und machen sich selbst an die Arbeit.

Sarah Minton zum Beispiel liebte die Violine leidenschaftlich, seit sie fünf oder sechs Jahre alt war.

»Als ich fünfeinhalb war, sollte ich Noten vom Blatt spielen, und ich erinnere mich noch an die Erregung, als ich zwei Töne spielte und dann einen dritten, der wunderbar mit den beiden ersten zusammenklang. Jetzt weiß ich, daß es eine Terz war. Sie kennen doch die Intervalle. Manche Töne haben eine harmonische Beziehung zueinander. Und ich dachte, es ist wie bei den Beziehungen der Menschen; manche sind harmonisch. Auch wenn es zwei verschiedene Leute sind, gehen sie so miteinander um, daß es sie von einem Ereignis zum nächsten trägt.«

Sarah machte mit ihrer Musik weiter, als sie verheiratet war, obwohl ihr Mann sie nicht ermutigte. Sie folgte ihm auf eine Insel vor der Küste, weil es sein Traum war, auf einer isolierten Farm zu leben.

Als er begann, sie körperlich zu mißhandeln, ließ sie sich scheiden und pendelte alle zwei Wochen die 800 Kilometer nach Manhattan, um bei einem Meister ihres Fachs Unterricht zu nehmen. Sie fühlte sich am lebendigsten und engagiertesten, wenn sie Musik machen konnte. Ihre zweite Ehe war erfüllender, aber auch diesmal stellte sie um der Beziehung willen ihre musikalische Karriere zurück. Sie und ihr zweiter Mann hatten sechs Kinder.

Sarah beendete ihre Karriere nicht ganz, aber die Energie, die sie früher in ihre Auftritte gesteckt hatte, nutzte sie jetzt dafür, ihre Kinder zu unterrichten und zu bemuttern. Sie sagte sich, es wäre dasselbe. Alle sechs Kinder spielten Instrumente: Geige, Klavier, Trompete, Viola, Cello, einer sang.

Zwei ihrer Söhne waren besonders begabt. Sie spielten Klavier und Geige, sangen und hatten schauspielerisches Talent. Beide lehnten Chancen ab, sich in dieser Richtung weiter auszubilden, um jung zu heiraten. Sarah war bestürzt und verärgert, weil sie dem kreativen Talent die Beziehung vorgezogen hatte. Erst Jahre später erkannte Sarah, daß ihre Kinder ihre Entscheidung wiederholt hatten.

Sarah hatte ihre Träume für sich selbst in Ambitionen für ihre Kinder umgelenkt. Sie hatte jetzt keinen Stellvertreter mehr und stand vor der Aufgabe, ihre schöpferische Seite selbst auszuleben.

Die Abwesenheit der Liebe

Die herrschende Liebeskonzeption betrachtet Liebe als einseitige Angelegenheit – es geht immer um das, was Frauen für andere tun und geben, nie um das, was sie bekommen. Wir wissen, daß viele Frauen körperlich und sexuell mißbraucht, beschämt, abgewertet und unterdrückt werden. Wichtig ist aber auch, was Frauen von anderen *bekommen.* Viele Frauen sagten uns, ihre kreativen Interessen seien einfach nicht ermutigt worden – abgesehen davon, daß oft auch Zeit und Geld fehlten.

Sicher gibt es Frauen, die Beziehungen als fürsorglich und unterstützend erleben. Bei vielen der befragten Frauen jedoch behinderten Eltern und Partner jede Abweichung von der weiblichen Rolle. In den Familien einiger Frauen gab es keine »Liebesgeschichten«, an die sie sich erinnern konnten. Eine Frau sagte: »Die romantische Liebe in meinem Leben war enttäuschend – ich habe mich nie geliebt gefühlt, immer nur nützlich.« Über die »Liebesgeschichten« in ihrer Familie sagt sie: »Es gab keine, außer der Liebe zu Kindern.«

Wie drückt man Liebe oder Kreativität aus, wenn man sie nie empfunden hat, wenn man nie Mitgefühl, Anerkennung, Ermutigung erhalten hat? Die Scham läßt sich nur durch wechselseitiges Mitgefühl und Bestätigung beseitigen, deren Grundlage die Einsicht in Verletzlichkeit und Kraft des anderen ist. Manche Frauen erleben dies nur im Kontakt mit ihren Freundinnen. Weil sie nicht daran gewöhnt sind, es zu erwarten, wählen sie oft Partner oder Beziehungen, die ihre Kraft, leidenschaftlich und kreativ zu sein, eher auszehren als unterstützen.

Eine Klientin von uns wußte nicht, ob sie in einer Ehe bleiben sollte, die konfliktreich und dysfunktional geworden war, nachdem sie ein Studium begonnen hatte, das sie liebte. Je mehr Erfolg sie hatte, desto depressiver wurde sie. Sie meinte, ihre Ehe würde es nicht überleben, wenn sie selbst erfolgreich wäre, anstatt nur die Hausfrau zu sein, die sich ausschließlich auf die Bedürfnisse des Partners konzentrierte. Sie hatte ständig Schuldgefühle, weil sie eine mehr eigenständige Arbeit wollte. Ihr Mann gab zu, daß er sich wohler fühlte, wenn er das einzige Ziel ihrer Aufmerksamkeit war. Er behauptete aber auch, sie zu lieben. Dieser Frau fiel die Einsicht schwer, daß die »Liebe«, die sie um ihrer Arbeit willen aufgab, keine Liebe war, die ihr Wachstum wirklich unterstützte.

Ironischerweise ist eine Frau selbst oft die letzte, die erkennt, daß sie unter einem Mangel an Liebe in ihrem Leben leidet – sie kann sich diese Realität nur schwer stellen, weil sie unweigerlich das Gefühl haben wird, daß die anderen sie schlecht behandeln, weil sie irgend etwas falsch gemacht hat. Die Schriftstellerin Grace Pealey sagt, eine schöpferische Frau müsse vor allem darauf achten, einen unterstützenden Partner zu haben, der ihre Arbeit respektiert.

Aber Frauen müssen auch darauf achten, wirklich geliebt zu werden, das heißt, daß ihre Träume unterstützt, geschätzt und bejaht werden, und daß sie nicht nur als begehrenswerte, hübsche Sexualobjekte und nützliche Versorger betrachtet werden. Diese vielleicht wichtige Umschreibung der Liebesgeschichte muß in der Seele der Frauen selbst geschehen – wir müssen verinnerlichen, daß wir dieselbe Liebe und Fürsorge, die wir so freigebig anderen zuteilen, verdienen und erwarten können.

Die Leidenschaft reaktivieren

Die Reaktivierung unserer Leidenschaft bedeutet, daß wir wie Barbara das Fotoalbum unserer Vergangenheit durchblättern und uns die frühen Liebes- und Kreativitätserlebnisse ansehen, die unser Heute bestimmen. Eine Frau sagte: »Ich habe die einfachen Freuden meiner Kindheit wiederentdeckt und herausgefunden, wie sie mir helfen können, als Erwachsene psychisch gesund zu bleiben.«

Sie will damit sagen, daß sie die Kraft ihrer Kindheit reaktiviert und ohne die störende Brille der Scham neu betrachtet hat. Wir müssen wissen, wer wir sind und was wir fühlen und unsere Geschichte ohne Scham, Angst und Lieblosigkeit sehen und erzählen können. Manchmal wird es schmerzhaft sein, die damaligen Gefühle noch einmal zu fühlen, wie der Abstieg in eine Unterwelt begrabener Geheimnisse. Wir müssen das Schmerzliche umhegen und in Ordnung bringen und die Kraft dessen, was uns Freude gemacht hat, wieder in Besitz nehmen.

Das »Wiederfühlen« kann auch Überraschungen für uns bereithalten: Der normale Übergang in eine neue Lebensphase, eine unerwartete Erfahrung oder Erkenntnis macht uns stutzig und erinnert uns an eine grundlegende Verbindung; dann wissen wir, daß wir etwas umstrukturieren, ändern müssen. In diesen Augenblicken findet Verwandlung, Bewußtwerdung statt. Wir stehen vor einer Entscheidung: wir können »weiterschlafen« oder uns unsere Leidenschaft zu eigen machen und eine neue Ebene der Kraft erreichen.

11. Entscheidungspunkte und Wandlungen

Die Subjektwerdung, die Aktivierung unserer Leidenschaft und die entsprechende Gestaltung unseres Lebens ist ein Prozeß der Veränderung, der die tiefsten Schichten unseres Wesens berührt und durch die Wechselwirkung zwischen Selbst und äußerer Welt zustandekommt.

Im Verlauf dieses Dialogs erleben wir Augenblicke, in denen uns etwas Neues offenbart wird. Eine grundlegende Wahrheit über uns selbst oder die Welt wird uns klar, und wir können nicht mehr so denken, sprechen, fühlen und handeln wie zuvor. Die Welt öffnet sich, und das Leben ist auf immer verändert. Wir begegnen einem Menschen, den wir sofort »erkennen«, bei dem sofort die Leidenschaft aufflackert. Wir haben einen Lehrer oder Therapeuten, der uns einen neuen Aspekt von uns zeigt. Oder eine Liebe, die nicht unbedingt dauerhaft und romantisch sein muß, gibt unserer Erfahrung neuen Sinn und neue Tiefe. Es kann auch sein, daß die Wandlung mit der beruflichen Tätigkeit, politischer Aktivität oder neuen Fähigkeiten zu tun hat. Vielleicht wird sie durch einen Ort ausgelöst, eine Landschaft, die unsere Aufmerksamkeit fesselt und von da an unsere Sinne auf geheimnisvolle Weise beherrscht. Unter Umständen haben wir mehrere solcher Erfahrungen in unserem Leben; einige können wichtige Wendepunkte sein, andere ruhige Momente der Erkenntnis. Wir fühlen intensiver, unsere sinnliche Wahrnehmung ist geschärft; es ist, als befänden wir uns »außerhalb der Zeit«.

Wandlungen sind Augenblicke der Gnade – sie erinnern uns daran, daß die Energie und die Leidenschaft des Universums in uns und durch uns arbeiten. Manchmal scheinen sie nüchtern-sachlich, oft werden sie aber auch als spirituell erlebt, so, als würde eine größere Energie unser Wachstum lenken.

Entscheidende Augenblicke

Frauen erzählen oft, verwandelnde Ereignisse in ihrem Leben seien für ihr Wachstum entscheidend gewesen. Sie sagen: »Vor diesem Augenblick war ich die und die, und nachher war ich jemand anders. Mein Leben war nie mehr wie vorher.« In unseren Interviews wurden solche »Augenblicke« lebhaft beschrieben.

Judy Gomez: »Ich hatte nicht bewußt das Gefühl, daß etwas fehlte, aber irgendwie hatte ich keine Richtung, kein Zentrum. In diesem Sommer fuhren wir nach Monhegan, und die Frau, die uns dorthin gebracht hatte, hatte Besuch von einer Freundin, die Künstlerin war und einen Workshop für Aquarellmalerei abhielt, und obwohl ich es eigentlich nicht wollte, machte ich ihn mit, und das veränderte mein Leben. Das Malen packte mich, ich ließ mich ganz auf es ein.

Es war auch ein Mann auf der Insel, ein 83jähriger Künstler, der mit Textilien arbeitet. Ich besuchte ihn in seinem Atelier und machte ein kleines Objekt, und ich wußte, daß mein Leben sich verändert hatte.

Es war eine ziemlich dramatische Veränderung. Ich machte meine Arbeit, ich war die Supermutter, ich war Professor Gomez, aber ich konnte es nicht erwarten, nach Hause zu kommen und mit Wolle zu arbeiten. Ich konnte kaum erwarten, daß das Wochenende kam und ich malen konnte, und ich konnte es kaum erwarten, nach Monhegan zurückzukommen, um all das intensiver zu betreiben. Ich wußte sofort, daß ich das viel lieber machen wollte, es war eine absolute Gewißheit.«

Georgeanne Kuhl: »Wir [sie und ihr zukünftiger Mann Condon Kuhl] waren zusammen auf einem Segelboot und segelten den ganzen Nachmittag, und ich war völlig von der Sonne verbrannt, aber wir achteten nicht auf die Zeit und redeten und redeten. Ein guter Freund von uns, ein älterer Mann, der viel segelte, saß am Rand des Sees und sagte uns später ›Ich dachte mir, daß in diesem Segelboot etwas passiert, ihr habt euch so intensiv unterhalten.‹ Es war nicht so, daß wir eine offizielle Entscheidung getroffen hätten, okay, das ist es. Aber sobald wir an Land kamen, wußten wir – es war irgendwie eine Vereinbarung. Wir wußten beide, daß es genau an dem Tag geschah, unser Freund spürte es auch.«

Nancy West: »Ich hatte aufgehört zu rauchen und dachte, ich muß etwas Neues haben, damit der Entzug nicht so schlimm ist. Also meldete ich mich zu einem Quilt-Kurs an. Wir waren zu dritt und eine sehr sympathische Lehrerin, und plötzlich war da diese wunderbare Welt aus Farbe und Stoff und die Möglichkeit für Kreativität. Dieser Kurs hat alle möglichen Dinge in mir angeregt. Zum Beispiel sagte eine Freundin zu mir, ob wir nicht eine Quilt-Ausstellung für das Seniorenzentrum machen wollten. Und was geschah, war absolut magisch. Dieses triste, schreckliche Seniorenzentrum mit seinen Tischen und Stühlen verwandelte sich. Wir planten sechs Monate lang, und dieses logische, systematische Planen war für mich etwas ganz Neues. Als es dann vorbei war, sagte ich zu meiner Freundin, daß ich durch diese Quilt-Ausstellung zu einem wundervoll spontanen, frohen, kreativen, ungehemmten Kind geworden war. Die Freude, die ich dabei empfand, als ich zu dieser Sache beitrug... wenn ich durch das Leben gehen und etwas tun könnte, das mir dieses Gefühl kindlicher Freude und Erfüllung geben würde, wäre das eine wundervolle Art zu leben. Das ist das Ziel... Womit kann ich das erreichen? Ich weiß es nicht, aber ich habe einen Vorgeschmack von etwas bekommen...

Vor langer Zeit, sagen wir vor zwanzig Jahren, ging ich an einem Strand in Mexiko spazieren, es war ein grauer, bewölkter Tag, und ich war ganz allein. Ich campte dort mit meiner Familie, aber ich war allein zu einem Spaziergang weggegangen. Und ich hatte eine dieser intensiven spirituellen Erfahrungen, die irgendwie unerklärlich sind, aber ich war mir plötzlich des ganzen Himmels ohne Beginn und Ende bewußt und hatte das Gefühl, Teil des Ganzen zu sein... Teil des Universums. Ich war Teil des Kontinuums aller vergangenen und zukünftigen Generationen, und plötzlich war das Sterben nicht mehr schrecklich, weil alles immer weiter ging und ich Teil davon war.

Ich habe dieses Gefühl auch beim Quilten. Ich habe es nicht beim Stricken oder sonst etwas, aber beim Quilten. Ich fühle mich mit anderen Frauen verbunden. Es ist ein sehr spirituelles, seelenvolles Gefühl, und in der Quilt-Ausstellung war es da.«

Kennzeichen der verwandelnden Erfahrung sind *Wiedererkennen und Wiederverbindung, ein Stich ins Herz.* Man hat sofort das Gefühl, daß etwas »stimmt«, daß dieses Gefühl wahr ist, daß es nicht länger geleugnet werden kann und ins tägliche Leben integriert werden muß. Manche Menschen spüren es ganz körperlich im Herzen – als flakkernde Erregung, als ausstrahlende Wärme, ähnlich dem Gefühl des Verliebtseins. Solche Reaktionen sagen uns, daß wir achtsam sein müssen, weil Wichtiges geschieht.

Die drei genannten Frauen erlebten diesen Augenblick, als sie bereit waren, einem neuen Aspekt von sich selbst zu begegnen und ihre Leidenschaft zu akzeptieren. Jede sagt, vorher habe sie sich unentschieden gefühlt, so, als wäre etwas nicht ganz richtig gewesen, als würde noch mehr kommen. Aber keine konnte sagen, was dieses »etwas« war, bis der Augenblick da war und die Leidenschaft durchbrach. Die Erkenntnisse führen zwar zu einer neuen Vision, konfrontieren aber auch mit zuweilen schwierigen Entscheidungen.

Wandlungen finden oft dann statt, wenn wir die normalen Begrenzungen unseres Lebens verlassen. Wir machen einen Kurs, reisen an einen neuen Ort, begegnen einem neuen Menschen, sehen oder verstehen etwas anders als bisher. Wir sind bereit.

Manche Wandlungen sind durch äußere Gegenbenheiten bedingt. Wir fangen ein Studium an, haben Kinder, überschreiten die Vierzig. Ein Partner stirbt, läßt sich scheiden, wir stehen vor der Herausforderung einer neuen Lebensphase. Andere Wandlungen sind situationsbedingt. Als die Künstlerin Sara Eyestone mit ihrem Mann von Phoenix nach St. Louis zog, mußte sie in bezug auf ihr Leben und ihre Arbeit umdenken. Sobald sie die Leidenschaft, die Wut und den Schmerz akzeptierte, die sie empfand, weil sie in ihrem Leben nicht genug Subjekt war, tauchte eine neue Vision auf. Sie veränderte die Struktur ihres Lebens so, daß ihre kreativen und ihre beziehungsorientierten Bedürfnisse besser zusammenpaßten.

Nancy West sah ihr Leben anders, als sie konstatierte, daß ihre Menschenfreundlichkeit sie auslaugte. Die Tätigkeit im sozialen Bereich ergab für sie keinen Sinn mehr, trug nicht zu ihrer Lebendigkeit bei. Ihre Unzufriedenheit bereitete die Verwandlung vor – sie erkannte die wahre Intensität ihrer kreativen Leidenschaften.

Die Genesung von der Sucht ist eine Verwandlung, durch die authentische und nicht veränderte Gefühle zur Grundlage für Entscheidungen werden.

Schließlich verwandelt die Liebe – die Energie von zwei Menschen verbindet sich und macht sie beide bewußter und offener. Liebe »passiert«, sie erwählt uns. Sie kann – unter Umständen schmerzliches – Hilfsmittel und Ergebnis der Wandlung sein, aber sie verändert uns immer. Eine Frau sagte über die Begegnung mit ihrem Mann:

»Die Liebe, die ich fand, als ich vor vier Jahren meinem Mann begegnete, berührte mich zutiefst. Es war eine wiederentdeckte Liebe. Ich hatte das Gefühl, als ob wir schon früher zusammen gewesen wären, und jetzt ist es eine Liebe, die immer weiter wächst. Wir vertrauen einander, wir mögen uns, wir sind die besten Freunde und Partner. Jeder Tag bringt uns näher zusammen.«

Das dunkle Herz

Manche Verwandlungen machen uns Aspekte von uns bewußt, die Ursache für Schmerz, Angst, Konflikt, Scham und Verzweiflung sind. Wir finden uns in Situationen wieder, die dunklere Energien aufzurühren scheinen – Wut, Neid, Selbstzerstörung, Zwanghaftigkeit. Wir verletzen unsere Werte, verhalten uns anders, als es unserem Selbstverständnis entspricht. Wir lieben nicht, wir hassen, wir mißbrauchen uns und andere, wir kommen in Kontakt mit unserem »Schatten« – dem Teil von uns, den wir ablegen oder leugnen würden, wenn seine Macht uns nicht bis ins Mark erschüttern würde.

Oder wir sehen uns einem Teil von uns gegenüber, der leer erscheint – wir erleben unsere Nichtigkeit, eine Abgestumpftheit, die uns zu überwältigen droht. Wir erkennen, wie wir uns blockieren und verletzen, wie wir Liebe und kreative Energie vermeiden, wie begrenzt und unvollkommen wir sind.

Dies ist die Feuerprobe, die »dunkle Nacht der Seele«. Ihr Kennzeichen sind Depression und Verzweiflung. Wir verlieren unser Identitätsgefühl und oft Energie, Vitalität, Leidenschaft, ja das Interesse am Leben überhaupt. Verwandlung bedeutet, daß wir diese dunkle Seite als Teil unserer Ganzheit akzeptieren und integrieren. Letztendlich entdecken wir durch sie unsere Kraft, unsere seelische Spannkraft, unsere Befähigung zu Kreativität und Freude.

Oft passieren solche Erfahrungen genauso, wie Liebe »passiert«. Wir wissen nie, welche Verletzung aufgrund ihres Schmerzes verwandelnd wirkt: der Tod einer Liebesbeziehung, eine Verletzung unseres Selbstwertgefühls im Bereich der Arbeit, das Nicht-Erreichen eines Ziels, ein Unfall, bei dem wir verletzt werden oder andere verletzen, eine schwere Krankheit, die uns mit unserer Sterblichkeit konfrontiert.

Wenn wir, was unvermeidlich ist, Schmerz oder Tragödie erleben, verwandelt uns der Prozeß der Heilung und Genesung. Wir verstehen und integrieren mehr. Verletzungen und Verluste verwandeln uns, wenn wir es zulassen; wenn nicht, schicken sie uns tiefer in Starrheit und Verzweiflung, was die Veränderung blockiert, weil wir defensiv werden und dichtmachen.

Verwandlung geschieht, wenn wir Trauer, Klagen und Wut zulassen, denn so kommen wir in Verbindung mit unserem Schmerz. Die Kreativität kann eine Möglichkeit sein, mit dieser Leidenschaft umzugehen und über sie hinauszuführen. Sie wirkt heilend, weil ihre Energie belebt und uns der Freude zurückgibt. Wir werden wieder offen für all unsere Leidenschaften und erkennen, daß der Schmerz nur ein Teil unserer Erfahrung ist.

Khristine Hopkins ist Künstlerin und Photographin und wurde als Kind von ihrem Vater sexuell mißbraucht. Über eine kürzliche Ausstellung ihrer Arbeit sagt sie: »Ich stelle 18 Photographien aus – kleine visuelle Metaphern. Sie sind das Ergebnis einer anderthalbjährigen Arbeit mit den Frauen in meiner Therapiegruppe für die erwachsenen Opfer sexuellen Mißbrauchs. Das Photo von meinem Sohn und das von mir sind Teil meines Heilungsprozesses. Diese beiden Bilder haben mir sehr gut getan. Mac war damals wahrscheinlich dreieinhalb, und ich sah ihn an, und er war so klein, so unschuldig, so schön. Er stand im Wohnzimmerfenster und hielt ein ausgestopftes Lamm und sah mich direkt an, und ich hatte das Gefühl, daß er so verletzlich ist. Das ist dein Kind, sagte ich mir, und da sind diese Grenzen; es ist für mich einfach unglaublich, daß diese Menschen diese Grenzen überschreiten können, um ein Kind zu verletzen und ihre eigenen Bedürfnisse zu befriedigen. Ich behandelte mit der Kamera eindeutig meine eigene Thematik. Dann habe ich ein Selbstporträt gemacht und meine Gefühle zu meinem Vater durchgearbeitet.«

Khristine bezeichnet Heilung als andauernden Prozeß der Beschäftigung mit den Folgen ihres Traumas. Ihre Kunst, wertvolles Ergebnis dieser Genesungsarbeit, läßt gleichzeitig andere an ihm teilhaben.

Im Verlauf ihres Heilungsprozesses erlebte Khristine einen verwandelnden Augenblick. Er kam ganz unerwartet, als sie während eines Frankreichurlaubs mit Mann und Freundin die Kathedrale von Chartres besichtigte.

»Ich war in der Kathedrale von Chartres und überwältigt von ihrer Schönheit, ihrer Spiritualität, es war einfach eine unglaubliche Erfahrung. Ich bin katholisch erzogen worden, aber ich bin aus der Kirche ausgetreten, als ich elf war, und deshalb war mir die visuelle Schönheit, die damit einhergeht, einer Religionsgemeinschaft anzugehören, nicht bekannt... dieser Sinn für Schönheit und Licht, Musik, Kerzen... Als ich aus der Kirche herauskam, brach ich irgendwie zusammen. Wir fuhren durch die französische Landschaft, und ich hatte das Gefühl, als würde jeder Fahrer auf der Straße versuchen, mich umzubringen... Ich fühlte mich sehr, sehr verletzlich. Ich kletterte ins Bett und zog mir die Decken über den Kopf und konnte eine Zeitlang nicht aufstehen.«

Die Erfahrung blieb für Khristine unerklärlich, bis sie Monate später ungeplant, aber regelmäßig die unitarische Kirche besuchte, in der sie und ihr Mann getraut worden waren. Erst da wurde ihr klar, was mit ihr in der Kathedrale von Chartres geschehen war.

»Ich erkannte plötzlich, daß ich in dieser Kirche saß und Hymnen und Schönheit und Musik und Licht da waren, und daß es bei der Erfahrung in der Kathedrale um dieses Gefühl des Verlusts gegangen war, dieses riesige Gefühl des Verlusts. Ich konnte diese Schönheit nicht haben, weil ich nicht an das glauben konnte, was die Kirche repräsentierte.«

Khristines Vater war gestorben, als sie elf war, und die Ereignisse im Zusammenhang mit seinem Tod hatten dazu geführt, daß sie die Kirche ablehnte. Seine Mutter hatte die Kirche bestochen, damit er auf dem katholischen Friedhof bestattet wurde, obwohl er geschieden war, was eigentlich gegen die kirchlichen Grundsätze war. Khristine wußte auch, daß er keinesfalls im »Stand der Gnade« war, was es in geistlicher Hinsicht gerechtfertigt hatte, daß er in geweihtem Boden beerdigt wurde.

Aber Khristine, die die Kirche aus Protest gegen die Verletzung ihrer Werte und das Verhalten ihres Vaters und ihrer Großmutter verlassen hatte, verlor dadurch auch etwas Symbolisches, was ihr sehr viel bedeutete: den Zugang zu ihrem Ort der Geborgenheit, zu ästhetischer Schönheit und spirituellem Trost.

Das Gefühl des Verlusts ist in ihrem Leben allgegenwärtig: sie sagt, der schmerzlichste Aspekt der Liebe in ihrem jetzigen Leben sei das Gefühl des Verlusts.

Bei Khristine gehen Angst und Schmerz mit ihrer Liebe zu ihrer Familie und ihrer Arbeit einher. Diese beiden Aspekte ihres Lebens sind nicht getrennt, sie beeinflussen sich. Der verwandelnde Aspekt in der Kathedrale hatte sie zur Klarheit geführt.

»Mir wurde klar, daß ich sie [die Schönheit der Kirche] an einem neuen Ort haben konnte, der offen war für das, an das ich glaubte. Es war für mich so tröstlich und beruhigend, dort drinnen zu sein, daß ich den Geistlichen fragte, ob ich innen Photos machen könnte... wenn niemand sonst da war, um das natürliche Licht einzufangen. Und das war einfach unglaublich.«

Khristine ist dabei, neuere und bewußtere Ebenen von sich zu entdecken und mit ihnen in Verbindung zu treten. Das erfordert Kreativität, Mut und die Bereitschaft, angesichts von Schmerz und Angst zu lieben.

Die Bildhauerin Sharon Gainsburg bezeichnet Schmerz und Angst als »Sprung im Marmor«. Der kreative Prozeß ist für sie immer eine Metapher für den Prozeß der Verwandlung.

»Alles, was Sie hier im Studio tun, ist nur ein Beispiel dafür, wie Sie mit Dingen draußen in der Welt umgehen. Ich habe eine bestimmte Methode. Ich setzte mich ungefähr zehn Minuten hin und meditiere, bete, egal wie Sie es nennen. Ich komme mit dem Augenblick in Kontakt... Und dann ist das vorbei, und ich fange an zu arbeiten. Wenn es nicht vorwärtsgeht, denke ich darüber nach und ändere meine Vorstellung. Aber mir ist etwas klar geworden: Egal, was ich tue, wenn ich hier eine Linie mache und es funktioniert nicht, ziehe ich sie ein bißchen tiefer. Dafür opfere ich Größe. Aber ich bekomme, was ich will, es ist vielleicht nur nicht so groß wie geplant. So weiß ich immer, daß am Schluß etwas da ist, auch wenn es nicht unbedingt das ist, was ich anfangs wollte. Und wenn ich bereit bin, flexibel zu sein, funktioniert es, genauso wie im Leben. Aber wenn Sie nichts ändern, haben Sie am Schluß etwas, was nicht fließend, nicht expressiv ist, es ist statisch. Meine Formen sind nicht statisch. Ich mache keine Würfel und Blöcke. Es liegt an dieser Flexibilität, dieser Offenheit. Und am Vertrauen. Vertrauen in mich selbst, in den Vorgang. Daß ich zum nächsten Schritt kommen werde, wenn auch vielleicht nicht heute und morgen – ich muß es einfach geschehen lassen. Und wenn ich es geschehen lasse, kann ich mir nicht selbst Vorwürfe machen, daß ich es heute nicht geschafft habe. Das habe ich vom schöpferischen Prozeß gelernt. Und das bringe ich meinen Schülern bei: Wenn das eine nicht funktioniert, versuchen wir etwas anderes. Nein [sagen sie], ich wollte das, oder ein Stück ist abgesprungen. Oh, ein Stück ist abgesprungen, was soll ich jetzt tun? Der Stein ist gesprungen. Ich sehe sie an und sage ihnen, wissen Sie, wenn im Leben die Dinge nicht so aufgehen, wie wir wollen, müssen wir eine bessere Idee präsentieren. Und dieses abgesprungene Stück zwingt Sie dazu, über etwas Breiteres oder Tieferes nachzudenken, und dann wird das Stück besser. Es wird anders werden, kleiner, aber besser. Und ich bringe alles, was ich dort tue, mit dem in Verbindung, was im Bereich der Liebe geschieht.«

Diese Arbeit an sich selbst, an den »Sprüngen im Marmor«, das Verarbeiten der Schocks und Schmerzen im Leben, gehört zu dem kreativen Prozeß, in dessen Verlauf wir immer mehr zum Subjekt werden. Wir bekennen uns zu uns selbst, erschaffen uns selbst. Wir erkennen, daß die Verwandlung immer weitergeht, in den kleinen Details des Alltags genauso wie in größeren, bemerkenswerteren Augenblikken, und daß wir Veränderung und Entscheidung sind, Schmerz und Freude, ständige Bewegung. Beziehungen und Liebe sind die Basis unseres Wachstums; die Energie, die uns in Bewegung hält, ist die Kreativität. Die Verschmelzung der beiden führt zu Leidenschaft. Wir fördern unser Wachstum, wenn wir auf unser Herz hören. Die Form unseres Lebens ändert sich, wenn wir uns selbst besser verstehen.

Verwandlung und Entscheidung

Das Zulassen der Verwandlung erfordert also Vertrauen und die Bereitschaft, die dunkleren Augenblicke unserer Erfahrung mit dem Bewußtsein zu leben, daß wir uns durch sie der Ganzheit annähern. Wir müssen bereit sein, uns den abgelehnten Teilen von uns selbst zu stellen, wenn wir vollen Zugang zu unserer Energie gewinnen wollen.

Bei vielen Frauen wird die Verwandlung nicht nur durch die Begegnung mit dem Selbst oder den Dialog mit anderen herbeigeführt. Oft werden sie durch eine Gesellschaft beeinflußt, die Entscheidungen, Alternativen, den Zugang zu Ressourcen und unser Selbstbild begrenzt. Die traumatischen Veränderungen, die durch Vergewaltigung, Schläge, sexuellen Mißbrauch, eine unerwünschte Schwangerschaft, Armut, Rassismus, Sexismus, schicht- oder altersspezifische Diskriminierung und die allgemeine Abwertung der Erfahrung von Frauen ausgelöst werden, sind weder notwendig noch unkontrollierbar, sondern politisch determiniert. An ihnen zeigt sich, daß Frauen immer noch Objekt sind.

Aber wir haben in der Hand, wie wir auf all dies reagieren – wenn wir auf Traumata nur als Opfer reagieren, bleiben wir Objekte. Wenn wir unsere Wut und unsere Überzeugung äußern, daß Sicherheit und Gleichheit Grundrechte für uns alle sind, treffen wir andere Entscheidungen. Wir werden aktiv, was oft auch anderen nutzt.

Verwandelnde Ereignisse für Männer sind meist im Kontext der Arbeit oder des Leistungsverhaltens angesiedelt. Bei Frauen wird die Verwandlung eher durch eine Erfahrung im Beziehungsbereich ausgelöst. Schwierigkeiten oder Veränderungen im Kontakt mit Intimpartnern, Freunden oder Kindern beeinflussen das Selbstgefühl einer Frau radikal und können zu einer emotionalen Veränderung führen. Eine etablierte, Geborgenheit vermittelnde Beziehung dagegen erlaubt einer Frau oft, für spirituelle oder kreative Verwandlungen offen zu sein. Debbie Wells spricht aus, was viele Frauen fühlen:

»Für mich war es notwendig, in einer festen und doch offenen Beziehung zu sein, damit ich auch diesen ganzen anderen Kram machen konnte. Sobald die Heiratsangelegenheit geregelt war, konnte ich nach anderen Möglichkeiten Ausschau halten und fühlte mich sicher genug, um sie auszuprobieren. Ich glaube, es war eine Art präkonditionierte Botschaft, denn meine Eltern hatten mir gesagt, die Ehe sei mein Ziel.«

Die Eigenschaften eines leidenschaftlichen Lebens

Welche Eigenschaften beeinflussen, wie wir das Wissen nutzen, das uns durch Entwicklungssprünge oder äußere Kräfte zuteil wird? Was ist nötig, um ein Leben kreativ zu gestalten und eine passende Form zu finden? Worin gleichen Liebe und kreativer Ausdruck sich, welche Eigenschaften haben sie gemeinsam?

Es gibt nur ein Wort, das die Erfahrung des Künstlers vor der leeren Seite oder Staffelei, einem neuen Musikstück oder einem unberührten Stück Stein oder Holz adäquat beschreibt. Dieses Wort beschreibt auch die Erfahrung des Menschen, der einen anderen Menschen, ein Ziel, eine Aktivität liebt und erkennt, wieviel Energie, Bindung und Offenheit diese Liebe verlangt. Dasselbe Wort beschreibt den Musiker vor dem Einsatz, den Sportler vor dem Sprung, den Therapeuten oder Arzt, der sich anschickt zu helfen. Es beschreibt jeden von uns, der in Beruf oder Beziehung vor einer neuen Aufgabe steht oder einer neuen Lebensphase (Elternschaft, Tod) gegenübersteht.

Das Wort heißt Angst. Manche sagen Entsetzen, andere Furcht. Aber das Grundgefühl ist Angst. Angst, dem Leben voll ins Gesicht zu sehen, zu Handlung und Wagnis aufgerufen zu werden, sich zu erkennen zu geben. Angst vor dem Unbekannten – dem Ergebnis.

Sicher sind da auch Erregung, Freude, Hoffnung, Vertrauen. Aber Ausgangspunkt jeder Veränderung, jeder Unternehmung ist im Grunde Angst – man weiß nicht, was die Aufgabe erfordert, ist sich seiner Verletzlichkeit und der Möglichkeit des Versagens bewußt.

Wenn wir als Objekt leben, bleiben wir im Vertrauten und Konventionellen und werden zu Sklaven der Angst. Wir gehen keine Risiken ein. Wenn wir leidenschaftlich und ganz Subjekt unseres Lebens sind, haben wir auch Angst, aber noch mehr Mut. Wir sind bereit, zu allem ja zu sagen, was als Nächstes kommt. Es gibt keinen Mut ohne Angst. Denken wir an das Zitat von Roxana Robinson in Kapitel 6: »In einer Landschaft ohne Gefahr gibt es keine Tapferkeit.«

Viele der für ein leidenschaftliches Leben entscheidenden Eigenschaften sind eine Folge des Muts. Rollo May, der über Liebe und Kreativität schrieb, meint: »Das Wort *Courage* stammt von derselben Wurzel wie das französische Wort *Coeur*, das Herz bedeutet. Genauso wie das Herz Blut in Arme, Beine und Gehirn pumpt und dadurch das Funktionieren aller anderen Körperorgane ermöglicht, macht Mut alle seelischen Tugenden möglich.«[1]

Aus dem Mut ergeben sich Aufrichtigkeit, die Bereitschaft, dem Selbst zu begegnen, Zielstrebigkeit und Vertrauen in das Geschehen.

Dem Geschehen vertrauen bedeutet, daß man an Wunder glaubt, eine Vision hat und ihr folgt, die Phantasie spielen läßt, die Kontrolle aufgibt und sich trotzdem bewußt ist, daß man für das Ergebnis verantwortlich ist. Es bedeutet, daß man diszipliniert Fertigkeiten erlernt, obwohl man stürmisch und lustvoll und ausgelassen ist. Es bedeutet, daß man träumen kann und zugleich praktisch und pragmatisch ist. Es bedeutet, dem Leben zu vertrauen.

In der Haystack Mountain School of Crafts bemerkten wir folgendes »Manifest« des Künstlers Michel Cassou, das an einen Pfeiler im Metallatelier geheftet war: »Im Grunde können wir nicht wissen, was wir zum Ausdruck bringen werden. Das wirklich Kreative muß eine Überraschung sein, denn es ist etwas, an das wir nicht gedacht hätten. Dagegen haben wir am meisten Widerstand. Wir wollen wissen, was aus etwas wird, warum wir es machen und was wir davon haben. Wir wollen alles wissen. Kreativität bedeutet, daß es uns zur Gewohnheit wird, ein bißchen verloren zu sein. Wenn wir immer voll sind von dem, was wir machen wollen, bleibt kein Platz für das Neue.«[2]

Der Mut, trotz unserer Angst zu handeln, führt zu Mitgefühl für andere. Barbara Garrison schreibt in der Zeitschrift *The Sun*: »Die Angst erwächst aus dem, was wir denken; sie lebt in unserem Kopf. Mitgefühl erwächst aus dem, was wir sind, und lebt in unserem Herzen.«[3]

Das Ja zum kreativen Geschehen in unserem Leben bedeutet, daß wir eine Richtung einschlagen, deren Endpunkt wir nicht kennen, die sich aber intuitiv richtig anfühlt. Wir treffen Entscheidungen, die auf innerem Wissen beruhen, nicht auf äußeren Notwendigkeiten oder externer Kontrolle. Passive Menschen fügen sich dem, was erwartet wird; leidenschaftliche Menschen entscheiden, gebrauchen ihren Willen. Bei solchen Entscheidungen ist das Leben im Fluß. Die leidenschaftliche Frau hat das Gefühl, etwas zu bewirken – sie läßt zu, daß ihr innerer Prozeß die Form ihres Lebens bestimmt. Die passive Frau findet sich mit den Gegebenheiten ab und läßt das Leben über sich hinwegrollen, ohne sich um ihre Bedürfnisse und Rhythmen zu kümmern.

Der Mut, der für kreative und psychische Prozesse entscheidend ist, ist auch für die Liebe entscheidend. Ohne Offenheit und Verletzlichkeit, ohne das Sich-Einlassen auf die unbekannten Dimensionen in sich und im anderen ist keine Liebe möglich. In gewisser Hinsicht sind wir, was wir lieben, denn der Wille zu lieben wird im allgemeinen dadurch ausgelöst, daß wir im anderen die Teile von uns erkennen, die wir selbst zu integrieren hoffen. Der Wille zu lieben ist oft kein rationaler Prozeß – oft ist eher Herz- als Kopf-Wissen an ihm beteiligt. Die meisten interviewten Frauen sprachen von der völligen Irrationalität der Liebe. Außer bei selbstschädigender Zwanghaftigkeit wird die Liebe oft durch Irrationalität und Unerklärlichkeit am leidenschaftlichsten, intensivsten und erfüllendsten.

Willard Gaylin schreibt in *Von der Wiederkehr der Liebe*:

> Außer Vertrauen und Verpflichtung verlangt die Liebe die Hingabe des Selbst, den Verzicht auf Autonomie, die schmerzliche Verschmelzung mit einem oder vielen verletzlichen Menschen. Solche heroischen Voraussetzungen können nicht nur durch Logik und Sensibilität angeregt werden, sondern müssen durch die romantischen Elemente unseres Wesens angetrieben werden. Reife Liebe wird die romantischen und realistischen Bereiche der menschlichen Phantasie immer verbinden.[4]

Die Eigenschaften, die es uns ermöglichen, unser Leben zu gestalten und Liebe und Kreativität zu integrieren, sind paradox – Verletzlichkeit und Mut, Entscheiden und Loslassen, Wildheit und Disziplin, Phantasie und Tun, Einsamkeit und Verbundenheit, Arbeit und Spiel, Freude und Schmerz, Schwermütigkeit und Leichtfertigkeit.

Die Entscheidung – aktiv werden

Bevor Judy Gomez ihre kreative Verwandlung auf der Insel Monhegan erlebte, hatte sie andere beunruhigende Erkenntnisse gehabt. Zwei Jahre nach der Scheidung von ihrem Mann verliebte sie sich unerwartet in eine Frau. »Ich war mein ganzes Leben lang eindeutig eine Lesbe, aber es war mir einfach nicht klar. Wir waren wild aufeinander, dann verliebten wir uns. Ich kämpfte drei oder vier Jahre dagegen an. Ich kämpfte nicht gegen das Verliebtsein an, ich meine gegen den sexuellen Aspekt. Ich wußte, daß ich das war und daß ich das wollte. Aber mit drei kleinen Kindern machte mir die Erkenntnis sehr viel Angst. Ich sagte zu Leslie, weißt du, ich liebe dich, aber meine Kinder brauchen einen Vater.«

Solche beziehungsabhängigen Verwandlungen sind für das Leben von Frauen charakteristisch. Das Selbstgefühl verändert sich oft dann, wenn eine Beziehung sich verändert. Aber wenn solche Bewußtseinsveränderungen »passieren«, stehen wir vor der Notwendigkeit, Entscheidungen zu treffen und zu handeln. Die Literaturagentin Lilli Cohen, deren Beziehung in Kapitel 13 ausführlicher beschrieben wird, sagt über ihr Leben: »Ich wußte, daß meine erste Ehe nicht funktionierte... es war eine sehr bewußte Entscheidung, sie aufzugeben. Ich glaube, als ich so circa 24 war, machte ich meine Augen ein bißchen auf und begann auf das zu lauschen, was ich für mich selbst tun mußte. Ich zog zum ersten Mal in meinem Leben von New York weg und lernte meinen jetzigen Mann kennen, als ich in Kalifornien war; ich glaube, daß das eine Entscheidungsphase in meinem Leben war, die sehr viel mit der damaligen Zeit und der Frauenbewegung zu tun hatte und damit, daß ich die Dinge auf eine Weise sah, an die ich nie zuvor gedacht hatte. Jetzt habe ich das Gefühl, ständig wählen zu müssen – etwas zu tun oder es nicht zu tun. So kommt ein Teil der Kreativität herein – durch Entscheidungen.«

Wenn Frauen bestimmte Beziehungs- und Liebeskonflikte gelöst haben, konzentrieren sie sich stärker auf Kreativität und solche Entscheidungen, die ihre berufliche Tätigkeit, ihren Selbstausdruck und ihren Platz in der Außenwelt bestimmen. Wenn ihre Beziehungsentscheidungen dies verhindern, ändern sie meist erst die Beziehung und dann die Form ihres kreativen Ausdrucks.

Die Veränderungen hängen mit der Lebensphase zusammen, oder geschehen – wie bei Lilli Cohen – zu bestimmten Zeiten. Wenn Liebe und kreative Tätigkeit zusammenpassen, ist das Ganzheitsgefühl am stärksten.

Die Form verändern

Frauen wechseln oft von einer dominanten Lebensform zu einer anderen. Eine Liebende wird integrativer, eine Helferin kreativer. Manchmal entdecken ausgeprägt beziehungsorientierte Frauen, daß ihre Konzentration auf Beziehungen sozialisationsbedingt war, und wechseln wie Kathy Bradford zur ausgeprägt kreativen Lebensform. Augenblicke der Verwandlung, der Erkenntnis und Selbstbehauptung sind für den Vorgang unabdingbar.

Welche Schritte sind für den Wechsel zu einer neuen Form charakteristisch? Verwandlung ist Ereignis und Prozeß zugleich. Zuerst wird etwas erkannt, dann akzeptiert. Gefühle können nicht mehr geleugnet werden. Man lernt, den eigenen Prozeß, die eigenen Bedürfnisse und Empfindungen zu akzeptieren. Entscheidend dabei ist Zeit. Die Verwandlung ist nicht rational, sie folgt nicht linearen Schritten zu einem vorher festgelegten Ziel. Sie ist ein emotionaler Prozeß. In unserer stark leistungs- und produktorientierten Kultur beschäftigen wir uns kaum damit, daß unsere emotionalen Erkenntnisse wichtig sind, daß wir uns Zeit für sie nehmen sollten. Die Veränderung kann jedoch nicht überstürzt werden.

Judy Gomez brauchte Zeit, um die Erkenntnis zu integrieren, daß sie eine Frau liebte, sie brauchte Zeit, um sich vorzustellen, wie ihre Zukunft aussehen könnte, wenn sie diese Realität akzeptierte. Lilli Cohen brauchte Zeit für die Erkenntnis, welche Form ihr besser entsprach als ihre erste Ehe, sie brauchte Zeit, um eine bessere Entscheidung zu treffen. Liebe und Kreativität können nicht durch Kalender oder Uhr eingegrenzt werden. Die Erkenntnisse werden im jeweils eigenen Tempo akzeptiert.

Hier ist zwischen Obsession und Leidenschaft zu unterscheiden. Kennzeichen der Obsession ist Schmerz, aber positive Veränderungen führen nicht zu Schmerz, auch wenn sie wegen der mit ihnen möglicherweise einhergehenden Verluste schmerzhaft sein können.

Auf die emotionale Entschlossenheit folgt die aktive Phase der Verwandlung, deren Hauptcharakteristika Wille und Verpflichtung sind. Solange man sich seinem Selbst nicht aktiv verpflichtet, bis zum Ende zu gehen, geschieht nichts – die Erkenntnisse bleiben unbeachtet. Uneingestandene Erkenntnisse spuken irgendwo in unserem Kopf herum. Wenn wir sie nicht beachten, tauchen sie irgendwann in der Zukunft wieder auf und sind dann oft schmerzlicher, unvermeidlicher.

Verwandlungen werden schmerzhaft, wenn wir nicht unseren Erkenntnissen entsprechend handeln; wenn wir einen Mißbrauch nicht zugeben; wenn wir einem wichtigen Impuls folgen wollen und es nicht tun; wenn wir ignorieren, daß eine Beziehung, ein Berufsweg oder eine Umgebung uns nicht entsprechen; wenn wir verwerfen, was wir aufrichtig lieben; wenn wir etwas für uns Negatives nicht loslassen; wenn wir die Intensität der Energie nicht beachten, die uns in diese oder jene Richtung führt. Solche Versäumnisse blockieren den Fluß der Veränderung oft nur solange, bis eine andere, oft schwierigere Situation uns daran erinnert, daß wir etwas Neues tun müssen.

Der Wechsel zu einer neuen Lebensform, die Verpflichtung zu handeln, kann größere Veränderungen erfordern – eine Scheidung, eine berufliche Veränderung, eine Veränderung des Lebensstils, den Umzug an einen neuen Ort oder auch eine neue Ausbildung. Die Übergangsphase kann schwierig sein, ist aber oft durch Intensität und ein verstärktes Gefühl der Lebendigkeit gekennzeichnet.

Da die meisten von uns für ihre materiellen Bedürfnisse Geld brauchen, gehört zur Integration einer neuen Leidenschaft oft eine lange Phase des Planens und der finanziellen Anpassung, eine Reihe allmählicher Schritte, die uns die zunehmende Beschäftigung mit dem gestatten, was wir gerne tun.

Eine bereits erwähnte Freundin arbeitete jahrelang als Psychotherapeutin, bis ihre Liebe zur Botanik und zum Studium der Natur immer mehr zu einer unleugbaren Leidenschaft wurde. Sie begann langsam, ihr Leben zu verändern; sie machte Kurse, las, verbrachte jede freie Stunde draußen. Nach und nach entwickelte sie Ideen, wie sie ihre Leidenschaft in einen Beruf verwandeln konnte. Sie untersuchte verschiedene Möglichkeiten, von denen keine besonders lukrativ war. Sie setzte ihre alte Arbeit in einem weniger intensiven Tempo fort, während sie Alternativen erkundete. Je mehr sie sich mit der Botanik beschäftigte, desto irrelevanter schienen materielle Angelegenheiten zu werden. Ihre Motivationen änderten sich, die Qualität ihrer Zeit änderte sich, sie stellte fest, daß sie jeden Tag ihres Lebens intensiver genoß. Sie sagte, sie habe sich voll auf die Sache eingelassen. »Ab und zu kam ich aus den Feldern und Wäldern und bemerkte ein Einkaufszentrum und dachte, oh, Kleider. Aber sie schienen so irrelevant – ich meine, warum brauchte ich eigentlich so viele?«

In dieser Phase des Transformationsprozesses setzt man sich Ziele und Fristen, aber sie bleiben immer flexibel.

Condon Kuhl, der Mann im Boot von Georgeanne, die wir früher in diesem Kapitel erwähnt haben, ist Künstler. Er und Georgeanne zogen von Iowa in eine ländliche Stadt im Nordosten der USA, weil das ihr Traum gewesen war. Sie sprachen mit uns über Verpflichtungen und Ziele. Condon beschreibt, wie sie ihre Entscheidungen getroffen und die Veränderung in Gang gesetzt haben: »Wir sagten nicht, das und das muß geschehen. Wir sagten: Wir haben bestimmte Kräfte in Bewegung gesetzt, unser Ziel ist das und das. Wir hatten einen Fünfjahresplan, einen Zehnjahresplan. Ich glaube, daß Ziele sehr wichtig sind.

Ich glaube, daß sie dafür sorgen, daß etwas passiert. Ohne sie setzt man sich hin und träumt von etwas, das immer dort draußen in diesem unzugänglichen Land ist, zu dem es keine richtige Straße gibt, so daß man keine Möglichkeit hat, es zu erreichen. Als wir uns das Ziel setzten, hatten wir keine Ahnung, wie wir es erreichen sollten. Aber wir waren am richtigen Ort, als bestimmte Dinge geschahen, die wir nutzen konnten. Wenn wir kein Ziel gehabt hätten, hätten wir sie vorübergehen lassen, weil wir nicht bereit waren.

Das Ziel war, dort hinzukommen. Wir wußten nicht wie. Wir kannten die Einzelheiten nicht. Wir hatten noch keine Landkarte. Eigentlich hatten wir sie nie, sie ist immer noch am Entstehen. Wenn wir alles vor uns gehabt hätten und das Ende in Sicht gewesen wäre, wenn wir alle Fakten und Zahlen im Kopf gehabt hätten, hätten wir es nicht gemacht, denn die Probleme wären so überwältigend gewesen.«

Condon und Georgeanne sind ein positives Beispiel, weil beide das Ziel hatten, ihre kreative Energie zu aktivieren, mehr Zeit für die Kunst zu haben und in einer heilsameren Gegend zu wohnen. Aber sie mußten auch für ihren Lebensunterhalt sorgen. Ihre Ziele beruhten auf der realistischen Einschätzung dessen, was notwendig war, damit sie dahin kamen, wo sie hinwollten. Sie gingen schrittweise vor. Sie akzeptierten Begrenzungen, waren aber auch offen für Gelegenheiten, die ihrer Vision entsprachen.

Charakteristisch für eine echte Veränderung ist, daß die Prioritäten sich ändern, daß man anders denkt und handelt.

Was man bei ihr verliert, wird im allgemeinen durch Zufriedenheit und Engagement ersetzt, was sich nicht in Geld messen läßt.

Leidenschaft: Bilanz

Obwohl der Transformationsprozeß manchmal schmerzt, schmerzt es noch mehr, sich nicht voll auf das eigene Leben einzulassen und es im Beziehungs- und Arbeitsbereich an Geist, Energie, Enthusiasmus und Hingabe fehlen zu lassen. Der sicherste Weg zu Frustration, Entfremdung und Verzweiflung besteht darin, das, was man tut, und die, mit denen man zu tun hat, nicht zu lieben; es an Interesse, Aufregung, Freude, Verständnis fehlen zu lassen; halbherzig zu sein, nicht großzügig zurückzugeben, die eigene Leidenschaft nicht mit anderen teilen.

Eine der von uns befragten Frauen kommentierte die Liebesgeschichte ihres Lebens bemerkenswert traurig: »Die Liebesgeschichte meines Lebens ist die einer innigen, verbindlichen, hingebungsvollen Liebe, die zerbrach, während wir uns um andere Verantwortlichkeiten kümmerten.«

Diese Frau spielt ihren Schmerz zweifellos herunter. Er zeigt, daß Leidenschaft geopfert, ignoriert und verloren werden kann. Es ist, als würde die Frau sagen: »Es war so viel anderes zu tun, es war einfach nie Zeit.« Der Verlust von Verbundenheit und Hingabefähigkeit ist bitter und ergibt sich daraus, daß der Mittelpunkt verlorenging und die Leidenschaft nicht ernst genommen wurde. Dieser Verlust kann nicht immer wiedergutgemacht werden; er erinnert daran, daß die Leidenschaft sorgfältig behütet und geschätzt werden muß, wenn wir ein volles Leben haben wollen.

12. Frauen und Zeit

Ich denke so über Zeit: Das Leben ist sehr kurz, und man weiß nie, wann es zu Ende geht, und wir sind nicht mehr jung. Deshalb ist jede Minute unendlich kostbar, und ich möchte jede Sekunde so leben, als wäre sie die letzte meines Lebens, denn wir sind in einem sehr verwundbaren Alter, und man weiß ja nie.

Judy Gomez, 45

Ich sage mir, daß ich keine Zeit für die Liebe habe. Ich bin so mit meinen Verpflichtungen für das Studium und den Beruf beschäftigt, und ich habe das Gefühl, in meiner Karriere hintenan zu sein, und deshalb lasse ich mich besser nicht davon aufhalten, mich jetzt zu verlieben.

Connie Barnes, 30

Wenn eine Frau ein leidenschaftliches Leben leben will, muß sie Zeit verstehen und einschätzen. Manche Frauen haben das Gefühl, nicht genug Zeit zu haben, weil sie das Leben so voll leben, daß sie ihre vielen Leidenschaften kaum in einem Tag unterbringen. Andere Frauen haben das Gefühl, keine Zeit für sich selbst zu haben, weil sie in ihrem Leben nicht die Hauptrolle spielen. Der Unterschied zwischen diesen beiden Gruppen ist nur teilweise durch äußere Umstände bedingt. Vor allem hat jede Gruppe eine andere Einstellung zur Zeit.

Viele Frauen betrachten das Zeithaben als organisatorisches Problem und nicht als eins, das mit ihrer Denk- und Urteilsweise zu tun hat. Wir denken, daß wir Zeit besser nutzen sollten, und nicht, daß wir sie anders einschätzen sollten. Aber wenn wir das Problem falsch beschreiben, kommen wir zur falschen Lösung. Das Problem besteht darin, daß wir Zeit und uns selbst nicht richtig einschätzen. Die Lösung besteht darin, die Rhythmen unserer ganz eigenen Zeit zu verstehen und zu akzeptieren.

Wenn wir den Wert der Zeit und ihre Beziehung zur Leidenschaft erkennen, werden die Prioritäten klarer. Donna DeMuth verschwendet keine Energie mehr auf noch so interessante Beziehungen, wenn es keine wechselseitige Verpflichtung zur Kontinuität gibt. Die Zeit, die sie für Freundschaften hat, ist zu wertvoll. Sie sagt: »Ich schließe neue Freundschaften nur mit Leuten, von denen ich auch erwarte, daß sie mich später im Pflegeheim besuchen kommen.«

Donna verschwendet mit 56 keine Zeit mehr darauf, neue Freundschaften einzugehen. Judy Gomez hat ihre gesamte Lebensstruktur geändert, als sie den Wert der Zeit erkannte.

Manchmal erkennt eine Frau den Wert der Zeit erst, wenn die Umstände – die Genesung vom Alkoholismus, eine Scheidung oder Trennung, eine tödliche Krankheit, eine Reise – sie dazu zwingen.

Ein Mann, dessen Frau ihn vor kurzem verlassen hatte, meinte verwundert: »Ich kann es nicht verstehen; wir sind seit zwei Wochen getrennt, und seitdem kauft sie wieder Musik, hat sie wieder mit Sport angefangen, ist sie ins Theater gegangen. Ich dachte, sie hätte das Interesse an diesen Dinge verloren, weil sie aus ihrem Leben verschwunden waren.« Seine Frau hatte ihn verlassen, weil er wegen fehlender innerehelicher Leidenschaft eine Affäre hatte.

Frauen wundern sich über eine solche Situation meist nicht. Wir können uns leicht vorstellen, daß seine Frau nach der Eheschließung das Gefühl hatte, »keine Zeit für sich« zu haben. Oft wissen wir nicht, daß wir die Leidenschaft verlieren, wenn wir für uns keine Zeit mehr haben.

Warum sind außergewöhnliche Umstände erforderlich, damit wir den Wert der Zeit erkennen? Genauso wie unsere Liebeskonzeption ist auch unsere Auffassung von Zeit kulturbedingt: Die Gesellschaft diktiert, welche Tätigkeiten wichtig sind und wessen Zeit am wertvollsten ist. Aber wenn eine Frau durch schmerzliche oder erfreuliche Ereignisse erkennt, wie wichtig ihre Zeit ist, kann sie ihre Prioritäten leichter setzen und entscheidet sich vielleicht, ihr ganzes Leben umzustrukturieren.

Die Qualität der Zeit

Für Judy Gomez war es entscheidend, die unterschiedliche Qualität der Zeit an verschiedenen Orten und in verschiedenen Situationen kennenzulernen, um die Form ihres Lebens zu ändern. Nachdem sie und ihre neue Partnerin sich zum Zusammenleben entschlossen hatten, verbrachten sie den Sommer auf der Insel Monhegan, wo sie ihren »verwandelnden Augenblick« erlebt hatte. Vier Jahre später verließen sie New York und kauften für den Winter ein Haus in Santa Fe. Judy zog sich völlig vom akademischen Leben zurück, um sich ihrer Kunst zu widmen, und Leslie entdeckte ihre Leidenschaft für die Erwachsenenbildung.

Wir haben oft über Frauen und Inseln gesprochen; das ist kein Zufall. Anne Morrow Lindbergh schrieb in *Muscheln in meiner Hand*: »Das Dasein in der Gegenwart gibt dem Inselleben extreme Lebendigkeit und Reinheit. Man lebt wie ein Kind oder ein Heiliger in der Unmittelbarkeit des Hier und Jetzt. Jeder Tag, jede Handlung, ist eine Insel, die von Zeit und Raum umspült wird und so vollendet ist wie sie.«[1]

Judy meint: »Es bestand so ein Unterschied zwischen der Qualität unserer Beziehungen und der Qualität unserer Zeit. Auf Monhegan war jede Minute kostbar, das Spazierengehen, das Beobachten des Sonnenuntergangs. Die Zeit, die man mit Leuten verbringt, ist nicht oberflächlich. Auf Monhegan ist jeder damit beschäftigt, zu schreiben oder zu malen oder sonst etwas Kreatives zu tun. Der Unterschied zwischen dem Leben in Monhegan und dem Leben in New York ist so groß, daß wir es einfach nicht mehr aushalten konnten.«

Das starke Zeitbewußtsein, das Leslie und Judy in Monhegan erlebten, kann auch als »Zeit außerhalb der Zeit« bzw. Aufhebung der Zeit beschrieben werden. Es gleicht dem Zeitgefühl von frisch Verliebten. Die Zeit scheint sich auszudehnen oder zusammenzuschrumpfen – Augenblicke scheinen wie Stunden, Stunden wie Augenblicke. Manche Zeitspannen gehen völlig unbemerkt vorbei, man vergißt zu schlafen, mißachtet den normalen Tagesablauf und existiert in einem Zustand des Fließens, in dem eher die Leidenschaft die Zeit strukturiert, als daß die Zeit durch Bewußtsein und Verhalten gestaltet wird. Wenn die Leidenschaft nicht »fließt«, fließt auch die Zeit nicht – sie erscheint als Hindernis, wird zu einer Entschuldigung, um sich selbst zu vermeiden, und im allgemeinen zu einer Ursache für Frustration. Sie wird zu etwas, gegen das man ankämpfen muß, etwa nach dem Motto: »Ich würde Gedichte schreiben, wenn ich nur Zeit hätte, ich würde lieben, aber ich habe einfach keine Zeit.« Die Zeit wird zu einem Feind, dem wir die Macht geben, uns von uns selbst wegzubringen.

Jeden Augenblick so zu leben, als sei er der letzte, ist ein Ideal, von dem viele träumen. Frauen und auch Männer sagen oft, daß sie sich nur im Urlaub ganz lebendig fühlen. Kunst, Musik oder die Lektüre eines Buches bringen sie wieder mit sich in Kontakt. Man entdeckt die heitere Gelassenheit der Einsamkeit, die Erhabenheit der Natur, und wundert sich, warum die Zeit im »wirklichen Leben« nicht die Qualität der Ferien-Zeit haben kann.

Wir sprechen von gesparter Zeit, gestohlener Zeit, freier Zeit, gutverbrachter Zeit, Mußezeit, vergeudeter Zeit, qualitätsvoller Zeit, Urlaubszeit, Extrazeit, nicht genug Zeit. Wir sagen: Zeit ist kostbar, für alle Zeit, die Zeit ist kurz, die Zeit fliegt, Zeit und Ewigkeit, wir hatten eine gute Zeit, sich Zeit lassen, die Zeit stand still, wo ist die Zeit geblieben? Wieviel Zeit haben Sie? Schon die Sprache verweist auf die westliche Beschäftigung mit der Zeit. Die linguistischen Differenzen stehen für unterschiedliche Einstellungen. Nicht alle Kulturen sehen Zeit so. Lucy Lippard schreibt in ihrem Buch über Kunst und Vorgeschichte: »Die Hopi haben keine Worte für Vergangenheit und Zukunft; und interessanterweise ist bei ihnen die Methode wichtiger als das Produkt.«[2]

Ungeachtet der Sprache haben Menschen immer versucht, Zeit zu verstehen und zu beschreiben. Sie sprechen von Uhrzeit, heiliger Zeit, mythischer Zeit, realer Zeit, zeremonieller Zeit, Traumzeit. Sie haben Zeit als linear, kreisförmig oder spiralförmig beschrieben. Die alten Kulturen haben ihre Auffassung von Zeit durch ein Symbol wiedergegeben, etwa die »Schlange des Tierkreises, die einen Kopf an beiden Enden des Körpers hat. Die alten Chinesen erkannten, daß kreisförmige und lineare Zeit nicht vereinbar sind, und versöhnten sie durch zwei Zeitmandalas – ein rundes und ein viereckiges.«[3]

Wir messen Zeit mit dem Kalender und mit Uhren, aber sie messen nicht dasselbe. Unsere frühesten Versuche, Zeit zu bezeichnen und zu messen, gehen auf Sonnenkalender wie den von Anasazi im Chaco Canyon in New Mexiko zurück, der 1977 wiederentdeckt wurde. Die Zeit dieses Kalenders war nicht linear. Die lineare Zeit, die eine Uhr heute mißt, entwickelt sich, wie Lucy Lippard meint, »im Verlauf der Jahrtausende mit dem Patriarchat und der Industrie«.[4] Auch die christliche, die Darwinsche und die klerikale Zeit waren linear. Der kreisförmige Kalender von Anasazi und die Betonung nichtlinearer Prozesse bei den Hopi hatten ihre Ursprünge möglicherweise in überwiegend mutterrechtlichen Gesellschaften.

Gedanken über Zeit

Was ist Zeit überhaupt? Warum hat es die Menschheit so sehr beschäftigt, sie zu benennen, zu beschreiben, zu verstehen und zu kontrollieren? Alle großen spirituellen Traditionen lehren, wie man die Zeit verstehen und beurteilen kann. Die römisch-katholische Kirche zum Beispiel ist auf die Zukunft ausgerichtet. Die mystischen Traditionen des Ostens halten sich immer auf das Jetzt konzentriert.

Auch die Philosophen haben sich mit der Zeit beschäftigt. Ist sie objektiv, materiegebunden? Oder ist sie subjektiv, eine Kategorie des Verstandes? Kant hat schon im 18. Jahrhundert erkannt, daß Zeit und Raum nicht objektiv real, sondern nur Konzepte und Kategorien sind, mit denen wir unsere Existenz ordnen, um das Denken zu ermöglichen.[5] Heidegger war sein ganzes Leben lang von Zeit und Sein fasziniert.[6]

Für den normalen Menschen jedoch war Zeit immer absolut. »Die Vorstellung, daß eine universelle Zeit unterschiedslos von allen benutzt werden kann, egal, ob sie ruhig zu Hause, Fahrer eines Fahrzeugs oder Passagier an Bord eines Flugzeugs sind, ist so tief in den meisten Menschen verankert, daß sie sich Alternativen kaum vorstellen können.«[7]

Durch Physiker wie Einstein und Stephen Hawking wissen wir jetzt, daß Zeit nicht absolut ist. So etwas wie »wahre Zeit« gibt es nicht. Zeit ist relativ und für jeden anders. Außerdem sind Zeit und Raum miteinander verbunden und werden durch das beeinflußt, was in ihnen geschieht.[8]

Und natürlich unterscheidet sich die subjektive Erfahrung von Zeit qualitativ von allen Versuchen, sie zu objektivieren, wie die folgende Passage des Autors John Hanson Mitchell bezeugt:

> Mehr und mehr stelle ich fest, daß ich über Zeit nachdenke, wie sie aus der Zukunft heraustreibt, kurz in der Gegenwart über uns hinstreift und dann wieder wegströmt und zur Vergangenheit wird, und keine dieser Phasen, weder Vergangenheit noch Gegenwart noch Zukunft, ist wirklich erkennbar. Angesichts dieses Dilemmas bin ich in den vergangenen Jahren dazu übergegangen, die primitive Vorstellung von der zeremoniellen Zeit zu akzeptieren, in der Vergangenheit, Gegenwart und Zukunft in einem einzigen Augenblick wahrgenommen werden können, im allgemeinen während eines Tanzes oder eines heiligen Rituals.[9]

Oder, würden wir hinzufügen, während der leidenschaftlichen Begegnung mit einem anderen Menschen oder dem eigenen Selbst.

Die bereits zitierten konventionellen Phrasen über Zeit, die unserem postmodernen Denken entstammen, weisen Zeit als absolute, quantifizierbare, abschätzbare Ware aus, von der einige mehr besitzen als andere. Verschwendung, Effizienz, genug Zeit, nicht genug Zeit – all dies sind Vorstellungen, die mit dem Konzept der Quantität zu tun haben. Wir sprechen so, als sei Zeit etwas *Materielles.* »Sich Zeit nehmen« bedeutet Zeit stehlen. Woher nehmen wir sie? Wer verwaltet sie? Halten wir Zeit für etwas anderes als ein Konstrukt, für ein reales Objekt, für eine reale Ware auf dem Markt? Wir sprechen über den Wert von Zeit, als ob es hier Unterschiede gäbe. Wir sprechen davon, »was meine Zeit wert ist«.

Daß wir der Zeit einen Geldwert beimessen – und deshalb ständig in Eile sind – scheint mit der sehr pragmatischen, funktionalen Betonung der westlichen Kultur zusammenzuhängen. Wir leben in einer linearen Zeit und versuchen hektisch, genug anzusammeln und alles schnell genug zu erledigen. Ein passendes Bild aus der amerikanischen Geschichte ist der »Goldrausch«, der Drang nach Westen, der Bau der Eisenbahnlinie von Küste zu Küste.

Die Betonung des Ziels, des fertigen Produkts, scheint die Zeit subjektiv zu beschleunigen; Geschwindigkeit und Effizienz werden zum Maßstab des Werts, und Verspätungen ärgern uns.

Da wir Zeit für eine quantifizierbare Ware halten, versuchen wir, immer effizienter zu werden. Aber wir sind nicht unbedingt erfüllter. Viele von uns fragen sich, wohin sie so hektisch unterwegs sind. Und was haben wir, wenn wir ankommen?

Die häufigste sexuelle Dysfunktion im heutigen Amerika, der Mangel an Verlangen, spiegelt diese Betonung effizienter Zeit. Wir haben Orgasmen, aber keine Zeit für die Liebe. Rollo May schreibt:

> Es gibt eine grundlegende Beziehung zwischen Eros, Zeit und Phantasie. Eros braucht Zeit: Zeit, damit das Ereignis einsinken kann, Zeit, daß die Phantasie arbeiten kann, und wenn schon nicht ›Zeit zum Nachdenken‹, so Zeit zum Wahrnehmen und Hoffen. Deshalb möchte der Verliebte allein sein, für sich hierhin und dorthin gehen, sich nicht konzentrieren oder arbeiten; er gibt dem Eros Zeit, seine Arbeit zu tun. Diese Wichtigkeit der Zeit unterscheidet den Eros von Sex... Zeit, damit der Integrationsprozeß stattfinden kann.[10]

Damit Liebe oder Kreativität sich entfalten können, brauchen wir »Mäander«-Zeit, in der wir uns »räkeln« und spielen können. Merkwürdigerweise dehnen sowohl die Konzentration auf das Jetzt als auch das »Mäandrieren« das Zeitgefühl aus.

In den 90er Jahren zeigte sich in Untersuchungen zunehmend der Trend, daß Amerikaner Zeit mehr schätzen als Geld, was auf die Unzufriedenheit mit unserer materiellen Einstellung hinweist.[11]

Wenn wir unsere Leidenschaft achten, haben wir möglicherweise nicht mehr die Zeit, um auf die gewohnte Weise Geld zu verdienen. Wie Judy Gomez, die die Psychologie um der Kunst willen aufgab, stehen wir vor einem Konflikt, der zu einer neuen Einstellung gegenüber Zeit führen kann.

Wichtig ist der Augenblick

Neben dem Trend, um der persönlichen Erfüllung willen finanzielle Einbußen hinzunehmen, gibt es eine ständig wachsende Bewegung im Westen, die östliche, spirituelle Einstellung in puncto Zeit zu übernehmen. Sie betont statt Ergebnis und Ziel den Weg zu ihnen.

Die meisten großen mystischen Traditionen meinen, die Zeit stehe still, wenn man sich – zum Beispiel in der Meditation – völlig auf die Gegenwart konzentriert.

Der religiöse Philosoph Krishnamurti fragt, ob Zeit als Erinnerung überhaupt existieren würde, wenn wir unsere Aufmerksamkeit voll auf den Augenblick richten könnten.[12]

Trungpa Rinpoche, der tibetische buddhistische Meister, spricht von der Freisetzung der Energie, wenn wir im gegenwärtigen Augenblick sind. Achtsamkeit führt zu Freude bzw. Lebendigkeit, eine Art von Freiheit.[13]

Sonia Johnson, eine radikale feministische Autorin, schreibt: ». . . In der nichtlinearen Zeit liegt eine grenzenlose Möglichkeit – zu *sein*. Alles zu sein, was für uns in diesem Augenblick möglich ist, unser Selbst froh, ganz, voll und herrlich *eben jetzt* zu erleben.«[14]

Einige der fröhlichsten Frauen, die wir interviewten, haben dieses Gefühl, ganz in der Gegenwart zu sein. Wir fragten Mary Nolan, was sie durch das Leben auf Ocracoke über Zeit gelernt hat. Sie antwortet: »Achtsamkeit. Sie läßt die Zeit stillstehen. Sie verlangsamt die Zeit. Mit dem Älterwerden beschleunigt sich die Zeit, wenn ich nicht achtsam bin. Wenn ich ganz hier und jetzt bin, steht die Zeit still.« Wenn Mary von ihrem Morgenspaziergang zurückkommt und sagt: »Ich habe einen Silberreiher gesehen, der wie eine Kerzenflamme auf einer Zeder saß«, hat sie sich Zeit gelassen, etwas zu registrieren, achtsam zu sein.

Die Komponistin Lynn Wilson beschrieb ein einmonatiges tibetisch-buddhistisches Retreat als eine Zeit des Zusammenseins mit sich selbst. »Meditation ist ein Dialog mit mir selbst, der dem Dialog mit mir selbst beim Komponieren gleicht. Es ist eine fast sexuelle Beziehung zu mir selbst, wie die sublimierte Freude, die man mit Kreativität erlebt, wenn die gesamte Energie darauf konzentriert ist, ein bestimmtes kreatives Problem zu lösen.«

Meditation ist »nichts tun«. Sie hat kein Ziel, was nicht dasselbe wie Ziellosigkeit ist. »Du meinst, du hast dich hingesetzt und einen Monat lang nichts getan?« fragen Freunde. »Das würde mich verrückt machen.« Einen Monat lang »sitzen« erscheint den meisten von uns als unglaublicher Luxus, als Zeit außerhalb des Raums und des Alltags, was für sehr viele in eine Beziehung eingebundene Frauen fast unmöglich zu bewerkstelligen ist.

Aber praktisch alle Frauen, mit denen wir gesprochen haben und die das Gefühl hatten, das Leben leidenschaftlich zu leben, kannten den Wert ihrer Zeit und der Einsamkeit.

»Weibliche« und »männliche« Zeit

Viele frühere Denker haben sich männliche und weibliche Arten von Zeit vorgestellt. Sicher ist die Zeit kein geschlechtsspezifisches Phänomen. Genauso wie unsere Vorstellungen über Liebe werden unsere Vorstellungen über Zeit von kulturellen Konzepten, Mythen und Zwängen beeinflußt. Geschlechtsgebundene Vorstellungen über Zeit haben mehr mit Macht und Verantwortlichkeit zu tun als mit angeborenen Unterschieden im biologischen Rhythmus.

Männliche Zeit wird gern für linear gehalten; weibliche Zeit gilt als zyklisch, kreis- oder spiralförmig. Männliche Zeit stellt das Ergebnis in den Mittelpunkt; weibliche Zeit läßt Raum für den Prozeß. Deshalb ist die weibliche Zeit kreative Zeit; es ist kein Zufall, daß es von Männern, die künstlerisch bzw. kreativ sind, oft heißt, sie hätten Zugang zu ihren weiblichen Persönlichkeitsanteilen.

Carol Ochs, die über die Spiritualität von Frauen schreibt, meint, die weibliche Erfahrung des Gebärens, Bemutterns und Loslassens lehre diese Achtung für den Prozeß.

Die in Kapitel 5 beschriebene Ruth, die chinesische Literatur und die frühen Göttinnenreligionen studiert, sagt: »Frauen denken in Zyklen, bei denen es keinen Beginn und kein Ende gibt, weil die Natur in Zyklen verläuft; das Zu- und Abnehmen des Monds, der Zyklus der Jahreszeiten und der Menstruation sind dasselbe. Sie kommen, gehen und kommen wieder, und wir wissen das. Diese allmonatliche Realität beeinflußt uns stark. Sie *ist* magisch. Zyklen sind exzentrisch – ein bißchen früher, ein bißchen später. Für mich besteht Zeit aus leicht unregelmäßigen Kreisen.«

Die Autorin Susan Griffin hält die weibliche Zeit ebenfalls für zyklisch.[15] Zyklen kommen und gehen wie die Gezeiten. Männer haben ein lineare Auffassung von Zeit; sie kämpfen gegen die Zeit, anstatt zu akzeptieren, daß die Natur in Zyklen verläuft. Zum Ritual feministischer spiritueller Gemeinschaften gehört fast immer das Ziehen eines Kreises.

Die Überlegung, daß bestimmte Denkweisen männlich oder weiblich sind, weil sie die Natur spiegeln oder nicht, ist bestechend. Wir alle versuchen, die Zeit zu beherrschen, und uns allen flößt ihre Macht zuweilen Respekt ein. Unsere Vorstellungen über Zeit entwickeln sich jedoch eher aus den uns auferlegten Rollen, so daß Zeit nicht linear oder kreisförmig, männlich oder weiblich ist, sondern so, wie wir sie definieren.

Wie denken Frauen über Zeit?

Warum ist es so schwierig für uns, Zeit für uns zu bekommen, auch wenn wir ihren Wert kennen? Wenn wir sagen, daß wir »hier und da ein bißchen Zeit für uns selbst abgeknapst haben«, denken wir offensichtlich, daß die Zeit jemandem anders gehört als uns.

Die Antworten auf die Frage: »Macht es Ihnen Schwierigkeiten, sich Zeit für sich selbst zu nehmen?« deuteten darauf hin, daß den Frauen nicht klar war, wer die Zeit »besitzt«. Eine Frau schreibt: »Ja, wenn mein Mann schreibt, habe ich weniger Zeit, weil ich dann unsere private Praxis plus meinen 40-Stunden-Job im Krankenhaus habe.« Eine andere schreibt: »Ja, manchmal habe ich Schuldgefühle. Meistens habe ich zuwenig, aber seit kurzem tue ich mehr für mich selbst. Ich verdiene es, jetzt bin ich an der Reihe...«

Wieder eine andere Frau schreibt: »Es ist sehr schwierig für mich. Ich neige dazu, mehr meinen Freunden zu geben als mir selbst.« Und wieder eine andere: »Manchmal... im allgemeinen macht mein Mann den Weg frei und ermutigt mich, mir Zeit für mich selbst zu nehmen. Gewöhnlich ziehe ich es vor, für andere etwas zu tun. Ich fühle mich wohler.«

Wenn der Mann schreibt, ist dies also wichtiger, das heißt seine Zeit wertvoller. Sie »gibt« ihre Zeit her, damit er seine haben kann. Eine andere hat zuwenig Zeit und muß darauf warten, bis sie an der Reihe ist. Wieder eine andere hat einen Mann, der ihr »Zeit schenkt«, was impliziert, daß *er* derjenige ist, der sie vergeben kann. Wenn wir Zeit als Ware betrachten,ist es kein Wunder, daß wir glauben, daß Männer den Zugang zu ihr genauso kontrollieren wie zu vielen anderen Ressourcen.

Erstaunt waren wir auch über die Bereitschaft der Frauen, sich selbst dafür verantwortlich zu machen, daß sie nicht genug Zeit haben. Wenn wir Frauen fragten, warum sie nicht genug Zeit für sich selbst hatten, meinte über ein Drittel, es würde an den fehlenden Prioritäten liegen. Die Frauen neigten dazu, sich selbst für das Nicht-Setzen der Prioritäten verantwortlich zu machen; sie machten sich nicht klar, daß das in unserem Kopf fest verankerte Bild von der Lächelnden Frau das Setzen von Prioritäten nicht zuläßt: Die Lächelnde Frau setzte keine Prioritäten, wenn die Prioritäten des Mannes mit den ihren kollidieren.

Vielleicht stimmt es, daß Frauen keine Prioritäten setzen. Sicher nehmen viele von uns Unterbrechungen hin. Einigen von uns sind solche Unterbrechungen egal. Rosemary Tuck meint, Frauen hätten sowieso ein gespaltenes Bewußtsein entwickelt; sie haben gelernt, viele Dinge auf einmal zu tun, ein Buch zu lesen, während sie mit einem Ohr bei den Kindern sind, sich gleichzeitig bewußt sind, daß etwas auf dem Herd steht und sie auf den Anruf des Waschmaschinenreparateurs warten. Diese Fähigkeit, die Konzentration aufzuspalten, führt bei anderen zu Frustration und nimmt ihnen die Aufmerksamkeit, die sie für eigene Prioritäten brauchen.

Geschlechtsspezifische Unterschiede bei der Organisation der Zeit

Das von Unterbrechungen gekennzeichnete Leben von Frauen wird durch ihre gesellschaftlich determinierten Verantwortlichkeiten bedingt. Zwei norwegische Psychologinnen haben die Struktur von Betreuungs- und Hausarbeit in Ehen untersucht. Sie sagen, die Zeit von Frauen werde durch zwei Prinzipien strukturiert, dem des »Hängenbleibens« und dem des »weiterlaufenden Rads«.[16]

Das »Hängenbleiben« bedeutet, daß die Verantwortung für alles, was der Mann nicht explizit übernimmt, bei der Frau »hängenbleibt«. Ihre Beteiligung braucht nicht explizit spezifiziert zu werden, weil angenommen wird, daß sie sowieso immer alles erledigt.

Das zweite Prinzip, das »weiterlaufende Rad«, konditioniert eine Frau, ständig das Befinden ihres Kindes im Kopf zu haben. Sie paßt ihre Zeitplanung der ihres Kindes an, als hätte sie ein Rad im Kopf, das die Organisation der Ereignisse nachverfolgt. Durch dieses Prinzip kann sie vorausplanen und sich allem möglichen anpassen. Frauen, die die Betreuung an ihre Männer delegieren, haben immer noch das »weiterlaufende Rad« in ihrem Kopf, weil die letztendliche Verantwortung an ihnen »hängenbleibt«.

Als Frauen wissen wir intuitiv, was das »Hängenbleiben« und das »weiterlaufende Rad« bedeuten. Eine Frau in einem unserer Seminare zum Beispiel beschrieb sich als Feministin der dritten Generation. Sie sagte dann, daß sie die Verantwortung, die Kinder von der Schule abzuholen und zum Zahnarzt zu fahren, an ihren Mann delegiert habe. Und sie sagte: »Ich muß ihn anrufen, damit ich sicher bin, daß er es nicht vergißt.«

Die Verantwortung, die sie vermeintlich delegiert hat, liegt immer noch bei ihr.

Die männliche Zeit dagegen ist um die Prinzipien »Zeit als Geschenk« und »Zeit als Investition« herum aufgebaut. Mit anderen Worten: Die Zeit gehört dem Mann, und er kann sie geben oder investieren. Haavind und Andenes meinen, Männer und Frauen würden sich in die Vorstellung vom wesensmäßigen Unterschied flüchten, um dieses ungleiche Arrangement der Verantwortlichkeiten zu schützen.[17] Mit anderen Worten: Die Behauptung, daß Frauen von ihrer Biologie her zum Nähren und Umsorgen programmiert sind, läßt die gesellschaftliche Komponente im Schatten verschwinden.

Die Feststellung, daß die Kreativität von Frauen sich den Notwendigkeiten des »weiterlaufenden Rads« anpassen muß, ist nicht überraschend; Kunstgewerbliches läßt sich da leichter integrieren als die darstellenden Künste. Unsere Ergebnisse bestätigen die Tendenz verheirateter Frauen, sich eher solchen Arten der Kreativität zuzuwenden, die den Zeitplan anderer nicht stören. So ist es auch kein Wunder, daß viele von uns abends mit dem weiterlaufenden Rad im Kopf zu Bett gehen und unfähig sind, sich Zeit für die Liebe zu nehmen.

Obwohl Männer und Frauen klagen, unter Zeitdruck zu stehen, haben Frauen de facto weniger freie Zeit als Männer. Eine UNESCO-Studie zeigt, daß weltweit Mütter, die außer Haus arbeiten, weniger als zwei Drittel der Freizeit haben, die ihre Männer haben. Sie haben weniger Mußezeit als Frauen, die zu Hause bleiben, oder arbeitende Männer.[18]

Männer und Frauen verfügen nicht nur über eine unterschiedliche Menge an freier Zeit, sie denken auch anders über Zeit. »Zeit zusammen verbringen«, bedeutet für eine Frau etwas ganz anderes als für den Mann.

Für eine Frau bedeutet »Zeit zusammen verbringen« oft »Zeit zum Reden«. Lillian Rubin meint, daß körperliche Nähe vielen Männern ausreicht, während Frauen über ihre Gefühle sprechen und wirklich interagieren möchten.[19]

Es gibt viele Beispiele für diesen Unterschied. Eine Freundin und ihr Mann verbrachten auf dem Weg zu ihrer Ferienwohnung den Abend bei uns. Sie kamen am späten Nachmittag mit ihrem Kleinkind bei uns an und wollten am Mittag des nächsten Tages wieder fahren. Luis, den wir nur flüchtig kannten, fragte, ob er das Fernsehen einschalten könnte. Wir hatten nichts dagegen, aber seine Frau war völlig verärgert.

Wir fragten sie, wie sie über Zeit dachten. Für Sarah mußte jede Minute mit Freunden »qualitätsvolle Zeit« sein, was für sie Gespräche bedeutete. Für Luis war Zeit, in der er einfach tun konnte, was er normalerweise tat, nämlich freitags abends fernsehen, nicht nur in Ordnung, sondern ein Zeichen, daß er sich uns sehr nah fühlte. Für ihn *war es* »qualitätsvolle Zeit«.

Die geschlechtsspezifischen Unterschiede gelten natürlich nicht immer. Interessanter und wichtiger ist es, Individuen, Frauen und Männer, nach ihrem subjektiven Empfinden von Zeit zu fragen. Zeit wird in Beziehungen oft am meisten geschätzt. Ihre unterschiedliche Einschätzung führt häufig zu Auseinandersetzungen, bei denen es in Wirklichkeit darum geht, wer wichtiger bzw. wertvoller ist.

Wenn wir unsere Unterschiede und unsere Gedankenprozesse äußern, können wir etwas verändern. In unseren Beziehungen stellen wir gemeinsam Regeln über Zeit auf, die oft auf der Annahme beruhen, daß die Zeit des Mannes oder einfach des anderen wertvoller ist.

Samantha, die Marinefliegerfrau, ist dabei, mit Mike andere Regeln in puncto Zeit auszuhandeln. Als er sechs Monate auf Einsatz war, sah sie, wieviel mehr Zeit sie hatte.

Sie sagt: »Ich beobachte, wie ich lebe, wenn er weg ist. Etwa Essen. Es wird ein wichtiges Thema sein, zu welcher Zeit wir zu Abend essen. Jill und ich essen, falls wir hungrig sind, wenn sie von der Schule nach Hause kommt, und später nehmen wir einen Imbiß, oder wenn wir beide nicht hungrig sind, warten wir, oder sie ißt und ich nicht. Mike setzt sich gern zum Abendessen hin und hat uns alle zusammen, was ich auch für eine tolle Sache halte, aber es wird eine große Veränderung sein.«

Eine andere Erkenntnis hatte mit den Unterbrechungen zu tun. »Wenn ich ein Buch in die Hand nehme, bin ich in einer anderen Welt. Das ist meine Welt, und ich möchte nicht gestört werden. Jill hat in diesem Sommer sehr gut gelernt, das zu respektieren. Mike aber nicht. Wenn ich mich mit einem Buch hinsetze, lese ich denselben Satz immer wieder, weil er dazwischenredet. Er sieht fern... Oh, hast du das gesehen? Oh, ich habe vergessen, dir das zu sagen...«

In Samanthas Familie war es ein abendliches Ritual, daß alle im selben Raum zusammensaßen und jeder sich auf seine Lektüre, seine Handarbeit oder individuelle Interessen konzentrierte. Unterbrechungen waren nicht erlaubt. Samantha gefielen die Regeln ihrer Familie in puncto Zeit besser als ihre jetzigen. »Es war toll. Zu wissen, daß das meine Zeit war und ich nicht unterbrochen werden konnte.

Mike sagt eher: Ich bin jetzt bereit für Familienzeit, deshalb laßt ihr jetzt alles stehen und liegen. Warum trifft er diese ganzen Entscheidungen über den Zeitpunkt?«

Als Mike von seinem Einsatz zurückkam, hatte Samantha beschlossen, die Regeln in puncto Zeit zu ändern. Sie schrieb ein »Positionspapier« mit 22 Punkten, zum Beispiel:

- Von 8 bis 9 morgens möchte ich nicht gestört werden (5 Tage in der Woche).
- Von 11 bis 15 Uhr möchte ich frei haben (5 Tage in der Woche).

- Ausnahmen: Mittagessen außer Haus oder zusammen zu Hause zweimal wöchentlich.
- Nachts oder abends führe ich keine Aufträge aus. Meine Arbeitszeiten sind:
  6.30 bis 8.00 Uhr
  9.00 bis 11.00 Uhr
  15.00 bis 20.00 Uhr, wochentags.

Mike erklärte sich zur Kooperation bereit, auch wenn er ein paar kleine Veränderungen vornahm. Er fühlte sich so auch berechtigt, selbst ein bißchen »freie« Zeit zu nehmen, ohne eine Auseinandersetzung provozieren zu müssen. Samantha und er kamen damit einer Partnerschaft näher, die beide befriedigte. Aber eine Veränderung kann nur ausgehandelt werden, wenn eine Frau weiß, daß sie ein Recht auf ihre eigene Zeit hat. Es war nicht an Mike, Samantha die Zeit zu »geben«.

Zeit haben – innere Dimensionen

Es reicht nicht aus zu meinen, ein Recht auf Zeit zu haben und zu wissen, wie man sie in einer Beziehung aushandelt. Wenn wir Zeit gut nutzen und unser Leben voll leben wollen, müssen wir unseren eigenen Prozeß bewußt überprüfen. Wir müssen wissen, wie wir über Zeit denken, wieviel Zeit wir für verschiedene Dinge brauchen und was qualitätsvolle Zeit für uns bedeutet. Dann, und nur dann, können wir unsere Zeit so organisieren, daß sie fließt.[20]

Unsere Zeit fließt leicht dahin, wenn wir mit unseren Rhythmen im Einklang sind. Wenn unsere Rhythmen mit denen von jemand anderem kollidieren, müssen wir wissen, was wir selbst brauchen, bevor wir Kompromisse schließen und uns anpassen.

Wir fragten Joan Ellis, wie sie Zeit erlebt, und stellten fest, daß sie und Corson Zeit unterschiedlich sahen und anders benutzten. Es war nicht überraschend, daß sie sehr viel über Zeit nachgedacht hatte, denn ihre Differenzen mit Corson in puncto Zeit hatten zu einem Entscheidungspunkt in ihrer Ehe geführt.

Das war 1978 gewesen. Corsons Firma war so erfolgreich geworden, daß er seinen Reiselaunen nachgeben konnte. Die Kinder waren aus dem Haus. Joan und Corson sahen diese plötzliche freie Zeit unterschiedlich.

»Corson dachte, daß er mit sechzig sterben würde, und ich dachte, daß ich mit achtzig sterben würde. Er agierte also von einer Zeitplanung aus, die ihm noch zehn Jahre ließ, und ich von einer Zeitplanung, die mir noch dreißig Jahre ließ. Und wenn man so etwas glaubt, plant man ganz verschieden und sieht die Dinge ganz anders. Er war völlig darauf abgefahren, daß er bald sterben würde, und wollte alles in sein Leben hineinpacken und alles sehen, was er ansehen konnte, und alles tun, was er tun konnte.«

In dieser Zeit machte Corson auf der Suche nach neuen Erfahrungen eine Reise nach der anderen. Joan dagegen verbrachte einen Teil jeder Woche in Manhattan und versuchte, ihr erstes Buch zu schreiben. Der Konflikt war unvermeidlich, als Corson wollte, daß Joan ihn begleitete und Joan zum ersten Mal »freie« Zeit hatte. Nach ein paar Jahren Ehetherapie trennten sie sich freundschaftlich.

Joan lebt jetzt alleine und liebt ihre unverplante Zeit.

»Für mich bedeutet Zeit ein leerer Kalender, denn dann kann ich mich in das Leben vertiefen, das ich liebe, nämlich hier zu sein. Ich sehe morgens auf den Kalender und denke: Eine tolle Woche, nichts vorgesehen. Was bedeutet, daß ich arbeiten kann, wie ich will... schreiben, drinnen arbeiten, draußen arbeiten.«

Sie erkennt an, daß sie sich beim Schreiben noch stören läßt: »Wenn die Sonne jetzt durchbrechen würde, würde ich wahrscheinlich zum Traktor stürzen, weil ich das Gefühl der Sonne auf meinem Nacken liebe, oder das Holz hereinholen, oder sonst etwas.«

Die meisten Freunde Joans leben nicht in ihrer Nähe, was sie in bezug auf Zeit als sehr hilfreich empfindet.

»Es sind sehr gute, alte Freundschaften. Wenn sie hier leben würden, könnten sie zu der Art Freundschaft werden, bei der man an den Geburtstag des anderen denken muß, während es jetzt Freundschaften sind, bei denen man zum Telefonhörer greift und sich sofort wunderbar unterhält. Es ist eine wirkliche Verbundenheit, und manchmal denke ich, daß man sich mit zu viel Kleinkram beschäftigt, wenn man zusammenlebt. Deshalb liebe ich diese Freundschaften wirklich.«

Der leidenschaftliche Prozeß

Weil die Geschichten von Frauen vorwiegend von Männern erzählt wurden, haben wir gelernt, den linearen Prozeß zu achten. Er hat seine Berechtigung. Er führt zum Ziel. Er sorgt dafür, daß wir Termine einhalten. Aber Termine stehen oft in direktem Gegensatz zum Leben, denn sie können die Kreativität zunichte machen, die Hetze nicht verträgt, sondern Zeit braucht. Die Verbindung mit unseren Leidenschaften und die Achtung vor unseren kreativen Rhythmen können uns retten.

Der auf Kreativität oder Liebe ausgerichtete leidenschaftliche Prozeß ist bei allen Frauen unterschiedlich und kann sich im Verlauf ihres Lebens ändern. Die Achtung vor den unterschiedlichen Prozessen ist für die Leidenschaft genauso entscheidend wie die Achtung vor den unterschiedlichen Formen, die die Energie von Frauen zum Ausdruck bringen. Manchmal meint eine Frau, mit ihrem Prozeß sei etwas nicht in Ordnung, weil er nicht so ist, wie er sein *sollte*.

Joan denkt, sie hätte noch nicht gelernt, sich in der Zeit, in der sie schreiben will, durch nichts stören zu lassen; wir glauben jedoch, daß ihre »Mäander«-Zeit, in der sie in ihrer Umgebung herumwerkelt und spontan einem Impuls folgt, *Teil ihres schriftstellerischen Prozesses* ist.

Lineare Zeit ist effizient, spiralförmige Zeit ineffizient. Deshalb halten wir lineare Zeit für »Zeitersparnis«. Bei Joan jedoch kann Effizienz zum Zeitdieb werden, denn wenn sie die Dinge strikt linear erledigte, würde sie ihrem kreativen Prozeß Gewalt antun – zu dem es auch gehören kann, daß sie vom Schreiben aufsteht und ein Nickerchen macht.

Um zu dieser spiralförmigen Zeit zu kommen, muß Joan erst die unangenehme Arbeit aus dem Weg räumen. »Ich arbeite am besten, wenn ich in meinem Verstand reinen Tisch gemacht habe. Das erreiche ich durch einen leeren Schreibtisch und einen leeren Terminkalender.

Ich versuche, erst nach draußen zu meinem Traktor zu gehen, wenn ich die ganze unangenehme Arbeit erledigt habe, denn wenn sie drohend vor mir steht, denke ich dort draußen nicht so gut nach. Der Traktor ist mit meinem kreativen Prozeß verbunden. Ich denke auf ihm wie wild nach. Ich komme immer mit einem Ergebnis ins Haus zurück.«

Auch Monica McGoldrick ist sich ihres Prozesses, ihrer Zeit bewußt. Sie sagt: »Ich hasse vergeudete Zeit«, und wir wissen schon, daß sie Schlaf für Zeitverschwendung hält. Sie hat viele Projekte, viele Energien; ihr erstes Kind hatte sie mit 41, ein weiterer riesiger Energieaufwand. Sie kommt durch Musik mit sich selbst wieder in Kontakt.

Auf die Frage, wie sie sich im Lauf der Jahre verändert hat, meint sie: »Ich wage mehr zu sagen, was ich denke; ich wage mehr, meine Zeit nicht zu vergeuden.«

Lynn Wilson, die Komponistin, der wir in Kapitel 6 begegnet sind, macht ihre Zeit mit sich selbst zum Mittelpunkt und organisiert den Rest des Tages um sie herum. Sie weiß, daß ihr Dialog mit sich selbst für ihren Dialog mit anderen notwendig ist.

Lynn komponiert morgens, stellt das Tonband an und läßt sich durch nichts unterbrechen. Wenn die Arbeit gut läuft, ist sie im Fluß, die Zeit steht still, und sie komponiert länger als geplant. Sie taucht dann aus ihrem Studio auf, um »Beziehungszeit« zu nehmen. Den Preis für die durch diese Arbeitsweise möglicherweise verpaßte Party zahlt sie bereitwillig. Bedauert sie, daß ihre Beziehung zu sich selbst so im Vordergrund steht? »Ja. Ich sehne mich nach einer primären Beziehung mit einem anderen Menschen.« Aber sehnt sie sich so nach ihr, daß sie sich durch die Liebe ablenken ließe? Nein. Sie meint, sie würde sich wahrscheinlich nicht in jemanden verlieben, für den sie ihr Komponieren gefährden würde.

Eine notwendige Ordnung

Betty Mount ist 48. Durch einen Schwimmunfall vor vielen Jahren ist sie teilweise behindert. Für sie ist das wichtigste, daß sie so mobil und unabhängig bleibt, wie sie kann, auch wenn sie die Interdependenz akzeptiert.

Wir fragten uns, ob sie unter diesen Umständen das Gefühl hat, daß sie ihre Zeit organisiert, oder ob ihre Zeit sie organisiert.

»In einer Situation wie der meinen müssen Sie organisiert sein. Ich lebe allein und muß Dinge zu einer bestimmten Zeit tun, wenn ich kann. Morgens zum Beispiel bin ich steif und muß Körperübungen machen. Also wird alles in einer ganz bestimmten Ordnung erledigt. Deshalb kann ich mir viele Dinge nicht leisten, etwa sagen, ›ach, ich will jetzt kein Abendessen kochen‹, denn ich muß körperlich fit bleiben. Ich kann es mir nicht leisten zuzunehmen, ich muß meine Übungen machen, weil ich sonst nicht mehr aus meinem Rollstuhl käme.«

Früher organisierte Betty ihre Zeit eher um andere als um sich selbst herum. »Wir hatten in drei Jahren drei Kinder. Dann stehst du um 5 oder 6 morgens auf. Dein Leben wird plötzlich zu einem langen Tag in der Küche. In meinem Alter muß ich als erstes kommen, denn das wichtigste für mich ist, für mich selbst zu sorgen, damit niemand anders es tun muß.«

Sara Eyestone hatte 16 Jahre lang mindestens ein Vorschulkind und hätte nicht malen können, wenn sie wie so viele Frauen geglaubt hätte: »Ich habe keine Zeit und keinen Platz.«

Sie nahm sich die Zeit, und sie arrangierte den Raum.

Sie sagt: »Hätte ich denn mit dem Malen warten sollen, bis ich all meine Babies bekommen hatte und sie groß waren? Also dachte ich, ich versuche es, so gut ich kann.« Sie hatte kleine Staffeleien in ihrem Studio und Malsachen für Kinder. »Ich war sehr gut organisiert. Ich fütterte die Babies alle vier Stunden, rund um die Uhr; um zehn, zwei und sechs. Ich habe Ordnung in meinem Studio; meine Farben sind nach Familien sortiert, die gelben zusammen, die roten zusammen, etc. Das macht es effizienter, und dasselbe gilt für meinen Haushalt. Bei jedem Telefon liegen ein Dutzend Stifte und ein Notizbuch, damit ich nicht jedesmal herumrennen muß. Ich wurde effizient geboren. Ich habe gelernt, daß ich nicht so viel geschafft bekomme, wenn ich es nicht bin. Im allgemeinen ging ich direkt nach der Zehn-Uhr-Fütterung ins Bett, schlief bis zwei und stand dann auf. So hatte ich von zwei bis sechs morgens eine Zeit, in der ich überhaupt nicht unterbrochen wurde.«

Manche von uns können in Episoden arbeiten, auch in solchen von vier Stunden, auf dem Flughafen, in Hotelzimmern; andere brauchen große, ununterbrochene Zeitblöcke. Eine Autorin hat ganz genau festgelegte Zeiten, zu denen sie sich zur Arbeit hinsetzt, und hört auch nach der Uhr auf, egal, wie die Arbeit vorwärtsgeht. Sie glaubt, daß die Struktur sie dazu zwingt, produktiver mit der ihr zur Verfügung stehenden Zeit umzugehen.

Manche von uns brauchen das Nickerchen, den Wechsel der Szene. Andere gehen direkt aufs Ziel los und hassen jede Ablenkung. Genauso wie unser Leben und unsere Energien ändert sich auch unser Rhythmus, weshalb wir ihm gegenüber aufmerksam bleiben müssen.

Die Zeit Ihres Lebens

Je nachdem, welcher der in diesem Buch genannten Kategorien eine Frau angehört, wird sie ihre Zeit sehen oder organisieren. Liebende und Künstlerinnen etwa setzen unterschiedliche Prioritäten. Frauen in den integrativen Gruppen stellen anderes in den Vordergrund als Frauen an den extremen Polen. Monica organisiert ihre Arbeit um ihre Familie und machmal ihre Familie um die Arbeit herum; Sara organisiert ihre Familie um ihre Arbeit herum. Joan braucht viel ineffiziente bzw. mäandrierende Zeit. Samantha, eine Liebende, hat sehr wenig »eigene« Zeit, ist aber dabei, ein bißchen mehr auszuhandeln.

Wir müssen uns unsere Zeit zu eigen machen, wenn wir Subjekt sein, unsere Stärke leben und der Leidenschaft begegnen wollen. Dazu müssen wir unsere Beziehung zur Zeit verstehen, unseren Rhythmus kennen, Prioritäten gegebenenfalls flexibel umarrangieren. Uns sollte immer klarer werden, was im jeweiligen Augenblick Priorität hat.

Das Leben in dem uns eigenen Rhythmus ist ein komplexer Balanceakt. Wenn wir zu effizient sind und immer in die Zukunft schauen, zu dem, was als Nächstes erledigt werden muß, kommen wir nie zu unserer Zeit. Aber wenn wir unsere Bedürfnisse – Liebe oder Selbstausdruck – zu isoliert verfolgen, ignorieren wir leicht, welche Energien andere zu den unseren beitragen können, und verpassen jene Verschmelzung der Energien, die zu leidenschaftlichen Begegnungen führt.

13. Die leidenschaftliche Beziehung: Neue Formen finden

Mary Casey ist seit einem Jahr geschieden und alleinerziehende Mutter. Mit vier Kindern, von denen zwei Vorschulkinder sind, kann sie unmöglich ganztags arbeiten. Der Unterhalt für ihre Kinder und die Sozialhilfe decken ihre Ausgaben nicht. Sie möchte eine Weiterbildung machen, um später wieder arbeiten zu können. Als sie wegen überfälliger Mietzahlungen ihre Wohnung räumen sollte, sah sie in einer Zeitung die Anzeige eines alleinerziehenden Vaters, der einen Mitbewohner zur Reduzierung seiner Haushaltskosten suchte. Obwohl er einen Mann suchte, antwortete sie auf die Anzeige, und es kam zu einem Treffen. Sie fanden eine Lösung, die allen paßte: Mary und ihre Kinder leben jetzt in einem konfortablen Zuhause, das sie sich bei ihrem kleinen Einkommen leisten können, und der alleinerziehende Vater kann Geld sparen und so besser für sich und seinen Sohn sorgen. Obwohl sie keine Familie sind, helfen sie sich von Fall zu Fall so, wie eine Familie es tun würde. Sie alle haben eine Form gefunden, die ihren Bedürfnissen entspricht.

Form und Überzeugung

Mary wollte vor allem das Wohlergehen und Überleben von sich und ihren Kindern sicherstellen. Nachdem sie dies geschafft hat, kann sie sehr viel uneingeschränkter darüber nachdenken, welche Arbeit sie später tun möchte. Bei Mary erzwang die drohende Zwangsräumung eine Veränderung – sie mußte kreativer über ihre Situation nachdenken, weil die alten Gedankenmuster nicht mehr funktionierten. Zum Glück hatten weder sie noch der alleinerziehende Vater starre Vorstellungen in bezug auf das, was funktionieren könnte und was nicht, und sie beschlossen, etwas Neues auszuprobieren.

Die Form unseres Lebens, unsere Beziehungen und unsere beruflichen Pläne funktionieren besser, wenn sie uns über das Überleben hinaus den vollen Ausdruck unseres leidenschaftlichen Selbst erlauben. Und am besten funktionieren sie, wenn sie die Spaltungen des Selbst aufheben, die durch unsere Vorstellungen über Liebe entstanden sind.

Eine Frau wird an einer zufriedenstellenden Lebensform am meisten durch die Annahme gehindert, nur ihr Bedürfnis nach Verbundenheit definiere sie, und nur in einer Beziehung könne sie ihr weibliches Sosein erfüllen. Die Annahme, nur bestimmte Beziehungen seien befriedigend, hält uns davon ab, über alternative Formen nachzudenken. Unsere Sozialisation hat dabei Enttäuschungen im Beziehungsbereich vorprogrammiert, denn unsere Erwartungen an eine Beziehung gehen im allgemeinen weit über ihr reales Vermögen hinaus, all unsere komplexen Bedürfnisse zu erfüllen.

Eine uns bekannte Frau, die sich wieder ernsthaft mit Musik beschäftigt, fragt sich, wie lebensfähig ihre Ehe ist, weil ihr Mann ihre Leidenschaft für die Musik nicht teilt. Sie hat Angst, daß ihre Leidenschaft für die Musik ein wichtigerer Bestandteil ihres Lebens ist als ihre Beziehung zu ihm. Aber hat sie in Wirklichkeit nicht deshalb Angst, weil sie ein Gefühl für sich und ihre Kraft außerhalb der Beziehung entdeckt und meint, diese seien nicht »weiblich«?

Die chronische Unzufriedenheit mit einer Beziehung zeigt oft, daß eine Frau zuviel auf die Beziehung und nicht genug auf sich selbst und ihre eigenen kreativen Interessen achtet. Die Unzufriedenheit kann auch ein Signal dafür sein, daß die Form der Beziehung nicht paßt. Bei der Änderung oder Wahl einer Form ist die Frage wichtig, wieviel genug ist. Soll die leidenschaftliche Intensität in der Beziehung so stark wie im Beruf sein? Wie bringen wir den Fluß der Energien ins Gleichgewicht? Können wir akzeptieren, daß ein kreatives oder berufliches Interesse uns manchmal mehr bindet als eine Beziehung? Daß die Verbindung zu uns selbst manchmal zwingender ist als die zu jemand anderem? Ist uns klar, daß der leidenschaftliche Dialog mit uns selbst den Dialog mit dem anderen durchdringen kann, so daß Leidenschaft Leidenschaft steigert?

Für die meisten von uns sind dies bedrohliche Fragen – sie wecken die Angst vor Einsamkeit und Ungeliebtsein, die im allgemeinen nicht begründet ist. Aber wenn wir Formen für unser Leben wählen, müssen wir entscheiden, wieviel Energie wir für andere und wieviel wir für uns selbst aufwenden wollen. Ausschlaggebend dafür ist, was akzeptabel und was nicht akzeptabel ist, was genug und was nicht genug ist.

Anne-Marie Dunatov berichtet in einem Artikel für *American Health* über Forschungen, die zeigen, daß Paare, die beschließen, keine

Kinder zu haben, oft glücklicher sind als Paare, die sich für Kinder entscheiden. Ihr größtes Problem ist die Geringschätzung und Mißbilligung durch Freunde und Familie. Sie empfiehlt »gewollt kinderlosen« Frauen, mit der Verachtung umgehen zu lernen, denn in unserer Gesellschaft herrscht immer noch die Überzeugung vor, daß eine Frau nur dann »ganz« bzw. »normal« ist, wenn sie Kinder großzieht.[1]

Entscheidungen in bezug auf Arbeit und Karriere haben oft genausoviel Einfluß wie Entscheidungen im Beziehungsbereich. Bestimmte Berufswege beanspruchen mehr Zeit und Energie, manche sind intellektuell fordernder oder anregender als andere. Einige sind eher emotional lohnend als finanziell. Die Frage »Wieviel ist genug?« spielt eine wichtige Rolle im Ringen um das Gleichgewicht zwischen emotionaler Erfüllung und ökonomischer Macht.

Formen, die »passen«

Formen müssen unseren Energien, unseren Präferenzen, unseren innersten Sehnsüchten entsprechen. Sie müssen so flexibel sein, daß sie sich verändern, wenn wir uns verändern, und sich entwickeln, wenn wir neue Informationen über uns bekommen. Sie müssen so viel Sicherheit und Herausforderung bieten, daß wir den Mut haben, sie am Leben zu erhalten.

Im Bereich der Beziehungen stehen uns viele Formen zur Wahl: heterosexuelle, lesbische, mit Kindern, ohne Kinder, bewußt Single, umständehalber Single. Unsere Freundschaften können eng und intensiv sein, so daß wir uns täglich sehen und Zeit miteinander verbringen, oder entfernter und aufgrund der Geographie eingeschränkt, so daß wir uns ein- oder zweimal im Jahr besuchen und dann intensiven Kontakt miteinander haben. Wir können enge Freundschaften mit Männern oder nur Freundschaften mit Frauen haben. Wir können viel Kontakt mit unserer Familie haben oder wenig. Wir können ein Netzwerk von Freunden haben, das zu unserer »Wahlfamilie« wird.

Innerhalb dieser Beziehungsformen können wir weitere Entscheidungen treffen. Wir müssen auf unsere zeitlichen Rhythmen achten, unsere ästhetische Sensibilität, unsere Vorliebe für eine bestimmte Gegend. Wir müssen ein Gleichgewicht finden zwischen Arbeit und Spiel, unseren Bedürfnissen und den Bedürfnissen von Kindern und Partnern, Zusammensein und Getrenntsein, und entscheiden, was zu einem bestimmten Zeitpunkt im Vordergrund steht und was im Hintergrund.

Wir müssen uns für die Arbeit entscheiden, die wir lieben; wollen wir für uns selbst arbeiten, für jemand anderen, mit dem Geld verdienen, was wir lieben, oder mit irgend etwas Geld verdienen, um dann frei zu sein, das zu tun, was wir lieben? Was wird die Hauptquelle der Zufriedenheit in unserem Leben sein, und wie halten wir sie lebendig? Am wichtigsten ist, daß wir eine Form finden, durch die wir uns als beziehungsfähig und kreativ in dem Gleichgewicht erleben, das mit den Themen und Impulsen unseres bisherigen Lebens konsistent ist.

Formen, die passen, haben zwei weitere Charakteristika: Das Gleichgewicht von Macht und Rechten in der Beziehung und das Fehlen destruktiver Konkurrenz.

Das Machtproblem hängt eng mit unserer Geschlechtskonzeption zusammen. Die unterschiedlichen Beziehungsformen sind für je unterschiedliche Machtkämpfe empfänglich und verbergen ein je unterschiedliches Machtungleichgewicht. Macht wird rechtmäßig angewendet, wenn die für sie passende Form in Beziehung zum anderen ausgehandelt wird. Wenn dies nicht geschieht, kann es destruktive Folgen haben. Die Autorin Katherine Mansfield schreibt im Brief an eine Freundin:

> Jack kann sich nie vorstellen, was ich zu tun habe. Er hilft mir, soviel er kann, aber er kann mir nicht wirklich helfen, und also verwende ich meine gesamte Energie darauf, daß alles weiterläuft, und habe keine mehr für die Arbeit. Meine Arbeit ist im Verzug, und ich kann sie nicht erledigen. Ich starre nur in den Himmel. Ich bin sogar zum Denken zu müde. Was macht mich so müde? Aufstehen, nach allem sehen, alles arrangieren, *ihn verschonen* [Kursivschrift durch uns], und so weiter.[2]

Jack hat also das Recht, verschont zu werden. Warum? Hat er die ökonomische Macht? Ist seine Arbeit, sein Seelenleben wichtiger als ihres? Oder hat er in ihren Augen einfach deshalb mehr Macht, weil er ein Mann ist, sie aber die Lächelnde Frau?

Wie werden seine Wichtigkeit, seine Rechte vermittelt? Offen oder subtil? Ravenna Helson stellt in ihrer Forschungsarbeit über kreative Frauen in der Ehe fest: »91% [der Frauen] berichten von subtilen Formen der Herablassung – Signale, die Bände sprechen.« Ein Beispiel: »Ich werde schrecklich ärgerlich, wenn wir etwas Wichtiges diskutieren und er weiterißt oder Einfälle für die Schule notiert oder irgend etwas im Haus macht. Er sagt damit eigentlich, daß seine Beschäftigung wichtiger ist als das, was ich zu sagen habe.«[3]

Die gewählte Beziehungsform wird also immer durch die Antwort auf die Frage bestimmt, wessen Arbeit wichtiger ist.

Und die Konkurrenz? Konkurrenz muß nicht destruktiv sein. Unser Rivale kann uns zu unseren besten Leistungen anspornen. Konkurrenz und Neid können uns etwas lehren, wenn wir sie als Hinweise auf das sehen, was wir sein wollen. Aber wenn die Konkurrenz uns »fertigmacht«, wenn wir »›wie Rivalen oder Konkurrenten sind, wenn ich versuche, mich auszudrücken‹, zerstört die Konkurrenz die Verbundenheit zum anderen und zum Selbst«.[4]

Eine förderliche Beziehungsform kann ein Machtungleichgewicht, das die Arbeit der Frau durch falsche Attributierung oder wohlwollende Vernachlässigung in den Schatten stellt, nicht zulassen.

Und egal, mit wem eine Frau zusammenlebt, die Form der Verbindung muß eine vernünftige Verteilung der Hausarbeiten vorsehen. Wir wissen, daß zuviel Hausarbeit die Kreativität und manchmal auch den Menschen tötet. Silvia Plath und ihr Selbstmord sind dafür ein dramatisches Beispiel.

Ihre Geschichte beschreibt die potentiellen Folgen, wenn eine Frau eine Form für ihr Leben wählt, die nicht paßt, wenn Machtungleichgewicht, Konkurrenz und die überwältigende Langeweile der Hausarbeit nicht verhandelt und verändert werden.[5]

Die Gestaltung eines Lebens verlangt ständige Wachsamkeit. Wenn wir zu viel von etwas opfern, weil es für den anderen wichtig ist, leiden unser Körper, unser Geist und unsere Seele. Wir sind nicht unbedingt immer glücklich, aber wenn eine Form nicht paßt, setzt Gleichgültigkeit ein. Wenn wir unsere Leidenschaften akzeptieren, sind wir nicht immer und unter allen Umständen glücklich, aber garantiert lebendig.

Dafür sorgen, daß Beziehungsformen funktionieren: Paare und Lebenspartner

Wenn Frauen die Form ihres Lebens verändern, ändern sich zwangsläufig auch ihre Beziehungen. Wenn wir Liebe, Macht und Rechte anders definieren, müssen wir eine andere Verbindung zu unserem Partner herstellen, die an sich zu einem kreativen Unterfangen wird.

Alte Rituale und Strukturen funktionieren dann nicht mehr. Unsere Vorstellungen von Familie und Partnerschaft werden individueller und authentischer – die Beziehung entspricht unseren ganz speziellen Bedürfnissen, anstatt unsere individuellen Bedürfnisse in eine vorgefaßte Form zu pressen. Die geschlechtsspezifischen Unterschiede verblassen. Die Arbeit von Mann und Frau ist kein relevantes Thema mehr. Leidenschaft, Gefühl, Befähigung, Interesse und die Vorstellung von der gemeinsamen Verantwortlichkeit bestimmen, wer was tut. Frauen betrachten sich und ihre Pläne nicht mehr als weniger wichtig. Sie gehen nicht mehr davon aus, daß nur sie biologische Intuition besitzen und also für Kinder wichtiger sind. Ein volles Leben ist das Geburtsrecht von uns allen, und mit diesem Ziel im Sinn machen Paare es sich möglich.

Liebende, Helferinnen, Innovatorinnen, Künstlerinnen brauchen unterschiedliche Beziehungsformen. Bei unserer Umfrage haben wir auch Paare interviewt, denn wir wollten wissen, welche Formen sich für erfolgreiche Paarbeziehungen eignen. Uns interessierte, wie Frauen ihre Energien ins Gleichgewicht bringen, und was ihre Partner über die Frage der Form denken. In diesen Beziehungen scheinen sich bestimmte Muster zu entwickeln. Paare entwickeln bewußt oder spontan eine vorhersagbare Dynamik für ihre Partnerschaft, die das Wohlergehen beider steigert. Die Formen ergeben sich aus dem Temperament und den dominanten Energien jedes Partners. In einer Beziehung, die paßt, nutzen diese Muster den Bedürfnissen des Paars, das keine starren, durch die gesellschaftlichen Erwartungen festgelegten Rollen spielt.

Georgeanne und Condon: Die kooperierende Paarbeziehung

Georgeanne und Condon (siehe Kapitel 11) sind Künstler, die vor kurzem in eine Gemeinde an der Küste gezogen sind, um in der Umgebung zu sein, die sie lieben. Condon ist Goldschmied, Georgeanne Aquarellmalerin und Papiermacherin, aber die beiden haben Arbeit und Beziehung verbunden und arbeiten jetzt oft auf künstlerischem Gebiet zusammen: Sie stellen Objekte her, die ihre unterschiedlichen Fertigkeiten spiegeln. Sie haben stabile und finanziell abgesicherte Stellungen in der akademischen Welt bzw. in der Verwaltung aufgegeben. Sie haben sich bewußt entschieden, eine Form zu finden, die ihren Neigungen besser entspricht. Diese Neigungen waren dieselben, und beide waren bereit, alles Erforderliche aufzugeben, um die Veränderung zu realisieren. Beide waren schon einmal verheiratet. Der gemeinsame Traum, die Leidenschaft, die sie miteinander teilten, sind das verbindende Element dieser zweiten Ehe.

Wir haben mit Condon und Georgeanne gesprochen und so einen guten Einblick in die Funktionsweise ihrer Beziehung gewonnen.

Georgeanne hält die Integration von emotionalem und künstlerischem Leben für am besten gelungen. Sie sagt: »Es ist eine völlig integrierte Liebe für meinen Mann, in der es um die Arbeit und uns selbst und den Garten und all diese Dinge geht. Ich glaube, daß die Liebe sich sehr stark in meiner Arbeit ausdrückt. Neuerdings arbeiten mein Mann und ich auch zusammen – im letzten Jahr beschlossen wir, daß es dumm ist, getrennt zu arbeiten –, es gibt keinen Grund, nicht zusammen zu arbeiten, und es war unglaublich.

Die Kompatibilität war schon da, also setzen wir uns hin und zeichnen zusammen und stellen Überlegungen zu dem Thema an, an dem wir gerade arbeiten. Es wächst weiter wie ein natürlicher Prozeß. Wir entscheiden, welche Teile das Objekt haben soll, und jeder macht die Einzelteile und ist für sie verantwortlich, und dann bringen wir alles zusammen.«

Condon spricht weniger flüssig als Georgeanne darüber, wie Liebe und Arbeit für ihn zusammenkommen. Obwohl er die Beziehung als genauso intensiv empfindet wie Georgeanne, drückt er es weniger direkt aus. Condon sagt, daß er seine Arbeit »liebt«, und bezeichnet seine kreative Energie als »eine unglaublich starke Kraft, und ich glaube, daß Georgeanne und ich sie zusammen in unsere Arbeit eingebracht haben. Sie arbeitet nicht in dem einen Bereich und ich in einem anderen. Wir sind zusammengekommen. Deshalb können wir zusammenarbeiten, anstatt daß es zum Konflikt kommt. Wir könnten miteinander konkurrieren.«

Georgeanne und Condon haben einen Beziehungsstil, den wir als *kooperierend* bezeichnen. Obwohl Kooperation bedeutet, daß sie zusammen an einer gemeinsamen Aufgabe arbeiten und im Grunde künstlerische und geschäftliche Partner sind, meinen wir damit auch eine grundlegende Verbindung von Werten und Beziehungsstilen. Beide »lieben« dasselbe, ihre Energien sind ähnlich, ihre Werte sind die Freude an der Umgebung, an ihrer künstlerischen Leidenschaft, der Wunsch nach einem weniger strukturierten und materialistischen, dafür kreativeren und autonomeren Lebensstil. Beide träumten davon, am Meer zu leben. Aber auch Beziehungen sind sehr wichtig für sie, weshalb sie beide als kreativ integrativ bzw. Innovatoren bezeichnet werden können.

Der kooperierende Beziehungsstil ist oft eine gute Form für Innovatorinnen. Condon meint, sie würden beide die Wichtigkeit und die Bedeutung ihrer kreativen Arbeit verstehen. Da dies für beide ein grundlegender Wert ist, können sie ihre Einzelinteressen so zusammenbringen, daß es die Bedürfnisse beider unterstützt. Georgeanne spricht über die Belohnungen der Zusammenarbeit, Condon eher über die potentiellen Probleme.

Dieses Gleichgewicht in bezug auf Stil, Beschäftigung und Fertigkeiten ist für das kooperierende Paar typisch. Er sagt: »Ich glaube nicht, daß die Probleme gelöst sind. Es ist alles immer noch sehr in Entwicklung. Wenn man selbst an einem Stück arbeitet, ist es ganz das eigene Werk. Das Hoch ist viel intensiver. Wenn man etwas Gemeinsames macht, reduziert man es. Manchmal wäre meine Lösung anders als ihre. Ich habe technische Fertigkeiten, die sie nicht hat, und sie hat technische Fertigkeiten, die ich nicht habe. Deshalb ist es ein Problem, sie so zusammenzubringen, daß das Objekt gut wird. Das ist mechanisch. Man muß sich mit vielen Dingen beschäftigen.«

Das Ringen um Zusammenarbeit scheint nicht viel anders zu sein als die Herausforderung, ein funktionierendes Zusammenleben zu gestalten. Beide, Condon und Georgeanne, freuen sich über die Art, in der ihr Leben sich entwickelt hat. Ihre Ähnlichkeiten sind offensichtlich, ihre Unterschiede – oder zumindest ihre Art, sich auszudrücken – subtiler. Auf die Frage nach den Leidenschaften ihres Lebens antwortet Georgeanne sofort: »Condon, mein Mann, ist eine Leidenschaft, und die Arbeit ist eine Leidenschaft, und der Garten und die Kinder und die Enkelkinder.« Condon antwortet auf dieselbe Frage zögernd: »Kunst«. Was sorgt dafür, daß er in der Gegenwart zentriert ist? »Die Kunst. Und sie ist nicht von der Liebe oder etwas anderem getrennt. Es ist alles ganz hier, denn sie treibt uns beide an. Sie ist für uns beide gleich wichtig – sie *ist* die Beziehung.«

Als sie den Raum im Haus in getrennte Arbeitsbereiche aufteilen mußten, war es Georgeanne, die den größten Teil ihres Studios aufgab, damit für die Sommermonate ein Ausstellungsraum entstehen konnte. Es war Georgeanne, die über die Schwierigkeiten sprach, Mutter und Künstlerin zu sein. Während Condon das Gefühl hat, daß niemand in der Beziehung mehr beansprucht oder erhält als der andere, daß sie gegenseitig ist, fragt man sich, ob Georgeanne – weil sie die Frau ist – nicht ganz natürlich ein bißchen mehr gibt, sich ein bißchen mehr anpaßt.

Condon und Georgeanne bemühen sich, trotz der vielen gemeinsam verbrachten Zeit ein bißchen Eigenständigkeit zu bewahren. Sie meditiert und gärtnert, führt ein Tagebuch, hält Kontakt mit Freunden. Sie gibt Kunstunterricht, eine Tätigkeit, die sie ebenfalls liebt. Ihre Zusammenarbeit scheint zu funktionieren – sie hat dazu beigetragen, ihre Träume zu realisieren, und bringt ihre ureigensten Energien zum Ausdruck. Im Zentrum ihrer Zusammenarbeit steht das Gemeinsame, die von beiden geteilte Leidenschaft und – vielleicht am wichtigsten – ihre Einsicht in die Wichtigkeit dieser Leidenschaft und die Absicht, den anderen bei ihrem Ausdruck zu unterstützen.

Judy und Leslie: Die unterstützende Paarbeziehung

Die Zusammenarbeit ist eine Form der Verbundenheit, die Leidenschaft entstehen läßt. Aber zwei Menschen brauchen nicht unbedingt dieselbe Arbeit oder dieselben Interessen zu haben. Auch der *unterstützende* Beziehungsstil fördert das Lebensgefühl beider. Eine kooperierende Beziehung ist im allgemeinen immer unterstützend, aber eine unterstützende Beziehung ist nicht unbedingt kooperierend, außer in dem Sinne, daß die Partner zusammenarbeiten müssen, um eine unterstützende Struktur füreinander zu schaffen.

Judy Gomez ist die Textilkünstlerin und ehemalige Collegeprofessorin, die im Verlauf ihrer in Kapitel 11 beschriebenen verwandelnden Erfahrung ihre kreative Leidenschaft und ihre sexuelle Präferenz entdeckte. Judy ist eine Innovatorin, deren 15jährige Beziehung zu Leslie die ganz unterschiedlichen Interessen und kreativen Beschäftigungen beider unterstützt. Judy spricht ausführlich darüber, wie ihre Beziehung zu Leslie ihre Verbindung zu sich selbst vertiefte.

»Seit wir zusammen sind, kann ich einfach ich selbst sein. In unserer Beziehung wurde nie von mir verlangt, daß ich etwas anderem entsprechen sollte als dem, was ich selbst für mein Leben wollte – nämlich eine Beziehung zu jemandem aufbauen.

Als ich verheiratet war, lebte ich im Schatten des Bildes, das mein Mann von mir hatte. Ich glaube nicht, daß ich mich in diesen 13 Jahren jemals fragte, was ich von meinem Leben wollte oder was für mich wichtig war.«

Es war nicht so, daß ihr Mann sie nicht unterstützte. Er ermutigte sie, sich in die akademische Welt zu begeben, in der sie zur Professorin wurde, während sie drei kleine Kinder großzog und das vierte erwartete. Judy hält ihrem Mann zugute, daß er ihr »Vertrauen in mich als Frau« vermittelte.

»Er liebte mich abgöttisch, und es lag eine gewisse Erfüllung darin, geliebt und verehrt zu werden. Aber ich glaube, ich war eher in die Vorstellung von Familie und Kindern verliebt als in ihn.« Der Vorgang, den Judy beschreibt, ist subtil. Obwohl sie in der Ehe zu bestimmten Aspekten von sich Zugang bekam, erkannte sie ihre tieferen Bedürfnisse nicht. Sie war in ihrer Ehe nicht Subjekt – ihr Mann und äußere Definitionen von Weiblichkeit gaben ihr ein Identitätsgefühl. Sie traf keine Entscheidungen, die sich klar aus ihrem Wissen um ihre Leidenschaften ergaben. Als ihr dies klarer wurde, verließ sie die Ehe. Zwei Jahre später lernte sie Leslie kennen.

Durch diese Begegnung kam sie mit einem anderen Teil von sich in Kontakt, den sie bislang nicht bemerkt hatte. Sie beschreibt ihre Beziehung zu Leslie als völlig verschieden, zögert aber, den Unterschied nur der Tatsache zuzuschreiben, daß es sich um eine lesbische und nicht um eine heterosexuelle Beziehung handelt. Sie meint, es läge vielleicht am Alter oder daran, daß es eine zweite Beziehung ist. Zweifellos hat es viel damit zu tun, daß sie eine klarere, tiefere Verbindung zu sich selbst hat. »Es ist 100% anders. Wir haben mehr Spaß. Wir haben mehr Freude aneinander. Wir geben uns mehr Freiheit, wir umsorgen uns mehr. Ich meine, es gibt keine Konkurrenz.«

Leslie stimmt zu: »Ich glaube nicht, daß Konkurrenz nur in heterosexuellen Beziehungen vorkommt, aber zwischen uns gibt es keine Konkurrenz, und das trägt sehr viel zur Beziehung bei.«

Auf die Frage, wer in ihrer Ehe wichtiger war, antwortet Judy sofort: »Mein Mann. Alles drehte sich um ihn.« Und in der Beziehung zu Leslie: »Ich würde sagen, es ist ausgeglichen. Wir gehen die Dinge durch, es ist ein ganz natürliches, fröhliches Fließen.«

Judy und Leslie leben in New Mexiko. Wie Condon und Georgeanne sind sie an einen neuen Ort gezogen, um eine bessere Lebensqualität zu haben und mehr ihren inneren Neigungen zu folgen.

Man ist versucht zu denken, daß ihre Beziehung qualitativ anders ist, weil der Streß geringer ist. Aber Leslie hat Judy geholfen, ihre vier Kinder großzuziehen, und in den ersten Jahren ihrer Beziehung waren die Anspannungen und der Druck sicher stärker als für heterosexuelle Partner.

Leslie, eine ehemalige Lehrerin, macht jetzt Literaturarbeit, und Judy beschäftigt sich mit Kunst und gibt Kurse am College. Sie haben eine spirituelle Praxis entwickelt, bei der sie Gruppen in der Gemeinde unterrichten und mit ihnen arbeiten. Sie fahren gerne Ski, Leslie studiert Spanisch, und beide nehmen Banjo-Unterricht. Sie haben eine gemeinsame Vision, aber keine gemeinsame Arbeit. Ihr Ziel: »Ständig in Kontakt mit dem zu sein, was wir sind und was wir wollen und wie wir es ausdrücken und unser Leben nützlich und sinnvoll machen können. Es ist ein großes Geschenk, an einem Ort wie Santa Fe zu leben, wo es sehr schön ist und alle kreativen Bedürfnisse, die wir je haben könnten, gefördert werden. Die spirituelle Dimension und die Arbeit, sie anderen anzubieten, ist eine Möglichkeit, anderen das weiterzugeben, war wir bekommen haben.«

Leslie ist die beziehungsorientiertere der beiden, Judy eher Innovatorin, außer, wenn sie mit ihren Enkelkindern zusammen ist, die sie als ihre größte Leidenschaft beschreibt. Leslie und Judy unterstützen sich emotional und kreativ einfach durch die Art ihres Zusammenseins. Jede weiß genau, was die andere braucht und wie sie sie am besten ermutigen kann. Ihre Beziehung entspricht ihnen, und sie wollen wachsam bleiben und Entscheidungen treffen, die ihre gemeinsame Vision in puncto Zusammenleben bewahrt.

Judy und Leslie haben beschlossen, bestimmte Dinge miteinander zu teilen, die sie beide lieben – spirituelle Arbeit, Skifahren, Erholung – und die sie regelmäßig zusammenbringen. In unterstützenden Beziehungen ist Verbundenheit genauso eine Priorität wie die individuellen Interessen jedes Partners. Paare, die diesen Stil wählen, bauen oft gemeinsame Interessen und Aktivitäten auf, damit der getrennte Berufsweg oder unterschiedliche künstlerische Leidenschaften sie nicht in völlig entgegengesetzte Richtungen führen.

Unterstützende Beziehungen funktionieren am besten bei Frauen in den integrativen Kategorien (Helferinnen, Innovatorinnen). Ihr Kennzeichen ist die bedingungslose Unterstützung der Interessen und kreativen Vorhaben der Partnerin/des Partners. Beide gehen davon aus, daß die Arbeit und die Bedürfnisse des anderen genauso wichtig sind wie die eigenen, und bemühen sich, die Voraussetzungen zu schaffen, damit der andere sich mit ihnen beschäftigen kann.

Lilli Cohen und David: Die parallele Paarbeziehung

Lilli Cohen ist die Literaturagentin, die bereits in Kapitel 11 zu Wort kam. Lilli, eine Innovatorin, hat eine andere Vorstellung von einer unterstützenden Beziehung. Sie und ihr Mann, ein Künstler, leben in einer temporeichen großstädtischen Umgebung, in der Ehrgeiz und die Konzentration auf Arbeit und Karriere die Norm sind. Ihre Beziehung verbindet unterschiedliche Stile – sie bietet Unterstützung, hat aber eine *parallele* Struktur. Die berufliche Tätigkeit der beiden hat keine Berührungspunkte, und obwohl sie aneinander hängen, steht die Arbeit für jeden eher im Vordergrund als im Hintergrund. Als typische Innovatorin weiß Lilli – wie so viele Frauen in dieser Kategorie – nicht genau, welche Energien bei ihr dominant sind. Wir fragten sie:

»Wo geht Ihre Energie vor allem hin?«

Lilli: »Hierhin und dorthin. Ich würde sagen, daß meine Ehe das wichtigste in meinem Leben ist, aber meine Arbeit ist entscheidend für mein Leben und meine Energie, und ich habe wahrscheinlich mehr Energie in bezug auf die Arbeit als in bezug auf irgend etwas anderes. Es wäre sehr schwierig für mich, ohne meine Arbeit zu leben. Sie gibt mir etwas, sie definiert, wer ich bin, aber nicht so, wie seine Arbeit ihn.«

»Würden Sie also sagen, daß Ihre Ehe das wichtigste ist?«

»Absolut. Sie geben sich gegenseitig etwas; vor allem seit ich mein eigenes Geschäft habe, ist die Arbeit ein wichtiger Bestandteil meines Lebens, und mein Mann ist Teil meiner Arbeit und meines Lebens und kennt meine Kunden, aber wenn ich mich für das eine oder das andere entscheiden müßte, wäre es mein Mann, der wirklich mein Leben, meine Liebe ist.«

»Wie steht er zu Ihrer Arbeit?«

»Er liebt meine Arbeit.«

»Er ist Künstler?«

»Maler.«

»Hat er Sie unterstützt?«

»Sehr, er ist ein wichtiger Bestandteil meiner Arbeit. Er ist die Stimme der Vernunft, ein Anker, er bringt mich aufs rechte Gleis, er liest mit mir, er ist eine erstaunliche Hilfe.«

»Haben Sie das Gefühl, daß Sie das im Hinblick auf seine Bilder genauso sind?«

»Ich glaube, mit seinen Bildern ist es anders, ich glaube, Malen ist eher eine einsame Tätigkeit. Ich denke, er schätzt mein Urteil. Ich muß sehr aufpassen, ihm die Zeit zu geben, ohne daß er das Gefühl hat, er müßte sie an sich reißen, weil meine Arbeit im Haus so überwältigend und präsent ist.

Ich bin sehr egoistisch in bezug auf das, was ich im Hinblick auf den Alltag und meine Arbeit von ihm brauche, und deshalb habe ich manchmal das Gefühl, ihn und seine Arbeit nicht genug zu unterstützen. Ich glaube, er würde dem nicht zustimmen, ich glaube, er denkt, daß ich seine Arbeit sehr stark unterstütze, und das stimmt auch, aber machmal habe ich das Gefühl, egoistisch zu sein, weil ich ihn von seiner Arbeit abhalte.«

»Reden Sie darüber?«

»Ja, und wenn er das Gefühl hat, daß ich ihn von seiner Arbeit entferne, nimmt er sich Zeit für sich selbst. Aber meist geht es gut. Ich denke, daß ich auch das wichtigste in seinem Leben bin, deshalb bringen wir die Dinge ins reine... er malt kein Bild zu Ende, bevor ich es gesehen habe, er meint, es wäre nicht fertig, solange ich es mir nicht angesehen und mit ihm über es geredet habe. Er stimmt nicht allem zu, was ich über seine Arbeit sage, aber er denkt, daß ich entscheidend für seine Arbeit bin.«

Obwohl Lilli und ihr Mann also ganz unterschiedliche und anspruchsvolle Berufe haben, geht es in der gemeinsam verbrachten Zeit oft um die Arbeit des anderen. Aber machmal steht das Zusammensein im Vordergrund, sie arbeiten häufig zusammen zu Hause, und Lilli sagt, am meisten würde sie es genießen, den größten Teil ihrer Zeit mit David zu verbringen. Weil sie sich gegenseitig unterstützen, verstärkt die unterschiedliche Arbeit eine bereits enge Beziehung.

Der parallele Beziehungsstil findet sich bei individualistischen Menschen, die den größten Teil ihrer Energie für ihre Arbeit oder kreative Tätigkeiten aufwenden. Daß die Energien der beiden parallel verlaufen, schließt nicht aus, daß sie sehr aneinander hängen. Aber der Schwerpunkt beider ist eher die Arbeit als die Beziehung. Die Partner können kreativ integrativ oder ausgeprägt kreativ sein, oder ausgeprägte Kreativität mit Beziehungsorientierung verbinden. Sie sind häufig getrennt, verbringen viel Zeit allein und haben völlig unterschiedliche Interessenbereiche. Diese Form der Verbundenheit ist typisch für die hohe Anforderungen stellenden Partnerschaften, in denen beide einen Beruf haben, und typisch für die städtische Umgebung, in der die Cohens arbeiten.

Die parallele Struktur bedeutet nicht, daß zwei Menschen in bezug auf die Erfüllung ihrer emotionalen Bedürfnisse nicht von der Beziehung abhängen. Sie bedeutet einfach, daß das Paar viel Autonomie und Trennung vorzieht und die Verbundenheit eher im Hintergrund, die Arbeit aber mehr im Vordergrund steht. Trotzdem hat die Beziehung eine unterstützende, stabilisierende Funktion.

Denken Sie an die in Kapitel 7 vorgestellte Monica McGoldrick. Sie und ihr Mann sind weniger in die Arbeit des anderen verwickelt als Lilli und David. Für Monica ist sehr wichtig, daß ihr Mann »sie allein läßt«, damit sie ihrem Beruf nachgehen kann. Manche Frauen würden »Alleinlassen« nicht als Unterstützung empfinden, aber Monica übersetzt es so. Sie gibt Sophocles auch den Raum, seine eigenen Interessen

zu verfolgen. Die Unterstützung kann bedeuten, daß man sich um Dinge für den anderen kümmert, sich selbst zuweilen zurücknimmt, um einen größeren Anteil an der Kinderbetreuung oder den Hausarbeiten zu übernehmen, oder daß man jemanden einstellt, der sich um diese Dinge kümmert, und den anderen bedingungslos unterstützt, akzeptiert und ermutigt.
Monicas Beziehungsstil ist teils unterstützend, teils parallel. Sie und ihr Mann kooperieren und unterstützen einander, haben aber nicht dieselben Visionen. Die Beziehung ist wichtig für beide, steht aber als breite Basis, von der aus jeder sein kreatives Leben aus organisiert, eher im Hintergrund als im Vordergrund. Wenn »parallele« Paare Kinder haben, finden Verbundenheit und Kooperation oft im Rahmen der Kindererziehung und familiärer Rituale statt.

Nachteilig am kooperierenden und am unterstützenden Stil kann sein, daß die Individualität sich zuweilen verwischt. Die Nähe schafft das Potential für Konflikte und das Bedürfnis, sich emotional zu distanzieren, um sich überhaupt als eigenständiges Wesen zu fühlen. Der parallele Stil hat den Nachteil, daß zwei Menschen so autonom funktionieren, daß sie leicht auseinanderdriften und die Beziehung nicht mehr pflegen. Während Paare in unterstützenden und kooperierenden Beziehungen daran arbeiten müssen, eigenständige Bereiche klarer zu definieren, müssen parallele Paare sich mehr um die Zusammengehörigkeit kümmern.

Wir erörtern diese Beziehungsformen, weil Frauen und Männer heute aufgefordert sind, in ihre Beziehungen die kreativen und die beziehungsorientierten Aspekte der Liebe zu integrieren. Ob eine Beziehung »paßt«, ist nicht nur für das Wohlergehen des Paars, sondern auch für das seiner Kinder entscheidend. Eine harmonierende Beziehungsform setzt die Gleichheit und die Wertschätzung der Bedürfnisse und Interessen beider voraus. Die Form einer Beziehung sagt nichts darüber aus, wie leidenschaftlich verbunden zwei Menschen sind – sie zeigt lediglich, wie sie Eigenständigkeit mit Nähe verbinden.

Gertrude und Alice: Das komplementäre Paar

Diese Beziehungsform ist komplex und schwierig, weil sie den Keim ihrer Zerstörung bereits in sich trägt. Sie entspricht am ehesten der Liebenden oder einer Kombination von Liebender und Künstlerin bzw. Liebender und Innovatorin. Zu den berühmtesten Beispielen gehören Gertrude Stein und Alice B. Tokla. Alice hat die Art dieser Beziehung sehr zutreffend beschrieben: »Alles, was Gertrude zu tun hatte, war, ein Genie zu sein.« Der Rest wurde von Alice erledigt.[6]

Eine modernere Version ist die Beziehung, in der ein Partner beruflich oder künstlerisch voll engagiert ist. Der andere übernimmt nur die Rolle, den anderen zu ergänzen und zu unterstützen.

Wir bezeichnen diesen Beziehungsstil als *komplementär.* Er unterscheidet sich vom unterstützenden Stil dadurch, daß ein Partner bereitwillig damit einverstanden ist, die Arbeit und die Interessen des anderen zum Mittelpunkt seiner eigenen kreativen Energie zu machen. Bei der unterstützenden Form steht bei jedem Partner die eigene Arbeit im Mittelpunkt, aber im größeren Kontext der Beziehung unterstützt man sich gegenseitig.

Die Gefahr bei dieser Form besteht darin, daß insbesondere Frauen sie übernehmen, weil sie ihre eigenen Bedürfnisse und Interessen nicht klar definiert haben. Der Partner zieht sie magnetisch an und lenkt sie von sich selbst ab. Oder sie betrachten ihre Rolle als Möglichkeit, sich der traditionellen gesellschaftlichen Liebeskonzeption anzupassen. Oft meint die Frau, für sich allein keinen Wert zu haben. Vielleicht ordnet sie sich nicht den Bedürfnissen ihres Partners unter, aber sicher denen ihrer Kinder. Sehr oft ist die komplementäre Form nur eine andere Bezeichnung für die traditionelle Ehe.

Wenn die komplementäre Beziehungsform jedoch auf einer bewußten Entscheidung beruht, kann sie sehr erfüllend und kreativ sein, vielleicht auch nur für eine bestimmte Phase der Beziehung. Sie beinhaltet, daß zwei Menschen dieselbe Vision bzw. dasselbe Ziel haben, das am besten dadurch zu erreichen ist, daß der eine den anderen voll unterstützt, weil dieser die entsprechenden Fähigkeiten hat, wenn er von anderen Zwängen befreit ist. Der Erfolg dieser Beziehungsform hängt davon ab, daß beide die Opfer anerkennen, die der sich unterordnende Partner bringt. Beide Partner müssen den anderen als völlig gleichwertig betrachten und den Beitrag dessen, der sich anpaßt, aufrichtig schätzen. Wenn derart optimale Bedingungen gegeben sind, kann diese Form der Verbundenheit sehr kraftvoll und lebendig sein, da beide sich auf ein gemeinsames Ziel zubewegen, zu dessen Erreichung jeder die Rolle übernimmt, für die er am besten geeignet ist.

Die komplementäre Beziehungsform kann auch für die kreativen Leidenschaften einer Frau von Vorteil sein, wenn die ökonomische Abhängigkeit durch die Freiheit kompensiert wird, einen angenehmen emotionalen Rahmen für die Beziehung zu schaffen. Viele Frauen haben eine Leidenschaft für Form und Schönheit, die durch die Gestaltung eines Heims zum Ausdruck kommen kann. Kochen, das Anrichten der Speisen, die Tischdekoration, die Schaffung eines Ambiente sind für manche Frauen angenehme kreative Betätigungen und nicht langweilige Pflichten. Die Leidenschaft für die ästhetische Form kann sich auch durch Gartenarbeit, das Arrangement von Blumen, die Dekoration und Einrichtung der Wohnung ausdrücken. Frauen waren immer die Hüter von Ritualen, jener Formen, die die Übergänge im Leben erleichtern.

Früher haben Frauen ihr Zuhause oft als Rahmen für die leidenschaftliche Verbindung von Ideen, Gefühlen, Kunst und Menschen benutzt. Denken wir etwa, in neuerer Zeit, an die intellektuellen und literarischen Salons von Mabel Dodge Luhan oder Gertrude Stein.[7]

Die Gestaltung der Umgebung ist für eine Frau oft die künstlerische Aussage. Wenn die komplementäre Form ihr diese Freiheit läßt, ihre Talente und Energien anerkannt werden und sie die Rolle bewußt übernimmt, ist sie eine Künstlerin, die Leben erschafft, und nicht nur Lächelnde Objekt-Frau. Manche Frauen arbeiten nicht nur in ihrem Haushalt, sondern auch im Geschäft ihres Partners. Diese Rolle macht Spaß und gibt Kraft. Aber würde in einer komplementären Beziehung auch der Mann die Rolle übernehmen, die im allgemeinen von der Frau gespielt wird? Erst wenn der »Hausmann« zu einer akzeptablen Form des komplementären Beziehungsstils geworden ist, werden Machtungleichgewicht und Abwertung keine Rolle mehr spielen.

Berühmte Paare

Wenn wir nach Modellen für Beziehungsstile suchen, denken wir unweigerlich an berühmte Paare und die Formen, die sie gewählt haben. Die Beziehung zwischen der Künstlerin Georgia O'Keeffe und dem Photographen Alfred Stieglitz war, wie wir meinen, zuweilen kooperierend, sie Modell und Unterstützung seiner Photographie, er der Verfechter ihrer Arbeit – »endlich eine Künstlerin«, sagte er.[8] Schließlich wurde die Form paralleler, sie lebte in New Mexico oder in Taos und er am Lake George.

Margaret Mead und Gregory Bateson hatten eine kooperierende und schließlich eine konkurrierende Partnerschaft. Die Unfähigkeit, eine fließende Form für ihre Energien zu finden, führte zu ihrer Scheidung. Lillian Hellman und Dashiell Hammett waren unkonventionelle, unverheiratete Liebende, genauso wie Katherine Hepburn und Spencer Tracy, der sich nie von seiner Frau scheiden ließ. In Hellmans Beziehung wechselten Unterstützung und Parallelität ab. Die Energien von Hepburn und Tracy waren parallel. Elizabeth Taylor und Richard Burton versuchten ein paarmal, eine Form zu finden, die ihrer Liebesleidenschaft und ihrer Leidenschaft fürs Theater gerecht wurde. Wenn ihre Kreativität über ihr konventionelles Festhalten an der Ehe gesiegt hätte, hätten sie diese Form möglicherweise gefunden.

Paare, Freundschaft, Gemeinschaft

In Cambridge, Massachusetts, machten wir ein Interview, das uns faszinierte. Jeffrey MacIntyre hatte seine Frau, Nancy Miriam Hawley, und vier seiner besten Freunde, zwei Paare, zu einem Gruppeninterview versammelt. Die Paare waren nicht zufällig zusammengekommen – die Frauen, Paula, Judy und Nancy, waren Mitglieder des Boston Women's Health Collective gewesen und hatten an der Veröffentlichung des wegweisenden Buches *Unser Körper, unser Leben* mitgewirkt – einem Text, der in den 70er Jahren so etwas wie ein Manifest der Frauenbewegung war.[9] Die Versammelten waren außerdem – und ohne daß wir dies zunächst wußten – eine Art »Paarkollektiv«.

Infolge des ständigen Umgangs und der Arbeit an dem Buch bildeten die Frauen ein enges Freundschaftsnetz, zu dem schließlich auch die Männer gehörten. Wir wollten wissen, wie diese Frauen, die sich sozial so leidenschaftlich engagiert und ein wichtiges Stück Literatur produziert hatten, ihre Beziehungen strukturiert hatten. Und uns interessierte, wie ihre Partner reagierten und an einer funktionierenden Beziehungsform mitwirkten.

Von den drei Paaren sind Nancy Miriam Hawley und Jeff MacIntyre am ehesten als kooperierend einzustufen. Beide sind Therapeuten. Sie machen ab und zu Therapiegruppen zusammen, und da der Raum in ihrem Cambridger Stadthaus begrenzt ist, muß die Benutzung des Therapieraums ausgehandelt und geplant werden. Insbesondere Jeff scheint auf ihre Kooperationsfähigkeit stolz zu sein. Als sie darüber sprechen, wird klar, daß ihre Zusammenarbeit eine Fähigkeit ist, die sich im Lauf der Zeit entwickelt hat. An dem Tag hatten sie das Wartezimmer neu gestrichen. »Sie pinselte unten, ich über ihrer Schulter, eine Art Metapher – es ging leicht, wir konnten über Dinge reden und einfach die Arbeit erledigen. Vor zehn Jahren hätten wir uns den Kopf abgerissen.«

Nancy und Jeff kommentieren damit Entwicklung und Fließen einer Beziehung. Flexibilität war eine der ersten Beziehungsregeln, die sie aufstellten. Für Nancy ist es die zweite Ehe; als sie sich kennenlernten und über die Ehe zu reden begannen, war Nancy dabei, die Arbeit mit dem Kollektiv an *Unser Körper, unser Leben* zu beenden. »Jeffrey wollte, daß wir im Herbst heiraten. Es war für ihn wirklich wichtig, eine Herbsthochzeit zu haben. Und ich sagte, ich bin mit diesem Buch beschäftigt. Ich kann mich nicht damit befassen, eine Hochzeit zu planen und gleichzeitig dieses Buch schreiben, und das Buch muß zuerst fertigwerden. Also heirateten wir im Mai.«

Jeffrey meint: »Unsere Hochzeit zögerte sich auch deshalb hinaus, weil ich bereit war, persönliche Ziele einem übergeordneten Wohl unterzuordnen. Das war für mich sehr wichtig.

Ich hatte immer das Gefühl, Nancys Leidenschaft unterstützen zu können, weil ich die Spur meiner eigenen nachverfolgen kann. Bei jedem Konflikt gehe ich durch Phasen. Wir streiten ziemlich lautstark... aber ich habe immer das Vertrauen, daß wir es lösen können, egal, wie enttäuscht oder verrückt ich mitten im Konflikt bin.«

Die parallelste Beziehung der drei Paare haben Paula Doress-Worters und Allen Worters; ihre beruflichen Interessen sind völlig verschieden. Paula schreibt zur Zeit ihre Doktorarbeit in Sozialpsychologie. Sie ist Autorin und beschäftigt sich mit der Gesundheit von Frauen. Sie hat zwei Kinder. Allen ist Ingenieur. Für beide ist es die zweite Ehe. »Allen hat meine Arbeit sehr unterstützt. Sie stand nicht im Weg... Es faszinierte ihn irgendwie, daß ich eine interessante Arbeit und ein eigenes Leben hatte. Seine größte Sorge war damals, daß ich niemanden brauchte... daß ich ihn für nichts brauchte und daß ich all diese Freunde und eine interessante Arbeit hatte...«

Allen sagt: »Ja, es stimmt, daß deine Arbeit mich faszinierte und dazu beitrug, daß die Beziehung in Gang kam, aber genauso wichtig wie die Arbeit war, daß ich alle ihre Freundinnen sofort mochte – das trieb mich in die Beziehung und in die Gruppe. Mit den Leuten, mit denen ich zusammenarbeite, rede ich nicht viel über Werte. Ohne Paula wäre also ein ganzer Bereich meines Lebens nicht da, den ich haben will.«

Paula und Allen haben beide das Bedürfnis nach Beziehung und Verbundenheit mit anderen Menschen. Ein Großteil ihrer gemeinsam verbrachten Zeit gilt dem Kontakt zur Familie und zu Freunden. Aber ihre Leidenschaft für die Arbeit steht im Vordergrund und sorgt für eine parallele Beziehung. Sie können sich auf die Andersartigkeit des anderen gut einstellen.

Von Judy Norsigian, die dem dritten Paar angehört, erfahren wir, daß Allen aus Liebhaberei Cello und Klavier spielt. Eine von Judys Leidenschaften ist die Musik, und sie teilt sie mehr mit Allen als mit ihrem Mann Irv Zola. Dafür teilt sie mit ihm den größten Teil ihres übrigen kreativen Lebens – sie haben eine unterstützende und oft eine kooperierende Beziehung. Sie haben nicht denselben Beruf, aber eine ähnliche Arbeit. Irv ist Soziologieprofessor, und Judy ist weiterhin für das Kollektiv aktiv und gibt dort Unterricht. Beide schreiben, halten Vorträge, organisieren, reisen zusammen.

Judy sagt über ihre Beziehung mit Irv: »Ich glaube nicht, daß ich da wäre, wo ich jetzt bin, wenn ich nicht die Unterstützung gehabt hätte, die ich jetzt von Irv seit vielen Jahren bekomme... Er hat mich sehr ermutigt, mir Zeit für die Musik zu nehmen oder etwas anderes zurückzustellen, das im Moment eine interessante Zerstreuung darstellt, mir aber in bezug auf das große Ganze nichts nützt... Er hat mir immer geholfen, daß ich für solche Dinge Zeit hatte.« Irv sagt: »Wir verwalten und schreiben beide, und deshalb gibt es Dinge, die wir austauschen und mit denen wir einander helfen können.« Judy stimmt zu: »Es ist schön. Es wäre nicht schlimm, wenn wir in verschiedenen Bereichen arbeiten würden, aber es ist sehr schön, eine gemeinsame Basis zu haben.«

Auch für Irv ist einer der befriedigendsten Bereiche seiner Beziehung zu Judy die Gemeinschaft der Freunde, die sie in sein Leben gebracht hat. »Das Zusammenleben mit Judy hat mich wieder mit dem besten Teil meiner Kindheit verbunden, nämlich der großen erweiterten Familie und der Wichtigkeit einer Gemeinschaft. Bei unserer Hochzeit waren 400 Leute.«

Unterstützung und Kooperation sind bei Judy und Irv dominant. Beiden ist die enge Interaktion mit anderen Menschen auf persönlicher und politischer Ebene wichtig. Ihre Beziehung fördert die kreativen Bedürfnisse beider, weil sie gut funktioniert.

Zu den bemerkenswertesten Qualitäten dieser drei Paare zählen ihre Interdependenz und ihre Intimität. Zur Gruppe gehören auch andere jetzt nicht anwesende Paare, aber diese drei scheinen den Kern zu bilden. Sie machen zu den unterschiedlichsten Zeiten die unterschiedlichsten Dinge zusammen; die Kinder haben Umgang miteinander, und die Kinderbetreuung ist oft ein gemeinsames Unternehmen.

Allen, der darüber nachdenkt, wieso die Gemeinschaft wichtig für ihn war, meint: »Positiv ist, daß ich mehr männliche Freunde habe, was ich vorher nie hatte. Bei diesen beiden Männern kann ich emotionaler sein als bei irgend jemand anderem.«

Die Verbindung zu einem größeren Netzwerk von Freunden unterstützt und fördert jedes Paar. Die Gemeinschaft kann Unterschiede tolerieren und unterschiedliche Beziehungsformen verkraften. Mythen und Stereotype, wie Männer und Frauen sein müssen, gibt es nicht. Weil sie die Individualität des anderen so liebevoll unterstützen, haben sie auch Verbundenheit. Können wir davon nicht alle lernen?

Neue Formen für die Zukunft

Judy Lockard, zur Zeit single, erweitert ihr Haus, damit ihre behinderte Mutter bei ihr leben kann. Mit anderen Freunden kauft sie ein Ferienhaus. Nach Ehe und Scheidung hätte sie lieber einen Partner, würde aber ihre Individualität und ihre Beziehungsbedürfnisse nicht aufgeben.

Wilma Keppel, ebenfalls umständehalber single, schließt sich einer Hausgemeinschaft an.

Wie zu Beginn dieses Jahrhunderts lebt die erweiterte Familie wieder zusammen, weil viele neue Paare oder junge Erwachsene sich aufgrund der wirtschaftlichen Lage keinen eigenen Lebensraum leisten können.

Lesbische Paare, alleinstehende Frauen oder Männer adoptieren Kinder. Freunde werden zu Ersatzvätern, Onkeln, Tanten.

Paare adoptieren Kinder aus anderen Kulturkreisen, nehmen Kinder in Pflege, betreuen behinderte Kinder.

In unserer Umfrage gaben viele Frauen an, für sie sei Freundschaft die befriedigendste Beziehungsform und auch dann für ihr Wohlbefinden am wichtigsten, wenn sie verheiratet oder sonstwie liiert sind.

Zwei Frauen, die durch berufliche Konferenzen Freundinnen wurden, nehmen in der Lebensmitte eine berufliche Veränderung vor, ziehen zusammen in eine kleine Stadt in New England und machen ein Geschäft auf. Sie planen ihr Leben und ihr Geschäft gemeinsam, obwohl sie keine Sexualpartner sind. Die eine ist die »Ersatztante« für die Kinder ihrer Freundin. Die andere hat eine Liebesbeziehung mit einem Homosexuellen.

Obwohl die traditionelle Familienform von Politikern und Medien als die Lösung für die Liebesprobleme unserer Gesellschaft angepriesen wird, ist klar, daß sie so, wie sie in der Vergangenheit entworfen wurde, vielen Menschen nicht mehr entspricht. Eine unpassende Form erfüllt auch die Bedürfnisse der Kinder nicht, die oft unter den falschen Entscheidungen eines Paares leiden.

Kritiker der Abkehr von der Familie halten den Trend zur Individualität in unserer Gesellschaft für die Ursache ihres Niedergangs. Aber vielleicht geht es nicht so sehr um Individualismus als vielmehr um die Suche nach neuen Formen der Verbundenheit, einen kreativen Vorgang also, bei dem Altes zerstört wird, um es durch etwas Neues zu ersetzen. Die Kritiker nicht-traditioneller Beziehungsformen erkennen selten an, daß das Machtungleichgewicht und die dominante Lieboskonzeption die Familie zu einem sehr ungastlichen Arrangement macht, besonders für Frauen und Kinder. Und warum sollte in unserer Gesellschaft nicht auch das Individuelle einen Platz haben? Alleinstehend oder auf die individuellen Bedürfnisse konzentriert sein bedeutet nicht automatisch, daß man nicht beziehungsfähig, verantwortungslos oder lieblos ist. Nur wegen unserer überholten Vorstellungen über Liebe fühlen alleinstehende, nicht oder nicht konform liierte Menschen sich in dieser Gesellschaft wie Ausgestoßene.

Der sogenannte Niedergang der Familie in unserer Gesellschaft stellt in Wirklichkeit die Suche nach vernünftigen, allen Beteiligten entsprechenden Beziehungsformen dar. Da die Liebeskonzeption unserer Gesellschaft sich ändert, müssen wir neue Möglichkeiten finden, Kinder großzuziehen und zu unterstützen und einander zu helfen. Eine Form, die traditionelle heterosexuelle weiße Mittelklasse-Ehe, kann nicht für uns alle funktionieren, denn wir bewegen uns auf eine multikulturelle Gesellschaft zu.

Prüfstein jeder Beziehung ist die Lebendigkeit und Ganzheit ihrer Partner. Das bedeutet nicht, daß Konflikte, Veränderungen und Brüche fehlen, beinhaltet aber die Fähigkeit, sich Veränderungen flexibel anzupassen, und die Grundvoraussetzung, daß die Bedürfnisse beider Partner gleich wichtig sind und fair ausgehandelt werden müssen. Die leidenschaftslose Beziehung gerät in eine Sackgasse, weil sie nicht »paßt«. Das bedeutet, daß viele Probleme heutiger Paare umgangen werden könnten, wenn sie sich bewußt entscheiden würden, welche Beziehungsform für sie am besten wäre.

Dazu müssen wir uns selbst kennen und wissen, daß wir kreative Alternativen haben. Verbundenheit verlangt nicht von uns, daß wir weniger subjekt sind; vielmehr hängt der Erfolg einer Beziehung davon ab, daß wir ihre Form aktiv bestimmen.

14. Der Mut, lebendig zu sein

Leidenschaft, Liebe und kreativer Ausdruck sind für uns die Essenz des Lebens. Um ganz und sinnvoll leben zu können, brauchen wir den Zugang zu unserer Kreativität und zu unseren Empfindungen. Wir müssen die begrenzenden gesellschaftlichen Konzeptionen und die irrige Annahme, wir könnten lieben, aber nicht schöpferisch sein, hinter uns lassen. Wir müssen zu unserer »ersten Liebe« zurückfinden, zur Kontinuität unseres Lebens. Wir müssen wieder zur Geige greifen und spielen, die Saite finden, die in unserem Herzen anklingt, und singen.

Die Formen, die wir für unser Leben wählen, sind entscheidend. Wenn die Form gut paßt, fließt die Leidenschaft. Wenn nicht, müssen wir den Mut finden, kleinere oder größere Veränderungen vorzunehmen.

So wichtig wie die Form ist die Sprache, die wir benutzen, um unsere Erfahrung zu beschreiben. Die Sprache formt unsere Vision. Unser Selbstbild ist verzerrt, denn in der Vergangenheit haben wir »Mutter«, »Selbstaufopferung«, »Lust«, »Begierde«, »Aufgaben«, Selbstlosigkeit«, Liebes»objekt«, »wir gegen sie« mit dem Wort »Liebe« assoziiert. Ohne diese gesellschaftlichen Scheuklappen sehen wir Liebe als komplexere Energie, die unterschiedliche Ausdrucksformen annehmen kann. Dann gehören auch Worte wie Leidenschaft, Mitgefühl, Aufmerksamkeit, Einfühlungsvermögen, Fürsorge, Verpflichtung, Freude, wir *und* sie, Verbundenheit zu »Liebe«.

Eine solche Sprache ist aktiv und weist darauf hin, daß wir als *Subjekt* lieben, daß wir die Form unseres liebenden Verhaltens bestimmen. Unser Einfluß auf die Welt um uns herum umfaßt mehr als unsere biologische Rolle als Gebärerinnen, Nährende und Betreuerinnen. Wir erfahren Liebe als wechselseitige Erfahrung und können von anderen erwarten, daß sie unsere Träume genauso unterstützen wie wir ihre.

Wenn wir als Subjekt lieben, sind wir schöpferisch. Wenn wir als Subjekt schöpferisch sind, lieben wir. Die alte Sprache für Kreativität beschränkte uns auf Vorstellungen wie künstlerisch, poetisch, talentiert, problemlösend, aufschlußreich, zielgerichtet. Die neue Sprache für Kreativität schließt Worte wie authentisch, expressiv, transzendent, verwandelnd, sich entwickelnd, froh, lebendig ein. Wenn wir kreativ sind, ändern unsere inneren Imperative uns und die Welt.

Wo wir jetzt stehen

Eine Frage bleibt: Wo stehen wir in dieser Phase der Geschichte? Kommen wir zu unserem Recht? Finden wir gangbare Formen für unser Leben? *Glauben* wir daran, daß es für unser Glück entscheidend ist, daß wir unsere Leidenschaften realisieren? Haben wir unseren Platz in der Welt gefunden, oder warten wir darauf, daß jemand anders ihn uns zuweist? Warten wir darauf, daß unser Wert und unsere Energie nur auftauchen, wenn jemand anders sie bestätigt hat, wir der Liebe begegnet sind, die Kinder aus dem Haus sind, wir eine weitere Ausbildung gemacht haben? Lassen wir die Liebe nicht an uns heran, weil wir Angst haben, daß wir uns an die alte Liebeskonzeption verlieren?

Die Frauengeschichten in diesem Buch beschreiben eine fortschreitende Verwandlung. Als Liebende, Helferinnen, Innovatorinnen oder Künstlerinnen äußern wir kollektiv und individuell zunehmend unsere eigene Geschichte und erleben die Macht des kreativen Ausdrucks, die Macht, die Form zu wählen, die unseren Leidenschaften am besten entspricht. Auch im größeren gesellschaftlichen Kontext werden Frauen allmählich als Schöpferinnen mit wertvoller Vision und unbestreitbarer Kraft anerkannt.

Ein Beispiel dafür ist die Malerin und Bildhauerin Louise Bourgeois, die mit achtzig dazu ausersehen wurde, auf der Biennale von Venedig die USA zu vertreten, und deren Werk jetzt zu Ehren kommt.[1]

Dies ist um so bemerkenswerter, als ihr Werk eben die Themen – Körper, Sexualität, Frau/Mann, Angst, Tod, Einsamkeit – darstellt, die früher als »Frauenkunst« bezeichnet und als Ausdruck »ungehemmter Emotionalität« beschrieben wurden. Louise Bourgeois thematisierte in ihrer Kunst immer Spaltungen, Dichotomien: »Ich möchte das Gleichgewicht zwischen Extremen finden... Ich spüre die Ambivalenz in allem, und das ist erschreckend, deshalb versuche ich, mich in meiner Arbeit mit ihr auseinanderzusetzen... Ich versuche, sie mir vorzustellen und den zerbrechlichen Mittelpunkt zwischen Extremen auszudrücken.«

Sicher wird ganz allgemein die Kreativität von Frauen heute mehr geschätzt als je zuvor. Aber wir müssen wachsam sein – das gespaltene Bild und konservative Tendenzen beeinflussen unser Selbstbild noch immer.

In früheren Jahrzehnten fungierten erfolgreiche Frauen als Blitzableiter für die Ambivalenz der Männer gegenüber Frauen. Das hat sich nicht geändert. 1939 warf ein männlicher Kritiker Lillian Hellman die »arteigene weibliche Unfähigkeit« vor, die »Ökonomie des Gefühls« zu beherrschen.[2] 1970 versicherten die Plattenfirmen Holly Near – die jetzt in der ausverkauften Carnegie-Hall singt – sie würde nie ein kommerzieller Erfolg werden, weil ihre Stimme »keine *Unterwerfung*« enthielte.[3]

Heute wird allgemein akzeptiert, daß Frauen außer Haus arbeiten. Aber politisch erzählt die konservative Rechte uns, wir sollten zu den »familiären Werten« zurückkehren – also zur traditionellen Rolle der Frau als Betreuerin, nicht als Schöpferin. Die Rolle der Frau bleibt durch die zahlreichen Verantwortlichkeiten belastet, die von ihr erwartet werden. Unsere Vorstellungen über Liebe sind so verworren wie eh und je.

Ein Blick auf den aktuellen Stand der Dinge zeigt Gutes und Schlechtes, in jedem Fall aber Komplexes und Unvollständiges. Er zeigt, daß persönliche Veränderungen immer politische Implikationen haben. Wenn wir mit der Welt um uns herum kämpfen, beeinflussen wir sie auch. Wir suchen nach Vorbildern, die uns den Weg weisen können, aber in Wirklichkeit sind wir die Vorbilder – die Antworten, die wir suchen, zeigen sich anhand unserer Veränderungen.

Ein Blick in die Zukunft: Leidenschaftliche Überzeugung

Die Veränderung der Form unseres Lebens ist eine persönliche und eine politische Angelegenheit. Was uns als einzelne bewegt, kann nicht von dem getrennt werden, was uns kollektiv bewegt. Wir sind Teil des größeren Ganzen. Wir wissen, daß die Formen der Verbundenheit sich global ändern müssen, denn der gegenwärtige Zustand der Welt zeigt die verheerenden Auswirkungen unseres nicht funktionierenden Zusammenlebens und unserer Verwaltung der Welt. Wir führen weiterhin Krieg gegen unsere Umwelt und gegen andere Nationen. Männer werten Frauen weiterhin ab. Es gibt immer noch Gewalt und Unterdrückung, Hunger und Leid. Die Reichen gedeihen, den Armen werden mehr und mehr Rechte genommen. Es gibt wenig Gerechtigkeit, Fairness oder Gleichheit, auch wenn wir vorgeben, an diese Ideale zu glauben; wir halten sie für selbstverständlich, obwohl sie in der Wirklichkeit nicht funktionieren.

Veränderungen erwachsen aus Überzeugungen – wir gestalten unser Leben gemäß unserer persönlichen Überzeugung. Alle Frauen, mit denen wir gesprochen haben, egal ob eher beziehungsorientiert oder eher kreativ, hatten ein System persönlicher Überzeugungen, das ihr Handeln bestimmte. Auch bei Louise Bourgeois bildet die Überzeugung einen entscheidenden Bestandteil ihres Arbeitsethos. Neuere Werke zeigen eine abgebrochene Pflanze, bei der aus der Bruchstelle ein neuer Stiel erwächst. Sie sagt dazu: »Man zerstört Dinge oder Menschen, es tut einem leid, und man versucht, es zu reparieren. Mir macht dieses Reparieren sehr viel Spaß – ich bin fähig zu heilen.«[4]

Louise Bourgeois drückt ihre Überzeugungen durch ihre Kunst aus. Andere gestalten ihr Leben in der Welt als sinnvollen und kreativen Ausdruck ihrer Überzeugungen – denken wir an Frances Peabody oder Paulette Hines.

Ann Ehringhaus, mit deren Geschichte dieses Buch begann, hat leidenschaftliche Überzeugungen in puncto Heilung und Gesundheit. Als wir sie fragen, woher diese Überzeugung stammt, sagt sie: »Von meiner Arbeit mit Menschen und dem beständigen Wunsch, etwas zu ändern... und das kam von meinen Eltern. Mein Vater und meine Mutter fühlen sich der Gemeinschaft und anderen Menschen sehr verpflichtet. Unsere Unterhaltung beim Abendessen drehte sich um Themen wie ›Ann, was meinst du zum Verhältnis von persönlichem und gesellschaftlichem Wohl?‹«

Diese Geschichten zeigen, daß die Anklage, kreative Frauen seien individualistisch und egoistisch, zu Unrecht erhoben wird. Obwohl von einem »neuen Familiensinn« und einer »Verlagerung weg von dem Ethos der expressiven Individualität hin zu einem Ethos der familiären Verpflichtung und Bindung«[5] die Rede ist – wobei die Entscheidung einer Frau für den individuellen Ausdruck automatisch zu mehr Selbstzentriertheit und weniger Bindungs- und Liebesfähigkeit führen soll –, haben unsere Interviews diese Ansicht nicht erhärtet. Frauen, die Entscheidungen über ihr Leben sorgfältig treffen und ihre innersten Anliegen auszudrücken versuchen, sind meist zutiefst davon überzeugt, daß das Persönliche sie in den größeren Kontext der Verbindung mit anderen hineinführen muß.

Entscheidende Überzeugung: »Den zerbrechlichen Mittelpunkt zwischen Extremen finden«

Die Synthese von Überzeugung und Kreativität führt zur Verwandlung. Der individuelle Weg zur Aktivierung unserer Leidenschaft beginnt mit der Überwindung des Gefühls, innerlich gespalten zu sein; auf einer globaleren Ebene müssen die Spaltungen überwunden werden, die unsere Überzeugungen und unsere Einstellung auf jeder Ebene beeinträchtigen. Louise Bourgeois sagte: »Ich spüre die Ambivalenz in allem, und das ist erschreckend, deshalb versuche ich, mich in meiner Arbeit mit ihr auseinanderzusetzen ... ich versuche, sie mir vorzustellen und den zerbrechlichen Mittelpunkt zwischen Extremen auszurücken.«[6] Vielleicht kann nur die Künstlerin den Schmerz der Welt tief genug empfinden, um ihn klar zu artikulieren, und vielleicht lebt nur sie nah genug an den Extremen der Existenz, um sie zu überwinden.

Wir denken in gegensätzlichen Polen: männlich/weiblich, Erwachsener/Kind, schwarz/weiß, alt/jung, reich/arm, wir/sie, homosexuell/heterosexuell, gut/schlecht, richtig/falsch, schwach/stark. Aber entsprechen diese Aufteilungen der Realität, oder sind sie wie die Trennung zwischen Liebe und Kreativität Konstrukte – entstanden durch die Denkweise der Gesellschaft? Enthält und neutralisiert die Vorstellung von Ganzheit nicht alle Extreme?

Wenn wir kreativ neue Formen entwickeln, um unsere innersten Überzeugungen auszudrücken, überwinden und transzendieren wir diese Aufteilungen.

Wir müssen eher unsere Ähnlichkeit als unsere Unterschiedlichkeit sehen. Der größere Kontext unserer Erfahrung, unsere emotionalen Reaktionen auf ein manchmal frohes, manchmal schmerzliches, immer schwieriges und herausforderndes Leben ist eher ähnlich als verschieden. Wenn wir die Gleichheit anerkennen, können wir nicht bestimmte Gruppen von Menschen auf Kosten anderer als höherwertig betrachten. Wir können nicht töten und hassen, denn wenn wir den anderen hassen, hassen wir letztendlich uns selbst.

Wenn wir die Gleichheit anerkennen, wird einer der am stärksten polarisierten Bereiche unserer Erfahrung, der vorgeblich »wesensmäßige Unterschied« zwischen den Geschlechtern, nicht mehr zu einem emotionalen und politischen Schlachtfeld. Männer und Frauen sind dann gleichermaßen für Fürsorge und Kreativität verantwortlich. Die

Veränderung der politischen und ökonomischen Strukturen muß diese Verlagerung spiegeln. Wir brauchen dann Gefühle nicht mehr abzuwerten. Wenn Liebe, Leidenschaft, Fürsorglichkeit und Emotionalität uns allen zukommen, ist das Bedürfnis nach Gewalt kleiner, und wir alle haben ein größeres Interesse am Schutz der Verletzlichen und Bedürftigen. Als ganz gewordene Menschen können wir uns zu einer Weltsicht entwickeln, die Individualität und Gemeinschaft, Liebe zum Selbst und Liebe zum anderen respektiert.

Der Schmerz kennt keine Staatsgrenzen, keinen »wesensmäßigen Unterschied«. Deshalb müssen wir die Dichotomien auflösen und wie die Zenmeister sagen: »Ich bin das Blatt, die Wolke, der Stein.«[7]

Kreativität – Das Wunder geschehen lassen

Die Kreativität gibt uns – wie die Liebe – die Möglichkeit, uns über die Beschränkungen des Alltäglichen und Profanen zu erheben und über die tragischen und schädigenden Energien unseres Lebens hinauszuschauen. Sie erlaubt uns, zu transzendieren und dem sonst sinnlos Erscheinenden einen Sinn zu geben. Dies ist zumindest die Erfahrung von Ann Ehringhaus. Sie sagt: »Nachdem ich vier oder fünf Jahre lang unterrichtet hatte, erkannte ich, daß viele Leute Hilfe brauchen, und deshalb machte ich Beratungen. Dann wurde mir klar, daß es positiver war, wenn ich einigen dieser Leute das Photographieren beibrachte, damit sie ein kreatives Ventil hatten, denn durch meine Beratungen konnte ich ihre Probleme nicht lösen. Ich sah, daß Menschen kreativ wurden, ein anderes Selbst- und Problemverständnis entwickelten, und das gab Raum für Neues. Und dieses Neue war irgendwie aufregender, einfach weil sie es selbst gemacht hatten. Die Photos waren ein greifbares Ergebnis, das wir in der Schule an die Wand hängen konnten, und ausgerechnet das hartgesottenste Kind in der Schule hat dieses wunderschöne Bild von einem blühenden Baum gemacht. Ich habe gesehen, daß Menschen in Kontakt mit Aspekten von sich selbst kamen, die in ihrem gegenwärtigen Leben kein legitimes Ventil hatten. Und dieses gegenwärtige Leben war oft wirklich trostlos. Es war, als ob sie sich durch das Photographieren verändern konnten... die Phantasie war toll, und in ihr und in der Kreativität waren Freiheit... Und ich konnte diesen Kindern den Zugang zu einem Teil von sich selbst eröffnen, der ihnen eine Vision erlaubte. Sie konnten etwas anderes erleben, das sie woandershin führte.«

Die Leidenschaft und ihr kreativer Ausdruck können uns zu vielen Orten führen, insbesondere dazu, uns selbst besser zu erkennen und mehr zu schätzen. Es erfordert Mut, Verpflichtung und Überzeugung, angesichts von manchmal trostlosen Lebensumständen lebendig zu bleiben. Wir müssen an unser Bedürfnis nach und unser Recht auf kreativen Ausdruck glauben.

Zweifellos ist das Leben oft unerklärlich ungerecht und tragisch. Aber wir haben die Wahl. Wir können uns entscheiden, uns aus Angst vor dem physischen Tod dem Leben in der Gegenwart zu verschließen. Oder wir können etwas – ein Objekt oder uns selbst – gestalten und es »in die Verwirrung fallen lassen, es sozusagen der Lebenskraft darbringen«.[8]

Beth Anderson, eine Freundin und Komponistin, hat eine Oper namens »The Angel« geschrieben. Es geht um den Tod eines Kindes. Beth sagt dazu: »Es ist eine Geschichte über die Verbundenheit des Lebens von uns allen, über die Einfachheit von Wundern und die Komplikationen des Alltags, die Möglichkeit zahlreicher Realitäten, die Realität des Lebens nach dem Tod und die Belohnungen für ein tapfer gelebtes Leben.«[9]

Die Musik ist Beths Leidenschaft. Obwohl sie ihr kein einfaches Leben beschert, hat sie sie lebendig gemacht. Wenn ihr Werk aufgeführt wird, wenn sie es »der Lebenskraft darbringt«, kommt ihre Lebendigkeit uns allen zugute; wir wissen dann, daß auch jemand anders nach Sinn sucht, genauso wie wir, und fühlen uns verbunden und bewegt. Die Leidenschaft bewegt sich in uns allen, und wenn wir sie zum Ausdruck bringen, wenn wir unsere Stimmen erheben und aus voller Kehle singen, bewegt sich auch die Welt.

Offener Fragebogen zu Liebe und Kreativität

Bitte antworten Sie schnell. Im allgemeinen ist Ihre erste Reaktion am interessantesten. Wenn Sie mehr als eine Antwort auf eine Frage haben, können Sie die am häufigsten geltende oder alle angeben. Beantworten Sie jede Frage, die Sie interessiert, so ausführlich wie Sie wollen – benutzen Sie wenn nötig ein neues Blatt.

Dieser Fragebogen soll Sie dazu anregen, über die vitalsten Energien von Frauen nachzudenken, ihre Verbindung zu sich selbst und anderen, und über die verwandten Themen Liebe und Kreativität.

1. Sind Sie zur Zeit verliebt?

2. Waren Sie schon einmal verliebt?

3. Wie fühlen Sie sich, wenn Sie verliebt sind? ______________________

4. Wie wichtig ist es für Sie, einen anderen Menschen zu lieben? ____

5. Wie wichtig ist es für Sie, sich geliebt zu fühlen? ________________

6. Bei welcher Art von Liebe haben Sie das Gefühl, am ehesten Sie selbst bzw. am lebendigsten zu sein? (z. B. Freundschaft, Kinder, Erotik, etc.) ______________________________

7. Sind Sie sich oft bewußt, daß Sie Liebe empfinden?

8. Wann in ihrem Leben waren Ihre Liebesgefühle am intensivsten?
   a) Als kleines Kind
   b) Als Heranwachsende
   c) Als junge Erwachsene
   d) Sonstige (bitte spezifizieren) ______________________________

9. Haben Ihre Vorstellungen über Liebe sich im Lauf der Zeit verändert? Wie? ______

10. Haben Sie das Gefühl, mehr Sie selbst zu sein, wenn Sie lieben, oder weniger?

11. Haben Sie eine Liebe verloren oder aufgegeben? Bitte sprechen Sie darüber. ______

12. Sagen Sie anderen oft, daß Sie sie lieben?

13. Sprechen Sie oft über Liebe?

14. Wann haben sie zum ersten Mal geliebt? ______

15. Erinnern Sie sich an Ihre erste Liebe? Was geschah? ______

16. Bei welcher Aktivität oder in welcher Situation fühlen Sie sich am lebendigsten, am engagiertesten, am stärksten beteiligt? ______

17. Hatten Sie als Kind eine Vision von dem, was Sie tun oder sein wollten? Welche? ______

18. Wie hat der Traum sich im Lauf der Zeit verändert? Wann hat er sich verändert? Wie ist er jetzt? ______

19. An welche Augenblicke Ihres Lebens erinnern Sie sich, in denen Sie am lebendigsten und engagiertesten waren? ______

20. Wie haben Sie solche Augenblicke, Aktivitäten, Beziehungen oder Leidenschaften gefördert oder aufgegeben?

    a) Wenn gefördert: Wer hat Sie unterstützt? ______

    b) Wenn aufgegeben: Welche Beschränkungen stellten sich Ihnen entgegen? ______

21. Bei welcher Aktivität oder Erfahrung fühlen Sie sich am stärksten im gegenwärtigen Augenblick zentriert? ______

22. Wann drücken Sie am stärksten aus, wer Sie sind? ______

23. Ist diese Art des Selbstausdrucks für Sie Leidenschaft?

24. Ist diese Leidenschaft mit einer Leidenschaft aus Ihrer Vergangenheit verbunden? Wenn ja, wie? Wenn nicht, inwiefern ist sie anders? ____________________

25. Was verhindert, daß Sie sich mit sich selbst verbunden fühlen? ____

26. Was verhindert, daß Sie sich den wichtigen anderen Menschen in Ihrem Leben verbunden fühlen? ____________________

27. Was hilft Ihnen, sich mit sich selbst verbunden zu fühlen? ________

28. Was hilft Ihnen, sich mit den wichtigen anderen Menschen in Ihrem Leben verbunden zu fühlen? ____________________

29. Gibt es zuverlässige Wege zu dieser Verbundenheit – z. B. Musik? Einsamkeit? Zeit mit sich selbst oder anderen verbringen? Bitte erklären Sie. Benutzen Sie sie oft? Wenn nicht, warum nicht? ____

30. Haben irgendwelche Gesichtspunkte Sie davon abgehalten, einer Liebe oder einem kreativen Traum entsprechend zu handeln? Welche? ____________________

31. Was würden Sie für die Liebe aufgeben? ____________________

32. Was würden Sie für einen kreativen Traum aufgeben? __________

33. Halten Sie sich in irgendeiner Weise für süchtig? ____________

34. Machen sie ein Genesungsprogramm? Welches? ____________

35. Erzählen Sie sich eine Geschichte, um zu begründen, warum Sie keine Zeit für Liebe haben? Für Selbstausdruck? Welche? ________

36. Welche Botschaften anderer waren für Ihre Entscheidungen und Verpflichtungen im Hinblick auf Liebe am wichtigsten? Welche im Hinblick auf Kreativität? Wer waren diese anderen? __________

37. Nennen Sie drei andere Menschen, die Ihre Entscheidungen am stärksten beeinflußt haben. ____________________

38. Welche Werte sind Ihnen wichtig? ______________________

39. Sind Sie irgendwie religiös? In welcher Richtung? __________

40. Welche Entscheidungen haben Sie für die Liebe getroffen? ______

41. Welche Entscheidungen haben Sie für »Kunst« getroffen? ______

42. Halten Sie sich für einen leidenschaftlichen Menschen?

43. Hatten Sie irgendwann einmal mehr Leidenschaft als jetzt? Wann? Was geschah? ______________________

44. Welche leidenschaftlichen Überzeugungen haben Sie? Haben sie sich im Lauf der Zeit verändert? ______________________

45. Haben Sie die verlorene Beziehung zu einer Leidenschaft gleich welcher Art wiederhergestellt? Zu welcher Leidenschaft, und wie? ______________________

46. Was würden Sie andere Frauen gern über Liebe oder Selbstausdruck fragen? ______________________

Multiple-Choice-Fragebogen zu Liebe und Kreativität

Dieser Fragebogen beschäftigt sich mit der Wechselwirkung von Liebe und Kreativität im Leben von Frauen. Unter Liebe verstehen wir die Zuwendung zu wichtigen anderen Menschen und Interessen in Ihrem Leben. Mit Kreativität meinen wir viele verschiedene Formen des Selbstausdrucks, die sich als Hobby, künstlerische Arbeit oder berufliche Tätigkeit zeigen können. Kreativität ist eine individuelle Aussage, die ausschließlich Sie und Ihre Auffassung vom Leben ausdrückt.

Kreuzen Sie die Antwort an, die Ihre Gefühle *am treffendsten* wiedergibt. Bei manchen Fragen können Sie mehrere Angaben machen. Zuweilen sind auch Ihre Kommentare aufschlußreich.

1. Wie würden Sie die gegenwärtige Liebesgeschichte Ihres Lebens charakterisieren?

   a) Verlorene Liebe

   b) Erhoffte, aber nicht erhaltene Liebe

   c) Liebe, für die Sie Angst hatten, etwas zu riskieren

   d) Von anderen zerstörte Liebe

   e) Konfliktreiche Liebe

   f) Erfüllte Liebe

   g) Sonstiges ______________________________

2. Wie würden Sie die Liebesgeschichte charakterisieren, die Sie in Ihrem Leben am meisten berührt hat?

   a) Verlorene Liebe

   b) Erhoffte, aber nicht erhaltene Liebe

   c) Liebe, für die Sie Angst hatten, etwas zu riskieren

d) Von anderen zerstörte Liebe

e) Konfliktreiche Liebe

f) Erfüllte Liebe

g) Sonstiges ______________________________

3. Was empfinden Sie *vor allem*, wenn Sie jemanden lieben? Drei Antworten sind möglich.

a) Verletzlichkeit / Offenheit

b) Erkennen und erkannt werden

c) Starke körperliche Anziehung

d) Aufregung / Gefühl für die Möglichkeiten

e) Lebendigkeit

f) Das Bedürfnis, beschützen zu wollen

g) Starke Einfühlung

h) Akzeptanz

i) Geben / sich aufopfern

j) Sonstiges ______________________________

4. Woher wissen Sie, daß Sie geliebt werden?

a) Ich fühle mich akzeptiert und verstanden

b) Ich fühle mich sicher und geborgen

c) Ich weiß es, wenn jemand es mir oft sagt / Zuneigung ausdrückt

d) Ich weiß es, wenn jemand viel für mich tut

e) Ich habe ein grundlegendes Gefühl, geschätzt zu werden

f) Sonstiges ______________________________

5. Wie fühlen Sie sich, wenn Sie nicht geliebt werden?

a) Allein und isoliert

b) Als ob mit mir etwas nicht in Ordnung wäre

c) Leer

d) Unvollständig

e) Nicht mit mir selbst in Kontakt

f) Gut – ich liebe mich selbst

g) Sonstiges ______________________________

6. Von *wem* bekommen oder bekamen Sie die meiste Liebe?

a) Ehemann / Liebesbeziehung

b) Verflossene Liebe

c) Kinder

d) Eltern

e) Freund / Freundinnen

f) Geschwister

g) Haustier

h) Sonstiges ______________________________

7. *Für wen* empfanden oder empfinden Sie die meiste Liebe? Bis zu drei Antworten sind möglich; bitte numerieren Sie sie nach ihrer Gewichtung.

a) Ehemann / Liebesbeziehung

b) Kinder

c) Eltern

d) Geschwister

e) Freunde

f) Eine Aktivität oder ein Interesse

g) Ihr Zuhause

h) Haustier

i) Arbeit

j) Sonstiges ______________________________

8. Was fällt Ihnen als erstes ein, wenn Sie an »Liebe« denken?

a) Leidenschaftliche Gefühle

b) Leidenschaftlicher Sex

c) Kinder großziehen

d) Dienst an anderen

e) Spiritualität

f) Liebe für bestimmte Erfahrungen oder Aktivitäten

g) Ästhetisches Vergnügen

h) Freundschaft

i) Sonstiges ______________________________

9. Wie oft wurde in Ihrer Familie Liebe verbal oder körperlich ausgedrückt?

a) Oft

b) Manchmal

c) Fast nie

d) Sonstiges ______________________________

10. Welche Liebe war am erfüllendsten/befriedigendsten?

a) Ehemann/Liebesbeziehung

b) Kind

c) Eltern

d) Geschwister

e) Freunde/Freundinnen

f) Aktivität oder Interesse

g) Zuhause

h) Haustier

i) Arbeit

j) Religion

k) Sonstiges ______________________________

11. Welche Liebe war am enttäuschendsten?

a) Ehemann / Liebesbeziehung

b) Kind

c) Eltern

d) Geschwister

e) Freunde / Freundinnen

f) Aktivität oder Interesse

g) Zuhause

h) Haustier

i) Arbeit

j) Religion

k) Sonstiges ______________________________

12. Wie oft sprechen Sie über Ihre Liebe zu anderen bzw. wie oft drükken sie sie aus?

a) Oft

b) Manchmal

c) Nie

d) Sonstiges ______________________________

13. Welcher Faktor ist in einer Ehe/ einer intimen Partnerschaft am wichtigsten (zwei Antworten sind möglich)

a) Leidenschaftliche Gefühle

b) Sexuelle Übereinstimmung

c) Sicherheitsgefühl (eine Antwort möglich)

(1) emotional

(2) finanziell

(3) Loyalität

d) Freundschaft

e) Vertrauen / Akzeptanz

f) Bereitschaft, Kinder zu haben

g) Fürsorglichkeit

h) Gemeinsame Interessen

i) Gleiche Werte

j) Sonstiges ______________________________

14. In welcher Phase Ihres Lebens waren Ihre Liebesgefühle am intensivsten?

a) Als kleines Kind

b) Als Heranwachsende

c) Als junge Erwachsene (bis 30)

d) In der Lebensmitte (30–60)

e) Nach 60

Kommentar? ______________________________

15. Können Sie in einem Satz beschreiben, wie Ihre Liebesgefühle sich im Lauf der Zeit verändert haben? ______________________________

16. Haben praktische Gesichtspunkte Sie schon einmal daran gehindert, eine Liebesbeziehung fortzusetzen?

a) Ja (warum?) ______________________________

b) Nein (warum?) ______________________________

17. Was wollten Sie als Kind aus Ihrem Leben machen?

a) Ich habe davon geträumt, eine . . . zu sein

b) Ich habe davon geträumt, glücklich verheiratet zu sein und Kinder zu haben

c) Ich habe davon geträumt, Gutes für andere zu tun

d) Ich habe davon geträumt, reich und/oder berühmt zu sein

e) Ich habe davon geträumt, eine leidenschaftliche Liebesbeziehung zu haben

f) Ich habe von Reisen und Aufregung geträumt

g) Ich habe davon geträumt, am Arbeitsplatz erfolgreich zu sein

h) Sonstiges ______________________________

18. Haben irgendwelche praktischen Gesichtspunkte Sie davon abgehalten, diesem Traum entsprechend zu handeln?

a) Er war nicht praktikabel (Zeit, Geld, etc.)

b) Frauen machen so etwas nicht

c) Die Familie riet mir ab

d) Ich hatte Angst, ich hätte kein Talent

e) Beziehungen wurden wichtiger

f) Ich habe meinen Traum weiterverfolgt

g) Sonstiges ______________________________

19. Hatten Sie als Kind ein Talent oder ein kreatives Betätigungsfeld, die Sie später aufgegeben haben?

a) Ja (was?) ______________________________

b) Nein

Wenn Ja: Welche Faktoren veranlaßten Sie dazu, es aufzugeben?

a) Nicht genug Talent

b) Nicht genug Geld, es auszubauen

c) Angst, nicht gut genug zu sein

d) Mangelnde Unterstützung

e) Habe es nicht ernst genommen

f) Wurde aktiv entmutigt

g) Andere Dinge nahmen meine Zeit in Anspruch – es wurde weniger wichtig

h) Sonstiges ______________________________

20. Was gibt dem Leben am meisten Sinn? Ordnen Sie die Antworten nach Ihrer Gewichtung. Entscheiden Sie sich für zwei.

a) Liebevoll zu anderen sein, ihnen geben

b) Geld verdienen

c) Sich engagiert für eine soziale Sache einsetzen

d) Arbeit (welche?)

e) Kreative Tätigkeit

f) Die Natur achten

g) Spiritualität

h) Sonstiges ______________________________

21. Was ist Ihre bevorzugte kreative Tätigkeit?

a) Kunstgewerbliche Arbeit (Handarbeit, Töpfern etc.)

b) Schreiben

c) Malen

d) Die darstellenden Künste (Musik, Schauspielern)

e) Photographie

f) Lehren, Beraten

g) Wissenschaftliches/akademisches Studium

h) Sonstiges ______________________________

22. Welche Faktoren halten Sie am meisten davon ab, diese Tätigkeit stärker zu betreiben, als sie es tun?

a) Zeit

b) Geld

(1) ich muß den Lebensunterhalt verdienen

(2) nicht genug Geld, um die Ausstattung zu kaufen oder Unterricht zu nehmen

c) Angst, nicht gut genug zu sein

d) Angst, selbstsüchtig zu sein – Beziehungen zu viel Zeit wegzunehmen

e) Mangelnde Unterstützung durch den Partner

f) Mangelnder eigener »Raum«

g) Mangelnde Disziplin

h) Angst, zu besessen von ihr zu sein

i) Sonstiges ____________________

23. Was betrachten Sie als Bestandteile einer »kreativen bzw. das Selbst ausdrückenden« Tätigkeit?

a) Sie katapultiert mich aus mir heraus

b) Selbstausdruck – ich drücke aus, wer ich bin und was ich fühle

c) Sie fühlt sich wie ein Liebesdienst an ... etwas, das ich anderen gebe

d) Ein Gefühl der Freiheit

e) Spaß

f) Sonstiges ____________________

24. Welcher Satz beschreibt Ihre Gefühle zur »Zeit« am besten?

a) Ich habe genug davon – ich denke nicht viel daran

b) Ich habe nicht genug davon für mich selbst, *wegen*

(1) Arbeit

(2) Konzentration auf die Bedürfnisse der Familie

(3) Setze keine Prioritäten

(4) Habe Schuldgefühle, wenn ich sie für mich nehme

(5) Beanspruchung durch Freundinnen / Freunde

(6) Gemeinnützige Aktivitäten

(7) Sonstiges ____________________

c) Ich kann sie nicht gut organisieren

d) Wenn ich mehr hätte, wäre ich kreativer

e) Ich hätte gern mehr Zeit für meinen Partner und die Kinder
Kommentar? ____________________

25. Einige unserer Entscheidungen werden zu Wendepunkten. Sie geben uns das Gefühl, ganzer und mit Teilen von uns selbst stärker verbunden zu sein. Andere entfernen uns von uns selbst. Welche Entscheidungen in Ihrem Leben haben:

a) Ihnen am ehesten ein Gefühl der Ganzheit gegeben?

(1) Karriere

(2) Entscheidungen in bezug auf Beziehungen: Ehe oder Liebesbeziehung, Scheidung, Single bleiben, Veränderungen des Lebensstils

(3) Kinder zu haben

(4) Keine Kinder zu haben

(5) Entscheidungen in bezug auf die erweiterte Familie

(6) Die Wahl einer Gemeinschaft von Freundinnen / Freunden

(7) Die Wahl des Wohnorts

(8) Eine kreative Aktivität auszuüben

(9) Eine kreative Aktivität aufzugeben

(10) Spirituelle Entscheidungen

(11) Sonstiges ____________________

b) Sie von sich selbst am meisten entfernt und in Konflikt gebracht?

(1) Karriere

(2) Entscheidungen in bezug auf Beziehungen: Ehe oder Liebesbeziehung, Scheidung, Single bleiben, Veränderungen des Lebensstils

(3) Kinder zu haben

(4) Keine Kinder zu haben

(5) Entscheidungen in bezug auf die erweiterte Familie

(6) Die Wahl einer Gemeinschaft von Freundinnen / Freunden

(7) Die Wahl des Wohnorts

(8) Eine kreative Aktivität auszuüben

(9) Eine kreative Aktivität aufzugeben

(10) Spirituelle Entscheidungen

(11) Sonstiges ______________________________

26. Welcher Satz beschreibt die Rolle des Geldes in Ihrem Leben am besten:

a) Wenn ich mehr hätte, würde ich mehr von dem tun, was ich wollte·

b) Weil ich es habe, muß ich immer so weitermachen

c) Es ist mir nicht so wichtig wie Zeit

d) Sein Besitz bringt mich in Konflikte

e) Es ist nicht mein Geld; mein Partner verdient es, und ich habe nicht das Gefühl, daß es mir gehört

f) Daß ich es verdienen muß, hält mich davon ab, kreativer zu sein

g) Sonstiges ______________________________

27. Die Beziehung zu meiner Herkunftsfamilie würde ich beschreiben als

a) Wir haben uns völlig entfremdet

b) In emotionaler Hinsicht abgeschnitten (oberflächlicher ritueller Kontakt, aber keine wirklichen persönlichen Beziehungen)

c) Eng

d) Eng, aber konfliktreich

e) Sonstiges ______________________________

28. Die Energie, die Sie in Beziehungen stecken,

a) Verhindert Kreativität / Selbstausdruck

b) Unterbricht Kreativität / Selbstausdruck

c) Steigert Kreativität / Selbstausdruck

d) Hat keine Auswirkung auf Kreativität / Selbstausdruck

e) Sonstiges ______________________________

29. Die Energie, die Sie in kreative Arbeit stecken,

a) Macht Sie für wichtige Beziehungen weniger verfügbar

b) Führt in Ihren Beziehungen zu Konflikten

c) Intensiviert Beziehungen

d) Hat keine Auswirkung

e) Wird zu etwas, das Sie in Beziehungen mitteilen können

f) Sonstiges ______________________________

30. Was schien Ihnen als Heranwachsende am *wichtigsten*, als Sie sich Ihr Leben vorstellten?

a) Ehe oder andere Form einer primären Beziehung

b) Elternschaft

c) Karriere

d) Kreative Arbeit außerhalb der Karriere

e) Alles zusammen

f) Sonstiges ______________________________

31. Hat diese Vorstellung sich im Lauf der Zeit verändert?

a) Ja

b) Nein

c) Kommentar? ______________________________

32. Wenn ja: Was scheint jetzt am *wichtigsten*?

a) Ehe oder andere Form einer primären Beziehung

b) Elternschaft

c) Karriere

d) Kreative Arbeit außerhalb der Karriere

e) Alles zusammen

f) Sonstiges ____________________

33. Bei was sind Sie am lebendigsten und engagiertesten?

a) Kreative Tätigkeit, Beschäftigung mit einem Hobby (Schreiben, Malen, Bildhauerei etc.)

b) Körperliche Tätigkeit (Joggen, Radfahren, Schwimmen, etc.)

c) Gruppengespräche (mit Freundinnen reden, politische Themen diskutieren, etc.)

d) Darstellende Künste (Schauspielern, Singen, Tanzen, etc.)

e) Arbeit
in Form von:

f) Spirituelle Praxis

g) Kinder großziehen

h) Dienst an anderen
durch:

i) Sonstiges ____________________

34. Halten Sie sich für einen leidenschaftlichen Menschen?

a) Ja

b) Nein

c) Manchmal

35. Was würden Sie als die Leidenschaften Ihres Lebens bezeichnen?

a) Kreative Tätigkeit/Hobbys

b) Körperliche Tätigkeit

c) Arbeit in Form von:

d) Beziehungen (Freundinnen, Familie, Intimpartner)

e) Darstellende Künste

f) Gruppengespräche

g) Spirituelle Praxis

h) Kinder großziehen

i) Sozialer Dienst

j) Sonstiges ______________________

36. Wie haben Sie diese Leidenschaften gefördert?

a) Sie gelebt

b) Über sie gelesen

c) Sie unterrichtet

d) Über sie nachgedacht

e) Geld verdient oder gespart, um sie zu leben

f) Durch Lernen von anderen

g) Sonstiges ______________________

37. Wer hat Sie bei der Erfüllung dieser Leidenschaften unterstützt?

a) Partner

b) Familie

c) Freunde / Freundinnen

d) Lehrer

e) Sie selbst

f) Sonst ______________________

38. Wenn Sie eine Leidenschaft aufgegeben haben: Welche Zwänge behinderten Sie?

a) Entmutigende Botschaften von nahestehenden Menschen

b) Zu starke Konzentration auf die Bedürfnisse anderer

c) Selbstverleugnung

d) Praktische Beschränkungen (Zeit, Geld, Raum, etc.)

e) Institutionelle Beschränkungen (Diskriminierung, etc.)

f) Sonstiges ____________________

39. Durch was drücken Sie am meisten aus, wer Sie sind?

a) Arbeit:

b) Kreative Tätigkeit

c) Körperliche Tätigkeit

d) Beziehungen

e) Gruppengespräche

f) Darstellende Künste

g) Spirituelle Praxis

h) Sozialer Dienst

i) Kinder großziehen

j) Sonstiges ____________________

40. Welche Verbindungen gibt es zwischen Ihren Leidenschaften?

a) Intuitive Verbindungen (bei jeder dieser Aktivitäten klingt das gleiche in Ihnen an)

b) Materielle Verbindungen (jede dieser Aktivitäten setzt dieselben Fertigkeiten voraus)

c) Emotionale/seelische Verbindungen (jede dieser Aktivitäten vermittelt Ihnen dasselbe Gefühl: erfolgreich, geliebt, kreativ, nützlich, etc.)

d) Sonstiges ____________________

41. Sind Ihre gegenwärtigen Leidenschaften irgendwie mit Dingen verbunden, die früher wichtig für Sie waren? Sind sie überhaupt mit Kindheitswünschen verbunden?

a) Ja: der Wunsch, erfolgreich zu sein

b) Ja: der Wunsch, akzeptiert zu werden

c) Ja: der Wunsch, geliebt zu werden

d) Ja: der Wunsch, sich selbst zu verstehen

e) Ja: Sonstiges ____________________

f) Nein

42. Was verhindert, daß Sie sich mit sich selbst verbunden fühlen?

a) Selbstzweifel / Selbstbeurteilung

b) Überlastet / voller Terminkalender

c) Schuldgefühle

d) Zu starke Konzentration auf die Bedürfnisse anderer

e) Negatives Körperbild

f) Druck

g) Fehlende Einsamkeit

h) Sonstiges ____________________

43. Was verhindert, daß Sie sich mit den wichtigen anderen Menschen in Ihrem Leben verbunden fühlen?

a) Körperbild (positiv / negativ)

b) Angst (sich zu binden, verlassen zu werden, Schmerz, Liebe etc.)

c) Ungeduld

d) Fehlender körperlicher Kontakt (Berühren, Sex, Umarmen etc.)

e) Fehlende Kommunikation

f) Der persönliche Ausdruck (von Liebe, Bedürfnissen, etc.) ist aufgrund von Selbstzweifeln schwierig

g) Fehlendes Vertrauen

h) Konflikt / Konkurrenz

i) Verletzungen aus der Vergangenheit

j) Sonstiges ____________________

44. Was unterstützt Ihre Verbundenheit mit sich selbst?

a) Liebe von anderen

b) Einsamkeit

c) Kreative Tätigkeit

d) Körperliche Tätigkeit

e) Sinnliche Tätigkeit (Sex, Masturbieren, warme Bäder, etc.)

f) Meditation

g) Auf die eigenen Bedürfnisse achten

h) Sonstiges ______________________________

45. Von was brauchen Sie in Ihrem Leben mehr?

a) Liebvolle Beziehungen zu anderen

b) Zeit, um kreativen Interessen nachzugehen

c) Geld

d) Verbindung mit mir selbst

e) Engagement für soziale Anliegen

f) Sonstiges ______________________________

46. Was trägt dazu bei, daß Sie sich mit den wichtigen anderen Menschen in Ihrem Leben verbunden fühlen?

a) Rituelle Feiern

b) Gespräche (zuhören und angehört werden)

c) Ehrlichkeit

d) Berührung (Sex, Umarmen, Hand halten etc.)

e) Zusammen Aufgaben erledigen (Arbeit, Haushalt, Sport)

f) Zusammen spielen

g) Sonstiges

47. Gibt es sichere Möglichkeiten, die Verbundenheit mit sich selbst wieder herzustellen?

a) Ja: Musik

b) Ja: Körperliche Tätigkeit

c) Ja: Einsamkeit

d) Ja: Kreative Tätigkeit

e) Ja: Zeit zum Nachdenken

f) Ja: Zeit mit anderen

g) Ja: Sonstiges ____________________

h) Nein

48. Haben irgendwelche praktischen Gesichtspunkte Sie davon abgehalten, einer Liebe entsprechend zu handeln?

a) Ja

b) Nein
Warum? ____________________

49. Haben irgendwelche praktischen Gesichtspunkte Sie davon abgehalten, einem kreativen Traum entsprechend zu handeln?

a) Ja

b) Nein.
Warum? ____________________

Anmerkungen

1. Ihre eigene Leidenschaft

1. Ann Ehringhaus, *Ocracoke Portrait* (Winston-Salem, N.C.: John F. Blair, 1988), S. IX, XI.
2. **Susan Watrous und Bob Blanchard, »An Interview with Holly Near«,** *The Progressive*, März 1990.

2. Das Objekt seiner Zuneigung

1. Virginia Woolf, *Die Fahrt zum Leuchtturm*, (Frankfurt/M.: Fischer, 8. Aufl. 1991).
2. Ibid., S. 63
3. Ibid., S. 26
4. Siehe dazu Susan Gubar, »The Blank Page and Issues of Female Creativity« in *The New Feminist Criticism: Essays on Women, Literature and Theory*, Elaine Showalter, Hrsg., (New York, Pantheon Books, 1985).
5. Robert Fritz, *Creating* (New York: Fawcett Columbine, 1991) S. 15.
6. Ibid., S. 15–17, S. 19.
7. Mary Catherine Bateson, *Composing a Life* (New York: The Atlantic Monthly Press, 1989).
8. Bill Moyers, *Creativity with Bill Moyers* (Video 28 Minuten). (Washington D. C.: Corporation for Entertainment & Learning, PBS Video, 1989).
9. Ravenna Helson, »Creativity in Women: Outer and Inner Views Over Time«, in *Theories of Creativity*, M. A. Runco und R. S. Albert, Hrsg. (Newsbury Park: Sage Publications, 1990), S. 46–47.
10. Zu einer ausführlichen Diskussion der Subjekt/Objekt-Spaltung in der psychoanalytischen und linguistischen Theorie siehe Rosemary R. Reuther, *New Woman, New Earth: Sexist Ideologies and Human Liberation* (New York: Seabury Press, 1975); Teresa De Lauretis, *Alice Doesn't: Feminism, Semiotics, Cinema* (Bloomington, Ind.: Indiana University Press, 1984); Jessica Benjamin, *Die Fesseln der Liebe* (Frankfurt/M.: Fischer, 1993); Juliet Mitchell, *Frauen – die längste Revolution* (Frankfurt/M.: Fischer, 1987). Nancy J. Chodorow, *Feminism and Psychoanalytic Theory* (New Haven: Yale Unversity Press, 1989).
11. Diese Vorstellung wird von Deborah Tannen in *Du kannst mich einfach nicht verstehen* (Hamburg: Kabel, 1991) erörtert.
12. Nancy J. Chodorow, *Feminism and Psychoanalytic Theory* (New Haven, Conn.: Yale University Press, 1989), S. 188.

13. Siehe Carol Gilligan und Eve Stern, »The Riddle of Femininity and the Psychology of Love«, in *Passionate Attachments: Thinking about Love*, Willard Gaylin und Ethel Person, Hrsg. (New York: The Free Press, 1988).
14. Siehe die Interpretationen der Freudschen Theorie von Reuther, Mitchell, Chodorow, Benjamin (oben zitiert) und Juanita Williams in *Psychology of Women: Behavior in a Bisocial Context* (New York: W. W. Norton & Co., Inc., 1977). Siehe auch den ausgezeichneten Überblick über die feministische Betrachtung der Freudschen Theorie bei Phyllis Grosskurth, »The New Psychology of Women«, *New York Review of Books*, 24. Oktober 1991.
15. Rosemary R. Reuther, *New Woman, New Earth: Sexist Ideologies and Human Liberation* (New York: Seabury Press, 1975), S. 145.
16. Juanita Williams, *Psychology of Women: Behavior in an Bisocial Context* (New York: W. W. Norton & Co., Inc., 1977), S. 10.
17. Siehe Francesca M. Cancian, »The Feminization of Love«, in *Signs: Journal of Women in Culture and Society*, Heft 11:4, 1986.
18. Zu einem kurzen Überblick über die Objektbeziehungsschule der Psychoanalyse siehe Drew Westen, »Psychoanalytic Approaches to Personality«, in L. Pervin, Hrsg., *Handbook of Personality Theory and Research* (New York: The Guilford Press, 1990). Siehe auch Jane Loevinger, *Paradigms of Personality* (New York: H. W. Freeman and Co., 1987).
19. Jean Baker Miller, *Die Stärke weiblicher Schwäche* (Frankfurt/M.: Fischer, 1989)
20. Hazel Markus und Susan Cross, »The Interpersonal Self« in L. Pervin, Hrsg., *Handbook of Personality: Theory and Research* (New York: The Guilford Press, 1990).
21. Carol Gilligan, *Die andere Stimme* (München: Piper, 1993).
22. Siehe Jane Loevingers Diskussion zu Gilligan in *Paradigms of Personality* (New York: W. H. Freeman & Co., 1987).
23. Rachel Hare-Mustin und Jean Marecek, Hrsg., *Making a Difference: Psychology and the Construction of Gender* (New Haven: Yale University Press, 1990), S. 17.
24. Jessica Benjamin, *Die Fesseln der Liebe* (Frankfurt/M.: Fischer, 1993).
25. Zu einem Überblick über Familiensystemtheorien siehe Ann Hartman und Joan Laird, *Family Centered Social Work Practice* (New York: The Free Press, 1983); außerdem *Handbook of Family Therapy*, Alan S. Gurman und David P. Kniskern, Hrsg. (New York: Brunner/Mazel, 1981).
26. Zu einem Überblick über Feminismus und Familientherapie siehe Marianne Ault-Riche, Hrsg., *Women and Family Therapy* (Rockville, Md.: Aspen Systems, 1986); Lois Braverman, Hrsg., *Women, Feminism and Family Therapy* (New York: Haworth Press, 1988); McGoldrick, Anderson und Walsh, *Women in Families; A Framework for Family Therapy* (New York: W. W. Norton & Co., Inc., 1989).
27. Siehe Rachel Hare-Mustin und Jean Marecek, Hrsg., *Making a Difference: Psychology and the Construction of Gender* (New Haven: Yale

University Press, 1990), zu einer ausführlichen Erörterung des »wesensmäßigen Unterschieds«.
28. Siehe Carol Tavris, *The Mismeasure of Woman* (New York: Simon & Schuster, 1992).
29. Siehe die Literatur zur Co-Abhängigkeitsbewegung, z. B. Melody Beattie, *Die Sucht gebraucht zu werden* (München: Heyne, 1993), und Anne Wilson Schaef *Co-Abhängigkeit* (München: Heyne, 1993).
30. Robin Norwood, *Wenn Frauen zu sehr lieben* (Frankfurt/M.: Fischer, 1987).
31. Mary Kay Blakely, »The Tender Trap: Is the Price of Love Total Surrender?« *Ms. Magazine*, Juni 1988, S. 18–19.
32. Erörterung und Ausnahmen siehe Riane Eisler, *Kelch und Schwert* (München: Goldmann, 1993).
33. Tillie Olsen, *Silences* (New York: Delacorte Press/Seymour Lawrence, 1965).
34. Patricia Reiss, *Through The Goddess: A Woman's Way of Healing* (New York: Continuum, 1991).
35. Jean Shinoda Bolen, *Göttinnen in jeder Frau* (Basel: Sphinx, 5. Aufl. 1993).
36. Siehe Rosemary R. Reuthers Diskussion über Jung in *New Woman, New Earth: Sexist Ideologies and Human Liberation* (New York: Seabury Press, 1975).
37. Toni Grant, *Die Chance, eine Frau zu sein* (Genf, München: Ariston, 1990).
38. Siehe Kenneth Gergen, *The Saturated Self* (New York: Basic Books, 1991).
39. James Hillman, zitiert in *Göttinnen* von Jennifer Barker Woolger und Roger J. Woolger (Hamburg: Kabel, 1991), S. 18.
40. Willard Gaylin, *Von der Wiederkehr der Liebe* (Düsseldorf: Econ, 1990).

3. Der Schatten ihres Lächelns

1. Arlene Raven, »Arts: The Archaic Smile«, *Ms. Magazine* (New York: Lang Communications, Inc.), Juli/August 1992, Heft 3:1, S. 68.
2. Ibid., S. 72
3. Ravenna Helson, »Creativity in Women: Outer and Inner Views Over Time«, in *Theories of Creativity*, M. A. Runco und R. S. Albert, Hrsg. (Nesbury Park: Sage Publications, 1990), S. 46–47.
4. Germaine Greer, *Das unterdrückte Talent* (Berlin u. a.: Ullstein, 1980).
5. Ibid.
6. »Did Einstein's Wife Contribute to His Theories?« *New York Times*, 27. März 1990.
7. Germain Greer, *Das unterdrückte Talent* (Berlin u. a.: Ullsein, 1980).
8. Tillie Olsen, *Silences* (New York: Dalacorte Press/Seymour Lawrence, 1965).

9. Siehe Germaine Greer, *Das unterdrückte Talent;* Whithney Chadwick, *Women, Art and Society;* Tillie Olsen, *Silences;* und Eleanor Munro, *Originals: American Women Artists.* (Deutsche Veröffentlichungen zum Thema: Renate Berger, *Malerinnen auf dem Weg ins 20. Jahrhundert. Kunstgeschichte als Sozialgeschichte.* 2. Aufl. Köln 1986; Norgard Kohlhagen, *»Sie schreiben wie ein Mann, Madame!« Von der schweigenden Frau zur schreibenden Frau,* Frankfurt/Main 1983; Gisela Brinker-Gabler, *Deutsche Literatur von Frauen,* 2 Bde., München 1988.)
10. Christine Ammer, *Unsung: A History of Women in American Music* (Westport, Conn.;) Greenwood Press, 1980). Eva Weisweiler, Komponistinnen aus 500 Jahren. Eine Kultur- und Wirkungsgeschichte in Biographien und Werkbeispielen, Frankfurt/Main 1981; hier wird schwerpunktmäßig der europäische Raum berücksichtigt.
11. Jenniver Barker Woolger und Rolger J. Woolger, *Göttinnen* (Hamburg: Kabel, 1991).
12. Bella Abzug, zitiert in dem Artikel »1949–1992 Fire and Storm: The Years in Question«, *Performing Arts Magazine* (Los Angeles: Performing Arts Network, Inc.), Sept. 1992, Heft 26:9, S. 13.
13. Judy Mann, »Limiting Expectation«, *Washington Post,* 18. September 1991, Teil C, S. 3.
14. Susan Schroeder, *The Quiltmaker's Art,* Joanne Mattera, Hrsg. (Ashville, N. C.: Lark Books, 1981).
15. Mit dem Wahlrecht entstand der Trend zur Berufstätigkeit von Frauen und ein entsprechendes Bild der Unabhängigkeit. Ende der 20er Jahre scheint dieser Trend stagniert zu haben – die von ihren neuen Rollen desillusionierten Frauen wandten sich von Politik und Reform ab und kehrten zu der weitverbreiteten Ansicht zurück, das Glück der Frauen liege in der Ehe. Die Frauen selbst wollten Ehe und Familie nicht mehr für »Unabhängigkeit« aufgeben. Frank Stricker, »Cookbooks and Law Books«, in *A Heritage of Her Own,* Nancy F. Cott and Elizabeth H. Peck, Hrsg. (New York: Simon & Schuster, 1979), S. 477–479.
16. Joan Ellis, *Voices from the Silent Generation* (unveröffentlichtes Manuskript).
17. Sherna Berger Gluck, *Rosie the Riveter Revisited: Women, The War, and Social Change* (New York: NAL Penguin Inc., 1987). Siehe auch Deborah Luepnitz, *The Family Interpreted: Feminist Theoty in Clinical Practice* (New York: Basic Books, 1988).
18. Vor dem Krieg waren in den USA nur 12 Millionen Frauen beschäftigt – 25% der Arbeitskräfte 1941. Zwei Drittel waren unverheiratet, viele waren Immigrierte, Minoritätsangehörige und Arbeiterinnen. Mit dem Krieg verdoppelte sich die Zahl der arbeitenden Frauen; die Anzahl der Frauen in den Gewerkschaften verdreifachte sich und betrug 1945 über 3 Millionen. Siehe Andrea S. Walsh, *Women's Film and Female Experience: 1940–1950* (New York: Praeger Publishers, 1984), S. 53.
19. William Henry Chafe, *The American Woman: Her Changing Social, Eco-*

nomic and Political Roles, 1920–1970 (New York: Oxford University Press, 1972), S. 190.
20. Marjorie Rosen, *Popcorn Venus: Women, Movies and the American Dream* (New York: Coward, McCann & Geoghegan, 1973).
21. Joan Ellis, *Voices from the Silent Generation* (unveröffentlichtes Manuskript).
22. Whitney Chadwick, *Woman, Art, and Society* (London: Thames and Hudson Ltd., 1990).
23. Ibid., S. 300.
24. Ibid., S. 302.
25. Ibid., S. 306.
26. Ibid., S. 303–304.
27. Marjorie Rosen, *Popcorn Venus: Women, Movies and The American Dream* (New York: Coward, McCann & Geoghegan, 1973). Siehe auch Andrea S. Walsh, *Women's Film and Female Experience: 1940–1950. (New York: Praeger Publishers, 1984).*
28. Joan Ellis, *Voices from the Silent Generation* (unveröffentlichtes Manuskript).
29. Mayumi Oda, in *The Japan Times Weekly*, »Mayumis Liberation«, von Frederick Shaw Myers, 18. Jan. 1992, Heft 32:3.
30. Siehe Whitney Chadwick, *Women, Art and Society* (London, England: Thames and Hudson, Ltd., 1990).
31. Susan Faludi, *Die Männer schlagen zurück* (Reinbek b. Hamburg: Rowohlt, 1993).

4. Das Subjekt ist sie selbst

1. Eine Erörterung über Frauen und Erzähltheorie findet sich in Joan Laird, »Woman & Stories: Restorying Women's Self Constructions«, in McGoldrick, Anderson und Walsh, *Women in Families; A Framework for Family Therapy* (New York: W. W. Norton & Co. Inc., 1989).
2. Carolyn G. Heilbrun, *Writing a Woman's Life* (New York: W. W. Norton & Co., Inc., 1988).
3. Carolyn C. Heilbrun, *Writing a Woman's Life*, S. 12, 13.
4. Die Untersuchungen von Kathryn Miller Krogh, »Woman's Motives to Achieve and to Nurture in Different Stages«, *Sex Roles*, Heft 12:1/2, 1985, S. 75–89, unterstützen diese Feststellung.

5. Liebende: Ausgeprägte Beziehungsorientierung

1. Annie Dillard, *The Writing Life* (New York: Harper & Row, 1989).
2. Joan Ellis, *Voices from the Silent Generation*; Anonym, *Rehab*.
3. Anonym, *Rehab* (unveröffentlichtes Manuskript).
4. Edna St. Vincent Millay, *Collected Poems of Edna St. Vincent Millay (Fatal Interview)* (New York: Harper & Row, 1941), S. 99.
5. Sara Ruddick, *Mütterliches Denken* (Frankfurt/M., New York: Campus, 1993).
6. Ibid.
7. Arlie Hochschild, *The Second Shift* (New York: Viking Press, 1989), und Ruth Sindel, *On her Own: Growing Up in the Shadow of the American Dream* (New York: Viking Press, 1990).

6. Künstlerinnen: Ausgeprägt kreativ

1. Katherine Bradford, Persönliche Korrespondenz, 15. April 1992 und Nov. 1992.
2. Claudia Bepko und Jo-Ann Krestan, *Das Superfrauen-Syndrom* (Frankfurt/M.: Krüger, 1992).
3. Kristin Field, »Painter Whittles Away at Chaos«, *Daily Vidette* (Normal, Ill.: Illinois State University, 1991).
4. Zitiert in der Broschüre der Victoria Munroe Gallery zur Ausstellung 1991: Katherine Bradford.
5. Mihaly Csikszentmihalyi, *Flow – Das Geheimnis des Glücks* (Stuttgart: Klett-Cotta, 1993).
6. Kenneth J. Gergen, *The Saturated Self* (New York, 1991), S. 150.
7. Ibid.
8. Otto Rank, *Art and Artist: Creative Urge and Personality Development* (New York: Agathon Press, 1932).
9. Ibid., S. 385.
10. Norma Marder, Stan Lindberg, Hrsg., »Deceptive Cadences«, in *The Georgia Review*, Frühjahr/Sommer, 1990, S. 174. Norma gab uns kürzlich die folgende Beschreibung von sich selbst: »1980 habe ich das Singen um des Schreibens willen aufgegeben. In den nächsten 12 Jahren habe ich mir das Schreiben beigebracht, indem ich immer wieder dasselbe Buch schreibe. Mein erster Roman, *An Eye for Dark Places*, wird im Juni 1993 von Little, Brown veröffentlicht. Ich verkaufte es ohne Agenten, und wenn das nicht aus vollen Kräften Singen ist, weiß ich nicht, was es ist. (Das Schreiben ist nicht das Verkaufen).«
11. Die Schriftstellerin Katherine Ann Porter, wie zitiert von Tillie Olsen, *Silences* (New York: Delacorte Press/Seymour Lawrence, 1965), S. 165.
12. Beth Anderson in den Anmerkungen zur Aufnahme ihres »Revel« durch das Richmond Symphony Orchestra.

13. Carrie A. Hall und Rose G. Keetsinger, *Romance of the Patchwork Quilt in America* (New York: Bonanza Books, 1935).
14. L. Beck, »Mentorships: Benefits and Effects on Career Development«, *Gifted Child Quarterly*, Heft 331:1, S. 22–28.
15. (Jo-Ann): Mir wurde immer gesagt, ich könnte nicht singen, deshalb war das Singen für mich eine Ursache der Scham. 40 Jahre nach dieser Erfahrung in der Schule nahm ich an einem Gesangs-Workshop mit Susan Osborn teil, der früheren Lead-Sängerin in Paul Winters Gruppe. Das Singen ist Susans spirituelle ›Praxis‹. Erst machte jeder der anwesenden 90 Männer und Frauen im Raum unter ihrer Anleitung einen tiefen Atemzug und atmete dann mit einem langen Hum aus. Die Gruppe machte dies mehrmals, bis das Hum zu einem richtigen Ton wurde, und die Töne schwollen zu einem musikalischen ›Om‹ an, das widerhallte. Einatmen, ausatmen, die Musik wurde lauter und harmonischer, bis die Gruppe nach ein paar Minuten musikalisch ausatmete und aufhörte. Jeder schien zu wissen, daß der Atem an Schwung verlor. Als nächstes sang die Gruppe alte Spirituals, wie ›Swing Low, Sweet Chariot‹; jeder sang jetzt und hörte seine eigene Stimme. Dies ging ungefähr eine Stunde so. Dann, aufgewärmt und mit frohem Gefühl, stellte jeder in der Gruppe sich vor, indem er seinen Namen sang. Einige waren ängstlich; sie waren beschämt worden, wenn sie früher im Leben öffentlich gesungen hatten; sie sangen schnell, eine Note pro Silbe; andere entwickelten ganze Arien auf einsilbige Namen... Ne, ne, ne, ne, ne, ne, ne, ne, e, e, e, ned. Wenn ein Name gesungen war, nahm die ganze Gruppe den Namen wieder auf und sang ihn so, wie sie ihn gehört hatte. Als ich an der Reihe war, sagte ich leise ›Oh Scheiße‹. Susan wandte sich um und sang mir ›Oh, Schei-ei-ei-ei-ße-e-e‹ zu. Dann mußte ich Jo-Ann singen. Ich hatte vorher bemerkt, daß die, die mehr herausließen, die ihre Namen lauter und länger sangen... von der Gruppe mehr zurückbekamen, deshalb brachte ich drei Silben für Jo-Ann heraus. Manche weinten, als sie ihren Namen singen hörten.«
16. Stanley, Scott, Hrsg., *Northern Lights: Studies In Creativity*. Presque Isle: University of Maine, Sommer und Winter 1986.
17. Mary Daly, *Jenseits von Gottvater, Sohn & Co.* (München: Frauenoffensive, 1980).
18. Paraphrasierung von Thich Nhat Hanh in *The Heart of Understanding* (Berkeley: Parallax Press, 1988), S. 28.
19. Holly Near, wie zitiert in einem Interview von Susan Watrous und Bob Blanchard, in *The Prograssive*, März 1990.
20. Matthew Fox, *Compassion* (Minneapolis: Winston Press, Inc., 1979), S. 127, 137.
21. Roxana Robinson, *Georgia O'Keeffe: A Life* (New York: Harper & Row, 1989), S. 166.

7. Helferinnen: Integrativ beziehungsorientiert

1. Betty Carter, im Vorwort zu *Women in Families: A Framework for Family Therapy*, Monica McGoldrick, Carol Anderson, Froma Walsh. Hrsg., (New York: W. W. Norton & Co., Inc., 1989). S. VII.
2. Einige von Monicas Veröffentlichungen sind: Monica McGoldrick und Randy Gerson, *Genograms in Family Assessment; The Changing Family Life Cycle,* mit Betty Carter, Hrsg.; *Ethnicity and Family Therapy,* mit John Pearce und Joseph Giordano, Hrsg.; und *Women in Families: A Framework for Family Therapy,* mit Carol Anderson und Froma Walsh, Hrsg.
3. Siehe D. H. DeMuth, »Some Implications of the Nuclear Threat for Families and Family Therapists«, in *Political and Social Contexts of Family Therapy,* M. P. Mirkin, Hrsg. (Boston: Allyn and Bacon, 1991), und B. Berger-Gouls und Donna Hilleboe DeMuth in *The Global Family Therapist: Integrating the Political, Personal, and Professional* (Boston: Allyn and Bacon, im Druck).

8. Innovatorinnen: Integrativ kreativ

1. Norma Marder, »Deceptive Cadences«, *Georgia Review* (Women in the Arts, Sommer 1990), S. 171.
2. Richard B. Woodward, »The Disturbing Photography of Sally Mann«, *New York Times Magazine,* 27. September 1992, Teil 6, S. 29–36.
3. Mary Catharine Bateson, *Composing a Life* (New York: Atlantic Monthley Press, 1989).
4. Norma Marder, »Deceptive Cadences«, *Georgia Review* (Women in the Arts, Sommer 1990), S. 166.
5. Ibid., S. 171.
6. Ibid., S. 180.
7. Ibid., S. 169.

9. Visionärinnen: Frauen mit leidenschaftlicher Überzeugung

1. Barbara Peabody, *The Screaming Room* (New York: Avon Books, 1986).
2. Siehe zum Beispiel Paulette Hines und Nancy Boyd Franklin, »Black Families«, in *Ethnicity and Family Therapy,* John Pearce und Joseph Giordano, Monica McGoldrick, Carol Anderson, Froma Walsh, Hrsg. (New York: W. W. Norton & Co., Inc., 1989), und Paulette Moore Hines, »The Family Life Cycle of Poor Black Families«, in Betty Carter und Monica McGoldrick, Hrsg., *The Changing Family Life Cycle* (New York: Gardner Press, 1988).
3. *Ellsworth American* (Ellsworth, Me.: 5. März 1992).

4. Marian Sandmaier, *The Invisible Alcoholics: Women and Alcohol Abuse in America* (New York: McGraw-Hill, 1980), S. 41–42.
5. *Brunswick Times-Record* (Brunswick, Me.: Juli 1992).

10. Der frühe Tod der Liebe oder: Früher spielte ich Violine

1. Otto Harbach und Jerome Kern, »Smoke Gets in Your Eyes«, ASCAP: American Society of Composers, Authors and Publishers (Los Angeles: Polygram International Publishing).
2. Mihaly Csikszentmihalyi, *Flow – Das Geheimnis des Glücks*: (Stuttgart: Klett-Cotta, 1993).
3. Paula Bennet, *My Life a Loaded Gun: Dickinson, Plath, Rich, and Female Creativity.*
4. Linda Schierse Leonard, *Witness to the Fire: Creativity and the Veil of Addiction* (Boston: Shambala Publications, Inc., 1989), S. XV–XVI.

11. Entscheidungspunkte und Wandlungen

1. Rollo May, *Der Mut zur Kreativität* (Paderborn: Jungfermann, 1987).
2. Metallatelier an der Haystack Mountain School of Arts und Crafts, Sunset, Maine, gesehen im Juli 1992. Zu einer kurzen Erörterung der Arbeit von Cassou siehe Ann Cushman, »Are You Creative?«, erstmals abgedruckt im *Yoga Journal*, wiederabgedruckt in *UTNE Reader*, März/April 1992.
3. Barbara Garrison, zitiert im »Sunbeams«-Abschnitt, *The Sun, A Magazine of Ideas.* Chapel Hill, N. C., August 1992.
4. Willard Gaylin, *Von der Wiederkehr der Liebe* (Düsseldorf: Econ, 1990).

12. Frauen und Zeit

1. Anne Morrow Lindbergh, *Muscheln in meiner Hand* (München, Zürich: Piper, 1993).
2. Lucy Lippard, *Overlay: Contemporary Art and the Art of Prehistory* (New York: Pantheon Books, 1983), S. 102.
3. Ibid., S. 97–98.
4. Ibid., S. 97–98.
5. Immanuel Kant, *Kritik der reinen Vernunft* (Hamburg: Meiner, 1990).
6. Martin Heidegger, *Einführung in die Metaphysik* (Tübingen, 1987).
7. *Encyclopaedia Britannica*, 15. Auflage, Bd. 15 (Chicago: University of Chicago), S. 582.
8. Siehe dazu Stephen Hawking, *Eine kurze Geschichte der Zeit* (Reinbek b. Hamburg: Rowohlt, 1994).

9. John Hanson Mitchell, *Ceremonial Time* (New York: Warner Books, Doubleday, 1984), S. 1–2.
10. Rollo May schrieb ausführlich über Liebe und Kreativität. Siehe *Liebe und Wille* (Köln: Ed. Humanistische Psychologie, 1988).
11. Siehe John Robinson, »Time on Your Hands? You May Have More than You know«, *New York Times*, 3. Juli 1991. Robinson analysiert verschiedene Gründe für unser Gefühl der Eile, unter anderem für die vielen Baby-Boom-Kinder, jetzt in den Dreißigern und Vierzigern, für die der Bedarf an Zeit am größten ist. Witold Rybczynski erörtert in *Waiting for the Weekend* »das nagende Gefühl, daß unsere Freizeit zu einem Zweck (bzw. Ziel) benutzt werden sollte, das anspruchsvoller ist, als einfach Spaß zu haben.« Er stellt fest, daß »wir allein in den vergangenen 15 Jahren ›9,6‹ Stunden Freizeit verloren haben.« Auch Beschäftigungen wie Lesen verbrauchen zu viel Zeit. Die Forscher sind sich nicht einig, ob objektiv Zeit verloren oder gewonnen wurde. Siehe auch Cheryl Merser, »Feeling the Weight of the Weekend«, in *USA Today*, 30. August 1991 (Buchbesprechung).
19. Siehe J. Krishnamurti, *Aus dem Schatten in den Frieden* (Frankfurt: Ullstein, 1992).

    Die von den östlichen Mystikern gelehrten Vorstellungen von Raum und Zeit sind jetzt durch die moderne Physik bestätigt worden. Siehe Fritjof Capra, *Das Tao der Physik* (Bern: Scherz, 1992).
13. Siehe Chogyam Trungpa, *Aktive Meditation* (Olten, Freiburg: Walter, 1992).
14. Sonia Johnson, *The Ship that Sailed into the Living Room* (Estancia, N. Mex.: Wildfire Books, 1991), S. 128, 147–150.
15. Susan Griffin, *Frau und Natur* (Frankfurt: Suhrkamp, 1987).
16. Hanne Haavind und Agnes Andenes, Universität Oslo, Norwegen. *Care and the Responsibilty for Children: Creating the Life of Women Creating Themselves*, Vortrag beim Vierten Internationalen Interdisziplinären Kongreß über Frauen am CCNY, Hunter College, Juni 1990.
17. Ibid.
18. Caroline Bird, *The Two Paycheck Marriage* (UNESCO-Studie) (New York: Rawson, Wade Publishers, 1979).
19. Lillian Rubin, *Intimate Strangers: Men and Women Together* (New York: Harper & Row, 1983).
20. Siehe Barry Stevens, *Don't Push the River (It Flows by Itself)* (Lafayette, Calif.: Real People Press, 1979).

13. Die leidenschaftliche Beziehung: Neue Formen finden

1. Anne-Marie Dunatov, »Childless by Choice«, *American Health*, Juni 1992, Heft XI: 5, 87.
2. Katherine Mansfield, zitiert in Tillie Olsen, *Silences* (New York: Delacorte Press/Seymour Lawrence, 1965), S. 215.

3. Ravenna Helson, »Creativity in Women: Outer and Inner Views Over Time«, in *Theories of Creativity*, Runco and Albert, Hrsg., (Newbury Park: Sage Publications, Inc., 1990), S. 32.
4. Ibid., S. 34.
5. Tillie Olsen, *Silences* (New York: Delacorte Press/Seymour Lawrence, 1978).
6. Alice B. Tokla über ihre Dienste bei Gertrude Stein, zitiert in *Silences*.
7. Luhan begann in Greenwich Village als »Patronin der Avantgarde«, *The Desert is No Lady*, S. 15, und wurde nach ihrem Umzug nach New Mexiko 1917 von der Muse zum Subjekt. Mabel Dodge Luhan förderte Maler, Photographen und Schriftsteller im Südwesten der USA, u. a. Georgia O'Keeffe, Paul und Beck Strand, D. H. und Frieda Lawrence, John Marin und Ansel Adams. Siehe Roxana Robinson, *Georgia O'Keeffe: A Life* (New York: Harper & Row, 1989), und Mabel Dodge Luhans vierbändige Memoiren, besonders *Edge of the Taos Desert: An Escape to Reality* (Albuquerque, N. Mex.: University of New Mexico Press Edition, Neudruck 1988) und *Winter in Taos* (Taos, N. Mex.: Las Palomas de Taos, 1982).
8. Siehe Benita Eisler, *O'Keeffe and Stieglitz: An American Romance* (New York: Penguin Books, 1991).
9. The Boston Women's Health Book Collective, *Unser Körper, unser Leben* (Reinbek b. Hamburg: Rowohlt, 1980).

14. Der Mut, lebendig zu sein

1. Michael Immelman, »After Many a Summer, a Sculptor Comes of Age«, *New York Times:* Arts and Leisure, Teil 2, S. 1, 30. August 1992.
2. Lillian Hellman zitiert in »Where are the Women Playwrights«, von Helen Krich Chinoy und Linda Walsh Jenkins, *Women in American Theatre* (New York: Crown Publishers, Inc.), S. 129.
3. Holly Near, zitiert in einem Interview von Susan Watrous und Bob Blanchard, in *The Progressive*, März 1990.
4. Michael Kimmelman, »After Many a Summer, a Sculptor Comes of Age«, *New York Times*: Arts and Leisure, Teil 2, S. 1, 30. Aug. 1992.
5. Siehe Barbara Dafoe Whitehead, »A New Familism?« in *Family Affairs* (Rundbrief des Institute for American Values), Sommer 1992, Heft 5:1/2.
6. Michael Kimmelman, »After Many a Summer, a Sculptor comes of Age«, *New York Times:* Arts and Leisure, Teil 2, S. 1, 30. Aug. 1992.
7. Paraphrasierung von Thich Nhat Hanh in *The Heart of Understanding* (Berkeley: Parallax Press, 1988), S. 28.
8. Nach Ernest Becker, *Die Leugnung der Todesfurcht* (München: Goldmann, 1985).
9. Beth Anderson, *The Angel*, Musikkomposition mit Gedichten von Anthony Calabrese (Anmerkungen zum Programmheft). Premiere beim Shore Festival of Classics, Ocean Grove, New Jersey, 1988.

Bibliographie

Amabile, Teresa M. *The Social Psychology of Creativity.* New York: Springer-Verlag, 1983.

American Society of Composers and Publishers. *The Hit Songs.* New York: 1979.

Ammer, Christine. *Unsung. A History of Women in American Music.* Westport, Conn.: Greenwood Press, 1980.

»Are You Creative?« UNTE *Reader,* März/April 1992, No. 50. Minneapolis: Lens Publishing Co.

Armstrong, Louise. »The Message and the Media«, *Women's Review of Books,* Januar 1988, Heft V:4.

Ault-Riche, Marianne, Hrsg., *Women and Family Therapy.* Rockville, Md.: Aspen Systems, 1986.

Bachtold, Louise M., und Emmy E. Werner. »Personality Characteristics of Creative Women«, *Perceptual and Motor Skills,* 1978, Heft 36, S. 311–319.

Bailey, Willma C., Clyde Hendrick, und Susan S. Hendrick. »Relation of Sex and Gender Role to Love, Sexual Attitudes and Self-Esteem«, *Sex Roles,* 1987, Heft 16:11/12.

Barnette, Edmund L. »A Program to Meet the Emotional and Social Needs of Gifted and Talented Adolescents«, *Journal of Counseling and Development,* Mai 1989, Heft 67:9, S. 525–528.

Barreca, Regina. *They Used to Call me Snow White ... But I Drifted: Women's Strategic Use of Humor.* New York: Viking Press, 1991.

Barzun, Jacques. »The Paradoxes of Creativity«, *American Scholar,* Heft 8, Nr. 7, Sommer 1989, S. 337–351.

Bateson, Mary Catherine. *Composing A Life.* New York: The Atlantic Monthly Press, 1989.

Beattie, Melody. *Die Sucht gebraucht zu werden.* München: Heyne, 6. Aufl. 1993.

Beck, L. »Mentorship: Benefits and Effects on Career Development«, *Gifted Child Quarterly,* Heft 33:1.

Becker, Audrey. »New Lyrics by Women: A Feminist Alternative«, *Journal of Popular Culture,* Sommer 1990, Heft 24:1, S. 1–22.

Becker, Ernest. *Die Überwindung der Todesfurcht.* München: Goldmann, 1985.

Benjamin, Jessica. *Die Fesseln der Liebe.* Frankfurt/M.: Fischer Taschenbuch-Verlag, 1993.

Bennett, Paula. *My Life a Loaded Gun: Dickinson, Plath, Rich, and Female Creativity.* Urbana and Chicago: University of Illinois Press, 1986.

Bebko, Claudia, und Jo-Ann Krestan. *Das Superfrauen-Syndrom*. Frankfurt/M.: Krüger, 1992.

Berger-Gould, B., und Donna Hilleboe DeMuth. *The Global Family Therapist: Integrating the Political, Personal and Professional*. Boston: Allyn and Bacon, im Druck.

Bergmann, Martin S. *The Anatomy of Loving*. New York: Columbia University Press, 1987.

Bird, Caroline. *The Two Paycheck Marriage*. New York: Rawson, Wade Publishers, Inc., 1979.

Blakely, Mary Kay. »The Tender Trap: Is The Price of Love Total Surrender?« *Ms. Magazine*, Juni 1988.

Boden, Margaret A. *Die Flügel des Geistes*. München: Artemis & Winkler, 1992.

Boyle, Sarah-Patton. *The Desert Blooms: A Personal Adventure in Growing Old Creatively*. Nashville: Abingdon Press, 1983.

Bradford. Katherine. *Persönliche Korrespondenz*, 15. April 1992 und November 1992.

Braff, Phyllis. »In the Choices of Albee, Imagination Prevails«. *The New York Times*, 11. Februar 1990.

Braverman, Lois, Hrsg. *Women, Feminism and Family Therapy*. New York: Haworth Press, 1982.

Brecher, Edward. *Love, Sex and Aging: A Consumer's Union Report*. Mount Vernon, New York: Consumer's Union, 1984.

Brodkey, Harold. »Love Speeches«, *Ms.*, Sept. 1986, S. 48.

Brunswick Times Record. Brunwick, Me: Juli 1992.

Cancian, Francesca M. »The Feminization of Love«, *Signs: Journal of Women in Culture and Society* 1986, Heft 11:4.

Capra, Fritjof. *Das Tao der Physik*. Bern, München, Wien: Scherz, 1992.

Carter, Betty, und Monica McGoldrick. *The Changing of Family Life Cycle: A Framework for Family Therapy*. New York: Gardner Press, 1988.

Chadwick, Whitney. *Women, Art, and Society*. New York: Thames and Hudson Inc., 1990.

Chafe, William Henry. *The American Women. Her Changing Social, Economic and Political Roles, 1920–1970*. New York: OUP, 1972.

Chinoy, Helen Krich, und Linda Walsh Jenkins. *Women in American Theatre*. New York: Crown Publishers, Inc., 1981.

Chodorow, Nuancy J. *Feminism and Psychoanalytic Theory*. New Haven, Conn.: Yale University Press, 1989.

Christ, Carol P. *Laughter of Aphrodite*. San Francisco: Harper & Row, 1987.

Conway, Jill Kerr. *Road From Coorain*. New York: Alfred A. Knopf, 1990.

Cott, Nancy F., und Elizabeth H. Peck, Hrsg. *A Heritage of Her Own: Toward a New Social History of American Women*. New York: Simon & Schuster, 1979.

Csikszentimilhalyi, Mihaly. *Flow – das Geheimnis des Glücks*. Stuttgart: Klett-Cotta, 1993.

Cushman, Ann. »Are You Creative?« *Yoga Journal*, wieder abgedruckt in *UTNE Reader*, März/April 1992.
Daly, Mary. *Jenseits von Gottvater, Sohn & Co.* München: Frauenoffensive, 1980.
De Laurentis, Teresa. *Alice Doesn't: Feminism, Semiotics, Cinema*. Bloomington, Indiana: Indiana University Press, 1984.
DeMuth, D. H. »Some Implications of the Nuclear Threat for Families and Family Therapists«, in Mirkin, M. P., Hrsg. *Political and Social Contexts for Family Therapy*. Boston: Allyn and Bacon, 1991.
»Did Einstein's Wife Contribute to His Theories?« *New York Times*, 27. März 1990.
Dillard, Annie. *The Writing Life*. New York: Harper & Row, 1989.
Dinesen, Isak. Pseudonym von Tania Blixen: *Letzte Erzählungen*. Zürich: Manesse, 1993.
Doubiago, Sharon. *Psyche Drives the Coast: Poems 1975–1987*. Port Townsend, Wash.: Empty Bowl Press, 1990.
Dowling, Colette. *Der Cinderella-Komplex*. Frankfurt/M.: Fischer-Taschenbuch-Verlag, 1991.
Durham, C. A. »The Subversive Stitch«, *Women's Studies*, Jan. 1990, Heft 17/3/4, S. 344–347.
Edmondson, Brad. »For Love or Money: Making a Living Versus Making a Life«, *UNTE Reader*, Juli/August 1991, Nr. 46.
Edwards, Betty. *Der Künstler in dir*. Reinbek bei Hamburg: Rowohlt, 1987.
Ehrenreich, Barbara, Elizabeth Hess, und Gloria Jacobs. »Re-Making Love: The Real Sexual Revolution«, *Ms.*, Juli 1986, S. 40–43, 82.
Ehringhaus, Ann. *Ocracoke Portrait*. Winston-Salem, North Carolina: John F. Blair, 1988.
Eisler, Riane. *Kelch und Schwert*. München: Goldmann, 1993.
Ellis, Joan. *Voices from the Silent Generation*. (unveröffentlichtes Manuskript).
Ellsworth American. Ellsworth, Me.: 5. März 1992.
Euland, Brenda. *If You Want to Write*. St. Paul: Graywolf Press, 1987.
»Faces of the Goddess«, *Women of Power: A Magazine of Feminism, Spirituality, and Politics*, Herbst/Winter 1990, Heft 15.
Faderman, Lillian. *Köstlicher als die Liebe der Männer*. Zürich: eco-Verlag, 1990.
Faludi, Susan. *Die Männer schlagen zurück*. Reinbek bei Hamburg: Rowohlt, 1993.
Faley, Frank H. »Note on Creativity and Scholastic Achievement of Women as a Function of Birth Order and Family Size«, *Perceptual and Motor Skills*, 1978, Heft 47, S. 13–14.
Field, Kristin. »Painter Whittles Away at Chaos«, *Daily Vidette*. Normal, Ill.; Illinois State University, 1991.
Foa, Uriel G., Barbara Anderson, John Converse, Jr., William A. Urbansky, Michael J. Cawley III, Solveig M. Muhlhausen und Kjell Y. Tornblom.

»Gender-Related Sexual Attitudes: Some Crosscultural Similarities and Differences«, *Sex Roles*, 1987, Heft 16:9/10, S. 511–519.

Fox, Matthew. *A Spirituality Named Compassion*. Minneapolis: Winston Press, Inc., 1979.

Friedman, Jean E., und William G. Shade. *Our American Sisters: Women in American Life and Thought*. Lexington, Mass.: D. C. Heath & Co., 1982.

Fritz, Robert. *Creating*. New York: Fawcett Columbine, 1991.

Fromm, Erich. *Die Kunst des Liebens*. Frankfurt/M., Berlin: Ullstein, 1993.

Galerstein, Carolyn L. *Working Women on the Hollywood Screen: A Filmography*. New York: Garland Publishing, Inc., 1989.

Garrison, Barbara. Zitiert in *The Sun: A Magazine of Ideas*. Chapel Hill, N. C.: August 1992.

Gaylin, Willard. *Von der Wiederkehr der Liebe*. Düsseldorf: Econ-Taschenbuch-Verlag, 1990.

Gaylin, Willard, und Ethel Person, Hrsg. *Passionate Attachments: Thinking About Love*. New York: The Free Press, 1988.

Gergen, Kenneth. *The Saturated Self*. New York: Basic Books, 1991.

Gilbert, Sandra M., und Susan Gubar. *The Norton Anthology of Literature by Women*. New York: W. W. Norton & Co., 1985.

Gill, Diane L. »Competetiveness Among Females and Males in Physical Activity Classes«, *Sex Roles*, 1986, Heft 15:5/6, S. 233–247.

Gilligan, Carol. *Die andere Stimme*. München, Zürich: Piper, 1993.

Gilligan, Carol, und Eve Stern. »The Riddle of Femininity and the Psychology of Love«, in *Passionate Attachments: Thinking about Love*, Willard Gaylin und Ethel Person, Hrsg., New York: The Free Press, 1988.

Gilligan, Carol, Nona P. Lyon, und Trudy J. Janmer, Hrsg. *Making Connections: The Relational Worlds of Adolescent Girls at Emma Willard School*. Cambridge: Harvard University Press, 1990.

Gluck, Sherna Berger. *Rosie the Riveter Revisited: Women, The War, and Social Change*. New York: New American Library, Penguin Inc., 1987.

Grainger, Ruth Dailey. »Ways to Nurture Your Creativity«, *American Journal of Nursing*, Jan. 1991, Heft 91:1, S. 14–17.

Grant, Toni. *Die Chance, eine Frau zu sein*. Genf, München: Ariston, 1990.

Greer, Germaine. *Das unterdrückte Talent*. Berlin, Frankfurt/M., Wien: Ullstein, 1980.

Griffin, Susan. *Frau und Natur*. Frankfurt/M.: Suhrkamp, 1987.

Grosskurth, Phyllis. »The New Psychology of Women«, *New York Review of Books*, 24. Oktober 1991.

Gruber, Howard, und Doris B. Wallace. *Creative People at Work*. New York: Oxford University Press, 1989.

Gryskiewicz, Stanley S., Hrsg. *Creativity Week II*. North Carolina: Center for Creative Leadership, 1980.

Gubar, Susan. »The Blank Page and Issues of Female Creativity«, Elaine Showalter, Hrsg., in *The New Feminist Criticism: Essays on Women, Literature and Theory*. New York: Pantheon Books, 1985.

Guilford, J. P. *Creative Talents: Their Nature, Uses and Development*. Buffalo, NY.: Bearly Limited, 1986.

Gurman, Alan S., und David P. Kniskern, Hrsg. *Handbook of Family Therapy*. New York: Brunner/Mazel, 1981.

Halas, Celia. *Why Can't a Women be More Like a Man?* New York: Harper & Row, 1956.

Hall, Carrie, und Rose G. Kretsinger. *The Romance of the Patchwork Quilt in America*. New York: Bonanza Books, 1935.

Hanh, Nhat Thich. *The Heart of Understanding*. Berkeley: Parallax Press, 1988.

Harbach, Otto, und Jerome Kern. »Smoke Gets in Your Eyes«, ASCAP (American Society of Composers, Authors and Publishers). Los Angeles: Polygram International Publishing.

Hare, A. Paul. *Creativity in Small Groups*. London, England: Sage Publications, 1982.

Hare-Mustin, Rachel, und Jean Marecek, Hrsg. *Making a Difference: Psychology and the Construction of Gender*. New Haven: Yale University Press, 1990.

Hartman, Ann, und Joan Laird. *Family Centered Social Work Practice*. New York: The Free Press, 1983.

Hawking, Stephen. *Eine kurze Geschichte der Zeit*. Reinbek bei Hamburg: Rowohlt, 1994.

Heilbrun, Carolyn G. *Writing a Woman's Life*. New York: W. W. Norton & Co., Inc., 1988.

Helson, Ravenna. »Women Mathematicians and the creative Personality«, *Journal of Counseling and Clinical Psychology*, 1971, Bd. 36:2, S. 210–220.

–. »Creativity in Women: Outer and Inner Views Over Time«, in *Theories of Creativity*, M. A. Runco und R. S. Albert, Hrsg. Newbury Park: Sage Publications, 1990.

Heschel, Abraham Joshua. *Sabbat*. Neukirchen-Vluyn: Neukirchener Verlag, 1990.

Hite, Shere. *Frauen und Liebe*. München: Goldmann, 1988.

Hochschild, Arlie. *The Second Shift*. New York: Viking Press, 1989.

Horvath, Hal. »Children and Creativity«, *Humanist*, Jan. 1989, Heft 49:1.

Johnson-Laird, Phillip N., und Robert J. Sternberg, Hrsg. »Freedom and Constraint in Creativity«, *The Nature of Creativity*. New York: Cambridge University Press, 1988.

Jong, Erica. »The Artist as Housewife, The Housewife as Artist«, *Ms.*, April 1972, S. 64–66, 100, 104–105.

Jordan, Judith V., Alexandra G. Kapla, Jean Baker Miller, Irene P. Stiver und Janet L. Surrey. *Women's Growth in Connection: Writings from the Stone Center*. New York: The Guilford Press, 1991.

Kant, Immanuel. *Kritik der reinen Vernunft*. Hamburg: Meiner, 1990.

Kemp, John R. »Overcoming Difficulties Through Art«, *American Artist*, Feb. 1991, Heft 44:583, S. 48–55.

Kneller, George F. *The Art and Science of Creativity*. New York: Holt, Rinehart & Winston Inc., 1965.
Kreps, Bonnie. *Abschied vom Märchenprinzen*. Frankfurt/M.: Krüger, 1991.
Krishnamurti, J. *Aus dem Schatten in den Frieden*. Frankfurt/M., Berlin: Ullstein, 3. Aufl. 1992.
Krogh, Kathryn Miller. »Women's Motives to Achieve and to Nurture in Different Stages«, *Sex Roles*, 1985, Heft 12:1/2.
Kuhn, Annette. *Women's Pictures. Feminism and Cinema*. London, Engl., und Winchester, Mass.: Pandora Press, Unwin Hyman Ltd., 1983, 1990.
Laird, John. »Women & Stories. Restorying Women's Self Constructions«, in McGoldrick, Anderson, und Walsh, *Women in Families; A Framework for Family Therapy*. New York: W. W. Norton & Co., Inc., 1989.
Leonard, Linda Schierse. *Witness to the Fire: Creativity and the Veil of Addiction*. Boston: Shambala Publications, Inc., 1989.
Levine, Suzanne, und Harriert Lyons, Hrsg. *The Decade of Women: A Ms. History of the Seventies in Words and Pictures*. New York: Paragon Books, 1980.
Lindbergh, Anne Morrow. *Muscheln in meiner Hand*. München, Zürich: Piper, 1993.
Lippard, Lucy, *I See/You Mean*. Los Angeles: Chrysalis Books, 1979.
–. *From the Center: Feminist Essays on Women's Art*. New York: E. P. Dutton, 1976.
–. *Overlay: Contemporary Art and the Art of Prehistory*. New York: Pantheon Books, 1983.
Loevinger, Jane. *Paradigmas of Personality*. New York: W. H. Freeman- & Company, 1987.
Luepnitz, Deborah Anne. *The Family Interpreted; Feminist Theory in Clinical Practice*. New York: Basic Books, 1988.
Luhan, Mabel Dodge. *Winter in Taos*. Taos, N. Mex.: Las Palomas de Taos, 1982.
–. *Edge of the Taos Desert. An Escape to Reality*. Albuquerque, N. Mex.: University of New Mexico Press, Neudruck 1988.
MacKinnon, Catharine A. *Toward a Feminist Theory of the State*. Cambridge, Mass.: Harvard University Press, 1989.
Mann, Judy. »Limiting Expectations«, *The Washington Post*, 18. September 1991, Abschnitt C.
Marder, Norma. »Deceptive Cadences«, in *The Georgia Review*, Frühjahr/Sommer, 1990.
Mason, Mary G., und James Olney, Hrsg. »The Other Voice. Autobiographies of Women Writers.« *Autobiography: Essays Theoretical and Critical*. Princeton N. J.: Princeton University Press, 1980, S. 207–235.
Mattera, Joanne, Hrsg. *The Quiltmaker's Art: Contemporary Quilts and their Makers*. Asheville, . C.: Lark Books, 1981.
May, Rollo. *Liebe und Wille*. Köln: Ed. Humanistische Psychologie, 1988.
–. *Der Mut zur Kreativität*. Paderborn: Jungfermann, 1987.

Maynard, Fredelle. *Guiding Your Child to a More Creatice Life*. New York: Doubleday & Company, Inc.
Mayne, Judith. *The Woman at the Keyhole*. Bloomington, Ind.: Indiana University Press, 1990.
McClary, Susan. *Feminine Endings: Music, Gender and Sexuality*. Minneapolis: University of Minnesota Press, 1991.
McGoldrick, Monica, und Randy Gerson. *Genograms in Family Assessment*. New York: W. W. Norton & Co., Inc., 1985.
McGoldrick, Monica, Carol Anderson, und Froma Walsh, Hrsg. *Women in Families: A Framework for Family Therapy*. New York: W. W. Norton and Co., Inc., 1989.
McGoldrick, Monica, John Pearce, und Joeph Giordano. *Ethnicity and Family Therapy*. New York: Guilford Press, 1982.
Merriam, Sharon B., und M. Carolyn Clark. *Lifelines; Patterns of Work, Love, and Learning in Adulthood*. San Francisco: Jossey-Bass Publishers, 1991.
Merser, Cheryl. »Feeling the Weight of the Weekend«, USA *Today*, 30. Aug. 1991.
Millay, Edna St. Vincent. *Collected Sonnets of Edna St. Vincent Millay*. (Fatal Interview). New York: Harper & Row, 1941.
Miller, Jean Baker. *Die Stärke weiblicher Schwäche*. Frankfurt/M.: Fischer-Taschenbuch-Verlag, 1989.
Mirkin, M. P., Hrsg. *Political and Social Contexts of Family Therapy* Boston: Allyn and Bacon, 1991.
Mitchell, John Hanson. *Ceremonial Time*. New York: Warner Books, 1984.
Mitchell, Juliet. *Frauen – die längste Revolution*. Frankfurt/M.: Fischer-Taschenbuch-Verlag, 1987.
Moustakas, Clark E. *Creativity and Conformity*. New York: D. Van Nostrand Company, 1967.
Moyers, Bill. *Creativity with Bill Moyers*. 28minütige Videoaufzeichnung, Washington, D. C.; Corporation for Entertainment & Learning, PBS Video, 1989.
Munro, Eleanor. *Wedding Readings: Centuries of Writing and Rituals on Love and Marriage*. New York: Viking, 1989.
–. *Originals. American Women Artists*. New York: Simon & Schuster, 1979.
Myers, Frederick Shaw. »Mayumi's Liberation«, *The Japan Times Weekly*, 18. Jan. 1992, Heft 32:3.
Near, Holly. *Fire in the Rain... Singer in the Storm: An Autobiography*. New York: William Morrow and Co., Inc., 1990.
Nebel, Cecile. *The Dark Side of Creativity. Blocks, Unfinished Works and the Urge to Destroy*. Troy, New York: Whitson Publishing Company, 1988.
Nicholson, Linda J., Hrsg. *Feminism/Postmodernism*. New York: Routledge, 1990.
Norwood, Robin. *Wenn Frauen zu sehr lieben*. Frankfurt/M.: Fischer-Taschenbuch-Verlag, 1987.

Norwood, Vera und Janice Monk, Hrsg. *The Desert is No Lady: Southwestern Landscapes in Women's Writing and Art*. New Haven: Yale University Press, 1987.
Ochs, Carol. *Women and Spirituality*. Totowa, N. J.: Rowman & Allanheld, 1983.
Olsen, Tillie. *Silences*. New York: Delacorte Press/Seymour Lawrence, 1978.
Palmer, William J. *The Films of the Seventies: A Social History*. Metuchen, N. J.: The Scarecrow Press. Inc., 1987.
Parabola. The Magazine of Myth and Tradition, 1988.
Partnow, Elaine. *The Quotable Women: Volume Two 1900–The Present*. Los Angeles: Pinnacle Books, 1977.
Peabody, Barbara. *The Screaming Room*. New York: Avon Books, 1986.
Pervin, L. Hrsg. *Handbook of Personality Theory and Research*. New York: The Guilford Press, 1990.
Porter, Sylvia. *Love and Money*. New York: William Morrow and Company, Inc., 1985.
Rank, Otto. *Art and the Artist: Creative Urge and Personality Development*. New York: Agathon Press, 1932.
Rappaport, Herbert. *Making Time*. New York: Simon & Schuster, 1990.
Raven, Arlene. »Arts: The Archaic Smile«, *Ms. Magazine*. New York: Lang Communications, Inc. Juli/August 1992, Heft 3:1.
Reiss, Patricia. *Through the Goddess: A Women's Way of Healing*. New York: Continuum, 1991.
Reuther, Rosemary R. *New Woman, New Earth: Sexist Ideologies and Human Liberation*, New York: Seabury Press, 1975.
Rieber, R. W. und Kurt Salzinger, Hrsg. *Psychology: Theoretical-Historical Perspectives*. New York: Academic Press, 1980.
»Ritual and Magic«, *Women of Power: A Magazine of Feminism, Spirituality, and Politics*, Winter 1991, Heft 19.
Robinson, Roxana. *Georgia O'Keeffe: A Life*. New York. Harper & Row, 1989.
Rohrbaugh, Joanna Bunker. *Women: Psychology's Puzzle*. New York: Basic Books, Inc., 1979.
Rosen, Marjorie. *Popcorn Venus: Women, Movies and the American Dream*. New York: Coward, McCann and Geoghegan, 1973.
Ruddick, Sarah. *Mütterliches Denken*, Frankfurt/M., New York: Campus, 1993.
Ruddick, Sarah und Pamela Daniels, Hrsg. *Working It Out: 23 Women Writers, Artists, Scientists and Scholars Talk About Their Lives and Work*. New York: Pantheon Bokks, 1977.
Runco Mark A. und Robert S. Albert, Hrsg. *Theories of Creativity*. Newbury Park: Sage Publications, 1990.
Saltzman, Amy. *Down-Shifting: Reinventing Success on a Slower Track*. New York: Harper Collins, 1991.

Sandmeir, Marian. *The Invisible Alcoholics: Women and Alcohol Abuse in America*. New York: McGraw-Hill, 1980.
Sarason, Seymour B. *The Challenge of Art to Psychology*. New Haven, Conn.: Yale University Press, 1990.
Scarf, Maggie. *Autonomie und Nähe*. München: Heyne, 7. Aufl. 1993.
Schaef, Anne Wilson. *Co-Abhängigkeit*. München: Heyne, 1993.
Scott, Stanley, Hrsg. *Northern Lights: Studies in Creativity*. Presque Isle: University of Maine, Sommer und Winter 1986.
Sidel, Ruth. *On Her Own: Growing Up in the Shadow of the American Dream*. New York: Viking Penguin, 1990.
Simmel, George. *On Women, Sexuality and Love*. London, England: Yale University Press, 1984.
Simonton, Dean Keith. »Creativity in the Later Years«, *Gerontologist*, Okt. 1990, Heft 30:5.
Singer, Irving. *The Nature of Love*. Chicago: University of Chicago Press, 1987.
Solomon, Robert C. *Love: Emotion, Myth and Metaphor*. New York: Anchor Press, 1981.
Souhami, Diana. *Gertrude and Alice*. London, England: Pandora Press, 1991.
Steil, Janice M. und Karen Weltman. »Marital Inequality: The Importance of Personal Attributes, and Social Norms on Career Valuing and the Allocation of Domestic Responsibilities«, *Sex Roles*, Heft 24:3/4, S. 161–177.
Stern, Karl. *The Flight from Woman*. New York: Farrar, Straus and Giroux, 1965.
Stevens, Barry. *Don't Push the River (It Flows by Itself)*. Lafayette, Calif.: Real People Press, 1970.
Stone, Carole. »The Female Artist in Kate Chopin's The Awakening: Birth and Creativity«, *Women's Studies*, 1989, Heft 13:1/2.
Stricker, Frank, Nancy F. Cott und Elizabeth H. Pleck, Hrsg. »Cookbooks and Law Books«, *A Heritage of Her Own*. New York: Simon & Schuster, 1979.
Stronach-Buschel, Bettina. »Trauma, Children and Art«, *The American Journal of Art Therapy*, Nov. 1990, Heft 29, S. 48–52.
Tannen, Deborah. *Du kannst mich einfach nicht verstehen*. Hamburg: Kabel, 1991.
Tavris, Carol. *The Mismeasure of Women*. New York: Simon & Schuster, 1992.
Torrance, E. Paul, Jack H. Presburg und A. Jerry Benson. »Children and Creativity«, *Children's Needs: Psychology Perspectives*, 1986.
Torrance, E. Paul. *The Search for Sartori and Creativity* Buffalo, New York: The Creative Education Foundation, Inc. and Creative Synergetic Associates, Ltd., 1979.
Ueland, Brenda. *If You Want to Write*. St. Paul, Minn.: Graywolf Press, 1987.
Walsh, Andrea S. *Women's Film and Female Experience: 1940–1950*. New York: Praeger Publishers, 1984.
Waterman, Melissa. »By Form or Chance? the Search for Pattern in Nature«, *Habitat: Journal of the Maine Audubon Society* Heft 8:6, Dez. 1991.

Watrous, Susan und Bob Blanchard. »An Interview with Holly Near«, *The Progressive*, März 1990.

Weingarten, Kathy. »Consultations to Myself on a Work/Family Dilemma: A Postmodern Feminist Reflection«, *Journal of Feminist Family Therapy*. Binghamton, N. Y.: the Haworth Press. Inc., 1992.

Weisberg, Robert. *Kreativität und Begabung*. Heidelberg: Spektrum der Wissenschaft, 1989.

Wells, Debbie. *Backporch Restaurant Cookbook*. Ocracoke, N. C.: The Backporch Restaurant, Mai 1992.

Williams, Juanita. *Psychology of Women: Behavior in a Bisocial Context*. New York: W. W. Norton, 1977.

Woodward, Richard B. »The Disturbing Photography of Sally Mann«, *New York Times Magazine*, 27. Sept. 1992.

Woolf, Virginia. *Die Fahrt zum Leuchtturm*. Frankfurt/M.: Fischer-Taschenbuch-Verlag, 8. Aufl. 1991.

Woolger, Jennifer Barker und Roger J. Woolger. *Göttinnen*. Hamburg: Kabel, 1991.

Danksagungen

Die Überlegungen und die Lektüre zu diesem Buch begannen im Januar 1990, als wir uns nach unserem letzten Projekt auf einer Insel auf den Bahamas erholten. Wir hatten in *The Responsibility Trap* über Sucht und in *Das Superfrauen-Syndrom* über die Sozialisation von Frauen geschrieben und gestanden uns offen ein, daß wir schrieben, was wir lesen wollten, und lehrten, was wir zu lernen hatten. Das nächste, was wir offenbar untersuchen sollten, war Leidenschaft und Freude, ein Projekt, in das wir von Anfang verliebt waren.

Von Beginn an sprachen Ruth Sindel, Soziologin und Autorin, Froma Walsh, Familientherapeutin und Autorin, und Rita Friedmann, Psychologin und Autorin, ausführlich mit uns über qualitative Forschung, Methodologie und Projektplanung; ihnen danken wir für ihre Ermutigung und ihre Ideen.

Dorothy Bradley, Jo-Anns Tante, las ganz zu Anfang eine der frühen Fassungen des Manuskripts und sagte uns die ersten ermutigenden Worte: »Das ist bis jetzt euer bestes.« Jenny Hanson las viele Fassungen des Manuskripts und beteiligte sich an unschätzbar wertvollen Diskussionen zum Konzept. Sie inspirierte uns auch dadurch, daß sie gleichzeitig die Form ihres eigenen Lebens so umgestaltete, daß es ihrer Leidenschaft entsprach: In der Mitte des Lebens wurde sie zur deutenden Naturkundigen.

Lois Braverman und Joan Ellis lasen kurzfristig das fertige Manuskript und gaben uns unentbehrliche Anregungen. Auch Virginia Rutter las das fertige Manuskript, und ihre respektvolle Auslegung unserer Vorstellungen sowie ihre deutlichen, prägnanten Fragen zwangen uns zu einer Klarheit, die wir sonst vielleicht vermieden hätten. Wir danken auch Harriet Goldhor Lerner und Rachel Hare-Mustin, die einzelne Kapitel lasen und immer bereit waren, Ideen zu diskutieren. Lois Braverman und Harriet Lerner gilt auch unser Dank für ihre jahrelange persönliche Freundschaft. Ein Dankeschön auch an Joan Laird und Ann Hartman, die unsere eigennützige Anregung aufgriffen und in Golden Pond ein Camp kauften, auf dem wir mit ihnen die wenigen kostbaren Ferientage verbrachten, die wir im vergangenen Sommer abzweigen konnten. Alan Scult danken wir für seine Gespräche über Zeit und Sein. Und Dank an die Produzentin Kate Wenner, die während eines fünfmonatigen Filmprojekts beispielhaft »dem Prozeß vertraute«. Bei Cobie Smith, Sandy Bishop, Betsey Alden, Barb Schnurr, Ann Brayman, Kidder Smith und der Frauengemeinschaft von Brunswick, Maine, bedanken wir uns für ihr Interesse an diesem Projekt und ihre persönliche Unterstützung während seiner Fertigstellung. Und natürlich danken wir Marsha und Jeff Ellias-Frankel, Dotty Smith, Madeline und Dick Muise, Walt Marz sowie Helen und Rudy Krestan für ihre Geduld und ihre Liebe. Wir danken auch Ellen Fox und allen-Frauen, die uns so großzügig halfen, Daten zu sammeln.

Joy Harris, unsere Agentin, stand von Anfang an hinter dem Projekt und war mit ihrer Begeisterung und ihrem weisen Blick für Editorisches für uns da. Janet Goldstein, unsere Verlegerin, war wie immer brillant, fleißig und enthusiastisch. Wir danken ihr diesmal besonders, denn sie glaubte so an uns, daß sie uns unserer Leidenschaft folgen und das Buch schreiben ließ, daß wir letztendlich schrieben, auch wenn es sich von unserer ursprünglichen Absicht weit entfernte.

Rosemary Tuck transkribierte stundenlange Interviews und regelte zahllose administrative Kleinigkeiten. Ihr Mann Mike Tuck versuchte, uns schnell Computer-Literatur zu beschaffen. Im letzten Jahr schloß Carol Fritzon sich uns an und beendete viele der langen Interviews, die wir schnell getippt brauchten. Irene Favreau tippte einen weiteren Teil der endlos scheinenden Transkripte. Ohne die Hilfe dieser professionellen, klugen Menschen wäre dieses Buch nicht entstanden.

Und dann waren da die »Kinder«, ein Spitzname, den sie von uns duldeten. Lynn Maloney, Sara Waldrop und Becky Austin, College-Studentinnen Anfang Zwanzig, sorgten dafür, daß wir aufrichtig blieben, fest auf dem Boden der 90er Jahre standen, unseren Feminismus hinterfragten und uns jung und demütig fühlten. Lynn war eine erstklassige Interviewerin und erledigte zahlreiche Interviews sowie viel andere Arbeit, die wir nicht selbst bewältigen konnten. Sara interviewte ebenfalls und betrieb einen Großteil des anfänglichen Literaturstudiums. Das die ganzen USA abdeckende Netzwerk dieser beiden half uns, Daten zu sammeln. Lynn und Sara halfen uns beim Entwurf des Fragebogens. Als Lynn nach Thailand und Sara nach Washington D. C. gingen, stellte Lynn uns Becky vor, die das Projekt bis zur Fertigstellung begleitete. Sie arbeitete an der Methodologie und auch sonst an allem: von der Datenanalyse über Fußnoten, Literatur-Detektiv-Arbeit, Analyse von Textabschnitten bis zum Spazierengehen mit unserem Hund.

Sie alle nahmen unzumutbare Arbeitszeiten hin, eine schreckliche Bezahlung, Claudias Sorge um sie (Becky war Co-Betreuerin bei einem siebenwöchigen Wildnis-Trip für heranwachsende männliche Jugendliche, der in weitgehend fürchterlichem Wetter stattfand, und Lynn trekkte mit dem Auftrag, in regelmäßigen Abständen Postkarten zu schicken, monatelang durch den Himalaya), Jo-Anns Meinung dazu, wie sie ihr Leben zu leben hätten (von der Liebe über die Karriere bis zu familiären Themen), sowie Unterbrechungen durch Telefonanrufe, Katzen, Hunde, Besucher und den Postboten, der Expreßsendungen ablieferte. Sie waren für dieses Projekt absolut unentbehrlich. Wir können ihnen nicht genug danken.

Wir möchten auch unsere eigene Zusammenarbeit anerkennen und unsere Partnerschaft feiern. Die vergangenen zwei Jahre waren unglaublich komplex. Hinter der Freude und dem Unglück, die sie geprägt haben, war dieses Buch der rote Faden, der dafür sorgte, daß wir auf Liebe und Kreativität in unserem eigenen Leben konzentriert blieben, auch wenn wir innehielten, um die Wahrheit von Tod und Leid zu ehren. Betrübt mußten wir den Tod einer der von uns interviewten Frauen zur Kenntnis nehmen, Nancy West. Wir geben unserem Respekt Ausdruck, daß wir es fertigbrachten, uns die ganze Wahrheit unseres Lebens zu eigen zu machen. Und wir danken (nachträglich) Norman Levy und (aktueller) Dick Chasin, daß sie uns durch diesen Prozeß hindurchgeholfen haben.

Schließlich die Frauen selbst. Holly Near schrieb: »Die Frauen haben was.« Sie hatten tatsächlich etwas, diese dreihundert Frauen, die sich an den verschiedenen Fragebögen und den Interviews beteiligten, die unsere Ansicht über das Leben von Frauen veränderten. Wir sind ihnen zu Dank verpflichtet, genauso wie unseren Seminarteilnehmerinnen, unseren Klientinnen und den vielen Männern, mit denen wir redeten. Wenn wir an diesem Buch etwas bedauern, dann das, was wir aus ihm herauslassen mußten – die Äußerungen von Frauen, ihre Weisheit, ihre Energie, ihre Geschichte. Es gab so viel mehr, was sie alle hätten sagen können. Wir danken allen Frauen für ihre Freigebigkeit und ihre Zeit.

Alle Frauen haben unterschiedliche Fähigkeiten, nicht aufgrund ihrer Biologie, sondern aufgrund der gesellschaftlich konstruierten Mythologien, von denen sie sich befreien mußten. Bei ihnen suchen wir Mut für unser Leben.